# DIREITO CONTRATUAL CIVIL-MERCANTIL

## Teoria Geral dos Contratos e Contratos em Espécie

### 2ª edição
revista e ampliada

Dados Internacionais de Catalogação na Publicação (CIP)
(Câmara Brasileira do Livro, SP, Brasil)

Roque, Sebastião José
 Direito contratual civil-mercantil / Sebastião José Roque. – 2. ed. rev. e ampl. – São Paulo : Ícone, 2003.

 ISBN 85-274-0752-3

 1. Contratos 2. Contratos (Direito civil) 3. Contratos (Direito comercial) I. Título.

03-3773                                                      CDU-347.44

**Índices para catálogo sistemático:**
 1. Contratos : Direito comercial : Direito civil
        347.44

# SEBASTIÃO JOSÉ ROQUE

Bacharel, mestre e doutor em Direito pela Faculdade de Direito da Universidade de São Paulo
Advogado, árbitro e consultor jurídico empresarial
Professor da Faculdade de Direito da Universidade São Francisco
Presidente do Instituto Brasileiro de Direito Comercial "Visconde de Cairu"
Presidente da Associação Brasileira de Arbitragem – ABAR
Autor de 22 obras jurídicas

# DIREITO CONTRATUAL CIVIL-MERCANTIL

## Teoria Geral dos Contratos e Contratos em Espécie

### 2ª edição
revista e ampliada

Ícone editora

© Copyright 2004
Ícone Editora Ltda.

**Coleção Elementos de Direito**

**Diagramação**
Andréa Magalhães da Silva

**Revisão**
Rosa Maria Cury Cardoso

Proibida a reprodução total ou parcial desta obra,
de qualquer forma ou meio eletrônico, mecânico,
inclusive através de processos xerográficos,
sem permissão do editor
(Lei nº 9.610/98).

Todos os direitos reservados pela
ÍCONE EDITORA LTDA.
Rua Lopes de Oliveira, 138 – 01152-010
com Rua Camerino, 26 – 01153-030
Barra Funda – São Paulo – SP
Fone/Fax: (11) 3666-3095
www.iconelivraria.com.br
e-mail: editora@editoraicone.com.br
edicone@bol.com.br

## O PODER DA MENTE

Pobre de ti se pensas ser vencido,
Tua derrota é um caso decidido.
Queres vencer mas como em ti não crês
Tua descrença esmaga-te de vez.
Se imaginas perder, perdido estás.
Quem não confia em si marcha para trás.
A força que te impele para a frente
É a decisão firmada em tua mente.

Muita empresa esboroa-se em fracasso
Inda antes de dar o primeiro passo.
Muito covarde tem capitulado
Antes de haver a luta começado.
Pensa em grande e teus feitos crescerão;
Pensa em pequeno e irás depressa ao chão.
O querer é poder arquipotente;
É a decisão firmada em tua mente.

Fraco é quem fraco se imagina.
Olha ao alto quem ao alto se destina.
A confiança em si mesmo é a trajetória
Que leva aos altos cimos da vitória.
Nem sempre quem mais corre a meta alcança,
Nem mais longe o mais forte o disco lança.
Mas se és certo em ti, vai firme, vai em frente
Com a decisão firmada em tua mente.

# ÍNDICE

PARTE I
1. OS CONTRATOS, 19
    1.1. Conceito de contrato, 21
    1.2. Elementos do contrato, 22
    1.3. Direito aplicável aos contratos, 24

2. FORMAÇÃO DO CONTRATO, 25
    2.1. Negociações preliminares, 27
    2.2. A proposta, 28
    2.3. A aceitação, 29
    2.4. Lugar do contrato, 31
    2.5. O silêncio na formação do contrato, 32
    2.6. Contratos por correspondência, 33

3. INTERPRETAÇÃO DOS CONTRATOS, 35
    3.1. Critérios de interpretação, 37
    3.2. O modelo italiano, 39

4. ESTIPULAÇÕES EM FAVOR DE TERCEIRO, 41

5. DA PROMESSA DE FATO DE TERCEIRO, 45

6. CLÁUSULAS ESPECIAIS DO CONTRATO BILATERAL, 49
    6.1. "Exceptio non adimpleti contractus", 51
    6.2. "Rebus sic standibus", 52

6.3. Evicção, 54
6.4. Vícios redibitórios, 56

7. CONTRATO PRELIMINAR, 61
7.1. Conceito, 63
7.2. Modalidades especiais, 64
7.3. Disposições do Código Civil, 65
7.4. Outras disposições legais, 66

8. MODALIDADES ESPECIAIS DE CONTRATOS NO CÓDIGO CIVIL, 69
8.1. Contrato com pessoa a declarar, 71
8.2. Contrato aleatório, 72

9. CONTRATOS DE MERCADOS FUTUROS, 75
9.1. Contratos futuros, 77
9.2. A intermediação, 77
9.3. Objeto do contrato futuro, 78
9.4. O preço, 79
9.5. As bolsas, 79
9.6. Fundamentos jurídicos, 80

10. CONTRATOS CONSIDERADOS PELOS EFEITOS QUE PRODUZEM, 83
10.1. Contratos de prestações recíprocas e a cargo de uma só parte, 85
10.2. Contratos onerosos e gratuitos, 87
10.3. Contratos comutativos e aleatórios, 88
10.4. Diferenças entre as três categorias, 89

11. OS CONTRATOS CONSIDERADOS QUANTO À EXECUÇÃO, 91
11.1. Contratos de execução diferida e de execução instantânea, 93
11.2. Contratos de execução única e de execução continuada, 93
11.3. Efeitos jurídicos, 94

12. OS CONTRATOS CONSIDERADOS QUANTO AOS DEVEDORES, 95
12.1. Contratos pessoais e impessoais, 97
12.2. Os efeitos jurídicos, 98

13. OS CONTRATOS CONSIDERADOS QUANTO À SUA LEGISLAÇÃO, 99
   13.1. Contratos mercantis e civis, 101
   13.2. Legislação pertinente, 102

14. OS CONTRATOS CONSIDERADOS QUANTO AO NÚMERO DE PARTES, 105
   14.1. Contrato plurilateral, 107
   14.2. Contrato bilateral, 108
   14.3. Contrato unilateral: contrato consigo mesmo, 109

15. EXTINÇÃO DAS RELAÇÕES CONTRATUAIS, 113
   15.1. Execução do contrato, 115
   15.2. A resilição, 115
   15.3. A resolução, 117
   15.4. A rescisão, 120
   15.5. A nulidade, 121
   15.6. A anulação, 123
   15.7. A quitação, 124

16. O MODERNO DIREITO CONTRATUAL, 125
   16.1. A origem romana, 127
   16.2. Tendências modernas, 128
   16.3. Uniformização internacional dos contratos, 130

17. CLASSIFICAÇÃO DOS CONTRATOS, 133
   17.1. Típico e atípico, 136
   17.2. Nacional e internacional, 136
   17.3. Solene e não-solene, 137
   17.4. Principal e acessório, 138
   17.5. Causal e abstrato, 138
   17.6. Consensual e real, 139
   17.7. Individual e coletivo, 140
   17.8. Públicos e privados, 140

18. CONTRATO-TIPO E ADESÃO CONTRATUAL, 141
   18.1. Contrato-tipo, 143
   18.2. Contrato de adesão, 143

18.3. Características do contrato de adesão, 144
18.4. Proteção à parte fraca, 147
18.5. Diferenças entre contrato-tipo e contrato de adesão, 148

19. PROVA DOS CONTRATOS, 151

PARTE II
1. AGÊNCIA E DISTRIBUIÇÃO, 157
   1.1. Conceito e características, 159
   1.2. Direitos do agente, 160
   1.3. Resolução do contrato, 161
   1.4. Deveres do agente, 162

2. ALIENAÇÃO FIDUCIÁRIA EM GARANTIA, 163
   2.1. Conceito, 165
   2.2. Características do contrato, 166
   2.3. Direitos do fiduciário, 167

3. ARRENDAMENTO MERCANTIL (Leasing), 169
   3.1. Conceito, 171
   3.2. Características do contrato, 172
   3.3. As partes, 174
   3.4. Tipos de arrendamento mercantil, 175

4. BANCÁRIOS, 177
   4.1. Operações e contratos bancários, 179
   4.2. Cofres de segurança, 180
   4.3. Conta corrente de depósitos, 181
   4.4. Abertura de crédito bancário, 181
   4.5. Antecipação bancária, 183
   4.6. O desconto bancário, 184

5. CÂMBIO, 187
   5.1. Conceito e características, 189
   5.2. Modalidades de câmbio, 191
   5.3. Natureza jurídica, 193

6. COMISSÃO, 195
   6.1. Conceito e caracteres, 197

6.2. Obrigações do comissário, 198
6.3. Obrigações do comitente, 199

7. COMPRA E VENDA, 201
    7.1. Conceito e elementos, 203
    7.2. Características, 206
    7.3. Compra e venda civil e mercantil, 207
    7.4. Obrigações do vendedor, 208
    7.5. Obrigações do comprador, 210
    7.6. A retrovenda, 211
    7.7. Venda "ad corpus" e "ad mensuram", 212
    7.8. Venda com reserva de domínio, 214
    7.9. Venda a contento, 215
    7.10. Venda sujeita a prova, 215
    7.11. Venda com preempção ou preferência, 216
    7.12. Venda sobre documentos, 216
    7.13. Venda nula e anulável, 218
    7.14. Venda internacional: Convenção de Viena, 219
    7.15. Venda internacional: INCOTERMS, 224

8. COMPROMISSO, 241
    8.1. Conceito e razão do compromisso, 243
    8.2. Características do compromisso "latu sensu", 244
    8.3. A cláusula compromissória, 245
    8.4. O compromisso "strictu sensu", 249

9. CONCESSÃO COMERCIAL, 253
    9.1. Conceito e partes, 255
    9.2. Objeto do contrato, 256
    9.3. Natureza jurídica, 257
    9.4. Obrigações do concedente, 258
    9.5. Obrigações do concessionário, 259
    9.6. Extinção do contrato, 260
    9.7. Resolução das controvérsias contratuais, 264
    9.8. Modelo de contrato de concessão comercial, 265

10. CONSTITUIÇÃO DE RENDA, 275
    10.1. Conceito e caracteres, **277**

10.2. Figuras intervenientes, 277
10.3. Formas de constituição, 278

11. CONTRATO DE CONTA CORRENTE, 281
    11.1. Noção de conta corrente, 283
    11.2. Caracterres do contrato, 283
    11.3. Penhora da conta corrente, 284
    11.4. Encerramento da conta, 284

12. CORRETAGEM, 285
    12.1. Conceito e caracteres, 287
    12.2. Remuneração do corretor, 288
    12.3. Obrigações do corretor, 289
    12.4. Contratos específicos de corretagem, 289

13. CRÉDITO DOCUMENTÁRIO, 291
    13.1. Conceito e partes contraentes, 293
    13.2. Carta de crédito, 294
    13.3. O documentário, 295
    13.4. Modalidades, 297
    13.5. Regulamentação, 298
    13.6. Utilidade do crédito documentário, 299

14. DEPÓSITO, 303
    14.1. Conceito e características, 305
    14.2. Tipos de depósito, 305
    14.3. Obrigações do depositário, 306
    14.4. Direitos de depositário, 307
    14.5. Depósito em armazéns gerais, 308

15. DOAÇÃO, 311
    15.1. Conceito e natureza jurídica, 313
    15.2. Forma da doação, 314
    15.3. Tipos de doação, 314
    15.4. Revogação da doação, 317

16. EMPREITADA, 321
    16.1. Conceito e características, 323

16.2. Tipos de empreitada, 324
16.3. Obrigações do empreiteiro, 325
16.4. Obrigações do dono da obra, 326
16.5. Contrato "clé en main" ou "turn key", 327

17. EMPRÉSTIMO DE COISAS: COMODATO, 331
    17.1. Conceito e características, 333
    17.2. Obrigações do comodatário, 334

18. EMPRÉSTIMO DE DINHEIRO: MÚTUO, 335
    18.1. Conceito e partes, 337
    18.2. Caracteres do contrato, 337
    18.3. Paralelismo com o comodato, 338

19. CONTRATO DE "ENGINEERING", 341

20. ESTIMATÓRIO (Venda em consignação), 345
    20.1. Noções gerais, 347
    20.2. Obrigações e direitos, 347
    20.3. Caracteres do contrato, 348

21. FIANÇA, 351
    21.1. Conceito e caracteres, 353
    21.2. Fiança civil e mercantil, 355
    21.3. Fiança e aval, 356
    21.4. Efeitos da fiança, 356
    21.5. Extinção da fiança, 359

22. FOMENTO COMERCIAL (Factoring), 361
    22.1. Conceito, 363
    22.2. Tríplice serviço, 363
    22.3. Partes contratantes, 365
    22.4. Características do contrato, 367
    22.5. O "maturity factoring", 368

23. FORNECIMENTO DE TECNOLOGIA (KNOW HOW), 369
    23.1. Conceito, 371
    23.2. Partes do contrato, 373

23.3. Registro do contrato, 374
23.4. A tutela legal, 375

24. FRANQUIA OU "FRANCHISING", 377
    24.1. Conceito e características, 379
    24.2. Partes contratantes, 382
    24.3. Obrigações do franqueador, 383
    24.4. Obrigações do franqueado, 383
    24.5. Regulamentação, 384
    24.6. Importância da franquia, 385
    24.7. Origem, 386
    24.8. A franquia empresarial na lei brasileira, 387

25. JOGO E APOSTA, 395

26. LOCAÇÃO, 401
    26.1. Conceito e elementos, 403
    26.2. Obrigações do locatário, 404
    26.3. Obrigações do locador, 405
    26.4. Aluguel de imóvel residencial, 407
    26.5. A ação renovatória, 408
    26.6. Considerações etimológicas, 410

27. MANDATO, 413
    27.1. Conceito de mandato, 415
    27.2. Natureza jurídica, 416
    27.3. Obrigações emergentes, 417

28. NEGÓCIO FIDUCIÁRIO, 419
    28.1. Tipos de fidúcia, 421
    28.2. O negócio fiduciário e a simulação, 422

29. PRESTAÇÃO DE SERVIÇOS, 423
    29.1. Conceito e aplicação, 425
    29.2. Contrato de estacionamento, 427
    29.3. Contrato de prestação de serviços, 427

30. REPRESENTAÇÃO COMERCIAL, 431
    30.1. Conceito, 433

30.2. Mercantilidade do contrato, 435
30.3. Características do contrato, 435
30.4. Extinção do contrato, 437

31. SEGURO, 439
    31.1. Conceito e características, 441
    31.2. A apólice de seguro, 441
    31.3. Obrigações do segurado, 442
    31.4. Obrigações do segurador, 443
    31.5. Seguro de dano, 444
    31.6. Seguro de pessoa, 446

32. TRANSAÇÃO, 447
    32.1. Conceito, 449
    32.2. Tipos de transação, 449
    32.3. Direitos transacionais, 450
    32.4. Validade da transação, 451

33. TRANSPORTE DE COISAS, 453
    33.1. Conceito e características, 455
    33.2. Obrigações do remetente, 456
    33.3. Obrigações do transportador, 456
    33.4. Contrato de transporte aéreo de carga, 457
    33.5. As disposições do novo Código Civil, 458

34. TRANSPORTE DE PESSOAS, 463
    34.1. Conceito e elementos, 465
    34.2. Partes do contrato, 466
    34.3. Características do contrato, 467
    34.4. Legislação pertinente, 471
    34.5. O tratamento dado pelo novo Código Civil, 473

35. TROCA OU PERMUTA, 477
    35.1. Conceito e regulamentação, 479
    35.2. A troca internacional: "countertrade", 480

36. USO DE CARTÃO DE CRÉDITO, 485
    36.1. O cartão de crédito, 487

36.2. O contrato de uso de cartão de crédito, 487
36.3. Natureza jurídica do sistema, 489
36.4. Problemas específicos, 490

APÊNDICE, 491

# PARTE I

# 1. OS CONTRATOS

1.1. Conceito de contrato
1.2. Elementos do contrato
1.3. Direito aplicável aos contratos

## 1.1. Conceito de contrato

Importantíssimo instituto jurídico, fonte de obrigações e prática usual na vida econômica, o contrato tem sido interpretado e definido através dos séculos. As concepções contratuais partem dos primórdios do direito romano, em que se fundamenta o moderno direito contratual. Sem nos determos na interpretação das inúmeras definições dadas desde o direito romano anterior a Cristo, como a de Ulpiano – "contractus pacto duorum pluriumve in idem placitum consensus (contrato é o consenso de duas ou mais pessoas sobre o mesmo objeto) – tomaremos como ponto de partida uma definição já consagrada. É ela encontrada no art.1.321 do Código Civil italiano:

| Il contratto è l'accordo di due o più parti per costituire, regolare o estinguere tra loro un rapporto giuridico patrimoniale. | O contrato é o acordo de duas ou mais partes para constituir, regular ou extinguir entre elas uma relação jurídica patrimonial. |
|---|---|

O novo Código Civil brasileiro não traz definição de contrato como o fez seu congênere italiano, no que achamos que fez bem. Definir é função da doutrina e não da lei. Mesmo assim, consideraremos a definição acima descrita. Há muito ponto de apoio entre a definição do Código Civil italiano e a definição adotada pelos antigos jurisconsultos romanos. O contrato é um acordo, uma avença, um ajuste. Esse acordo é estabelecido entre duas ou mais partes, podendo assim ser bilateral e plurilateral. O direito alemão e o italiano criaram a figura do contrato consigo mesmo; não chega porém a ameaçar a natureza jurídica do contrato, com a característica da bilateralidade. Consagra esse aspecto o princípio da autonomia da vontade e a conciliação de vontade de várias partes.

Outro aspecto do contrato é que ele introduz o acordo das partes contratantes no mundo do direito; influi em obrigações recíprocas e direitos a cada uma das partes. Estabelece um vínculo jurídico entre as partes, ficando cada uma delas adstrita ao cumprimento de uma prestação para com a outra. Fica aqui consagrado o princípio da obrigatoriedade do contrato. É o princípio do "pacta sunt servanda" = os acordos são para serem cumpridos. Os contratantes são obrigados a guardar, assim na conclusão do contrato, como em sua execução, os princípios de probidade e boa-fé. Por isso, não pode ser objeto do contrato herança de pessoa viva. Seria não só ilegal e de má-fé, mas acima de tudo imoral.

Aspecto importante na definição "ut supra" é a natureza da relação jurídica estabelecida no contrato. O vínculo jurídico patrimonial implica que o patrimônio de ambas as partes deva sofrer alterações; cada parte enriquece e empobrece ao mesmo tempo. Examinemos esse exemplo: a empresa Ômega Ltda. compra matéria-prima de Ipsilon Ltda., pagando o preço da matéria-prima fornecida. Ipsilon Ltda. retira mercadoria de seu estoque para fornecer a Ômega Ltda.; desfalcou o seu patrimônio. Por outro lado enriqueceu com o recebimento do preço. O mesmo aconteceu com Ômega Ltda.; enriqueceu com o aumento de seu patrimônio, ao receber a matéria-prima, mas empobreceu ao pagar o preço. Vigora, no contrato, o princípio da economicidade.

Ao dizer que o contrato constitui, regula ou extingue uma relação jurídica, revela-se no contrato uma conciliação de vontades, com a manifestação da vontade de cada parte; vontade livre e consciente. Vigora o princípio da autonomia da vontade, mas o art. 421 do Código Civil restringe genericamente essa liberdade. A liberdade de contratar será exercida em razão e nos limites da função social do contrato.

Assim sendo, Ômega Ltda. precisa de matéria-prima e tem recursos financeiros para adquiri-la. Ipsilon Ltda. não precisa de matéria-prima pois a tem para vender, mas precisa de dinheiro. Entre as duas partes, uma tem o que a outra não tem. Se as duas partes tivessem dinheiro e matéria-prima, não haveria contrato, pois não haveria conflito de interesses. Premidas pela necessidade, as duas partes chegaram a um consenso. Predomina, portanto, no contrato o princípio do consensualismo, que vigora mesmo nos contratos reais.

## 1.2. Elementos do contrato

O contrato é um negócio jurídico e deve ser praticado na observância de certos pressupostos. Em alguns casos, um formalismo imposto pela lei. Esses elementos necessários à validade do contrato estão expostos na regulamentação fixada pelo Código Civil no que tange aos negócios jurídicos. A não observância desses elementos poderá acarretar a nulidade ou anulabilidade do contrato. Alguns pressupostos da validade do contrato são intrínsecos a ele e referem-se à vontade das partes; outros são extrínsecos, mais ligados aos aspectos exteriores e formais. Num sentido amplo, as condições de validade do contrato e seus elementos constitutivos amoldam-se em três categorias:

a – ser celebrado por pessoas juridicamente capazes para contratar;
b – recaírem sobre objeto lícito, ou seja, ter um fim não vedado pela lei;
c – revestirem-se das formalidades que a lei impõe ou não vede.

A primeira exigência é a de ser o contrato firmado por pessoa juridicamente hábil, capaz de contratar. Por exemplo, não tem validade um contato firmado por uma empresa individual ou coletiva que tenha tido sua falência decretada. Da mesma forma, se tiver a assinatura de pessoa interdita, ou seja, declarada juridicamente incapaz de assumir certas obrigações. Ou, então, por uma pessoa jurídica sem registro no órgão público competente.

A segunda exigência refere-se ao objeto do contrato: a que se destina, sua finalidade. É preciso que seu objeto seja lícito, de forma bem ampla. Seu objeto não pode ser vedado pela lei; não é pois permitido um contrato tendo por objeto venda de armas não permitidas pela lei, materiais atômicos, para manter clínica de abortos ou casa de jogo de bicho ou um cassino. O art. 426 do Código Civil, por exemplo, estabelece que não pode ser objeto de contrato herança de pessoa viva; será então nulo contrato com esse objetivo. Na consideração de lícito, entende também a idoneidade do objeto: não pode atentar apenas contra a lei, mas contra a moral e os bons costumes, a segurança nacional, contra os interesses do país e da coletividade. Inclui-se ainda contrato com objeto impossível, como uma plantação de ouro.

O terceiro fundamento do contrato é a sua forma. Em princípio, as partes são livres para contratar e para escolher a forma de contratar. Os contratos são, em geral, livres, informais, não solenes. Casos há, contudo, em que a lei exige uma forma determinada e esta deve ser respeitada, sob pena de não ter validade o contrato. São casos raros, os contratos sem forma são a regra, os formais exceção. Diz inclusive o art. 107 do Código Civil que a validade das declarações de vontade não dependerá de forma especial, senão quando a lei expressamente o exigir. O exemplo mais frisante de contrato formal é o de compra e venda de imóvel, para o qual a lei exige instrumento público.

É portanto lícito às partes estipular contratos atípicos, desde que sejam observadas as normas gerais fixadas no Código Civil. São contratos não pertencentes aos tipos que tenham uma disciplina particular, mas que objetivem realizar interesses louváveis de tutela de direitos.

### 1.3. Direito aplicável aos contratos

O Direito Contratual está regulamentado pelo Código Civil, nos arts. 421 a 853, regulamentação bem longa, como se vê, em 433 artigos. Consta de duas partes: DOS CONTRATOS EM GERAL e DAS VÁRIAS ESPÉCIES DE CONTRATO.

A primeira parte cuida da teoria geral dos contratos, como a sua formação e extinção. Conservou do antigo código dois institutos tradicionais, oriundos do direito romano, a evicção e os vícios redibitórios, bem como a arras ou sinal. Conservou ainda a cláusula "rebus sic standibus".

A segunda parte, a parte prática, traz gama vasta de contratos: compra e venda, troca, doação, locação de coisas, comodato, mútuo, prestação de serviço, empreitada, depósito, mandato, comissão, agência e distribuição, corretagem, transporte, seguro, constituição de renda, fiança, compromisso.

Alguns contratos, entretanto, ficaram regulamentados por leis próprias, tais como o de representação comercial, alienação fiduciária em garantia, arrendamento mercantil, transferência de tecnologia.

## 2. FORMAÇÃO DO CONTRATO

2.1. Negociações preliminares
2.2. A proposta
2.3. A aceitação
2.4. Lugar do contrato
2.5. O silêncio na formação do contrato
2.6. Contratos por correspondência

## 2.1. Negociações preliminares

Conforme foi conceituado pelo art. 1.321 do Código Civil italiano, o contrato é o acordo de duas ou mais partes para criar, regular ou extinguir entre elas uma relação jurídica patrimonial. Se é um acordo entre duas ou mais partes, entende-se que as partes discutiram e conciliaram seus interesses. Ele só se completa com o consenso das partes, ou seja, quando elas manifestam sua vontade de contratar, fazendo com que a vontade delas, antes divergentes, tornem-se convergentes. Em suma, o contrato é o resultado da manifestação de vontade das partes contratantes.

A vontade das partes é livre, soberana, podendo até ser tácita, desde que a lei não exija que seja expressa. Veja-se por exemplo o passageiro do metrô: passa ele pela catraca e viaja, sem dizer uma palavra. Celebrou ele um contrato de transporte. Em certos casos porém a lei exige que a manifestação de vontade seja expressa; impõe uma forma determinada. É o que ocorre com os contratos formais ou solenes. A manifestação de vontade, nesses casos, deve ser por escrito, por instrumento público ou particular. A manifestação formal da vontade pode ser expressa por uma escritura pública, como é o contrato de venda de imóveis.

Quando a lei impõe a manifestação expressa, pode esta manifestar-se por comportamento das partes, que demonstre de forma inequívoca uma vontade. Tomemos como exemplo um contrato de mandato. Diz textualmente a regulamentação estabelecida pelo Código Civil que o mandato se completa pela aceitação do mandatário; e a aceitação pode ser expressa ou tácita; o princípio da execução prova a aceitação para todo o mandato.

Assim, uma empresa de São Paulo encarrega uma empresa do Paraná para oferecer determinado produto ao mercado. Houve uma oferta do mandante para que o mandatário se encarregasse de um serviço. O mandatário não manifestou, ao mandante, sua vontade de aceitar ou não a incumbência. Entretanto, mandou fazer um folheto ofertando aquele produto, procurou seus clientes para que os comprassem e anunciou-os pela imprensa. É a manifestação tácita de que aceitou a incumbência, caracterizando o contrato. Há juridicamente, uma presunção da anuência do mandatário.

Os primeiros contatos entre as partes raramente revelam os termos de uma vontade. Uma parte quer sentir a outra, descobrir as bases em que um contrato possa ser estabelecido. Aparam as arestas, uma toma informações da outra, vão superando as divergências. Uns chamam essas medidas pré-contratuais de "fase puntuatória", que os italianos chamam de "tratattive" e os franceses de "pourparlers". E a fase não deve vincular as partes, porquanto estão ainda em trocas preliminares de idéias. Não há ainda um contrato, nem mesmo uma proposta de contrato.

Digamos, por exemplo, que duas partes até já tenham chegado a um ponto de concordância sobre os possíveis termos de um contrato. Ao levantar uma ficha cadastral da outra contratante, uma empresa fica sabendo que a outra tem contra si pedido de falência. Terá motivos para suspender os entendimentos.

**2.2. A proposta**

Desde que uma parte esteja segura do que pretende, da sua vontade de contratar, manifesta então sua vontade à outra. Faz então a proposta, a oferta à outra, chamada de policitação, pelo que o ofertante é chamado também de policitante. A oferta é uma séria proposta de negócio. O policitante oferece ao seu possível contraente, chamado oblato, os termos de um contrato. Espera assim a aceitação da proposta, por parte do oblato; se não a aceitação, pelo menos uma contraproposta. Até que seja aceita, a proposta constitui uma declaração unilateral de vontade pelo policitante e, como tal, produz efeitos jurídicos, a menos que contenha claramente ressalva de "sem compromisso".

O caráter vinculante da proposta é reconhecido pelo art. 427 do Código Civil, ao dizer que a proposta de contrato obriga o proponente, se o contrário não resultar dos termos dela, da natureza do negócio, ou das circunstâncias do caso. Portanto, a proposta vincula o policitante ao oblato; cria para ele a obrigação de contratar, caso o oblato aceite a proposta. É o sentido da expressão "obrigar" ou "obrigatória", mas de resultado bastante sutil e especial. O direito norte-americano usa a expressão "binding", para a qual não se encontrou ainda um sinônimo perfeito e bem expressivo. Esse termo chegou a ser definido como "aquilo que tem a força de fazer com que seja cumprido".

Nem sempre, porém, a proposta é obrigatória, é "binding". O art. 428 considera quatro aspectos em que ela deixa de ser obrigatória. O primeiro caso é o de ser feita a uma pessoa presente e não for aceita de imediato. Considera-se que a proposta vigora no momento em que é ofertada; não aceita no momento pelo oblato, poderá ser feita a outro, ou os termos dela poderão ser modificados. Oferta feita por telefone é considerada como sendo a pessoa presente e submete-se ao mesmo critério.

O segundo caso é o de quando for feita a pessoa ausente sem prazo para aceitação, mas decorre prazo mais do que suficiente para chegar a resposta ao conhecimento do proponente, vale dizer, não se dá num prazo razoável. Reserva-se pois ao proponente o direito de retirar a proposta.

A terceira ocorrência é a de quando for feita proposta a um ausente, mas com prazo certo para a aceitação. Se a aceitação não for expedida ao policitante, no prazo dado, não se sente ele obrigado a acolher a resposta, caso ela chegue depois.

Finalmente, quando o policitante revogar a proposta antes que ela chegue ao oblato, ou quando a revogação chegar junto com a proposta às mãos do oblato. Nessas condições, o proponente se retratou antes da aceitação do oblato, não causando portanto prejuízos a este último.

Oferta tácita mas vinculante é a oferta ao público, como a mercadoria exposta na vitrina de uma loja, com o preço apontado e os requisitos essenciais da venda. A oferta ao público equivale a proposta quando encerra os requisitos essenciais do contrato, salvo se o contrário resultar das circunstâncias ou dos usos. Pode revogar-se a oferta pela mesma via de sua divulgação, desde que ressalvada esta faculdade na oferta realizada.

Se uma empresa expõe suas mercadorias na vitrina, está ofertando ao público e obrigando-se a vendê-las se alguém se disponha a pagar o preço em dinheiro. Se oferece a mercadoria, o policitante renuncia à escolha de seu oblato. A revogação da oferta poderá ser feita com a retirada da mercadoria da vitrina.

### 2.3. A aceitação

A aceitação é a resposta afirmativa do oblato à oferta do policitante. É uma manifestação unilateral de vontade, tal como a proposta. Por ela, o oblato manifesta sua anuência e nessa convergência de vontades surge o contrato. Representa a concordância, a adesão do oblato ao negócio jurídico proposto pelo ofertante. Pela aceitação, ambas as partes se vinculam mutuamente, pois o contrato se formalizou, aperfeiçoou-se.

A aceitação deve ser manifestada com o sim do oblato à proposta do proponente. Deve haver adesão total à proposta, ou seja, concordância com todos os termos dela, inclusive no prazo que nela constar. Se o oblato responder afirmativamente, mas fora do prazo, contudo, modificando os termos da proposta, como o preço, não está havendo aceitação. Estará fazendo contraproposta, a ser aceita. Invertem-se pois os papéis: o oblato passa a ser o policitante e este passa a ser oblato. Ou então, exigirá nova proposta ao policitante. A esse respeito, reconhece o art. 431 do Código Civil que a aceitação fora do prazo, com adições, restrições ou modificações, importará nova proposta.

Vezes há, entretanto, que a oferta deve encontrar aceitação tácita, dispensando a manifestação expressa, ou o proponente a tiver dispensado, e não chegar a tempo uma possível recusa (art. 432). Área de atuação em que se observa essa incidência é nas operações com distribuidores tradicionais, como concessionárias de veículos. A Ford, por exemplo, tem extensa rede de distribuidores; conforme vai produzindo, vai enviando seus veículos às suas concessionárias, sem consulta prévia; não espera por pedidos e dispensa aceitação.

Embora tenha a aceitação o condão de aperfeiçoar o contrato, vinculando assim o ofertante, vezes há em que, mesmo havendo proposta e aceitação, por circunstância imprevista, chega tarde ao conhecimento do ofertante. Nesse caso, a aceitação se deu em tempo hábil, mas chegou ao ofertante quando ele já desconsiderara a oferta, supondo não ter havido aceitação; não lhe cabe culpa pelo atraso da aceitação. Todavia, está ele na obrigação de comunicar imediatamente esse incidente ao oblato, ou poderá responder por perdas e danos.

Imaginemos um exemplo: um lanifício faz oferta de produtos para o inverno a uma empresa varejista e ela a aceita, fazendo um pedido. A aceitação, porém, não chega às mãos do policitante em tempo hábil e este vende a mercadoria a outro varejista. A aceitação contudo foi enviada a tempo, mas, por circunstância imprevista, sem culpa do policitante e do oblato, chega às mãos do lanifício só depois que ele vendera a mercadoria. O varejista, entretanto, desconhece a ocorrência, está na convicção de que o contrato se aperfeiçoou: vem o inverno e ele fica sem a mercadoria para vender. Por isso, estava o fornecedor na obrigação de prevenir imediatamente o aceitante, para que este pudesse remediar seu problema. Se não agir dessa forma, o lanifício poderá responder por perdas e danos.

Outro caso em que a aceitação poderá não concluir o contrato é previsto no art. 453. É quando o aceitante retratar-se e revogar a aceitação. Implica entretanto que a retratação chegue às mãos do fornecedorpolicitante antes ou junto com a aceitação. Caso chegue depois, o contrato se aperfeiçoou e, se o ofertante aceitar a revogação, haverá então o cancelamento do contrato. "Considera-se inexistente a aceitação, se antes dela chegar ao proponente a retratação do aceitante" (art. 433).

### 2.4. Lugar do contrato

O local em que o contrato seja celebrado é ponto importante e delicado por várias razões. Uma delas é porque o local muitas vezes determina o foro competente para dirimir possíveis litígios entre as partes. Muitos contratos estabelecem qual será o foro competente, eleito pelas partes. Entretanto, essa liberdade contratual vem encontrando muitas restrições, tanto no plano nacional como no internacional. Não pode ficar ao arbítrio das partes a escolha do foro do contrato; se elas tiverem o poder de eleger, terão também o de mudar. Por isso, a legislação estabelece normas a este respeito, como faz, por exemplo, o nosso Código de Processo Civil.

De acordo com o art. 94 do Código de Processo Civil, a ação fundada em direito real sobre bens móveis será proposta no foro do domicílio do réu. Portanto, de nada adiantará as partes estabelecerem no contrato foro diferente. O art. 111 do Código de Processo Civil diz que a competência em razão da matéria e da hierarquia é inderrogável por convenção das partes. O "foro de eleição" ou "foro do contrato" é, porém, reconhecido no art. 111 do Código de Processo Civil, podendo as partes contratantes modificar a competência em razão do valor e do território, elegendo foro em que serão propostas as ações oriundas de direitos e obrigações. A eleição do foro deverá constar de cláusulas escritas e assinadas e aludir expressamente a determinado negócio jurídico.

No tocante às obrigações contratuais, não é ponto totalmente pacífico a questão do local e sua vinculação com a competência. Diz o art. 435 que se reputará celebrado o contrato no lugar em que foi proposto. Assim, uma empresa de São Paulo telefona a outra no Rio propondo um contrato e esta o aceita. Em que lugar foi o contrato proposto? Em São Paulo, de onde partiu a proposta, ou no Rio, onde a proposta se tornou conhecida e foi aceita? Em nossa opinião, o local em que o contrato foi proposto é São Paulo, portanto é o lugar em que estava o formulador da proposta. Essa interpretação é seguida também pela Lei de Introdução ao Código Civil, no art. 12, § 2º, dizendo que a obrigação resultante do contrato reputa-se constituída no lugar em que residir o proponente. Não nos parece suficiente esse dispositivo legal para esclarecer a questão: a expressão "residir" não tem o mesmo sentido de "estar domiciliado" o proponente. Como a Lei de Introdução ao Código Civil procura fixar a competência internacional, ficamos em dúvida se esse artigo aplica-se também aos contratos nacionais.

Imaginemos ainda outra hipótese: o representante legal de uma empresa de São Paulo vai ao Rio e faz proposta à empresa do Rio. O contrato foi proposto no Rio, embora o proponente esteja domiciliado em São Paulo, segundo o art. 12, § 2º da Lei de Introdução ao Código Civil seria São Paulo, segundo o art. 435 do Código Civil seria o Rio. Concluímos pois, para maior segurança, que o art. 435 do Código Civil deva prevalecer e ser interpretado de forma restrita e precisa: o local da celebração do contrato é o local em que foi proposto, ou seja, onde estiver domiciliado o proponente no momento da proposta, embora seja um domicílio momentâneo. Será também o local do foro competente, a menos que haja cláusula contratual permitida pela lei, ou disposição cogente do Código de Processo Civil.

**2.5. O silêncio na formação do contrato**

É por demais vulgar a afirmação de que consente quem cala (*Qui tacent clamant*). Épocas houve em que esse princípio permaneceu em evidência. O moderno direito contratual não adota esse critério de aceitação de uma proposta, pois não pode vincular uma pessoa que não exprime sua vontade nas formas preconizadas pelo direito contratual. Quem cala não diz coisa alguma. Por exemplo: uma empresa recebe uma revista técnica, com ordem para devolvê-la com recusa expressa, se não a aceitar. Se não recusar por escrito, considera-se ter aceito a assinatura da revista. Trata-se de verdadeira coação e, por isso, não pode assumir foro de juridicidade.

Casos há, entretanto, em que o silêncio pode ser considerado um consentimento vinculante: é quando por força do contrato, de lei ou de costumes alguém deva pronunciar-se. O princípio tornou-se mais circunstanciado: *Qui tacet si liqui debuisset ac potuisset consentire videtur* (quem cala quando deveria e poderia falar parece consentir).

## 2.6. Contratos por correspondência

Os contratos por correspondência (por carta ou telegrama) são antigos e costumeiros, acentuado ainda mais no mundo moderno, com a inclusão do E-mail e da internet, do fax e outros processos de comunicação. Consta da legislação de muitos países, desde tempos remotos; constavam ainda de nosso revogado Código Comercial e do antigo Código Civil. Nas atividades empresariais é bastante freqüente a utilização desse contrato, adotando-se sistema epistolar, com catálogo de produtos. Nos Estados Unidos da América há empresas que só trabalham com esse tipo de contrato, e no Brasil já se conhecem algumas empresas desse sistema, dispensando quadro de vendedores e gastos de propaganda.

O contrato por correspondência telegráfica é um pouco diferente do contrato por correspondência epistolar. A oferta pode ser feita por telegrama, mas é mais freqüente a aceitação por telegrama. Por exemplo, uma empresa envia catálogo de produtos ao oblato e este faz o pedido por telegrama; houve oferta epistolar e aceitação por telegrama. A dúvida maior que surge nesse contrato é o momento em que o contrato se aperfeiçoa, em que a aceitação passa a ser válida, e não será mais facultada às partes a retratação. A esse respeito, várias teorias se formaram e países há que adotam as duas teorias até agora predominantes. Examinaremos cada uma delas.

A teoria da cognição adota como momento em que o contrato se aperfeiçoa a chegada da aceitação ao conhecimento do policitante. Neste caso, deve o oblato provar esse momento. Se declarar a aceitação por correspondência telegráfica, deve conservar o recibo do envio; se enviar a aceitação por correspondência epistolar, deve fazê-lo por forma registrada. Essa teoria é adotada pelo art. 1.326 do Código Civil italiano e 1.262 do espanhol e pelo código de vários países. Torna-se difícil para o policitante provar a hora em que o oblato decidiu, mas várias oportunidades se oferecem. Por exemplo, o oblato comunicou a aceitação com carta datada. A data da comunicação epistolar é tomada como momento da conclusão do contrato, mesmo que chegue às mãos do policitante dias após.

A teoria da expedição considera a data da expedição da correspondência, aceitando a oferta, como o momento da conclusão do contrato. Não importa qual seja a data da decisão do oblato, aceitando a proposta, nem quando a correspondência chegou ao conhecimento do policitante, prevalecendo a data do envio da aceitação. A teoria adotada pelo direito alemão e pelo brasileiro, pelo que se deduz do art. 434, que assim diz:

"Os contratos entre ausentes tornam-se perfeitos desde que a aceitação é expedida".

Este critério comporta algumas exceções. Em primeiro lugar, considera-se inexistente a aceitação, se antes dela ou com ela chegar ao proponente a retratação do aceitante, conforme preconiza o art. 433. Outro caso, é se o proponente se houver comprometido a esperar resposta; ou então se a aceitação não chegar no prazo convencionado.

A teoria da expedição aplica-se ainda nos contratos celebrados pelo E-mail e outros processos semelhantes à correspondência epistolar.

# 3. INTERPRETAÇÃO DOS CONTRATOS

3.1. Critérios de interpretação
3.2. O modelo italiano

## 3.1. Critérios de interpretação

Os contratos são celebrados por instrumento escrito, geralmente particular e, excepcionalmente, por instrumento público. A palavra escrita não consegue expressar de forma pacífica as idéias e surgem, por isso, interpretações díspares, muitas vezes determinadas pelo ângulo em que as situações são examinadas. Além dos prismas especiais sob os quais um contrato seja interpretado, as palavras normalmente são empregadas em sentido polivalente.

Há um jargão natural na vida jurídica, ou na econômica. Outras palavras são usadas indistintamente para expressar realidades jurídicas diferentes. Assim, por exemplo, as palavras "penhorada", "apenhada" e "empenhada" têm sentido jurídico bem específico e não deveriam ser usadas genericamente. A extinção de um contrato pode dar-se por "rescisão" "resilição"e "resolução", apesar de que essas expressões sejam utilizadas em sentido equívoco.

Por essa razão, além da doutrina, procura às vezes a lei restringir a interpretação de um contrato, impondo certos critérios de entendimento. O primeiro critério é a escolha do jargão mais comumente utilizado pelas partes, vale dizer, a linguagem específica de um determinado segmento da sociedade e de uma categoria profissional. Mesmo em determinados ramos do direito notam-se variações de linguagem, como direito empresarial, penal, internacional, tributário, e assim por diante.

A letra de câmbio, por exemplo, do direito internacional recebe o nome de "saque" (draft). Levando em conta essas variações, o art. 130 do nosso antigo Código Comercial estabelecia que as palavras dos contratos e outras transações mercantis devem entender-se segundo o costume e uso das atividades empresariais, observando a linguagem que as empresas adotam nas suas transações mútuas, na sua administração mercadológica, contábil e financeira. Nesses campos estritos, as palavras têm um sentido próprio, uma vez que, interpretadas de outra forma, poderão significar coisa diversa. Embora tenha sido o nosso antigo Código Comercial revogado, e suas disposições inseridas no novo Código Civil, essa disposição deve ser levada dogmaticamente em consideração.

Por outro lado, o novo Código Civil, no art. 112, conservou critério de interpretação que já havia no antigo Código, a respeito da interpretação da linguagem, levando em conta mais o espírito da lei do que a letra:

"Nas declarações de vontade se atenderá mais à intenção nelas consubstanciada do que ao sentido literal da linguagem".

Quanto às cláusulas do contrato, alguns critérios vão aparecer. O principal deles é o critério teleológico para a interpretação das cláusulas contratuais, em analogia com o art. 112 acima apontado. Devem ser entendidas segundo a natureza do contrato, mais do que a rigorosa e estrita significação das palavras. Assim sendo, quando uma cláusula contratual for confusa ou comportar interpretações variadas, deve-se levar em conta todo o teor do contrato: a que se destina, sua natureza e objetivo.

Além do critério teleológico, outro se aplica a alguma cláusula duvidosa que possa haver num contrato. Se uma cláusula for ambígua, deve ela ser interpretada em conjunto com todas as demais. Examina-se assim o contexto geral do contrato; sendo ele claro, as dúvidas de uma cláusula se dissipam pelo sentido mais geral do documento. As cláusulas antecedentes e as subseqüentes, que estiverem em harmonia, explicarão as ambíguas.

Outra evidência que virá em confirmação das cláusulas contratuais serão os fatos supervenientes e os atos posteriormente praticados pelos contratantes. Assim, por exemplo, num contrato de mandato, fica-se em dúvida se o mandatário aceitou ou não a outorga do mandante. Entretanto, o mandatário começa a praticar atos em nome do mandante, como se fosse realmente o mandatário. É demonstração evidente de que aceitou o mandato. Será a melhor explicação da vontade que as partes tiveram no ato da celebração do contrato de mandato.

O costume, a praxe adotada pelas atividades empresariais num determinado lugar ou numa determinada comunidade é outro critério de interpretação do contrato, nas cláusulas que ofereçam dúvidas e obscuridades. Assim, se a redação do contrato apresentar dificuldades de interpretação, deverá esse contrato ser submetido à análise conforme o uso e prática adotados no local em que deva ser executado. Levar-se-ão em conta casos da mesma natureza, que apresentem analogia com as previsões do contrato.

Adota-se o critério consuetudinário também para as omissões de um contrato. Se em vez de conter uma disposição confusa sobre a forma de execução de um contrato, ele nada dispusesse a esse respeito, aplica-se o que é uso e prática no lugar da execução do contrato. Se as partes não incluíram determinada cláusula, a presunção é de que não a julgaram necessária. Deixaram assim a questão para ser resolvida de acordo com o costume observado no local em que o contrato será cumprido.

## 3.2. O modelo italiano

Nosso novo Código Civil não estabeleceu os critérios de interpretação dos contratos, no que parece ter agido bem, porquanto as normas de interpretação da lei ou dos negócios jurídicos devem ser estabelecidas pela doutrina, para não bitolar ou engessar o pensamento crítico. Não seguiu o exemplo do Código Civil italiano que regulamentou a interpretação dos contratos nos arts. 1.362 a 1.371. Também regulamentou a questão o Código Civil francês, nos arts. 1.156 a 1.164. Apegar-nos-emos a esses dois códigos para transformar suas disposições legais em doutrina, sob o fundamento da analogia. Repetimos nossa opinião de que interpretar é função dogmática, não devendo a lei dirigir o raciocínio do intérprete sem bitolar a atividade intelectual. A interpretação pode todavia apegar-se à legislação estrangeira, para formar opinião jurídica, ainda mais tendo em conta que nosso Código Civil, interpreta muito o pensamento de seu congênere italiano.

Tratando-se de contrato, negócio jurídico que impõe sérias responsabilidades às partes contratantes, e choques de interesses, não se pode conceder livre hermenêutica a elas, sob pena de se radicalizar um arbitrário subjetivismo dos intérpretes. Examinando os dois códigos estrangeiros, ficaremos convencidos da efetividade da aplicação deles no direito brasileiro.

Destarte, diz o art. 1.362 do Código Civil italiano que na interpretação do contrato deve-se indagar qual tenha sido a intenção comum das partes e não limitar-se ao sentido literal das palavras. Para determinar a intenção comum das partes, deve-se levar em conta o comportamento delas, posterior à conclusão do contrato.

Podemos ainda estabelecer outras comparações. Diz o art. 1.363 que as cláusulas do contrato são interpretadas uma em conexão com as outras, atribuindo a cada uma o sentido resultante do teor do contrato.

Nas cláusulas dúbias, a interpretação deve recair a favor da parte mais fraca, incluindo-se nessa consideração também o devedor ante o credor. Normalmente é o credor que impõe cláusulas contratuais e, por isso, presume-se que ele seja o beneficiário de cláusulas confusas. É lícito pois que as dúvidas tenham a decidir-se pró-devedor. É o que acontece nos contratos de adesão, em que as decisões de casos dúbios são em favor do oblato, por ser a parte mais fraca e que só arcará com a obrigação de pagar.

Outro critério de interpretação deve ser adotado: segundo a prática geralmente aplicada no lugar em que o contrato foi concluído. Nos contratos em que uma das partes é uma empresa, as cláusulas ambíguas são interpretadas segundo a prática costumeira do lugar em que a empresa estiver situada. Nota-se a diferença de que no direito brasileiro prevalece o costume do lugar em que o contrato é executado e, no direito italiano, em que é concluído. Este ainda prevê uma exceção: se o contrato for mercantil, ou seja, celebrado por empresa, vigora o costume do lugar em que a empresa tem sua sede, independentemente do lugar em que o contrato seja concluído ou executado. Neste caso, deve prevalecer a lei brasileira.

# 4. ESTIPULAÇÕES EM FAVOR DE TERCEIRO

Fala-se aqui de um contrato celebrado entre duas pessoas, mas cujo objetivo deve resultar em benefício de outra pessoa, estranha a esse contrato. É um contrato unilateral, ou seja, uma só pessoa assume obrigações; não é um contrato gerador de obrigações recíprocas, como é norma dos contratos. As figuras intervenientes desse contrato são três: promitente, estipulante e beneficiário. As partes celebrantes são apenas o promitente e o estipulante: o promitente é a pessoa que se obriga a cumprir uma determinada prestação, não para com o estipulante, mas para com uma terceira pessoa, estranha ao contrato; o estipulante adquire direitos, mas não em seu benefício, já que o benefício se dirige ao beneficiário.

Examinaremos um exemplo que já aconteceu diversas vezes em São Paulo. Três pessoas constituíram uma sociedade mercantil: duas contribuíram com dinheiro para a formação do capital e a outra com um imóvel. Mais tarde, esse último sócio desligou-se da sociedade e, na retirada, celebrou contrato com a sociedade para que esta vendesse o imóvel destinando o produto da venda, não para si, mas para seu irmão. A sociedade foi a promitente, porquanto prometeu contratualmente vender o imóvel e dar seu produto a um terceiro. O sócio retirante foi o estipulante, porquanto assinou o contrato, estipulando a obrigação principal do promitente. O irmão do sócio retirante é o beneficiário, visto que será ele a receber o dinheiro da venda do imóvel, embora não seja parte do contrato.

A estipulação em favor de terceiro está prevista nos arts. 436 a 438 do Código Civil. É um contrato *sui generis*, mas não deixa de ser um contrato, tanto que os três artigos utilizam a palavra "contrato". O art. 436 estabelece direitos do estipulante e do beneficiário perante o promitente. Diz o *caput* desse artigo que o estipulante, isto é, o que estipula em favor de terceiro pode exigir o cumprimento da obrigação. Por sua vez, o parágrafo único desse artigo concede o mesmo direito ao beneficiário, ou seja, o terceiro em favor de quem se estipulou a obrigação, que poderá exigi-la. O beneficiário estará, porém, sujeito às normas estabelecidas pelo contrato, se a ele anuiu.

O art. 437 prevê sutis possibilidades. A estipulação em favor de terceiro poderá ter cláusula que deixa ao beneficiário o direito de reclamar a execução da obrigação assumida pelo promitente. Neste caso, o estipulante não poderá exonerar o promitente de cumprir sua promessa feita contratualmente.

Entretanto, o art. 438 regula a hipótese de não haver no contrato cláusula permissiva da remoção do beneficiário. Nesse caso, o estipulante poderá remover o beneficiário designado no contrato, substituindo-o por outro. Reserva-se ao estipulante o direito de fazer essa substituição, ou por ato "intervivos" ou por disposição de última vontade. Far-se-á essa substituição, independentemente da anuência quer do promitente, quer do beneficiário. A essas alturas, chegamos a um ponto conflitante: o contrato foi estabelecido entre duas partes: estipulante e promitente, com a anuência do beneficiário. Entretanto, esse contrato é modificado unilateralmente pelo estipulante. Assume pois a estipulação em favor de terceiro, ante essa situação, o caráter de uma declaração unilateral de vontade. Eis por que é um contrato muito *sui generis*.

Um outro exemplo, muito comum em operações bancárias. Uma empresa obtém empréstimo em um banco, concedendo em garantia o penhor de máquinas industriais. Celebra com uma companhia seguradora contrato de seguro dessas máquinas industriais, mas indicando como beneficiário do seguro o banco mutuante. Vemos assim que a empresa é a estipulante, a seguradora, a promitente, e o banco, o beneficiário. O mesmo ocorre com os contratos de seguro de vida, em que alguém contrata com a seguradora, para pagar uma prestação a terceiro, em caso de morte do estipulante.

# 5. DA PROMESSA DE FATO DE TERCEIRO

Examinemos uma hipótese da participação de um terceiro no contrato. Ocorre quando alguém se compromete a conseguir um determinado ato a ser praticado por terceira pessoa. Assume assim uma obrigação de fazer, isto é, de conseguir a adesão de terceiros ao contrato.

Por exemplo, a empresa Sigma Ltda. comprometeu-se com Ipsilon Ltda. a montar uma unidade industrial, com maquinaria fornecida por Rota Ltda.. Todavia, Rota Ltda. não conseguiu fornecer a maquinaria. Quem será a responsável por essa inadimplência do contrato celebrado entre Sigma Ltda. e Ipsilon Ltda.? Não é de Rota Ltda., pois esta não se comprometeu a fornecê-la a Ipsilon Ltda.. A inadimplência é de responsabilidade de Sigma Ltda., que não conseguiu o que prometera. Nesse caso, o credor da obrigação contratual, ou seja, Ipsilon Ltda., poderá pedir reparação de danos, uma vez que não será possível exigir o cumprimento da obrigação.

Na promessa de fato de terceiro, uma parte contratual não se compromete apenas por seus atos mas por atos praticados por outra pessoa. Em outras palavras, essa parte se responsabiliza pelo inadimplemento de prestação devida por terceiro. Alguém transfere a um terceiro a obrigação de satisfazer uma prestação, sem no entanto desvincular-se do contrato. O terceiro substituiu assim o devedor de obrigação contratual.

Exemplo bem comum na atividade advocatícia vê-se no substabelecimento de procuração "ad juditia". Por exemplo, Ulpiano outorga procuração a Modestino para que este empreenda ação judicial. Entretanto, Modestino dá substabelecimento a Pompônio, encarregando este da ação, transferindo a este último a responsabilidade contratual, mas permanecendo nela. Se Pompônio não cumpriu a obrigação de empreender a ação judicial, Ulpiano será responsável pelo inadimplemento. Observa-se o que dispõe o art. 429:

> "Aquele que tiver prometido fato de terceiro responderá por perdas e danos se este o não executar".

Portanto, Modestino prometeu a Ulpiano fato de terceiro (Pompônio); este não executou essa obrigação: Modestino responde por esse inadimplemento.

Essa responsabilidade fica eliminada se o terceiro for o cônjuge do promitente, dependendo da sua anuência o ato a ser praticado, e desde que, pelo regime de bens no matrimônio, a indenização, de algum modo, venha a recair sobre os seus. Assim sendo, se Modestino substabeleceu o mandato à sua esposa Cornélia e o regime de bens do casamento deles implica a comunhão de bens, será inócua essa responsabilidade de Modestino pois os bens do casal ficam vinculados à obrigação de um e de outro.

Não permanece a responsabilidade do mandatário primordial se ele se desvincula do contrato. Assim, Modestino dá a Pompônio o substabelecimento sem reserva de poderes: transfere totalmente a Pompônio a responsabilidade do mandato, presumindo-se que essa transferência tenha sido autorizada pelo outorgante, neste caso Ulpiano. A este respeito, ressalva o art. 440:

"Nenhuma culpa haverá para quem se comprometer por outrem, se este, depois de se ter obrigado, faltar à prestação".

Ficará todavia responsável se não tiver a faculdade de substabelecer ou se transferir o mandato a pessoa notoriamente incapaz sob os diversos pontos de vista.

Não se admite essa substituição em contratos "intuitu personae", ou seja, cuja prestação deve ser cumprida por certa, determinada pessoa. São as chamadas "prestações personalíssimas".

Outro exemplo muito comum ocorre nos contratos de empreitada, como na execução de obras públicas. Normalmente, a empreiteira se vale de serviços de "auxiliares", empresas especializadas em alguns trabalhos específicos, como o de jardinagem. Há um subcontrato e se a empresa de jardinagem não cumprir sua prestação, a empreiteira será responsável, pois a culpa é desta, "culpa in eligendo"ou "culpa in vigilando".

# 6. CLÁUSULAS ESPECIAIS DO CONTRATO BILATERAL

6.1. "Exceptio non adimpleti contractus"
6.2. "Rebus sic standibus"
6.3. Evicção
6.4. Vícios redibitórios

### 6.1. *Exceptio non adimpleti contractus*

Nosso direito previu algumas cláusulas explícitas nos contratos bilaterais (ou sinalagmáticos). Voltamos à consideração de que contrato bilateral não é assim chamado porque é constituído por duas partes, mas porque as partes têm obrigações recíprocas. Cada obrigação é a causa jurídica da outra. Exemplo bem marcante é o contrato de compra e venda: o vendedor se obriga a entregar uma coisa e o comprador a pagar o preço dela. Por que o vendedor tem o direito de exigir o pagamento do preço de uma mercadoria? É porque entregou essa mercadoria. Por que o comprador tem o direito de exigir a entrega de uma mercadoria? É porque pagou o preço dela.

Quando fala em contrato bilateral, portanto, cada parte deve cumprir uma prestação para com a outra, de acordo com o vínculo jurídico que as une. No momento em que uma das partes cumpre a sua prestação, adquire o direito de exigir que a outra também cumpra a dela. As partes devem, pois, cumprir simultaneamente suas obrigações recíprocas.

Se não for possível essa concomitância nas prestações, o contrato deve estipular quem deverá cumprir primeiramente sua prestação. Se esta não adimplir sua obrigação, conforme o contrato, não poderá exigir da outra a pontualidade. Por isso assegura o art. 476 que, nos contratos bilaterais, nenhum dos contratantes, antes de cumprida sua obrigação, pode exigir o implemento da do outro.

Se for cobrada, a parte ameaçada pela inadimplência da outra poderá recusar-se a satisfazer sua obrigação, opondo-se, inclusive judicialmente, pelo princípio jurídico "exceptio non adimpleti contractus" (exceção de contrato não adimplido). Permanece assim a parte prejudicada em posição passiva, apenas se defendendo de possível ataque.

Além do contrato não ser cumprido, há outro aspecto de preocupação para a parte em condições seguras de adimplemento: é ficar uma parte abalada, estremecida, com a possibilidade de não cumprir a contraprestação para com o outro contratante. É o que ficou previsto no art. 477. Se depois de concluído o contrato, sobrevier a uma das partes contratantes diminuição em seu patrimônio capaz de comprometer ou tornar duvidosa a prestação pela qual se obrigou, pode a outra recusar-se à prestação que lhe incumbe, até que aquela satisfaça a que lhe compete ou dê garantia bastante de satisfazê-la.

Quem pode apelar para essa cláusula será apenas a parte que tiver que cumprir sua prestação em primeiro lugar. Houve modificações não nas circunstâncias gerais, mas na situação da parte cuja prestação virá depois. Visa a evitar que a parte cumpra primeiro sua obrigação e fique depois em situação de risco. Poderá por isso pedir para que a outra parte cumpra sua prestação ou dê alguma garantia em receber o que foi combinado.

### 6.2. *Rebus sic standibus*

Outra cláusula implícita no direito contratual, doutrinariamente aceita, é a que permite a uma parte pedir revisão ou resolução do contrato em vista de radical e inesperada modificação nas condições em que o contrato deva ser executado. É a "rebus sic standibus", expressão que significa "estando as coisas assim estabelecidas". Ela se aplica a contratos de execução continuada ou diferida, principalmente se for cumprido a longo prazo. Uma ocasião em que essa cláusula foi muito invocada se deu na crise de relacionamento entre os Estados Unidos da América e o Irã. Muitos contratos de diversos tipos foram firmados entre empresas americanas e iranianas e estavam em plena execução. Contudo, os dois países romperam relações diplomáticas e comerciais; foi proibida e entrada e a presença de cidadãos americanos no Irã. Como poderiam as empresas americanas cumprir a execução desses contratos, ante a mudança radical e imprevista da situação reinante?

A mudança das situações ambientais, aquelas existentes na celebração do contrato e as que existirão no momento da posterior execução das obrigações contratuais vai além do caso fortuito ou de força maior. A situação se modifica de forma tão acentuada que se torna impossível a uma parte o cumprimento da obrigação; poderá até mesmo levá-la à insolvência, com o enriquecimento da outra parte. Não cabe culpa à parte que se vir impossibilitada de adimplir uma prestação contratual, pois os acontecimentos que modificaram as coisas eram imprevisíveis. Por isso se diz que essa cláusula repousa na "teoria da imprevisão".

Nos contratos de execução continuada ou diferida, se a prestação de uma das partes se tornar excessivamente onerosa, com extrema vantagem para a outra, em virtude de acontecimentos extraordinários e imprevisíveis, poderá o devedor pedir a resolução do contrato. Os efeitos da sentença que a decretar retroagirão à data da citação. Releva notar que o art. 478 fala na "resolução" do contrato e não "rescisão". A rescisão ocorre quando houver quebra do contrato, quando uma parte descumprir alguma cláusula contratual. Neste caso, a parte inadimplente não descumpriu o contrato mas demonstrou a impossibilidade de cumpri-lo.

A resolução poderá ser evitada, oferecendo-se o réu a modificar eqüitativamente as condições do contrato. Haverá então entendimentos entre as partes, para se chegar a um acordo que viabilize a execução do contrato, mas adaptando-o à situação do momento. Se no contrato as obrigações couberem a apenas uma das partes, poderá pleitear que a sua prestação seja reduzida, ou alterando o modo de executá-la, a fim de evitar a onerosidade excessiva (art. 480). Observarão as partes o princípio da eqüidade, O "ex aequo et bono" dos romanos.

A "rebus sic standibus" não estava prevista em nossa lei, malgrado várias disposições a autorizavam. Foi porém claramente estabelecida pelos arts. 478, 479 e 480 do novo Código Civil, sanando definitivamente a omissão. É mais ou menos calcado no art. 1.467 do Código Civil italiano, que transmitimos neste trabalho:

| Conttrato con prestazione corrispettive. | Contrato com prestações recíprocas. |
|---|---|
| Nei conttratti a esecuzione continuata o periodica ovvero a esecuzione differita, la prestazione di una delle parti é divenuta eccessivamente onerosa per il verificarsi di avvenimenti estraordinari e imprevedibili, la parte che deve tale prestazione può domandare da risoluzione del conttrato con gli effeti stabiliti dal art. 1.458. La risoluzione non può essere domandata se la sopravvenuta onerisità rientra nel l'alea normale del contrato. La parte contro la quale é domandata da risoluzione può evitarla offrendo di modificare le condizione del contrato. | Nos contratos de execução continuada ou periódica ou de execução diferida, se a prestação de uma das partes tornou-se excessivamente onerosa pela ocorrência de acontecimentos extraordinários e imprevisíveis, a parte que deve tal prestação pode requerer a resolução do contrato, com os efeitos estabelecidos pelo art. 1.458. A resolução não pode ser pedida se a onerosidade fizer parte da álea normal do contrato. A parte contra a qual for pedida a resolução poderá evitá-la, oferecendo modificações eqüitativas das condições do contrato. |

### 6.3. Evicção

Examinemos um fato hipotético, mas que freqüentemente ocorre. A empresa Alfa Ltda. adquire um veículo de Beta Ltda., por contrato de compra e venda regularmente estipulado; pagou o preço e registrou o veículo em seu nome, no órgão competente. Negócio jurídico aparentemente perfeito. Todavia, alguns meses depois, aparece um oficial de justiça com a polícia e apreende aquele veículo, levando-o das mãos da compradora.

O oficial de justiça apreendeu aquele veículo em cumprimento de mandato judicial; a justiça dera uma sentença declarando como proprietária dele outra pessoa, a Gama Ltda.. Sem que Alfa Ltda. soubesse, Gama Ltda. entrara na justiça, reclamando a posse e a propriedade do veículo, e obteve para si a procedência da ação.

Alfa Ltda. foi obrigada a entregar o veículo, pois era uma determinação judicial, com trânsito em julgado, embora fosse adquirente de boa-fé. Acontece, porém, que a vendedora do veículo, a Beta Ltda., era um "non domino" e por isso não poderia ter vendido aquele veículo. O defeito jurídico não está no contrato de venda, mas na coisa vendida. Alfa Ltda. foi vítima da evicção, pela qual ela perdeu a posse da coisa que adquiriu, mas a justiça decidiu que a legítima proprietária dessa coisa era Gama Ltda.

Analisando a operação acima, notaremos nela a presença de três partes:
- Alienante – Beta Ltda., que vendeu a coisa ao futuro evicto;
- Evicto – Alfa Ltda., que perdeu a coisa que houvera comprado do alienante;
- Evictor – Gama Ltda., que obteve na justiça a propriedade e a posse da coisa.

Vimos assim que a evicção ocorre quando o adquirente de uma coisa vê-se privado dela, em virtude de sentença judicial, que atribuiu a propriedade dela a um terceiro. Pelo que foi visto, ressaltam vários elementos na evicção: existe a perda de uma coisa que se encontrava legitimamente na posse e propriedade de quem a perde; em segundo lugar, essa perda se deve a uma decisão judicial, ou seja, um pronunciamento da justiça; em terceiro, deve existir um direito anterior sobre a coisa, por parte do evictor, isto é, o reclamante da coisa, que a reivindicou judicialmente. O evicto, adquirente da coisa, é normalmente possuidor de boa-fé e desconhecia a existência do direito anterior por parte da outra pessoa. Não é essencial na evicção que haja fraude por parte do alienante da coisa e do evicto. Evidente é que o responsável por tudo foi o alienante.

Por isso, a lei impõe ao alienante de uma coisa a outra pessoa, a obrigação de resguardar o adquirente dos riscos da evicção. Nos contratos onerosos, o alienante responde pela evicção. Subsiste essa garantia, ainda que a aquisição se tenha realizado em hasta pública (art. 447). Venda em hasta pública é venda por leilão público. Acontece de forma mais comum nos contratos de compra e venda, pois é o contrato mais adotado para a transferência do domínio de coisa móvel ou imóvel. Não obrigatoriamente entretanto. O que prevê a lei é que essa garantia deve ser dada nos contratos onerosos, pelos quais se transfere o domínio, posse ou uso. Poderá ser, por exemplo, créditos.

O art. 448 prevê a possibilidade de ser inserida, no contrato firmado entre o alienante e o alienatário da coisa, cláusula excludente dessa responsabilidade. Podem as partes, por cláusula expressa, reforçar, diminuir ou excluir a responsabilidade pela evicção. Por outro lado, segundo o art. 449, não obstante a cláusula excludente da garantia contra a evicção, se esta se der, tem o direito o evicto a receber o preço que pagou pela coisa evicta, se não soube do risco da evicção, ou, dele informado, não o assumiu.

A impressão que se forma é a de que não adianta essa cláusula pois permanece o direito do evicto de receber a indenização correspondente ao preço que pagou pela coisa. O que ficou excluída foi a gama de outras obrigações. Se tiver sido estipulado em contrato a cláusula excludente, o evicto perde o direito à indenização dos frutos que tiver sido obrigado a restituir; à indenização pelas despesas dos contratos e pelos prejuízos que diretamente resultarem da evicção; às custas judiciais e aos honorários do advogado por ele constituído.

O preço, seja a evicção total ou parcial, será o do valor da coisa, na época em que o evicto foi desapossado dela, no caso de evicção total; se for parcial a evicção, o preço será proporcional ao desfalque sofrido. Essa obrigação de indenizar o adquirente subsiste para o alienante, ainda que a coisa alienada esteja deteriorada, desde que seja este adquirente de boa-fé, ou seja, não tenha havido dolo do adquirente.

Se o adquirente (ou evicto) tiver auferido vantagens das deteriorações, e não tiver sido condenado a indenizá-las, o valor da vantagens será deduzido da quantia que lhe houver de dar o alienante. É questão de eqüidade, uma vez que o evicto estaria se enriquecendo indevidamente.

## O exercício do direito do evicto

O prejudicado nesta questão é o evicto. Tem ele o direito de ação contra o evictor, mas deve chamar ao processo o alienante, pois este é o principal interessado em defender-se. É o alienante que responde pela evicção; é ele que irá indenizar o evicto no caso de procedência da ação. O evicto, vale dizer, o prejudicado, tem direito de ser indenizado com a restituição integral do preço ou das quantias que pagou e mais ainda dos frutos que tiver sido obrigado a restituir. Terá direito também à indenização pelas despesas dos contratos e pelos prejuízos que diretamente resultarem da evicção. Se tiver sido obrigado a postular seu direito à justiça terá direito às verbas de sucumbência, como as custas judiciais e aos honorários do advogado por ele constituído.

A perda do evicto pode ser total ou parcial.

O preço da evicção total será o do valor da coisa na época do desapossamento da coisa, e proporcional ao desfalque sofrido, no caso de evicção parcial. Se parcial mas considerável for a evicção, poderá o evicto optar entre a rescisão do contrato e a restituição da parte do preço, correspondente ao desfalque sofrido. Se não for considerável, caberá somente direito à indenização (art. 455).

O alienante, isto é, aquele que transferiu a coisa, permanece com a obrigação de indenizar o evicto, ainda que a coisa alienada tenha se deteriorado, a menos se o adquirente tenha agido com dolo ou má-fé. Entretanto, o adquirente pode ter auferido vantagens das deteriorações da coisa e não foi condenado a indenizá-las. Nesse caso, será avaliado o valor das vantagens obtidas pelo adquirente e esse valor será deduzido da quantia que ele receber do alienante.

Pode ainda acontecer que o alienante tenha feito benfeitorias antes de transferir a coisa, e estas foram aprovadas pelo futuro evicto. Este portanto beneficiou-se dessas benfeitorias. Assim sendo, o valor dessas benfeitorias será reduzido da indenização devida pelo alienante ao evicto.

### 6.4. Vícios redibitórios

Vício redibitório é o defeito oculto, que passa desapercebido numa coisa alienada e após a transferência dessa coisa revela-se ela imprópria para o uso a que se destina ou tem seu valor diminuído. É o caso do comprador de uma maquinaria aparentemente em bom funcionamento;

quando for acionada porém, revela essa máquina um grave defeito, que a torna improdutiva ou prejudica sensivelmente o seu valor. Embora o adquirente da maquinaria a tenha aceito no momento da alienação, passam desapercebidos os vícios redibitórios, porquanto são defeitos ocultos, difíceis de serem detectados, a não ser em laboratório de controle de qualidade ou pelo exame de um técnico especializado.

Não se pode dizer que o alienante vendeu ao alienatário "gato por lebre", já que é muito chocante a fraude; o vício não seria oculto mas facilmente detectável.

Contudo, o vício redibitório é sutil e oculto, passando desapercebido à percepção normal de qualquer pessoa. É preciso que o defeito oculto esteja patente na coisa no momento da alienação e não seja superveniente.

É preciso ainda que o seja um defeito grave, ou seja, restrinja consideravelmente o valor da coisa. Essa coisa defeituosa deverá ter sido transferida por força de um contrato comutativo, isto é, de um contrato que acarrete obrigações mais ou menos equilibradas entre as duas partes. Não terá sentido a queixa de quem recebeu uma coisa em doação. Tudo isso se deduz do art. 441 do novo Código Civil: "a coisa recebida em virtude de contrato comutativo pode ser enjeitada por vícios ocultos, que a tornem imprópria ao uso a que se destina, ou lhe diminuam o valor. É aplicável a disposição deste artigo às doações onerosas".

Há porém variação na responsabilidade do alienante: se ele conhecia os vícios redibitórios, restituirá o que recebeu com perdas e danos; se não conhecia esses vícios, não houve má-fé de sua parte e não responderá por perdas e danos mas restituirá o valor recebido e mais as despesas do contrato. Pelo art. 444 subsiste a responsabilidade do alienante ainda que a coisa pereça em poder do alienatário (o comprador), se perecer pelo vício oculto, já existente ao tempo da tradição, vale dizer, no momento da entrega da coisa ao alienatário.

Prejudicado por ter recebido uma coisa que não seria capaz de adquirir se soubesse dos defeitos que ela apresentava, o adquirente dessa coisa poderá optar por duas soluções: a ação redibitória ou a "quanti minoris". Segundo o art. 441, ao constatar que a coisa recebida em virtude de contrato comutativo apresenta defeitos ocultos que a tornem imprópria ao uso a que se destina ou lhe diminuam o valor, o adquirente poderá enjeitá-la. Porém, o art. 442 abre a opção para o adquirente: poderá enjeitar a coisa recebida, ou então aceitá-la, mas com abatimento de preço.

*Ação redibitória*

Caso o adquirente queira recusar a coisa defeituosa, poderá exercer judicialmente a "ação redibitória". Por esta ação, coloca a coisa à disposição do alienante e pede a restituição do preço pago. Aponta os vícios ocultos, com as provas necessárias, anulando a operação translatícia. Poderá ainda pedir a atualização do preço pago e as despesas do contrato. Se o alienante sabia do defeito oculto e mesmo assim transferiu a coisa ao alienatário, consciente pois do prejuízo que a este causaria, terá agido de má-fé. Comprovada essa má-fé, poderá o adquirente pedir o ressarcimento das perdas e danos.

*Ação "quanti minoris"*

O alienatário, quem recebeu a coisa defeituosa, poderá optar por outra solução: em vez de redibir o contrato translatício da coisa, poderá aceitá-la, mesmo com os defeitos revelados. Empreenderá então a ação "quanti minoris", ação que visa ao abatimento do preço pago. O fundamento dessa ação é o de que o vício redibitório não torna a coisa transferida imprópria para o uso a que se destina, porém diminui o valor dela. O adquirente será assim indenizado pela desvalorização da coisa, em virtude do vício redibitório. Nenhuma das duas ações, contudo, tanto a "quanti minoris" como a redibitória poderão ser exercidas se a coisa foi adquirida em hasta pública (leilão judicial). Se assim não fosse, a ação deveria ser empreendida contra o leiloeiro, que não tem essa responsabilidade, ou contra a própria justiça, que é a alienante.

*Prazos decadenciais*

Tanto os direitos tutelados pela ação redibitória como a "quanti minoris" tem prazo de decadência, vale dizer, perda do direito à indenização. O novo Código estabeleceu decadência, enquanto o antigo estabelecia só a prescrição da ação.

O adquirente (o evicto) decai do direito de obter a redibição ou o abatimento no preço, nos seguintes prazos:

– trinta dias, se a coisa for móvel – um ano, se a coisa for imóvel.

Esses prazos são contados a partir da entrega efetiva da coisa. Se o evicto já estava na posse da coisa, o prazo é contado a partir da alienação, reduzido à metade.

Todavia, o vício, por sua natureza, só pode ser conhecido mais tarde. Neste caso o prazo será contado do momento em que o evicto teve ciência do defeito. Há prazo para que o evicto tome conhecimento do vício: 180 dias para coisas móveis e um ano para coisas imóveis. Se não houvesse esse prazo, o evicto compraria uma máquina e a usaria durante vinte anos e só então iria descobrir grave defeito oculto, exigindo em substituição máquina nova.

Tratando-se de venda de animais, os prazos de garantia por vícios ocultos, serão os estabelecidos em lei especial, ou, na falta desta pelos usos locais, aplicando-se o disposto sobre os bens móveis retrocitado, se não houver regras disciplinando a matéria. Vamos então repetir o que já foi dito:

a – o comprador de um boi terá o prazo de 180 dias para constatar se esse boi tinha um vício oculto, como a doença da vaca louca, não perceptível no momento da compra;
b – descobrindo esse vício no prazo hábil, terá trinta dias para reclamar, contando-se esse prazo do dia em que tomou ciência do vício.

Não correrão esses prazos na constância da cláusula de garantia; mas o adquirente deve denunciar o defeito ao alienante nos trinta dias seguintes ao seu descobrimento, sob pena de decadência.

# 7. CONTRATO PRELIMINAR

7.1. Conceito
7.2. Modalidades especiais
7.3. Disposições do Código Civil
7.4. Outras disposições legais

## 7.1. Conceito

O contrato preliminar é o compromisso para uma futura declaração de vontade, ou seja, um contrato que gera a obrigação de contratar. É o preparatório para um negócio definitivo, que não pode realizar-se no momento do contrato preliminar. Admitem a doutrina e a lei de vários países que a figura do contrato preliminar é logicamente admissível a abstratamente aplicável a qualquer tipo de contrato. Vamos relatar um exemplo: uma empresa necessita de um imóvel para instalar-se; outra empresa encarrega-se de alugar o imóvel desejado. Contudo, a locadora não pode dispor do imóvel naquele momento, mas promete colocá-lo à disposição da locatária em determinado prazo.

Celebram então as duas partes, o futuro locador e o futuro locatário, um contrato preliminar, pelo qual o futuro locador se obriga a alugar ao futuro locatário, um determinado imóvel, pactuando inclusive as condições desse contrato de locação. Quando tiver o imóvel nas condições pactuadas, as partes celebram o contrato de locação: é o contrato definitivo.

O objeto do contrato preliminar é o contrato definitivo; este é pois conseqüência daquele. Não se pode dizer entretanto que seja um o contato principal e o outro acessório. São dois contratos autônomos; o contrato preliminar tem função instrumental, preparatória. Seus efeitos cessam e ele deixa de existir no momento em que for realizado o contrato definitivo.

O contrato preliminar gera sempre uma obrigação de fazer; o contrato definitivo pode gerar outros tipos de obrigações. O contrato definitivo é geralmente um contrato nominado, típico, como a compra e venda, a locação, a fiança, o mandato; o contrato preliminar é atípico e não se coloca no rol dos contratos típicos, elencados em nosso Código Civil ou regulamentados em leis especiais, como o de franquia.

Destina-se o contrato preliminar a dar segurança às partes; elas querem celebrar um contrato, mas no momento não têm condições de celebrá-lo; não querem porém assumir o risco de perder esse contrato. Garantem-se então pelo contrato preliminar, assegurando a realização do negócio, criando direitos e obrigações recíprocas, inclusive de reparação de danos, caso uma das partes decida não estabelecer o contrato definitivo.

## 7.2. Modalidades especiais

Apresentam-se duas modalidades de contrato preliminar: "pactum de contrahendo" e "pactum de modo contrahendi". O "pactum de contrahendo" é o contrato preliminar em sentido estrito (strictu sensu), tendo como objeto a conclusão do contrato definitivo.

O "pactum de modo contrahendi" tem como objeto o "modus faciendi" do futuro contrato definitivo, ou seja, a forma ampla, as condições e o conteúdo do contrato definitivo: é chamado pelo direito italiano de "contrato normativo". Ambos são porém contratos "preparatórios", com a característica comum de não terem função autônoma, mas servirem para predispor a formação de outros contratos. Há porém sensíveis diferenças entre eles, das quais falaremos a seguir.

Entre o contrato preliminar "strictu sensu", vale dizer, o "pactum de contrahendo" e o "pactum de modo contrahendi", chamado este último de contrato normativo, são levantadas pelos juristas europeus, mormente italianos e alemães, três diferenças básicas. A primeira é que o "pactum de contrahendo" tem existência provisória, pois o vínculo jurídico por ele criado perece com a estipulação do contrato definitivo, no mesmo sentido de que a "crisálida perece quando nasce a borboleta".

O "pactum de modo contrahendi" tem eficácia duradoura, mantendo-se para contratos sucessivos ao contrato definitivo. Tem causa própria que é a de impor as normas para outros contratos futuros.

A terceira é que o contrato preliminar determina os elementos essenciais do contrato definitivo, enquanto o contato normativo estabelece uma disciplina unificada para as relações contratuais.

O "compromisso de compra e venda" reúne as características dos dois. Suas cláusulas são as mesmas do contrato definitivo, ou seja, da compra e venda. Por outro lado, é ele um contrato normativo, pois ele não desaparece depois do contrato definitivo, uma vez que suas cláusulas permanecem e o contrato definitivo não precisa reproduzi-las. Por exemplo, um compromisso de compra e venda estabelece a garantia da evicção e dos vícios redibitórios e outras cláusulas de garantia ou de qualquer outro tipo; no contrato de compra e venda por ele previsto, não há necessidade de se repetirem essas cláusulas, pois a eficácia delas permanece.

### 7.3. Disposições do Código Civil

O contrato preliminar teve sua regulamentação graças ao novo Código Civil, que o previu nos arts. 462 a 466. A regulamentação brasileira é bem mais explícita do que a italiana, cujo código previu o contrato preliminar em apenas dois artigos, 1.351 e 1.352. Pelo menos neste aspecto, nosso Código suplanta seu congênere italiano, no qual se baseou. Um dia o Brasil reconhecerá o valor de nosso novo Código, contra o qual se levantam tantas vozes. É muito natural; toda inovação e modernização encontram reações antagônicas de espíritos acomodados, descrentes e rotineiros. Não é sem esforço que nos amoldaremos a novas idéias, a novas situações.

Art. 462
O contrato preliminar, exceto quanto à forma, deve conter todos os requisitos essenciais do contrato a ser celebrado. Tomaremos como exemplo um contrato de mandato e o contrato preliminar para a outorga do mandato; este deverá conter todos os elementos essenciais do contrato de mandato, como as partes, o objeto, os poderes.

Art. 463
Concluído o contrato preliminar, com observância das normas legais, e desde que dele não conste cláusula de arrependimento, qualquer das partes terá o direito de exigir a celebração do definitivo, assinando prazo à outra parte para que o efetive.
Fica aqui esclarecido o objeto do contrato: ele gera a obrigação de contratar. Se foi celebrado apontando as cláusulas do futuro contrato, gerou ele o direito a qualquer parte de exigir da outra o cumprimento da obrigação assumida, que é a de celebrar o contrato definitivo. Se não estava previsto no contrato preliminar o prazo para a celebração do contrato definitivo, poderá a parte interessada dar prazo à outra para que cumpra a obrigação. Para gerar os efeitos de direito, deverá o contrato preliminar ser registrado no órgão público competente, no presente caso o Cartório de Registro de Títulos e Documentos.

Art. 464
Esgotado o prazo, poderá o juiz, a pedido do interessado suprir a vontade da parte inadimplente, conferindo caráter definitivo ao contrato

preliminar, salvo se a isto se opuser a natureza da obrigação. Se houver recusa de uma parte em celebrar o contrato definitivo no prazo estabelecido, a parte prejudicada poderá empreender ação judicial compelindo a parte inadimplente a adimplir a obrigação. Se esta não atender, sua vontade será suprida pelo juiz, à revelia, transformando por sentença judicial o contrato preliminar no contrato definitivo.

Art. 465
Resta ainda à parte prejudicada outra opção. Se o estipulante não der execução ao contrato preliminar, poderá a outra parte considerá-lo desfeito, e pedir perdas e danos.

Art. 466
Se a promessa de contrato for unilateral, o credor, sob pena de ficar a mesma sem efeito, deverá manifestar-se no prazo previsto, ou, inexistindo este, no que lhe for razoavelmente concedido pelo promitente. Trata-se o contrato definitivo de um contrato, não de prestações recíprocas, mas de prestação a cargo de uma só parte, que a lei e muitos juristas chamam de "unilateral". É o caso da doação. O doador comprometeu-se a doar um bem ao donatário por contrato preliminar, sem cláusula de arrependimento. O compromisso é de apenas uma parte, e a outra deverá interpelar a parte inadimplente no prazo previsto no contrato preliminar. Se não houver prazo estabelecido, deverá exigir que a parte que deverá cumprir o compromisso marque um prazo razoável para o cumprimento.

## 7.4. Outras disposições legais

Antes mesmo de ser o contrato preliminar regulado em nosso Código Civil, encontrávamos em nossa lei referência clara à possibilidade de haver contrato preliminar em discussão judicial. É no Capítulo III do Código de Processo Civil, em que é tratada a execução das obrigações de fazer e de não fazer. Como foi falado, se o contrato preliminar tem por objeto a conclusão de um contrato definitivo, gera para os contraentes a obrigação de fazer, de manifestar a sua vontade, num determinado prazo. Entre os artigos desse capítulo é de se realçar o que diz o art. 639:

"Se aquele que se comprometeu a concluir um contrato não cumprir a obrigação, a outra parte, sendo isso possível e não excluído pelo título, poderá obter uma sentença que produza o mesmo efeito do contrato a ser firmado".

Encontramos assim, fora do direito substantivo, uma disposição importante sobre o contrato preliminar, além de admitir sua prática. Aliás, já tinha sido ele regulamentado anteriormente pelo Código das Obrigações, projeto que não vingou. E, na prática, podemos dizer que, apesar de pouco divulgado, o contrato preliminar é de aplicação constante. É ele utilizado principalmente na incorporação imobiliária e na venda de imóveis.

Uma modalidade de contrato preliminar foi regulamentada pelo Decreto-lei 58/37, com o nome de "compromisso de compra e venda de imóvel"; é aplicável apenas a imóveis. Se, porventura, o vendedor do imóvel não cumprir sua obrigação de firmar o contrato de compra e venda daquele imóvel, o vendedor poderá acioná-lo e, se a ação for julgada procedente, a sentença adjudicará ao comprador do imóvel compromissado.

O compromisso de compra e venda é um contrato preliminar, tendo por objeto a celebração de um contrato de compra e venda de imóvel; suas partes são chamadas de "compromitente" e "compromissário" ou promitente-vendedor e promitente-comprador. No contrato definitivo são chamadas de "vendedor" e "comprador".

# 8. MODALIDADES ESPECIAIS DE CONTRATOS NO CÓDIGO CIVIL

8.1. Contrato com pessoa a declarar
8.2. Contrato aleatório

### 8.1. Contrato com pessoa a declarar

Da mesma forma como fez com o contrato preliminar, o novo Código Civil transplantou dos arts. 1.401 a 1.405 do Código Civil italiano, o "conttrato per persone da nominare". Herdamos assim nova modalidade especial de contratos, devidamente regulamentada nos arts. 467 a 471, chamada "contrato com pessoa a declarar".

No momento da conclusão do contrato, pode uma das partes reservar-se a faculdade de indicar pessoa que deve adquirir os direitos e assumir as obrigações dele decorrentes (art. 467). Nessa modalidade contratual uma parte autoriza um terceiro a substituí-la nas relações decorrentes do próprio contrato. Parece tratar-se de fenômeno sucessório; uma pessoa sucede a outra no contrato.

Vamos examinar uma hipótese: Vitélio assina contrato de compra e venda de imóvel com Servílio. Porém, há cláusula nesse contrato autorizando Servílio a ser substituído por Gaio, num determinado momento. Assim sendo, o comprador do imóvel, a princípio era Servílio, mas depois passou a ser Gaio. É sistema mais aplicado no contrato de compra e venda, sendo raro nos demais tipos de contratos.

Qual seria a vantagem da aplicação desse sistema? Uma seria para se evitar o registro do imóvel em nome de Servílio e depois outro registro em nome de Gaio. Seria duplo trabalho e dupla tributação. E por que agiriam assim essas pessoas? Várias razões podem ocorrer. Por exemplo: há algum vínculo incompatível entre eles; Vitélio e Gaio são irmãos e a venda de um a outro poderia parecer doação. Entrando Servílio na relação jurídica, este atuaria como um terceiro desvinculado.

Essa indicação deve ser comunicada à outra parte no prazo de cinco dias da conclusão do contrato, se outro não tiver sido estipulado (art. 468). Assim sendo, Servílio (o comprador) deverá comunicar a Vitélio (o vendedor) que Gaio deverá substituir Servílio. É possível que no contrato de compra e venda conste prazo para indicação do substituto. Se não houver prazo, observar-se-á o prazo legal de cinco dias.

Se não for indicado o terceiro que substituirá o declarante, ou seja, não houver declaração, no prazo fixado, o contrato permanece válido, mas só produzirá efeito entre os contratantes originários, vale dizer, entre Vitélio e Servílio. Da mesma forma ocorrerá se Gaio (a pessoa nomeada) não aceitar essa indicação, ou então se Gaio for insolvente ou incapaz e Servílio desconhecia esse fato no momento da indicação.

Quando a nomeação for feita legalmente, a pessoa nomeada assume as obrigações e adquire os direitos derivados do contrato, a partir do momento em que este foi celebrado. A nomeação produz efeitos "ex tunc" (desde então).

A aceitação da pessoa nomeada (electio amici) não será eficaz se não se revestir da mesma forma que as partes usaram para o contrato. A substituição configura alteração contratual e, pelas normas costumeiras, as alterações contratuais devem ser feitas do mesmo modo como o contrato foi feito.

Na opinião de vários juristas italianos, enquanto se aguardar a designação da pessoa nomeada, os efeitos do contrato ficam suspensos. Se o estipulante praticar atos de execução do contrato estaria praticando atos incompatíveis com sua vontade de nomear um substituto. Além disso, se a nomeação impõe efeitos "ex tunc", ou seja, desde o momento em que o contrato tiver sido estipulado, havia confusão de direitos e obrigações entre duas pessoas; no nosso exemplo, entre Servílio e Gaio.

Como se trata de inovação em nosso direito, o contrato com pessoa a declarar não tem ainda pronunciamento judicial ou jurisprudencial, nem doutrina formada. Resta-nos aguardar sua aplicação, para conhecermos sua eficácia.

## 8.2. Contrato aleatório

É por demais conhecida a frase de Caio Júlio César: "alea jacta est" (a sorte está lançada). Álea é palavra de origem latina e significa sorte, risco, destino, e já entrou em nosso vernáculo com esse sentido. Se álea significa sorte, destino ou risco, o contrato aleatório significa aquele contrato em que a prestação é um risco assumido. É o caso do contrato de seguro. A seguradora assume o risco de ter de pagar os prejuízos que o segurado possa ter num futuro incerto. Por exemplo: uma indústria contrata com seguradora a cobertura de riscos de incêndio em sua fábrica. A prestação da seguradora depende de uma álea. Não sabem as partes se a seguradora pagará ou não; dependerá de futuro incerto.

É o tipo de contrato em que nenhuma das partes sabe se vai ter vantagem ou desvantagem, ou de quem será a vantagem, e de quem será o prejuízo. Ambas as partes assumem o risco: uma de ter de pagar sem nada receber e a outra de ter de pagar muito acima do que recebeu.

O bilhete de loteria é o caso típico de transação aleatória. Embora seja um bilhete de loteria já era previsto com outros nomes no direito romano e deste passou para o direito de muitos países. No Brasil, foi ele regulamentado pelo Código Civil de 1916 e permaneceu com leves modificações no atual.

Do tipo aleatório, pode ser considerado o novel "contrato de futuros", do qual falaremos alhures.

Se o contrato for aleatório, por dizer respeito a coisas ou fatos futuros, cujo risco de não virem a existir um dos contratantes assuma, terá o outro direito de receber integralmente o que lhe foi prometido, desde que de sua parte não tenha havido dolo ou culpa, ainda que nada do avençado venha a existir (art. 458).

O contrato aleatório é muito comum nos contratos de compra e venda, em que a coisa ainda não existe, mas poderá vir a existir. Por exemplo, uma empresa cerealista do Ceasa celebra contrato com um agricultor, comprando a colheita de melancias da propriedade agrícola do agricultor, potencial vendedor. Nota-se que comprou uma colheita futura de melancias que ainda não existem, mas poderão existir ou não.

Veio porém chuva torrencial e destruiu a plantação de melancias. O comprador quer a colheita que ele comprou mas não assumiu o risco, a álea, de não virem a existir as melancias. Nenhuma melancia receberá e não deverá pagar o preço. Se não houver cláusula da responsabilidade do comprador, obriga-se o vendedor (o produtor das melancias) as fazer a entrega de sua safra.

Se for aleatório, por serem objeto dele coisas futuras, tomando o adquirente a si o risco de virem a existir em qualquer quantidade, terá também direito o alienante a todo o preço, desde que da sua parte não tiver concorrido culpa, ainda que a coisa venha a existir em quantidade inferior à esperada. Mas, se da coisa nada vier a existir, alienação não haverá, e o alienante restituirá o preço recebido (art. 459).

A situação agora é bem diferente da que foi relatada acima. Neste caso, o comprador das melancias assumiu o risco delas gorarem. E, neste caso, é possível que as melancias tenham sido produzidas mas não na quantidade combinada, pois as chuvas prejudicaram mas não impediram a colheita, não tendo havido qualquer culpa da parte do produtor-vendedor. O comprador comprou a colheita e neste caso deverá receber a colheita, embora tenha sido ela inferior ao programado, mas deverá pagar o preço total da compra. Se houver perda total da colheita, ou seja, não houver melancias, a perda da safra foi total e nada haverá para vender, faltando um elemento essencial da venda, a "res". Não haverá então venda e o produtor-vendedor nada receberá; se já tiver recebido antecipadamente o preço, deverá restituir o que recebeu ao comprador.

Se for aleatório o contrato, por se referir a coisas existentes, mas expostas a risco, assumido pelo adquirente, terá igualmente direito o alienante a todo o preço, posto que a coisa já não existisse, em parte, ou no todo, no dia do contrato (art. 460).

Estamos agora falando de outro tipo de contrato aleatório, mas referente a coisas existentes na ocasião do contrato e não que venham a existir.

Entretanto, essas coisas estão expostas a risco, assumido pelo comprador. Nesse caso, ainda que se deteriorem as coisas adquiridas, permanece a obrigação de pagar o preço ao vendedor. Entretanto, o art. 461 prevê uma exceção: o comprador poderá cancelar o contrato e furtar-se ao pagamento do preço, se provar que o vendedor já sabia da deterioração da coisa, ou que ela estava exposta a risco.

# 9. CONTRATOS DE MERCADOS FUTUROS

9.1. Contratos futuros
9.2. A intermediação
9.3. Objeto do contrato futuro
9.4. O preço
9.5. As bolsas
9.6. Fundamentos jurídicos

### 9.1. Contratos futuros

O contrato futuro, também chamado de contrato de futuros, contrato de mercado futuro, ou ainda de *hedge*, é um acordo de vontades em que duas partes combinam a compra e venda de mercadorias, a ser realizada no futuro, em mês designado, com o preço vigorante no leilão da bolsa. Além de mercadorias, como grãos, boi, ouro, podem ser objeto do contrato futuro alguns valores mobiliários, como ações, duplicatas e outros tipos de crédito. As mercadorias alvo desses contratos são chamadas de *commodities*.

Trata-se de um contrato de bolsa, pois são eles estabelecidos numa bolsa de mercadorias, tanto que o preço é estabelecido pela cotação da bolsa e no leilão nela realizado. Não há um prazo legal para a operação, sendo muito comum o de 6 a 12 meses. Por exemplo, um contratante celebra um contrato futuro em bolsa, com uma corretora de mercadorias, a fim de adquirir, no prazo de seis a sete meses, carne ao preço de R$ 5.000,00. Seis meses depois, recebe 100 arrobas de carne, pagando o valor acima, com a carne vendida ao preço praticado naquela data do leilão da bolsa. Em vez de mercadoria, poderá ser um ativo financeiro; no dia do vencimento do contrato, um contratante recebe um lote de ações, pagando o preço fixado no contrato.

### 9.2. A intermediação

Conforme dito anteriormente, é um contrato negociado em bolsas, como a de mercadorias, de cereais ou de valores mobiliários. Em São Paulo, foi criada uma bolsa especial para esse tipo de operações: a BM&F – Bolsa Mercantil e de Futuros. Em poucos anos adquiriu grande expressão e enorme volume de operações. A bolsa é formada por empresas corretoras de mercadorias, por intermédio das quais os contratos futuros deverão ser propostos. As corretoras de mercadorias não só exercem a intermediação dos contratos futuros, mas incluem nessa intermediação a prestação de serviços especializados, como assessoria técnica, pesquisas sobre as tendências de preços e demanda das mercadorias comercializadas nas bolsas, encaminhamento de papéis e desobstrução burocrática.

### 9.3. Objeto do contrato futuro

O contrato futuro tem por objeto normalmente uma operação com mercadorias. A princípio, essas mercadorias eram principalmente grãos, como soja, feijão, arroz, cacau, café. Desde o início, essas mercadorias foram chamadas de *commodities*. Pouco a pouco, foram-se incluindo entre as *commodities* outros tipos de mercadorias, como boi, frango e ouro. Incorporaram-se depois nas *commodities* valores mobiliários, como ações, títulos da dívida pública, *comercial papers*, certificado de depósito bancário, debêntures e recentemente duplicatas; esses valores mobiliários são designados pela expressão geral de "ativos financeiros". O dólar e outras moedas estrangeiras estão entrando entre as *commodities*.

Assim sendo, o termo *commodities* aplica-se a mercadorias gerais, mormente produtos agropecuários, a "ativos financeiros", aos valores mobiliários, desde que sejam objeto de contratos futuros. As mercadorias situam-se na natureza jurídica de "coisas", ou seja, bens materiais, corpóreos e que estejam *in commercium*, isto é, suscetíveis de livre comercialização. Os ativos financeiros são constituídos, não de "coisas", mas de bens incorpóreos, de valor imaterial, formados principalmente por créditos e papéis que os representem. Ao dizer-se que devam ser mercadorias *in commercium*, estende-se mais à comercialidade delas, não se resumindo na proibição legal de comercialização. Não se pode, por exemplo, incluir frutas, por serem elas perecíveis a curto prazo e por isso impossibilitarem transações futuras. Não podem ser incluídas mercadorias sem preço livre, que não possa ser estabelecido em leilão nas bolsas. É o caso de remédios e outros produtos químicos, com preço rigidamente controlado pelo governo. Deve ser mercadoria de produção espalhada por muitos produtores, sem domínio por monopólios, oligopólios, cartéis e outras formas de restrições, controles e privilégios. Por essa razão, produtos industrializados não se prestam a contrato futuro, como automóveis, produtos em mãos de um ínfimo número de produtores. Destarte, são mercadorias ideais para esse tipo de transação os produtos primários, como café, cacau, algodão, milho, boi gordo, frango congelado, suco de laranja, porco e outros parecidos. Com a entrada do ouro, também outros metais, como a platina, entraram no rol das *commodities*, desde que não sofram restrições na comercialização, tanto por parte do governo como de pessoas privadas.

### 9.4. O preço

O preço das *commodities* é um dos elementos mais característicos e importantes do contrato de futuro, e seu preço será estabelecido pelo pregão da bolsa. O critério de estabelecimento do preço faz distinguir o contrato de futuro do contrato de compra e venda; ainda que o contrato de futuro preveja a transferência onerosa de bens, mesmo assim se distingue do contrato de compra e venda. Neste último, o preço deve ser preciso, justo, rigidamente estabelecido nas tratativas do contrato. Ao revés, no contrato de futuro a oferta e a procura são incertas no mercado futuro, fazendo com que o preço seja livremente cotado, flutuando em função do mercado; é portanto um preço oscilante.

O preço aplicado no contrato futuro reflete as expectativas do mercado futuro, vale dizer, o preço que vigorar na data da complementação do contrato. Não é ele estabelecido pelas partes, mas pela cotação do mercado na data do vencimento, aferido pelo leilão dessas mercadorias, pois todas as transações a futuro são realizadas em pregão público. Assim sendo, transacionar com *commodities* e "ativos financeiros" para uma data futura é fazer um investimento. É um investimento com sentido especulativo, por estar sujeito a riscos, à medida que possa apresentar boas oportunidades de lucros. É portanto o preço o ponto culminante do contrato futuro.

Por isso mesmo, tornou-se imprescindível a assessoria das corretoras de mercadorias, por estarem elas preparadas para ponderar as estimativas de lucros ou de riscos, as perspectivas do mercado futuro e fatores aleatórios ao contrato. Muitos argumentam que seja um contrato baseado na especulação. Trata-se, entretanto, de uma especulação cientificamente administrada. Se, contudo, formos examinar detidamente o contrato futuro, notaremos que ele visa mais a garantir os contratantes contra as oscilações do preço das *commodities* e não aproveitar-se dessas oscilações. Por isso, tem sido o contrato chamado de *hedge*, termo que tem o significado de garantia, proteção, resguardo contra riscos. A transferência dos riscos para o futuro, como proporciona o *hedge*, dá tempo para que os contratantes se programem com vistas à solução desses riscos.

### 9.5. As bolsas

Operam em São Paulo quatro bolsas, todas elas de larga tradição e prestígio, podendo elas desenvolver a prática dos contratos futuros. São elas a Bovespa – Bolsa de Valores Mobiliários, a Bolsa de Mercadorias, a Bolsa de Cereais e a BM&F – Bolsa Mercantil e de Futuros. Esta última é a que mais nos interessa no estudo que ora empreendemos, porquanto sua finalidade primordial repousa sobre esse tipo de contrato. As bolsas são associações civis, formadas por muitos associados. No tocante à BM&F – Bolsa Mercantil e de Futuros, os associados são as corretoras de mercadorias e os clientes delas. Entre as corretoras de mercadorias e seus clientes é celebrado um contrato de intermediação, parecido com o mandato mercantil, previsto no Código Comercial, contrato esse a ser registrado na BM&F e obedecendo a algumas exigências desta; juntamente com contrato de intermediação, deve ser arquivada na bolsa uma ficha cadastral do cliente da corretora de mercadorias.

A finalidade primordial da bolsa é reunir pessoas interessadas no estabelecimento de negócios. Não só é um local de reuniões, mas de reuniões preparadas, com pessoas selecionadas e com os negócios a ofertar, de forma administrativamente regulamentada. Apenas pessoas credenciadas poderão participar das reuniões; são as corretoras de mercadorias, membros da bolsa. Na "Sala de Negociações" são apresentados em pregão público diário os contratos em oferta. Embora o próprio nome indique, a BM&F opera não apenas no contrato futuro, mas com mais três modalidades de contrato: Mercado Disponível, Mercado a Termo e Mercado de Opções.

## 9.6. Fundamentos jurídicos

O contrato futuro, também chamado de "contrato de mercado do futuro", "contrato de futuros", ou ainda de *hedge*, é um acordo bilateral, celebrado em pregão nas bolsas de mercadorias, para transacionar mercadorias no futuro e pagamento, também no futuro, do preço, baseado no leilão do dia do cumprimento do contrato. Em outras palavras, é parecido com o de compra e venda, em que o vendedor se obriga a vender mercadoria que não tem e o comprador se obriga a pagar com dinheiro que não tem. Apesar de ser olhado erroneamente como operação baseada na especulação, seu objetivo é o inverso: visa a proporcionar aos contratantes um mecanismo adequado de proteção contra o risco de flutuação de preço de mercadorias negociadas. Aliás, esse contrato divulgou-se muito nos Estados Unidos da América e de lá se divulgou para o mundo, com o nome de *hedging* ou *hedge*, que significa proteção.

Os fundamentos jurídicos do contrato são vários. Devido à finalidade protetora contra o risco, com a garantia da manutenção do preço, traz alguns elementos do contrato de seguro. Como o contrato futuro é um contrato atípico, sem qualquer previsão legal, ainda novo e sem um estudo mais aprofundado dos juristas, sem jurisprudência, será preciso uma análise doutrinária do assunto e estudo comparado, para a devida conceituação dele. Como todo contrato é o acordo de vontade de duas ou mais partes, deveremos analisar primeiro o teor da declaração de vontade das partes. O que elas querem? Elas querem garantia e proteção; querem se precaver contra a possível falta futura de determinada mercadoria e, principalmente, contra a variação do preço dela; ou então, querem a limitação dos riscos da oscilação do preço. Se querem as partes garantia e segurança para o futuro, o contrato de *hedge* atende à vontade das partes, incorporando nele, portanto, um elemento do contrato de seguro.

Não é também um contrato de compra e venda, nem mesmo um contrato de compra e venda para entrega futura da mercadoria vendida. Se as partes quisessem vender e comprar mercadoria, já celebrariam o contrato de compra e venda, que forçosamente terá um preço certo e líquido, sem submeter-se a variações. Mesmo assim, o contrato de compra e venda fornece os fundamentos básicos do contrato futuro. Já no Direito romano fora prevista a venda de coisas futuras, com risco de não virem a existir, a *emptio spei*, e a venda de coisas futuras com quebra na quantidade, a *emptio rei speratae*. Esse tipo de venda de mercadoria futura introduziu-se também em nosso Código Civil, no art. 483, do qual havíamos traçado alguns comentários nesse volume. É bom repetir, entretanto, a diferença marcante entre os dois contratos. O *hedge* não é um contrato comutativo, sinalagmático, como a compra e venda; as prestações nele são aleatórias. A compra e venda pode ser realizada em bolsa, mas não obrigatoriamente. O objetivo de ambos os contratos são diversos: a compra e venda objetiva à transferência do domínio de uma coisa; o contrato futuro objetiva à proteção contra a variação futura de preço. É ilustrativo frisar que as partes no contrato futuro não são chamadas de vendedor e comprador, mas de *hedgers*.

# 10. CONTRATOS CONSIDERADOS PELOS EFEITOS QUE PRODUZEM

10.1. Contratos de prestações recíprocas
       e a cargo de uma só parte
10.2. Contratos onerosos e gratuitos
10.3. Contratos comutativos e aleatórios
10.4. Diferenças entre as três categorias

## 10.1. Contratos de prestações recíprocas e a cargo de uma só parte

O contrato é um ato jurídico, com efeitos jurídicos, vale dizer, que gera obrigações para as partes. Pode, entretanto, gerar obrigações desiguais para as partes; às vezes acarreta uma prestação mais pesada para uma parte e mais leve para a outra. Sob o ponto de vista dos efeitos gerados pelo contrato, ou seja, das prestações que impõem às partes, tem sido olhado sob dois tipos primordiais: contratos de prestações recíprocas e contratos com prestação a cargo de uma só parte. Essa divisão tem sido apresentada com a nomenclatura de unilaterais e bilaterais, por influência do Direito romano. Preferimos, porém, nos afastar dela, mantendo a primeira designação.

Quanto a essa divisão é conveniente distinguir o critério de interpretação adotado para os atos jurídicos. Classificam-se os atos jurídicos, quanto ao seu agente, em unilaterais e bilaterais. Unilaterais são atos praticados por um só agente, que expende uma única declaração unilateral de vontade. Bilaterais são atos praticados por vários agentes, contendo, portanto, várias declarações de vontade, portanto, várias partes. Como ato jurídico que é, o contrato está classificado como bilateral; não pode ser unilateral. Mesmo sendo chamados de unilaterais e bilaterais, essa nomenclatura não se refere ao número de partes no contrato, mas aos efeitos que o contrato gera para elas. Não há infelizmente em nosso Direito um sinônimo para designar o contrato unilateral ou bilateral. O direito italiano não adota essa nomenclatura; o art. 1.468 do Código Civil italiano chama o contrato unilateral de "contrato de prestações a cargo de uma só parte" (*conttrato con prestazioni a carico di una solo parte*) e os arts. 1.463 e 1.467 falam do "contrato de prestações recíprocas" (*conttrato con prestazione corrispettive*). Ao nosso modo de ver, é esta uma nomenclatura bem mais clara e precisa; por isso a adotaremos.

Estamos, pois, analisando o contrato como fonte de efeitos jurídicos para as partes, sob o ponto de vista do número de prestações (e das correspondentes obrigações). Sob esse ponto de vista, o contrato gera duas prestações apostas, uma para cada parte, isto é, há uma prestação e respectivamente uma contraprestação. Há nessa modalidade de contrato uma parte e uma contraparte, com o efeito de que, se a parte cumprir a obrigação que lhe cabe, adquire o direito de exigir da outra o cumprimento da obrigação que lhe caberá, e de forçar o adimplemento da contraprestação coativamente, ou a rescisão do contrato e o ressarcimento do dano.

Os contratos de prestações recíprocas (ou bilaterais) criam obrigações recíprocas para ambas as partes. Ao se dizer "recíprocas", não é que surgem obrigações para cada uma delas, mas as obrigações entre as partes são conexas, ou seja, uma parte fica adstrita a cumprir obrigação para com a outra, que também fica obrigada a uma prestação. O direito de uma parte surge em decorrência da obrigação da outra. É o exemplo do contrato de compra e venda: por ele, o vendedor fica obrigado a transferir uma coisa; por outro lado, o comprador se obriga a pagar o preço da mercadoria a ser-lhe transferida. Nota-se claramente a conexão entre as duas prestações: o vendedor fornece a mercadoria porque o comprador paga-lhe o preço dela; o comprador obriga-se a pagar o preço da mercadoria porque o vendedor forneceu-a a ele. Uma obrigação é causa da outra.

A presença da contraprestação e a conexão entre as prestações são os fatores que caracterizam o "contrato de prestações recíprocas" e justificam a aplicação, a essa modalidade de contrato, das normas legais concernentes a ele. Uma prestação é o pressuposto indeclinável da outra; por isso dizem os italianos *mano a mano*, os franceses *donnant donnant* e os alemães *zug um zug*. As duas partes são, ao mesmo tempo, credor e devedor da prestação. As prestações são normalmente heterogêneas: fornecimento de mercadoria contra pagamento do preço dela, locação de um imóvel contra pagamento do aluguel.

São contratos de prestações recíprocas os contratos de troca, como o escambo, a compra e venda, a locação, o seguro e quase todos os demais contratos. O contrato de sociedade não se considera um contrato de prestações recíprocas, mas o contrato de sociedade em conta de participação tem característica dessa figura contratual.

O contrato de prestação a cargo de uma só parte, também chamado de unilateral ou de prestação única, apesar da presença de duas partes e de duas declarações de vontade, coloca uma delas na posição exclusiva de devedor; o peso do contrato pende totalmente para um lado. Do outro lado, tudo é vantagem; da parte do credor, basta um comportamento receptivo. São contratos de prestação a cargo de uma só parte: o mútuo (não o mútuo feneratício), o comodato, o depósito, o mandato gratuito, o penhor, a hipoteca. Como se vê, é muito comum entre os contratos reais e os de garantia.

Não se pode opor ao contrato de prestação a cargo de uma só parte as cláusulas *rebus sic stantibus, exceptio non adimpleti contractus*, às cláusulas resolutivas tácitas; não se poderá também impedir a suspensão da prestação se mudarem as condições patrimoniais do devedor. Tomemos, por exemplo, a doação, um típico contrato com prestação a cargo de uma só parte. Nesse caso, o doador assume a obrigação de dar uma coisa ao donatário, que a aceita. É possível até que uma doação de caráter empresarial assim o seja, como uma empresa que doa chaveiros a seus clientes ou doa uma caixa de vinhos a um seu fornecedor. Essa doação não gera ao donatário qualquer obrigação jurídica de uma prestação para com o doador. Se não gera obrigações, também não pode gerar direitos; não pode exigir o donatário que todo ano lhe seja doada uma caixa de vinhos, nem suspender o pagamento de um débito porque o vinho estava estragado.

### 10.2. Contratos onerosos e gratuitos

Contrato gratuito (de beneficência ou liberalidade) é o contrato em que uma só parte recebe uma vantagem patrimonial e a outra só suporta os sacrifícios. Nessa modalidade de contrato, a atribuição patrimonial é única, não mantendo qualquer conexão com outras atribuições, mesmo porque não existe outra atribuição. São contratos gratuitos: o mútuo (não feneratício), mandato, depósito, comodato e doação. São os mesmos contratos de prestação a cargo de uma só parte.

Oneroso é o contrato em que cada parte sofre um sacrifício patrimonial, um depauperamento, mas com o escopo de conseguir uma correspondente vantagem, um enriquecimento. O sacrifício e a vantagem estão, em regra, em relação de equivalência (em um equilíbrio contratual); mas é suficiente que essa equivalência seja subjetiva; não é necessário que seja objetiva. Casos há, porém, em que o desequilíbrio objetivo assume aspectos impressionantes: é um contrato leonino e, portanto, discutível em sua validade.

Há bastante semelhança entre os contratos onerosos e os de prestações recíprocas; geralmente são os mesmos. São contudo considerados por critérios diferentes. O contrato oneroso não implica um nexo de dependência entre as prestações. Essa conexão entre as prestações é essencial no contrato de prestações recíprocas, ou seja, uma prestação é causa da outra. Não há, todavia, empecilho para que um contrato oneroso seja, ao mesmo tempo, também contrato de prestações recíprocas.

Pode-se dizer que o contrato oneroso é equilibrado, por haver equivalência, equilíbrio, eqüidade nas duas prestações de cada parte. Contrapõe-se ao contrato "leonino", em que uma das partes é carregada de direitos e a outra de obrigações. Essa equivalência entre as duas prestações não é exigida, pela lei brasileira, como indispensável para a validade do contrato oneroso, como também pela lei italiana e a da maioria dos países ocidentais. É, entretanto, defendida pela doutrina de quase todos os países. No Direito norte-americano, ela é um requisito indispensável para a validade do contrato, com o nome de *consideration*. O contrato se forma com o concurso de três fatores essenciais: proposta, aceitação e *consideration*; faltando qualquer deles, não se completa o contrato.

Os efeitos jurídicos também são diferentes para os dois tipos de contrato. O Código Civil diz que os contratos gratuitos devem ser interpretados restritivamente. Ao examinar a fraude contra credores, nosso Código Civil focaliza de forma diferente os dois contratos. Um contrato gratuito de transmissão de bens, celebrado por um devedor reduzido à insolvência, poderá ser anulado pelos credores, como lesivos dos seus direitos.

Todavia, segundo o art. 159, um contrato oneroso de transmissão de bens só poderá ser anulado se a insolvência for notória ou houver motivo para ser conhecida do outro contratante. Há, portanto, dois artigos sobre esta questão: um para o contrato gratuito, outro para o oneroso. Esses artigos adotam efeitos diferentes para cada um dos contratos. Há mais rigor para os contratos gratuitos, que podem ser anulados independentemente de *consilium fraudis*. Para os contratos onerosos, os efeitos são mais suaves, pois se pressupõe ter havido uma transação com ônus e proveito para ambas as partes. Por outro lado, não se concebe que um devedor insolvente pratique atos de liberalidade sem que transpareça a intenção de favorecer alguém e prejudicar outrem.

## 10.3. Contratos comutativos e aleatórios

O contrato comutativo é aquele em que as partes podem ser avaliadas *ab initio*, vale dizer, as partes sabem antecipadamente a estimativa da prestação. Numa compra e venda, por exemplo, o comprador sabe o valor da coisa que receber e o preço que terá de pagar, enquanto o vendedor já sabe o valor da coisa que vendeu e o preço que vai receber por ela. Numa locação, o locador já sabe qual o aluguel que receberá e o locatário já aferiu o valor que representa para ele o imóvel locado. A avaliação do respectivo sacrifício, ou vantagem, é feita pelas partes no próprio ato em que o contrato se aperfeiçoa.

Vejamos, entretanto, o contrato oposto ao comutativo: o aleatório. Tomemos, por exemplo, a compra de um bilhete de loteria; é um contrato aleatório. O comprador paga o preço certo, cumprindo a sua prestação, mas qual será a prestação do vendedor? Não sabe o vendedor quanto terá de pagar, ou se terá de pagar, enquanto o comprador não sabe o quanto irá receber ou se receberá. Vê-se claramente como se distinguem os dois contratos; o aleatório é influenciado por eventos futuros e o comutativo não.

Em termos mais precisos, o contrato comutativo se antepõe ao aleatório, levando-se em conta o primeiro critério levantado, qual seja, a prévia ciência das partes quanto à prestação que lhes cabe. O contrato aleatório foi examinado detidamente em outro capítulo deste compêndio, mas vamos examiná-lo apenas em comparação com o comutativo: é aquele em que as partes não conseguem saber antecipadamente o valor de sua prestação. É o caso do contrato de seguro, em que a seguradora não sabe se terá de pagar o seguro e qual será o seu valor.

**10.4. Diferenças entre as três categorias**

Após os estudos realizados, chegamos a um ponto freqüentemente levantado, a respeito dos contratos considerados quanto aos seus efeitos: qual a diferença entre eles?

— O contrato de prestações recíprocas parece ser a mesma coisa que o contrato oneroso e ambos parecem ser a mesma coisa que o contrato comutativo. Por tudo quanto foi dito, o contrato de compra e venda foi apresentado como sendo de prestações recíprocas, oneroso e comutativo, simultaneamente.

— O contrato a cargo de uma só parte parece ser a mesma coisa que o contrato gratuito, e ambos parecem ser a mesma coisa que o aleatório. O contrato de doação pode ser, ao mesmo tempo, gratuito, de prestação a cargo de uma só parte e aleatório.

Realmente, um contrato pode pertencer, simultaneamente, às três categorias, consideradas quanto aos efeitos que produzem para as partes. Cada classificação, porém, é estabelecida com base em critérios diferentes. São três os critérios:

1º) sob o critério do número de prestações: dividem-se em contratos de prestações recíprocas e de prestação a cargo de uma só parte;

2º) sob o critério da equivalência entre a vantagem e o sacrifício: dividem-se em onerosos e gratuitos;

3º) sob o critério da certeza ou incerteza das prestações: dividem-se em comutativos ou aleatórios.

É difícil encontrar um contrato oneroso que não seja de prestações recíprocas, mas um modelo bem específico é o mútuo feneratício, isto é, um empréstimo de dinheiro com pagamento de juros. Continua sendo um contrato com prestação a cargo de uma só parte (unilateral) e, entretanto, oneroso.

# 11. OS CONTRATOS CONSIDERADOS QUANTO À EXECUÇÃO

11.1. Contratos de execução diferida e de execução instantânea
11.2. Contratos de execução única e de execução continuada
11.3. Efeitos jurídicos

## 11.1. Contratos de execução diferida e de execução instantânea

Conforme amplamente comentado, o contrato obriga a uma prestação, a ser cumprida em determinado momento. O cumprimento da prestação é chamado de execução do contrato. A execução se faz no tempo e no espaço, de forma única e parcelada. No tocante à execução, o contrato se com diversas facetas, com uma distinção dúplice:
— de execução diferida e de execução instantânea;
— de execução única e de execução continuada.

Examinaremos os contratos, com a diferença de que pode ele ser de execução diferida ou instantânea, conforme possa ele ser executado no momento em que se completa, ou numa ocasião futura. No contrato de execução, o momento da prestação está projetado no tempo. É o caso de um contrato de empreitada, em que o empreiteiro se obriga a entregar uma obra num determinado prazo, e seu contratante, o dono da obra encomendada, a pagar ao empreiteiro no momento da entrega. Neste caso, as duas prestações estão diferidas. É possível, porém, que uma só prestação seja diferida e a outra instantânea. Ocorrerá, por exemplo, se o contratante da empreitada pagar instantaneamente o preço e aguardar a entrega da obra. Será pois contrato de execução diferida aquele em que uma ou duas prestações forem cumpridas no futuro e não no momento da formalização do contrato.

No contrato de execução instantânea, a execução coincide com o aperfeiçoamento, ou seja, as partes cumprem a sua obrigação no momento em que o contrato se completa. Por exemplo, num contrato de troca de mercadorias, as partes fazem a troca instantaneamente; assim, o contrato se completou. A doação é, por excelência, um contrato de execução instantânea. A compra e venda à vista é também um contrato de radical instantaneidade: o comprador cumpre a sua prestação no mesmo momento em que o vendedor cumpre a dele, entregando a coisa vendida.

## 11.2. Contratos de execução única e de execução continuada

Essa distinção baseia-se em critério do fracionamento da prestação, isto é, haverá várias prestações. O contrato de execução única comporta uma só execução e com ela extingue-se o contrato. A execução única é geralmente instantânea, mas nem sempre. Pode ela ser feita numa só ocasião, mas num determinado prazo. O que caracteriza esse contrato é que a prestação se faz *uno actu*, com uma só *solutio*. Analisemos um contrato de compra e venda, em que o fornecedor de uma máquina compromete-se a entregá-la em quinze dias e o comprador a pagá-la em sua entrega. Nenhuma das prestações foi instantânea, mas são de execução única, constante de um único ato.

Chegamos agora ao mais complexo desses quatro contratos: o de execução continuada. Chamado também de contrato de trato sucessivo, de execução periódica, ou de duração, o contrato de execução continuada contém prestações que não se cumprem numa só ocasião, mas permanece em execução ou esta é fracionada. Exemplo bem sugestivo é o contrato de locação: o locador coloca um imóvel à disposição do locatário, que permanece na posse desse imóvel; o locatário, por sua vez, paga o aluguel mensal, mas continua com a obrigação de pagar. Ambas as prestações são continuadas.

A execução se distribui no tempo; o elemento "tempo" é essencial nessa modalidade contratual. De execução continuada (ou de trato sucessivo) são o contrato de transporte, de locação, de comodato, de depósito, de seguro, de penhor, de empreitada, o contrato de trabalho, de renda vitalícia, de mútuo, de mandato, de sociedade e vários outros. São contratos cuja execução se prolonga pelo tempo afora. Diversos fatores dão a esse contrato complexidade maior.

## 11.3. Efeitos jurídicos

Importa uma sutil distinção entre o contrato de execução continuada e o contrato de execução diferida, pois essas duas figuras contratuais são caracterizadas por critérios diferentes. No contrato de execução continuada, a execução não se dá num só ato, mas numa atividade mais duradoura; no de execução diferida, a execução pode ser feita num único ato, desde que esse fato tenha sido diferido para o futuro, por ocasião do contrato. Todavia, as prestações de ambos se projetam para o futuro, ou seja, a execução se faz depois que o contrato tenha-se aperfeiçoado. Por esse motivo, a cláusula *rebus sic stantibus* aplica-se aos dois: tanto ao contrato de execução diferida como o de execução continuada. Aliás, essa cláusula surgiu para ser aplicada aos dois, conforme os termos completos dela: *contractus qui habent tractu sucessivum et dependentia de futuro intelliguntur rebus sic stantibus* = Os contratos que tenham trato sucessivo e dependência do futuro são interpretados conforme as coisas se apresentam.

Ao revés, essa cláusula é inaplicável aos contratos de execução instantânea. Aplica-se, porém, aos contratos de execução instantânea a cláusula *exceptio non adimpleti contractus*, conforme é previsto no art. 1.092 do Código Civil.

# 12. OS CONTRATOS CONSIDERADOS QUANTO AOS DEVEDORES

12.1. Contratos pessoais e impessoais
12.2. Os efeitos jurídicos

## 12.1. Contratos pessoais e impessoais

Essa classificação atende ao critério da pessoa que deverá cumprir a prestação; é preciso que a prestação seja cumprida por uma determinada pessoa. Compreender-se-á melhor esta questão, se forem examinados alguns exemplos. Digamos que haja um contrato entre um teatro e a cantora Gal Costa, para que esta faça uma apresentação musical. No momento da apresentação, essa cantora diz-se impedida de cumprir sua prestação e propõe outra cantora em sua substituição. Nesse caso, o teatro pode recusar-se a receber a prestação, alegando erro de pessoa, pois o contrato é pessoal, também chamado de *intuitu personae*, ou seja, a prestação deve ser cumprida pessoalmente pela contraparte.

Vejamos outro exemplo: um paciente precisa ser operado e contrata a operação com um cirurgião famoso, que lhe inspira confiança. Adquiriu ele o direito de exigir a prestação pessoalmente desse cirurgião, pois é um contrato *intuitu personae*. Vê-se assim que nesse tipo de contrato a pessoa *in concreto* do contratante é um elemento essencial do contrato. Um interesse latente de um dos contratantes levou-o a "escolher" como contraparte uma "determinada pessoa", em razão de ser esta dotada de conceito louvável, de peculiar perícia técnica e outros fatores que lhe dão um valor próprio. Nesse caso, esse valor que se incorporou à figura do contratante influi decisivamente no consentimento, na decisão de contratar, tomada pelo outro contraente. Essa pessoa, assim valorizada, constitui "elemento determinante" da conclusão do contrato, razão de ser *intuitu personae*.

Exemplo sugestivo de contrato pessoal é também o contrato de trabalho: o empregado deve cumprir pessoalmente as obrigações contratuais e pode recusar-se a prestar trabalho a outra pessoa que não seja seu empregador contratado, ainda que seja por ordem dele. Aliás, o art. 2º da CLT fala em "prestação pessoal" de trabalho. São também pessoais: mandato, empreitada, sociedade, comissão, depósito, comodato, produção de obra artística, agência ou representação comercial. Nota-se que quase todos eles geram obrigação de fazer; comumente são contratos de prestação de serviços.

O contrato não *intuitu personae*, ou seja, o contrato impessoal é aquele em que a prestação é o elemento primordial, e não a pessoa que a cumpre. Destarte, em um contrato de compra e venda, o vendedor se dará por satisfeito ao receber o pagamento do preço da mercadoria vendida, não importando saber quem tenha pago. Num contrato de transporte estabelecido entre o metrô e os passageiros, o transportador vende o bilhete a qualquer um e nem se dá conta de que o comprador do bilhete o transfira para outrem. Os contratos de adesão também são impessoais. Os contratos reais são também impessoais, pois a coisa transferida é o elemento mais importante do contrato. Da mesma forma os contratos de garantia real. Por exemplo, se a Caixa Econômica faz um empréstimo a ser garantido pelo penhor de uma jóia; se a jóia for legítima e de valor inconfundível, o penhor dela pode ser dado pelo mutuário ou por qualquer pessoa em seu nome.

## 12.2. Os efeitos jurídicos

Há salientes conseqüências jurídicas de cada tipo de contrato. A primeira é a intransmissibilidade do contrato, tanto por ato *inter vivos* como *causa mortis* se for contrato *intuitu personae*. Aquele exemplo dado, de um paciente que contratou uma operação com um cirurgião famoso e este vem a falecer, essa obrigação não pode se transmitir a seu herdeiro. O herdeiro, por sua vez, ainda que seja médico, tem o direito de recusar a assunção do encargo: é um direito de recesso. Da mesma forma que não é transmissível também não é cedível; se a prestação é personalíssima, não pode ser cedida a outrem, ou seja, ser substituído o devedor da prestação. Assim, uma empresa contrata com uma prestadora de serviços de engenharia a construção de um prédio, tendo em vista a fama da construtora e da tecnologia que aplica. Essa construtora não poderá ceder os direitos e obrigações a outra, ainda que a cessionária se comprometa a adotar idêntica tecnologia.

Outro efeito causado pelo contrato pessoal é a "essencialidade do erro de pessoa". O contrato poderá ser anulado se a prestação for cumprida por pessoa diversa daquela que se comprometeu a cumpri-la. Além disso, constitui motivo de rescisão do contrato o erro ideológico, assim considerado quando uma pessoa física ou jurídica projetou qualidades que não possui, conseguindo obter o contrato. No caso acima referido, a empresa que se dizia detentora de especial tecnologia revela carência dessa tecnologia e demais qualidades para o cumprimento da prestação; nesse caso, proporcionará motivo para a rescisão do contrato.

# 13. OS CONTRATOS CONSIDERADOS QUANTO À SUA LEGISLAÇÃO

13.1. Contratos mercantis e civis
13.2. Legislação pertinente

## 13.1. Contratos mercantis e civis

Os contratos podem ser civis e mercantis, conforme a legislação que os rege e quanto ao tipo de pessoa que o celebra. Eis aqui um aspecto discutível, sutil e polêmico do direito contratual. Por essa razão, exporemos de início a nossa impressão e depois as impressões de antigos juristas, mormente estrangeiros. O critério adotado tem de remontar à teoria da empresa, elaborada por modernos juristas, principalmente Tullio Ascarelli. Alguns rudimentos da teoria da empresa foram por nós expostos no compêndio *Teoria Geral do Direito Civil*, já publicado pela Ícone Editora.

Os contratos mercantis são os que fazem parte da atividade empresarial. No dizer do art. 2.082 do Código Civil italiano, é empresa quem exerce, profissionalmente, atividade econômica organizada, para a produção de bens e de serviços. Essa atividade econômica organizada é constituída de uma série de atos, logicamente encadeados, visando a um determinado fim. Esse fim é o objeto social da empresa, ou seja, o exercício do tipo de atividade expresso no contrato social (ou no estatuto se for uma S/A). Além do objeto, toda empresa tem um objetivo; cada empresa tem seu objeto, mas o objetivo de todas elas é uniforme: a obtenção de lucro.

Os atos que formam a atividade empresarial são tradicionalmente chamados de "atos de comércio". A partir de 1942, contudo, os "atos de comércio" perderam sua importância se analisados individualmente. Passaram eles a constituir a atividade empresarial. Entre esses atos estão os contratos mercantis, compreendendo, pois, os contratos que fazem parte da atividade empresarial. Tomemos, por exemplo, os contratos celebrados por uma empresa individual. Um cidadão monta um bar e padaria, e, para mantê-los, registra sua firma na Junta Comercial, com o mesmo nome da pessoa física, digamos Joaquim Fontoura Gomes. Ao registrar-se na Junta Comercial, o cidadão Joaquim Fontoura Gomes formou uma empresa individual, uma pessoa jurídica, distinta da pessoa física, embora os bens se comuniquem. As duas pessoas celebram contratos: a pessoa jurídica (a firma) e a pessoa física (o cidadão).

A firma Joaquim Fontoura Gomes compra farinha e outros insumos, fabrica pães e os vende; são contratos mercantis. Aluga um imóvel em que instala seu estabelecimento; é um contrato mercantil. Compra bebidas e as vende, contrata o fornecimento de salgados para uma festa, contrata uma agência de propaganda para encarregar-se da divulgação de suas atividades, levanta empréstimos em bancos; são todos contratos mercantis. Esses contratos constituem um conjunto de "atos de comércio", logicamente encadeados, visando à obtenção de lucro.

Todavia, o sr. Joaquim Fontoura Gomes tem sua vida civil; alugou uma casa para morar com sua família, compra roupa para si numa loja; celebrou contratos civis. Esses contratos constituem a atividade civil do cidadão Joaquim Fontoura Gomes e não de sua empresa. O sr. Joaquim Fontoura Gomes vai a um supermercado e compra um panetone para o Natal de sua família e paga com seu dinheiro: é um ato civil. Contudo, compra também panetones para o Natal de seus empregados e paga com cheque de sua firma: é um contrato mercantil. O sr. Joaquim Fontoura Gomes outorga um mandato *ad juditia* a seu advogado, para requerer a abertura do inventário de seu pai: é um contrato civil. Assina outro mandato em nome de sua firma para exercer ação renovatória do aluguel do imóvel em que a padaria está instalada: é contrato mercantil.

Um aspecto que enseja debates é a consideração dos contratos que constituam a atividade empresarial e em sociedade civil, uma empresa dedicada à prestação de serviços. Essas empresas podem ser registradas apenas no Cartório de Registro de Títulos e Documentos, sendo dispensável o registro na Junta Comercial; são pois empresas civis e não-mercantis. Sendo empresas não-mercantis seriam seus contratos mercantis? Ao nosso modo de ver, são contratos mercantis, porquanto constituem atividade empresarial; embora civis, são empresas as celebrantes desses contratos e estão sujeitas à legislação mercantil. Um contrato de locação celebrado por uma dessas empresas, para instalação de seu estabelecimento, será regido pelas normas da locação mercantil, e não civil.

**13.2. Legislação pertinente**

O direito suíço reconhece a distinção entre contrato civil e mercantil, mesmo não tendo o país Código Comercial. Os contratos, como aliás todo o direito obrigacional, são regulamentados pelo Código, distinto do Código Civil, ou seja, um mesmo Código (nem civil, nem comercial) regula os contratos, independentemente de sua natureza mercantil ou civil. O mesmo acontece com a Itália, que reformulou seu direito privado, em 1942, adotando o

Código Civil unificado, com a abolição do Código Comercial. A unificação do direito privado italiano não impediu a consideração da natureza civil e empresarial dos contratos.

Conhecem-se, no direito brasileiro, contratos previstos no Código Civil. Há outros previstos em leis esparsas, mas estas se integram nos dois códigos. Estamos examinando contratos de direito privado, razão por que estamos excluindo de nosso estudo os contratos de trabalho, regidos pela CLT, os contratos públicos, objeto do direito administrativo, e outros. Nosso Código Civil originalmente previu os contratos de compra e venda, troca, doação, locação, empreitada, comodato, mútuo, depósito, mandato, gestão de negócios, edição, representação dramática, sociedade, parceria rural, seguro, jogo e aposta, fiança. Ao todo, dezessete contratos. Leis posteriores foram criando ou regulamentando alguns outros contratos, como o compromisso de compra e venda, de incorporação imobiliária, de transporte, de reserva de domínio, de tal forma que os contratos por elas criados passaram a fazer parte do Direito Civil.

Vários outros contratos são previstos na legislação complementar, como o arrendamento mercantil, de transferência de tecnologia, os contratos bancários, de concessão comercial, da prestação de alguns serviços como o de informações, de representação comercial autônoma, a alienação fiduciária de garantia.

## 14. OS CONTRATOS CONSIDERADOS QUANTO AO NÚMERO DE PARTES

14.1. Contrato plurilateral
14.2. Contrato bilateral
14.3. Contrato unilateral: contrato consigo mesmo

## 14.1. Contrato plurilateral

Vimos conceitualmente que o contrato é o acordo de duas ou mais partes. O próprio conceito admite a existência do contrato bilateral (com duas partes) e plurilateral (com três ou mais partes). Afronta a própria natureza jurídica do contrato admitir-se o contrato unilateral. Surge entretanto a discutida figura do contrato consigo mesmo, apontado por uns como unilateral e por outros como bilateral. Não existem dúvidas, porém, quanto ao contrato plurilateral, embora seja ele exceção, uma vez que a norma do contrato é a bilateralidade. Convém esclarecer que essa classificação é baseada no número de contratantes, ou, mais precisamente, no número de partes. Nenhuma correlação tem a ver quanto ao número de prestações geradas para as partes. Nesse sentido, classificam-se os contratos em "contrato de prestações recíprocas" e "contrato de prestação a cargo de uma só parte", que alguns chamam de bilateral e unilateral respectivamente.

Conforme o nome diz, o contrato plurilateral é o que tem mais de duas partes. Voltando ao conceito de contrato, lembramo-nos de que é o acordo de vontade de duas ou mais partes. Não pode passar desapercebida essa figura contratual em qualquer estudo do direito contratual, pois vários critérios jurídicos são adotados para essa modalidade, diferente dos demais, como no caso de nulidade, de anulabilidade, de resolução e várias outras maneiras de extinção do contrato. No contrato plurilateral surgem ainda várias outras maneiras de extinção do contrato.

Há vários matizes na solução de problemas causados pela impossibilidade de cumprimento da prestação, por uma das partes. Destarte, se a prestação de cada parte é dirigida a um fim comum, na nulidade, que atinge o vínculo de uma só parte, não implica a nulidade do contrato. Excetua-se no caso de ser a participação dessa parte considerada essencial ao objetivo e à execução do contrato. Aplica-se igualmente esse princípio no caso de anulabilidade, inadimplemento, ou de impossibilidade da prestação de uma das partes.

Nossa lei não faz qualquer referência ao contrato plurilateral. Nossa doutrina não lhe deu muita atenção, mas há algumas referências sobre ele. O saudoso mestre Orlando Gomes, autor de estudos mais profundos sobre os contratos, refere-se a ele, por diversas vezes, e lhe aponta a aplicação de critérios próprios. Não nos consta que seja regulamentado pela lei de outros países, apesar de ser referido em quase todas as legislações. O Código Civil italiano, tão completo e abrangente, não o regulamenta também, mas estabelece certas normas a serem observadas, nos arts. 1.321, 1.420, 1.444, 1.459 e 1.466. Ao definir o contrato, no art. 1.321, diz que o contrato é o acordo de duas ou mais partes; reconhece assim o contrato bilateral e o plurilateral. Assim sendo, quase todos os contratos em espécie podem ser plurilaterais. Há todavia contratos essencialmente plurilaterais, como o de sociedade, de consórcio, contratos de associação em geral, os cartéis.

Característica diferenciadora do contrato plurilateral é a de que ele é um contrato com elemento estrutural e funcional da comunhão de objetivo, enquanto o contrato bilateral é um contrato de troca, de intercâmbio. O contrato plurilateral é um contrato de organização e colaboração, conforme se vê no contrato de sociedade, no de consórcio e outros. Sendo diferente o contrato plurilateral do bilateral, é evidente que os efeitos jurídicos serão também diferentes, como no caso de nulidade, anulabilidade, inadimplemento e da impossibilidade superveniente da prestação de uma só parte. Assim sendo, um contrato plurilateral não se resolve, não é anulado, nem declarado nulo pelo inadimplemento de uma das partes, a não ser que a prestação inadimplida, segundo as circunstâncias, seja considerada essencial para a execução do contrato.

## 14.2. Contrato bilateral

O contrato é por excelência um ato jurídico bilateral, por ser constituído de duas partes. Ser bilateral é a regra do contrato; a pluralidade é exceção, a unilateralidade discussão. A própria formação do contrato já projeta a bilateralidade; para a formação concorrem dois elementos: a proposta e a aceitação. Antes de formar-se, o contrato já conta com suas potenciais partes: o policitante ou ofertante e o aceitante ou oblato. Ao completar-se o contrato, tornam-se o policitante e o oblato as duas partes contratantes.

As partes normalmente possuem um nome, de acordo com o contrato: no de compra e venda, vendedor e comprador; no de comissão, comitente e comissário; no de mútuo, mutuante e mutuário; no de representação comercial autônoma, representante e representado; no de locação, locador e locatário; no de arrendamento mercantil, arrendante e arrendatário; no de franquia, franqueador e franqueado; no contrato de trabalho, empregador e empregado; no de depósito, depositante e depositário; no de seguro, segurador e segurado; no de fiança, fiador e afiançado; no de comodato, comodante e comodatário, e assim por diante. A qualquer contrato que se crie, logo se batizam as partes.

Nos dias atuais, tornou-se o contrato bilateral a principal fonte de obrigações. Consideram-se tradicionalmente quatro fontes de obrigações: a lei, o contrato, a declaração unilateral de vontade e os atos ilícitos. A convivência e a interdependência dominam os seres humanos nos tempos modernos, passando a vida econômica a ter um conteúdo nitidamente contratual; o contrato tornou-se o fruto da convivência humana. Os próprios sinônimos de contrato atestam a bilateralidade: acordo, pacto, avença, convenção, ajuste, acerto, combinação, concerto. Apenas a palavra "convenção" é utilizada mais no sentido de plurilateralidade, como nas convenções internacionais, formada por grande número de países. Uma convenção entre dois países recebe mais o nome de pacto.

## 14.3. Contrato unilateral: contrato consigo mesmo

O nome desse contrato parece pleonástico, mas parece seguir o nome que lhe dá o art. 1.395 do Código Civil italiano: *conttrato con se stesso*. É um contrato bilateral, mas com um só figurante, ou seja, uma só pessoa age por si e por outrem, sendo ambas as duas partes do contrato. Por exemplo, o sr. Marco Túlio Cícero reside no Rio, mas tem um imóvel em São Paulo; quer vender esse imóvel ao sr. Públio Cornélio Scipião, que mora em São Paulo. Contudo, o sr. Marco Túlio Cícero não pode vir a São Paulo para a venda. Nomeia então como seu procurador para essa venda o próprio Públio Cornélio Scipião; este comparece ao cartório e faz a venda para ele mesmo. Assim sendo, Públio Cornélio Scipião assina em cartório o contrato duas vezes, uma como vendedor e outra como comprador. Celebrou contrato consigo mesmo. A mesma pessoa assumiu a obrigação de transferir o domicílio de um imóvel e também a obrigação de pagar o preço dele.

O grande problema desse contrato é o de quando possa existir um conflito de interesses entre as duas partes, caso em que o direito não poderá tutelar esse ato. Isento desse conflito, o contrato é válido e útil. Há no contrato duas partes, dois interesses patrimoniais: uma parte desfalca seu patrimônio de um bem; a outra recebe esse bem em seu patrimônio; esta parte paga o preço e aquela o recebe. Portanto, embora o nome do contrato pareça sugerir, não é uma pessoa contratando consigo mesma, pois há dois patrimônios diferentes sendo afetados, duas vontades, cada uma manifestada por pessoa diferente da outra.

O fundamento do contrato consigo mesmo é o problema da representação, tendo anteriormente a ele um contrato de mandato, em que o representante age em nome do representado, mas o representante é também parte do negócio. Nosso direito não regulamenta o contrato consigo mesmo, mas a ele se aplicam as disposições do contrato de mandato.

A doutrina e a jurisprudência o aceitam e dão-lhe os contornos devidos, normalmente levando em conta o direito comparado, sobretudo os países que o reconhecem, como a Itália e a Alemanha. Diversas decisões judiciais deram solução a problemas relacionados com essa modalidade de contrato, ou problemas decorrentes de ações em que uma pessoa age como representante de outra. No código de vários países encontra ele normas tuteladoras; tomaremos assim, por base, o que dispõe o art. 1.395 do Código Civil italiano:

| *Art. 1.395 – Conttrato con se stesso.* | Art. 1.395 – Contrato consigo mesmo. |
|---|---|
| *É annulabile il conttrato con se stesso, in proprio o come rappresentante di un altra parte, a menno che il rappresentato lo abbia specificamente autorizzato overo il contenuto del conttrato sia determinato in modo da scludere la possibilità di conflitto di interesse.* | É anulável o contrato que o representante conclui consigo mesmo, em nome próprio ou como representante de outra parte, a menos que o representado o haja autorizado especificamente ou o conteúdo do contrato seja determinado de modo a excluir a possibilidade de conflito de interesses. |
| *L'impugnazione può essere proposta soltanto dal rappresentato.* | A impugnação pode ser proposta apenas pelo representado. |

Ressaltando os termos desse dispositivo legal, notaremos então que a validade do contrato consigo mesmo implica que o representado dê autorização para o representante praticar um ato especificamente descrito e claramente definido. Além disso, o conteúdo do contrato deve ser também claro e definido, de tal forma que não possa se revelar na prática do ato realizado um conflito de interesses. Poderá ser anulado um contrato consigo mesmo se os seus termos forem vagos, evasivos. O conflito de interesses se revela se houver um desequilíbrio entre as vantagens ou desvantagens do representante e do representado. Assim, poderá ser anulado um contrato consigo mesmo se resultar dele vantagens para o representante, que impliquem, em conseqüência, desvantagens para o representado.

Deve vigorar então o princípio da boa-fé; e não vigora o princípio da boa-fé, se o representante obtém lucros em detrimento do representado, a menos que este tenha sido advertido expressamente, pelo representante, desse desequilíbrio.

Outro aspecto a ser observado é que o representante deverá prestar contas do cumprimento dos termos da representação, esclarecendo o representado sobre todo o teor do negócio. Expressa ou tacitamente, o representado deverá aprovar a transação realizada; não aprovando, caberá a ele e só a ele impugná-la, conforme consta do dispositivo acima expresso. Se não houver impugnação, não há como condenar essa modalidade de contrato: o mandante autorizou expressamente o mandatário a praticar um ato jurídico claramente definido; este praticou o ato, que não foi impugnado posteriormente. É assim um ato válido.

# 15 – EXTINÇÃO DAS RELAÇÕES CONTRATUAIS

15.1. Execução do contrato
15.2. A resilição
15.3. A resolução
15.4. A rescisão
15.5. A nulidade
15.6. A anulação
15.7. A quitação

## 15.1. Execução do contrato

O contrato dá início a uma relação jurídica, pelo que se deduz de seu conceito: é o acordo de duas ou mais partes, para constituir, regular ou extinguir uma relação jurídica de natureza patrimonial. Todavia, as relações jurídicas não são eternas, pois não existem obrigações permanentes. Como tudo que é terreno, o contrato é efêmero; da mesma forma que tem seu início, terá seu fim. Muitos contratos já trazem o seu fim previsto no ato de sua celebração; é o caso do contrato com prazo determinado. É também o caso do contrato preliminar, que se extingue quando o contrato definitivo for celebrado. O natural destino do contrato é o seu fim, com a satisfação geral das obrigações. Entretanto, várias são as formas pelas quais um contrato se extingue, deixa de existir.

A forma normal de extinção de um contrato é a sua execução, também chamada de solução. Observa-se quando todas as partes cumprem as obrigações decorrentes do contrato. Exemplo é o contrato de compra e venda em que um fumante compra um maço de cigarros e paga o preço dele: o vendedor entregou a mercadoria e o comprador pagou o preço. Se as duas partes cumpriram sua prestação, o contrato deixou de existir, extinguiu-se. É a natural solução do contrato; atingiu seu objetivo.

Casos há, porém, em que o contrato se extingue prematuramente, vale dizer, antes que seja executado, antes que as obrigações sejam totalmente cumpridas. O contrato pode se extinguir extraordinariamente pela vontade das partes ou por decisão judicial. A causa da perturbação na continuidade é geralmente o inadimplemento das obrigações pelas partes ou por uma delas. E o inadimplemento influi de várias maneiras, provocando vários tipos de extinção, como a resilição, a resolução, a rescisão, a anulação e a anulabilidade. Nota-se que o termo "rescisão" é utilizado para as várias formas de desfazimento do contrato, mas há tecnicamente diferenças entre esses tipos de extinção.

## 15.2. A resilição

A execução dá fim ao contrato devido ao cumprimento das partes. Examinaremos agora uma das formas anormais de extinção do contrato, antes que as obrigações sejam cumpridas, ou, pelo menos, algumas obrigações ainda faltem a serem cumpridas. É possível que, em plena vigência do contrato, uma das partes se veja impossibilitada de continuar sua execução. Entra em acordo com a outra parte e ambas decidem desfazer o contrato; é a resilição, que nosso Código Civil chama de distrato, prevendo-o no art. 472. Realce-se que a resilição é uma forma anormal mas não litigiosa de desfazimento do contrato.

A resilição também não é o cancelamento do contrato. Cancelar é anular um contrato, declará-lo nulo, sem que produza efeitos. A resilição é o acordo de vontade das partes para pôr fim ao contrato, mas ele vigorou desde a sua celebração até a resilição; nesse ínterim, produziu efeitos jurídicos. A resilição produzirá efeitos *ex nunc*, ou seja, a partir da resilição do contrato; destarte, o contrato provocará algum efeito. Contudo, tanto a resilição como o cancelamento são acordos de vontades, para pôr termo ao contrato.

Nem sempre a resilição (distrato) é um acordo de vontades, mas uma declaração unilateral de vontade de uma das partes, contendo aceitação tácita ou expressa da outra. É o que normalmente acontece com o mandato: uma das partes decide não mais manter o contrato e comunica sua decisão à outra. Se essa resilição unilateral lhe trouxer prejuízo, poderá a parte prejudicada exercer reparação de danos pelo rompimento do contrato. A aplicação mais comum da resilição unilateral é no contrato de trabalho, em que é chamada erroneamente de rescisão. O empregador não pretende mais manter a relação contratual trabalhista com seu empregado e lhe dá aviso de sua decisão. É um direito potestativo do empregador, razão porque o empregado não pode opor-se ao desfazimento do contrato; poderá porém exigir indenização pelo rompimento unilateral do contrato. O empregado pode agir da mesma forma: se não pretende mais manter em vigência o contrato de trabalho, dá aviso ao seu empregador da decisão tomada; esse aviso é chamado de "carta de demissão". O empregador não pode recusar-se ao rompimento do contrato, mas poderá exigir indenização, como por exemplo que o empregado lhe dê aviso prévio.

Ao receber a carta de demissão, só resta ao empregador demitir o empregado. Extingue-se o contrato por resilição unilateral do empregado. É o exemplo de efeitos *ex nunc*, pois deixa o contrato de trabalho de produzir efeitos no momento de sua resilição. Enquanto perdurou o contrato, os efeitos se fizeram sentir e não podem ser cancelados. Nesses casos, a resilição não precisa ser de justa causa para ser pedida, embora possa ela ocorrer. Basta apenas dar o aviso prévio.

É possível que as próprias partes, na celebração do contrato, insiram uma cláusula, dando a cada uma delas o direito à resilição. É o chamado *jus poenitendi* ou o direito de se arrepender. É possível também que as partes estabeleçam multa contratual em caso de resilição unilateral do contrato. É de toda conveniência essa convenção entre as partes, porquanto o contrato é, por princípio, um ato bilateral e sua resilição só pode ser feita por acordo entre as partes, seguindo o princípio de que as obrigações só se dissolvem pela forma como foram constituídas.

O contrato é um acordo de vontade entre as partes. Da mesma forma que elas são livres para contratar, são também livres para distratar. O distrato é um acordo de vontade das partes contratantes, pelo qual elas resolvem romper o contrato, extinguindo o vínculo obrigacional que estabeleceram contratualmente. Essa resolução bilateral é prevista pelo art. 472 de nosso Código Civil, de forma muito sumária. Diz que o distrato se faz pela mesma forma que o contrato.

Interpretamos essa disposição de forma mais ampla: há liberdade de contratar e a mesma liberdade para distratar. Dessa forma, as partes contratam como quiserem e distratam como quiserem. Por exemplo, duas partes estabelecem um contrato por instrumento escrito e registrado no Cartório de Títulos e Documentos, mesmo que pudessem estabelecer esse contrato verbalmente; tiveram pois a liberdade de escolher a forma do contrato. Se quiserem distratar, terão a liberdade de fazê-lo pela forma pela qual contrataram, ou verbalmente.

Altera-se o critério, se tiverem estabelecido um contrato solene, ou seja, a que a lei prescreve uma forma especial, como é o caso da hipoteca. As partes só poderão legalmente estabelecer uma hipoteca por escritura pública. Só poderão resilir por escritura pública; a circunscrição imobiliária não poderá registrar o distrato de uma hipoteca se for pedido esse registro verbalmente pelas partes ou mesmo por instrumento escrito, mas particular.

**15.3. A resolução**

A resolução não é um acordo entre as partes, mas é da iniciativa de uma delas, motivada pelo inadimplemento da outra parte no tocante às obrigações contratuais. É o contrário da execução, porque decorre da inexecução das obrigações contratuais por uma das partes, dando azo à outra parte para pedir a extinção do contrato. Não importa se a inexecução do contrato por uma das partes seja culposa ou não, mas desde que haja descumprimento da obrigação contratual, a parte prejudicada fica investida de vários direitos. Um deles é obrigar a parte inadimplente a cumprir sua obrigação ou exigir o pagamento de perdas e danos.

O terceiro *remedium juris* de que se pode valer a parte *in bonis*, ou seja, a parte inocente e solvente é pedir a resolução do contrato. A resolução é assim o rompimento unilateral do contrato, em vista da inexecução de obrigações por um dos contratantes. Uma das partes tornou-se inadimplente: deu à outra o direito de pedir a resolução do contrato. É possível inclusive que as partes contratantes aceitem previamente essa condição, estabelecendo-a no próprio contrato. Essa cláusula é chamada de "cláusula resolutiva expressa", ou "pacto comissório expresso". Esse pacto não é amplo, mas restrito, devendo indicar quais sejam as obrigações que, não sendo cumpridas, facultarão à parte adimplente a resolução do contrato.

Nossa legislação é omissa a esse respeito, mas nossa doutrina aceita as normas estabelecidas em vários países. O Código Civil italiano consagra-lhes os arts. 1.453 a 1.469, num capítulo denominado "Da resolução do contrato", sendo a cláusula resolutiva expressa reconhecida pelo art. 1.456. Enquanto não surge o novo Código Civil brasileiro, podemos adicionar esse artigo na nossa doutrina. Convém examinar esse artigo, de admirável clareza e evidência:

## Cláusula resolutiva expressa

Os contraentes podem convencionar expressamente que o contrato se resolve no caso em que uma determinada obrigação não seja adimplida de acordo com o modo estabelecido.

Neste caso, a resolução se verifica de pleno direito quando a parte interessada declara, à outra, que pretende valer-se da cláusula resolutiva.

O fundamento dessa cláusula é o princípio *pacta sunt servanda*: as partes assim quiseram e elas próprias devem respeitar o que pactuaram. Respeita ainda a autonomia da vontade, uma vez que essa cláusula resulta da manifestação de vontade das partes contratantes. Entretanto, estabelece o art. 474 que a parte em mora deva ser avisada de que a parte prejudicada decidiu aplicar a cláusula. Como não há essa disposição em nossa lei, somos de opinião de que não se torna necessária a comprovação dessa advertência. Pode ser aplicado o princípio *dies interpellat pro homine*: um contratante sabe que tal dia deverá cumprir uma obrigação nas condições pactuadas; sabe também que se não a cumprir naquele dia o contrato se resolve. Não cumpriu essa obrigação, não pode se queixar da conseqüência de seu inadimplemento.

É conveniente ressaltar que a resolução só se opera nos contratos de prestações recíprocas e onerosos, os também chamados de bilaterais. É preciso que a parte prejudicada, pela inadimplência da outra, tenha obrigações a suspender; não teria sentido a resolução de um contrato gratuito, como a doação. O doador promete fazer uma doação mas decide não doar; o donatário pedirá então a resolução do contrato com que finalidade? Aliás, disposição nessse sentido é a constante do art. 1.092 de nosso Código Civil, ao dizer que "nos contratos bilaterais, nenhum dos contraentes, antes de cumprida a sua obrigação, pode exigir o implemento da do outro". Consagra o art. 1.092 a cláusula *rebus sic stantibus*, mas baseada no mesmo princípio da resolução. Também deixou clara essa mesma orientação o art. 1.453 do Código Civil italiano, que abre o capítulo sobre a resolução do contrato:

### Resolubilidade do contrato por inadimplência

Nos contratos de prestações recíprocas *(contratto con prestazioni corrispettive)*, quando um dos contraentes não cumpre as suas obrigações, o outro contraente pode pedir, à sua escolha, o adimplemento ou a resolução do contrato, salvo, em qualquer caso, o ressarcimento do dano.

Temos falado, entretanto, em contratos resolúveis devido à existência da "cláusula resolutiva expressa". Vamos agora falar de um contrato em que essa cláusula tenha sido omitida. Essa questão é omitida também pela nossa lei, mas não pela doutrina. A maioria dos doutrinadores que se ocuparam do estudo da extinção do contrato concluíram que há em todo contrato uma "cláusula resolutiva tácita". Aplica-se assim no direito brasileiro o que estabeleceu o art. 1.453 do Código Civil italiano, retro-referido.

Nesse caso, porém, não se pode aplicar o sistema do *dies interpellat pro homine*. A parte prejudicada deverá notificar a parte inadimplente, de que decidiu resolver o contrato por inadimplência da parte notificada. A resolução deve ser pedida judicialmente.

O pedido de resolução deve apresentar uma causa plausível, se não houver cláusula resolutiva expressa. Em princípio, a "cláusula resolutiva tácita" deverá estar expressa na lei e por isso consta na legislação de vários países a cláusula da "excessiva onerosidade". Esta cláusula é invocada para a resolução de um contrato quando as prestações de uma parte tornaram-se excessivamente onerosas por se terem verificado acontecimentos extraordinários e imprevisíveis. A excessiva onerosidade tornou difícil, a uma parte, a execução do contrato, podendo levá-la à insolvência.

Naturalmente, a cláusula da excessiva onerosidade pode ser invocada apenas nos contratos com prestações recíprocas (bilaterais). Caso se trate de contrato com prestação a cargo de uma só parte, o contratante poderá invocar outros motivos. Deverá ainda o contrato ser comutativo. Se for aleatório, a onerosidade excessiva faz parte da álea do contrato. Como poderá uma companhia seguradora dizer que um incêndio extraordinário e imprevisível tornou o contrato de seguro excessivamente oneroso? Deve ainda ser um contrato de execução diferida ou continuada. Se for de execução instantânea, o contrato já foi executado e não há como resolvê-lo.

A resolução, fundamentada na excessiva onerosidade, deve ser requerida judicialmente pela parte gravada pela onerosidade e ameaçada de insolvência se tiver de cumprir sua prestação. Deve ainda provar cabalmente as conseqüências funestas que poderão ocorrer, se não resolver o contrato; precisará demonstrar a ocorrência da excessiva onerosidade, a superveniência de acontecimentos extraordinários e imprevisíveis e o nexo entre esses acontecimentos e a onerosidade. Não se pode deixar ao arbítrio da parte, gravada pela onerosidade, a resolução do contrato; ela só pode ser decretada judicialmente. O contratante contra o qual for pedida judicialmente a resolução poderá, contudo, contestá-la e oferecer uma modificação contratual que equilibre as prestações previstas no contrato. Estamos vendo, destarte, a aplicação da cláusula *rebus sic stantibus*, calcada na "teoria da imprevisão".

### 15.4. A rescisão

A rescisão se dá quando houver lesão injusta aos interesses de uma das partes. É uma forma de extinção do contrato, pedida por uma das partes, que se sente lesada, sendo assim obrigada a recorrer à Justiça. Distingue-se da resilição, pois não há acordo entre as partes para pôr fim ao contrato. Distingue-se também da resolução, pois esta é causada pelo inadimplemento da obrigação por uma das partes. Na rescisão, é possível que as partes tenham cumprido suas obrigações. O que caracteriza o contrato a ser rescindido é que ele foi celebrado em condições desfavoráveis para uma das partes; esse desequilíbrio no poder de barganha. Há portanto um elemento subjetivo.

Nosso Código Civil não regulamentou um sistema de extinção das relações contratuais. A rescisão deixou de ser prevista pela lei brasileira, razão pela qual o termo "rescisão" é empregado indistintamente, às vezes no lugar de resilição, outras de resolução. Na linguagem jurídica, contudo, é conveniente que cada termo seja utilizado no seu específico sentido. Da mesma forma que a resolução, o Código Civil italiano regula a rescisão em capítulo próprio, denominado "Da rescisão do contrato", com os arts. 1.447 a 1.452. O art. 1.447, ao mesmo tempo que estabelece o direito de rescisão, traz um aspecto conceitual dela. Esse artigo diz que o contrato em que uma parte assumiu obrigações em condições iníquas, pela necessidade de salvar a si ou outrem de perigo atual de dano grave à pessoa, pode ser rescindido, a pedido da parte que se obrigou em demasia. Esse artigo cuida do "contrato concluído em estado de perigo". Exemplo frisante é o de um paciente em crise de apendicite que contrata com um médico uma operação. Ante essa desigualdade de poder de barganha, o médico se aproveita para exigir um preço acima do normal.

Além do "estado de perigo", previsto no art. 1.447, o Código Civil italiano prevê, no art. 1.448, o "estado de necessidade". É o caso de um contrato assinado por um contraente premido por necessidades que o levam ao desespero, incapacitando-o de agir sem injunções. Esse "estado de necessidade" é também reconhecido no direito brasileiro, referido no parágrafo único do art. 160 de nosso Código Civil. Contrato assinado por pessoas com esse estado de espírito tende a ser desproporcional quanto às prestações de cada parte, sendo passível de pedido de rescisão pela parte prejudicada.

**15.5. A nulidade**

Outro modo de extinção das relações contratuais é o da nulidade. Ainda nesse aspecto, nossa lei é omissa, mas o contrato é um ato jurídico e, assim sendo, amolda-se à teoria da nulidade dos atos jurídicos, expressa nos arts. 166 a 184 de nosso Código Civil. Nosso código entretanto prevê dois tipos de nulidade: a absoluta (arts. 166 a 170) e a relativa (arts. 172 a 184), esta última chamada de anulabilidade. Diferenciam-se bastante os dois tipos de nulidade e sob diversos aspectos: da prescrição, da pessoa que alega a nulidade, da ratificação, da natureza, e dos efeitos que produzem.

Nossa primeira preocupação é caracterizar bem quando o contrato é nulo e quando é anulável. Temos de voltar às considerações sobre a forma e os requisitos do contrato, pois esses elementos constituem as causas da nulidade. Decorre normalmente a nulidade, absoluta ou relativa, do contrato por defeito de forma, pela falta de elementos subjetivos, como nas perturbações da manifestação de vontade, pela transgressão às normas que os regem e outros fatores.

O contrato poderá ser declarado nulo só pela Justiça, não cabendo às partes essa declaração, nem tampouco a terceiros que tenham interesse no contrato. Poderão essas partes requererem a nulidade perante a Justiça. O principal aspecto da nulidade do contrato refere-se aos efeitos que ela produz. Se o contrato for declarado nulo, cessam seus efeitos desde o dia em que ele foi celebrado; assim, a nulidade produz efeitos *ex tunc*. Se ele é nulo desde o momento em que foi criado, nenhum de seus efeitos tem validade (*Quod nullum est nullum producitur effectus*).

Há diversas causas para a nulidade do contrato. A principal é quando lhe falta um elemento essencial. Nulo é o contrato que tenha objeto não permitido pela lei, como produção de armas atômicas, o loteamento do Vale do Anhangabaú, a manutenção de hospital para abortos ou de um cassino. Contratos desse tipo já trazem em sua formação os germes da nulidade, por afrontar a ordem pública e a lei. Igualmente nulo é o contrato com objeto impossível ou estapafúrdio, como plantação de ouro. A lei nega-lhes efeito, ou os proíbe.

Outro motivo da nulidade é a incapacidade jurídica da pessoa que celebrar o contrato; não pode ser ele celebrado por pessoas absolutamente incapazes ou incapazes para determinados contratos. O art. 3º de nosso Código Civil declara como pessoas absolutamente incapazes de exercer pessoalmente os atos da vida civil os menores de 16 anos, os que por enfermidade ou deficiência mental, não tiverem o necessário discernimento para a prática desses atos, os surdos-mudos que não puderem exprimir a sua vontade, e os ausentes, declarados tais por ato do juiz. Essa enumeração é incompleta e merece vários reparos. Refere-se apenas a pessoas físicas, mas a incapacidade atinge pessoas jurídicas também. Uma sociedade mercantil falida ou dissolvida, uma sociedade de fato, uma autarquia, não podem celebrar contratos de certos tipos.

Os menores de 16 anos são absolutamente incapazes, mas normas jurídicas posteriores a 1916 foram atenuando esse absolutismo. Podem eles celebrar contrato de trabalho e manter uma conta corrente bancária, para o crédito de seus salários. Podem ainda celebrar contratos por intermédio de seu representante legal. A antipática e confusa expressão "loucos de todo gênero" precisa ser colocada em termos jurídicos atuais: refere-se à figura de um "interdito". Esse tipo de incapaz é uma pessoa declarada judicialmente como inapta para a prática de certos atos da vida civil, como de celebração de contratos. Assim sendo, será nulo todo contrato assinado por um interdito ou por uma pessoa jurídica que assine por intermédio de um interdito como representante legal.

Outro caso de nulidade absoluta é a inobservância dos aspectos formais do contrato. É nulo o contrato celebrado de maneira proibida pela lei ou que não obedeça à forma determinada pela lei, ou que tenha preterido alguma solenidade que a lei considera essencial para a sua validade. Por exemplo, um contrato de compra e venda de imóvel só pode ser realizado por escritura pública. Vários contratos só podem ser realizados por escrito.

A nulidade de um contrato decorre normalmente de um vício crônico, de tal maneira grave, que o inquina de nulidade. Esse vício ofende a lei, a ordem jurídica, a moral e os bons costumes, a segurança nacional ou interesse público. São bens coletivos, a serem tutelados pela lei; por essa razão, a nulidade pode ser pedida não apenas por uma das partes, mas por terceiros, pelo Ministério Público. Pode ainda a nulidade ser decretada *ex officio* pelo juiz.

## 15.6. A anulação

A anulabilidade, ou nulidade relativa, não apresenta vícios e deficiências tão radicais, como na nulidade absoluta. Essas deficiências são sanáveis, fazendo com que um contrato aparentemente nulo e sem eficácia passe a produzir efeitos. É o caso do contrato celebrado por um menor relativamente incapaz (não absolutamente incapaz). Entretanto, ninguém tentou anular esse contrato e o menor atingiu a maioridade e ratificou seus atos contratuais. Esse contrato tornou-se válido; não era nulo, mas anulável.

O vício ínsito num contrato anulável não ofende o interesse público, mas a segurança das partes envolvidas. Destarte, a anulação pode ser requerida apenas pelas partes contratantes. A principal característica do contrato anulado é que a anulação produz efeitos *ex nunc*, ou seja, ele se extingue com a anulação. Vigorou porém desde a celebração até a anulação. Produziu efeitos e criou obrigações que não se revogam. Assim sendo, será bastante esclarecedor um paralelo entre a nulidade e a anulabilidade, entre os dois tipos de contrato, com suas diferenças frisantes:

| ANULÁVEL | NULO |
|---|---|
| 1. Produz efeitos *ex nunc* (desde agora), ou seja, a anulação vigora a partir dela. | 1. Produz efeitos *ex tunc* (desde então), ou seja, retroage até a data da celebração. |
| 2. O vício é sanável, podendo ser ratificado. | 2. O vício é insanável, não podendo ser ratificado. |
| 3. Pode ser requerida só pelas partes. | 3. Pode ser requerida pelas partes, por terceiro, pelo Ministério Público ou decretada *ex officio*. |
| 4. Ofende o interesse particular. | 4. Ofende o interesse coletivo. |
| 5. É prescritível. | 5. É imprescritível. |
| 6. Produz alguns efeitos. | 6. Não produz qualquer efeito. |

**15.7. A quitação**

A quitação é válida, qualquer que seja a sua forma, ou seja, não precisa de ser feita da mesma forma do contrato. A expressão "qualquer que seja a sua forma" não pode ser interpretada de modo radicalmente literal. Em sentido geral, a quitação deve ser dada na forma prescrita pelo Código Civil; por exemplo, deverá ser por escrito, pois deve conter a assinatura de quem a deu. Assim, o pagamento em dinheiro pede um recibo escrito, assinado pelo credor, contendo o dia da quitação, a forma do pagamento (em dinheiro ou cheque ou de outra maneira) e a que se refere esse pagamento. A quitação dada por um contratante prova que a outra parte cumpriu a obrigação que lhe cabia.

# 16. O MODERNO DIREITO CONTRATUAL

16.1. A origem romana
16.2. Tendências modernas
16.3. Uniformização internacional dos contratos

## 16.1. A origem romana

O direito contratual surgiu na antiga Roma, como aliás o próprio direito. Os princípios básicos foram se ampliando e abrangendo a sua aplicação, mas sem perder seu sentido. Os contratos mais comuns já eram regulamentados antes de Cristo, como a compra e venda, a troca, a locação, mandato, depósito, gestão de negócios, o compromisso arbitral ou cláusula compromissória, o comodato, o penhor, a fiança e demais garantias. As características e tendências do direito contratual romano eram, porém, bastante diferentes do direito contratual moderno. O contrato era um ato jurídico solene, formal, rigoroso. A assunção de obrigações contratuais era quase um juramento. Assim, um dos mais primitivos contratos, a *Sponsio*, era estabelecida de forma simples e formal: uma parte perguntava para a outra, Spondes?, ao que a outra deveria responder, Spondio! *Spondes* e *spondio* têm o sentido de prometes e prometo. Se a outra parte respondesse *spondio* (prometo espontaneamente) de forma mal pronunciada, não se considerava celebrado o contrato. A palavra empenhada contratualmente era sagrada e tutelada até pela religião, que prescrevia a *damnatio* à quebra do compromisso.

Não se deu ainda explicação a esse rigor e formalismo do direito romano, nem ao apego dos cidadãos ao direito, que se nota desde a fundação de Roma, em 753 antes de Cristo. Consta que Roma foi fundada pelos irmãos Rômulo e Remo. Eles organizaram milícia para se defenderem dos vizinhos e para maior segurança acharam melhor fundar uma cidade que os abrigasse e constituir uma nação organizada. Rômulo fez seus milicianos perfilarem-se e à frente deles traçou com a espada um sulco no solo, declarando que ali começariam os limites do novo Estado, a que deu o nome de Roma, nome esse extraído de Rômulo e Remo.

Naquele momento, Rômulo promulgou as primeiras leis romanas. Declarou os membros de sua milícia como soldados de Roma e aquele sulco como as fronteiras do novo Estado. Disse que Roma não teria muralhas, pois o peito de seus soldados seria as muralhas de Roma. Outra lei declarava inimigo de Roma, e como tal condenado à morte, quem atravessasse essas fronteiras, sem jurar amizade e fidelidade a Roma. Remo pulou o sulco, dizendo que assim transporiam os inimigos as muralhas de Roma. Rômulo, com a espada com que abrira o sulco, decepou a cabeça do irmão, dizendo que assim morreriam os que desobedecessem a lei de Roma.

Os primórdios da nova nação estão envoltos em muitas lendas, mas a realidade a história nos revela: Roma nunca ergueu muralhas para marcarem suas fronteiras, como faziam outros países. Os primitivos romanos respeitavam com a maior seriedade as leis de Roma, a autoridade constituída e a ordem jurídica. A disciplina romana inspirou as nações que surgiram após, até os dias de hoje. Tornaram-se modelos os dois soldados romanos da guarda do templo de Pompéia, que foram soterrados pelas lavas do Vesúvio, porque não receberam ordem de abandonar seus postos. E foi nesse estado de espírito que surgiu o direito romano: rígido, eqüitativo, formal, obrigatório. Era o orgulho da nação e o retrato de um povo disciplinado, austero e juridicamente organizado. Esse direito elaborou os diversos tipos de contratos.

Por exemplo, bem antes de Cristo, os romanos criaram um tipo de contrato chamado *mutuum*. Esse termo foi originado de *ex meo tuum* (de mim para ti), pois a tônica desse contrato é a transferência de uma coisa fungível, das mãos de um para as de outro. Com efeito, é um contrato de empréstimo de coisa fungível, pelo qual uma pessoa chamada *mutuo dans* (mutuante) transferia para outra, chamada *mutuo accipiens* (mutuário), uma *res* (coisa) *eusdem generis et qualitatis* (do mesmo gênero e qualidade). A legislação contratual romana era vasta, extensa; criou várias espécies de *mutuum*. Pois bem, examinemos o contrato de mútuo, previsto nos arts. 586 a 592 do Código Civil. É, em linhas mestras, o mesmo *mutuum* dos romanos anteriores a Cristo. Se formos interpretar esse contrato, pela exposição dos modernos doutrinadores brasileiros e de outros países, não encontraremos muitas diferenças de idéias, das que foram expostas pelos jurisconsultos romanos, principalmente GAIO (segundo século depois de Cristo).

### 16.2. Tendências modernas

Rômulo foi proclamado o primeiro rei de Roma, dando início ao sistema político que vigorou por mais de dois séculos. Foi o período de formação básica do direito romano, calcado principalmente nos costumes e na religião. Foi a época do rigor e do formalismo jurídico. O respeito à lei e às obrigações assumidas quer contratualmente, quer unilateralmente estava na essência do sistema jurídico romano. Um dia o filho de Tarquínio, último rei de Roma, tentou estuprar uma cidadã romana. Foi preso, processado e condenado; seu pai tentou intervir em seu favor e foi destronado e expulso de Roma.

Foi então proclamada a República e seguiu-se um período de intenso desenvolvimento jurídico. A economia patriarcal foi substituída pela economia capitalista, e logo se formaram duas classes distintas e antagônicas: os patrícios e os plebeus. Os patrícios detinham o poder econômico, político e militar do país, submetendo os plebeus a regime de escravidão. Após quase um século de lutas, os plebeus retiraram-se de Roma, para fundar uma nova cidade e elaborar novo sistema jurídico. Foi a primeira greve de que se tem notícia. Os patrícios não tinham como viver sem o pessoal produtivo, principalmente os lavradores. Mandaram então seus emissários aos plebeus, fazendo oferta de um contrato, pelo qual as partes reconheciam direitos mútuos e assumiam obrigações. Os plebeus aceitaram a oferta, mas exigiram que esse contrato fosse elaborado por escrito. Lavraram-se os termos em doze lâminas de bronze, que fariam lei entre as partes contratantes. Foi a chamada "Lei das Doze Tábuas", o primeiro contrato formal estabelecido, nesse caso, entre duas coletividades, duas pessoas jurídicas e natureza corporativa. Foi ainda o primeiro modelo de contrato coletivo de trabalho. Deve ter ocorrido esse fato em 450 anos antes de Cristo.

De lá para cá, mais de 2.000 anos se passaram e o direito romano não marcou evolução e transformação dignas de nota no campo contratual. Por isso se diz que o direito romano constitui a árvore genealógica do direito contratual e das modernas figuras contratuais. Todavia, as tendências modernas do direito contratual não seguem aquelas da Antigüidade. A dinâmica das atividades empresariais, as profundas modificações na vida econômica, política e social haveriam de influir no sistema jurídico. Aquele rigorismo, o acentuado formalismo, cedeu em face do dinamismo da vida moderna. Os contratos formais são exceções. Há forte tendência para a adoção total da autonomia da vontade, como acontece no direito norte-americano, até o ponto em que ficar ameaçado o interesse coletivo. As formas contratuais tornam-se mais simples e esquematizadas, como os contratos-tipo e os contratos de adesão. O que se nota nos contratos ultimamente criados, e alguns são importantes na vida moderna, é a tendência para o ecletismo. Não são contratos puros, mas formados pela combinação de vários outros. Assim, o contrato de arrendamento mercantil (*leasing*) é uma fusão de parte do contrato de compra e venda de coisas com o de locação; o contrato de fomento comercial (*factoring*) é mistura de compra e venda com cessão de crédito, desconto bancário e prestação de serviços; o contrato de franquia (*franchising*) é mistura do contrato de transferência de tecnologia, licença para utilização de marcas e patentes, prestação de serviços e outros ainda.

**16.3. Uniformização internacional dos contratos**

Outra moderna e importante tendência do direito contratual é para a internacionalização e uniformização. Não só o direito contratual, mas todo o direito empresarial experimenta sensível tendência para o estabelecimento de cláusulas uniformes aos variados tipos de contratos. Proliferam as organizações internacionais de integração econômica, cada uma aumentando seus poderes, algumas até agrupando parte da competência dos Estados. Cada estado moderno vai abrindo mão de parte de sua soberania, transferindo-a a certas organizações internacionais; estas então se transformam num supra-estado. Diversas dessas organizações lutam pela uniformização dos contratos internacionais, com sensíveis reflexos nos contratos nacionais.

A mais atuante organização nesse sentido tem sido a Câmara de Comércio Internacional, instituição sediada em Paris. Sua principal função é a de estudar os contratos criados pelo costume no mundo inteiro, procurando regulamentá-los e divulgar essa regulamentação. Tem conseguido sucesso nesse mister, com suas publicações, chamadas de "brochuras". A principal delas é a de nº 290, substituída depois pela Brochura 400, regulamentando o "crédito documentário". Outra regulamentação universalmente aceita foi a da "cobrança documentária", pela qual se processa a cobrança de títulos de crédito e demais créditos. Outra importante e magnífica contribuição da Câmara de Comércio Internacional foi a criação dos Incoterms – *International Commercial Terms*, aplicados nos contratos de compra e venda internacional, mas usados largamente nas operações internas de muitos países, inclusive no Brasil.

O contrato que mais exige uma uniformização internacional é o de compra e venda. É o mais importante e mais aplicado dos contratos, tanto no plano internacional como interno. Não é regulamentado de maneira uniforme pelo direito dos vários países. Predominam dois sistemas: o sistema alemão considera o contrato de compra e venda como consensual, por gerar ao vendedor a obrigação de transferir a propriedade da coisa vendida, mas não a transfere só com o consenso, mas com a tradição. É o sistema seguido pelo Brasil e pela maioria dos países. O outro sistema, o franco-italiano, considera o contrato de compra e venda como contrato real, pois opera imediatamente a transferência da propriedade da coisa vendida.

Como a compra e venda é o sustentáculo do comércio exterior e dele decorrem normalmente outros contratos, como o de financiamento, de assistência técnica, de representação e outros, sentiu-se a necessidade da adoção de um regulamento internacional e nacional, uniformizando a praxe e o direito. O primeiro passo foi a Convenção de Haia de 1955. Nem todos os países, porém, aderiram a essa convenção, tornando necessária uma convenção mais ampla. Assim é que a ONU promoveu em 1980, em Viena, uma convenção para instituir amplamente uma lei uniforme para o contrato de compra e venda internacional. Como foi promovida pela ONU, essa convenção, que contou com a participação do Brasil, aplicou-se no mundo todo. De certa maneira, a uniformização dos contratos foi inspirada pela Lei Uniforme de Genebra, estabelecida pela Convenção de Genebra para a uniformização das normas que regem a letra de câmbio e a nota promissória no campo internacional, mas que se transformou em lei nacional em quase todos os países, inclusive o Brasil.

Outro contrato com forte tendência para a uniformização é o do transporte aéreo, quer de pessoas, quer de carga. A Convenção de Varsóvia, de 1929, atualizada pelo protocolo de Haia e várias outras convenções, uniformizou esse contrato na aplicação internacional. Todavia, essa regulamentação internacional tem profundos reflexos no direito interno de todos os países; por isso a regulamentação do Brasil, pela Lei 7.656/86, denominada de Código Brasileiro de Aeronáutica, adota critérios bem semelhantes aos do código aeronáutico francês, do argentino e de quase todos os demais países. Essa uniformização é promovida principalmente por duas organizações internacionais de forte poder e influência no campo da aviação comercial: a IATA – *International Air Traffic Association*, e a ICAO – *International Civil Aviation Organization*. A IATA é um organismo formado pelas companhias de aviação comercial e a ICAO é formada pelo governo dos países a que pertencem essas companhias. Ambas as organizações possuem sério poder de controle sobre o tráfego aéreo internacional e função legislativa. Estudam os fenômenos e estabelecem normas para reger o transporte aeronáutico, inclusive para o contrato de pessoas e de carga. Como reflexo, a Convenção de Bruxelas, de 1967, regulamentou o contrato de transporte marítimo, mais ou menos nas bases do transporte aeronáutico.

Diversas outras organizações atuam eficazmente nesse esforço. A UNCTAD – *United Nations Conference for Trade and Development* desenvolve estudos de unificação legislativa contratual, mas também para a elaboração de um código comercial internacional. Essa organização está sediada em Genebra e faz parte da ONU, tendo tido ativa participação para efetivar a Convenção de Viena sobre o contrato de compra e venda.

Quanto aos contratos de forma geral, sugestivas são duas publicações da Câmara de Comércio Internacional: "Regras Uniformes para as Garantias Contratuais" e "Introdução às Regras da Câmara de Comércio Internacional sobre Contratos Internacionais". Para um estudo mais amplo e aprofundado das organizações internacionais de integração econômica e a regulamentação internacional dos contratos mais comuns, revela-se de interesse, *data maxima venia*, a consulta aos compêndios do mesmo autor deste, editados pela Forense, com o título de *Direito Internacional Privado* e *Direito Internacional Público*. É um estudo específico da Convenção de Viena, dos INCOTERMS, do crédito documentário, dos transportes internacionais e outros contratos, com suas normas uniformizadas.

# 17. CLASSIFICAÇÃO DOS CONTRATOS

17.1. Típico e atípico
17.2. Nacional e internacional
17.3. Solene e não-solene
17.4. Principal e acessório
17.5. Causal e abstrato
17.6. Consensual e real
17.7. Individual e coletivo
17.8. Públicos e privados

Classificar é distribuir realidades em diversas classes; é, ao mesmo tempo, agrupar e discriminar. É distribuir essas realidades, de acordo com suas características, diferenças ou semelhanças, analogias, antíteses e adotando outros critérios. É reunir determinadas coisas em classes e nos grupos respectivos, segundo um sistema ou método de classificação. Ao mesmo tempo, é um processo de estudo, de raciocínio, com importante sentido pedagógico. Da maior importância é a análise dos critérios adotados para se estabelecer a classificação.

Na botânica se classificam as plantas; na zoologia, os animais. Há classificação de climas, de pedras preciosas, de produtos químicos. Quase todas as ciências classificam seu objeto de estudo. O direito é dividido e classificado, desde os tempos romanos, em público e privado; cada um desses ramos classifica seus ramos. O direito contratual classifica os contratos sob variados prismas; é a forma de dar segurança ao estudo e interpretação dos contratos. A classificação orienta, ilustra e esclarece; assegura melhor compreensão.

Por isso, encerramos nosso estudo do direito contratual procurando estabelecer e explicar a classificação dos contratos, de maneira geral. Ao nosso modo de ver, adota-se a classificação após o exame da teoria geral dos contratos. Não tem sentido a classificação *a priori*, sem que se conheçam as características do contrato e a estrutura de cada um. Eis por que a classificação deve ser estabelecida no final de nosso estudo. Não há naturalmente uma classificação uniforme, mas classificações várias. Depende do prisma pelo qual se examinam os contratos: pelo número de pessoas, pela qualificação das pessoas, pelo objeto, pela forma, pelo tipo de obrigação que gera, pelo momento da execução, pela nacionalidade, pela natureza, pelo tipo de consentimento; há enfim inúmeras formas de se analisar os contratos. Cada jurista tem uma ótica própria de interpretação, o que leva a estabelecer uma classificação sob essa ótica. Iremos então examinar uma classificação geral, em dezoito classes, a saber:

17.1. típico e atípico
17.2. nacional e internacional
17.3. solene e não-solene
17.4. principal e acessório
17.5. causal e abstrato
17.6. consensual e real
17.7. individual e coletivo

17.8. públicos e privados
17.9. unilateral, bilateral e plurilateral
17.10. de prestações recíprocas e a cargo de uma só parte
17.11. oneroso e gratuito
17.12. civil e mercantil
17.13. de execução imediata e diferida
17.14. de execução instantânea e continuada
17.15. por adesão e paritário
17.16. comutativo e aleatório
17.17. preliminar e definitivo
17.18. pessoal e impessoal

**17.1. Típico e atípico**

Típico é o contrato ao qual a lei traça as normas básicas. São aqueles a que nos referimos na primeira classificação: os dezessete previstos no Código Civil e os dez previstos no Código Comercial. Há outros, regulamentados em leis esparsas. São também chamados de "nominados", pois a lei lhes dá um nome ao regulamentá-los. Nem todo contrato nominado é típico; é o que acontece com o contrato de arrendamento mercantil. A lei deu-lhe um nome e alguns elementos, mas não o regulamentou.

Atípicos são contratos não disciplinados pela lei. No julgamento de questão referente a eles, o juiz deverá aplicar a analogia, comparando-os com outros contratos de características parecidas. É o exemplo do contrato de franquia (*franchising*), faturização (*factoring*) e arrendamento mercantil (*leasing*).

**17.2. Nacional e internacional**

Quanto à extensão territorial dos efeitos jurídicos do contrato e ao regime jurídico a que está submetido o contrato, pode ele ser nacional e internacional. Nacional é o contrato ao qual se aplica um só sistema jurídico, a legislação de um só país. É o caso de uma compra e venda realizada entre uma empresa de São Paulo e outra do Rio. Se houver divergência na interpretação desse contrato, a questão será examinada exclusivamente pelo juiz brasileiro e com aplicação da lei brasileira.

O contrato internacional é o que está vinculado a dois ou mais sistemas jurídicos, à legislação de dois ou mais países. É o caso de um contrato de compra e venda estabelecido por uma empresa brasileira e outra francesa, com transporte feito por uma companhia de navegação alemã, com a mercadoria garantida por contrato de seguro de uma companhia seguradora inglesa. Se houver conflitos entre as partes, a questão deverá ser examinada à luz do direito brasileiro e do direito de vários outros países. O contrato de compra e venda internacional é chamado de importação-exportação. Os mais comuns contratos internacionais são os de importação-exportação, câmbio, troca internacional de mercadorias (*countertrade*), crédito documentário, transferência de tecnologia, empréstimos internacionais, *franchising* (franquia), transporte de cargas e de passageiros de um país para outro. Os principais contratos internacionais foram descritos em nosso compêndio *Direito Internacional Privado*, já editado pela Forense.

## 17.3. Solene e não-solene

No tocante à forma obrigatória ou não, os contratos se dividem em solenes ou formais e não-solenes ou informais. Vigora no direito contratual o princípio da liberdade das partes. Têm elas a faculdade de manifestar sua vontade da forma que lhes aprouver. Entretanto, em certos casos excepcionais, a lei impõe que o contrato seja celebrado de uma forma que ela prescreva. A não-observância da forma prescrita pela lei poderá acarretar a nulidade do contrato. Não havendo forma estabelecida pela lei para um contrato, será ele informal ou não-solene, podendo ser estabelecido por escrito ou verbalmente, por instrumento público ou particular, ou de qualquer outro modo, ao alvitre das partes.

Os contratos solenes são aqueles aos quais a lei impõe uma forma por ela prescrita; eis por que são também chamados de formais. Examinemos, por exemplo, o contrato de constituição de uma sociedade mercantil. Os sócios devem elaborar um instrumento escrito, contendo determinadas cláusulas e elementos exigidos pela lei. Esse contrato deve ser registrado na Junta Comercial, sem o que ele não gerará direitos. Outro exemplo é o contrato de penhor mercantil, que o art. 271 do Código Comercial exige que seja feito por escrito, única prova admitida. Ao impor a forma escrita, a lei restringe a liberdade das partes, que deverão submeter-se a uma formalidade. Dessa forma, um contrato de compra e venda de imóvel requer a escritura pública para que se aperfeiçoe.

## 17.4. Principal e acessório

Contrato principal é o que não depende de qualquer outro para valer; ele existe por si. A esse tipo pertence a maioria dos contratos, sendo pois a regra. Há porém exceção, com os acessórios, mormente os que encerram garantia, como penhor, fiança e hipoteca. Os contratos acessórios existem em função do principal, principalmente para garantir a execução do principal. É o caso de um contrato de locação, garantido por fiança. O contrato de locação é o principal, pois independe da fiança; o contrato de fiança é acessório pois está atrelado ao de locação; se não houvesse locação, não haveria fiança. Vamos examinar outro exemplo: uma empresa levanta empréstimo num banco e para garantia do pagamento desse empréstimo entrega em caução suas duplicatas; é caso típico de contrato de penhor mercantil. O contrato de empréstimo é o principal; o de penhor mercantil acessório.

Não são contratos apenas paralelos ou justapostos, mas há uma íntima conexão entre eles; os acessórios dependem dos principais, adotando o princípio secular de que *acessorium sequuntur suum principalem*, expresso no art. 59 do Código Civil: "Salvo disposição especial em contrário, a coisa acessória segue a principal". Assim, se o contrato principal for nulo, o acessório também o será, embora a recíproca não seja verdadeira. É o que diz inclusive o art. 153 do Código Civil: "A nulidade da obrigação principal implica a das obrigações acessórias, mas a destas não induz a da obrigação principal". O mesmo ocorre com a prescrição e a extinção: se o contrato principal for extinto, extinto ficará o acessório. Se ficar prescrito o contrato principal, o contrato acessório também estará prescrito, pois este não tem vida autônoma. Esse critério é confirmado pelo art. 167 do Código Civil: "Com o principal prescrevem os direitos acessórios".

## 17.5. Causal e abstrato

A consideração de contrato causal e abstrato surgiu por analogia com os títulos de crédito. A abstração é uma característica dos atos jurídicos, profundamente analisada pelo extraordinário jurista italiano Tullio Ascarelli. Por essa característica, um contrato se desvincula de tal modo da sua origem, da sua causa, que esta se torna irrelevante. Em nosso direito, o contrato é, em princípio, abstrato, porquanto a legislação brasileira não faz referência à causa como elemento essencial ou importante do contrato. Assim sendo, o contrato abstrato tem sua força e eficácia no seu teor, na sua forma externa, sem se ater às razões que levaram as partes a estabelecê-lo. A prova do contrato é o instrumento em que foi formulado, o conteúdo desse instrumento.

O contrato causal é aquele que traz no seu contexto a causa que constitui a razão suficiente desse contrato. A causa não se confunde com o objeto; este é o alvo do contrato; é o ponto para o qual o contrato se dirige. Qual é, por exemplo, o objeto de um contrato de compra e venda? É a transferência da propriedade de uma coisa e o recebimento do preço dela. Qual é o objeto do contrato de locação de imóveis? É a entrega de um imóvel para ser usado pelo locatário e o pagamento, por este, do aluguel. A causa é o motivo que levou o vendedor a vender e o comprador a comprar; o locador a alugar e o locatário a tomar o imóvel em aluguel.

O contrato causal não é previsto em nosso direito, mas não é estranho ao direito de outros países. O Código Civil francês o prevê no art. 1.108. O Código Civil italiano aponta no art. 1.325, como requisitos do contrato: o acordo entre as partes, a causa, o objeto e a forma prescrita em lei. Os arts. 1.343 a 1.345 prevêem que a causa do contrato é ilícita se contrária à ordem pública, à lei e aos bons costumes, se for em fraude à lei ou se as partes estiverem imbuídas de má-fé.

### 17.6. Consensual e real

Olhando o contrato sob o aspecto de sua constituição, da maneira de seu aperfeiçoamento, dividem-se em consensuais e reais. O contrato consensual, que é regra geral, é o que se forma com o simples acordo de vontade das partes, com o consenso (*solo consensu*). O contrato de mandato mercantil, por exemplo, aperfeiçoa-se quando uma empresa outorga a outra autorização para praticar atos em nome do outorgante e o mandatário aceita essa incumbência. A lei não exige elemento concreto, como entrega de um objeto. O mesmo ocorre com o contrato de comissão. Esses contratos aperfeiçoam-se com o simples consentimento das partes. Vejamos o contrato de transporte de pessoas: o passageiro adquire a passagem, que comprova ter sido celebrado o contrato. O transportador assumiu a obrigação de transportar o passageiro a um determinado lugar e o passageiro assumiu a obrigação de pagar o preço. É um contrato perfeito, não exigindo que o passageiro embarque naquele momento do contrato, nem que entregue alguma coisa.

Ao contrário, o contrato real não se aperfeiçoa só com o consentimento; exige a tradição de uma coisa. Real, etimologicamente, liga-se a *res* = coisa. São contratos reais o mútuo, o penhor, o comodato, o depósito, a arras. Por exemplo, uma empresa levanta empréstimo em um banco e para garantia desse débito entrega duplicatas em penhor; esse contrato de penhor só se perfaz com a entrega das duplicatas apenhadas. Nenhum valor teria esse contrato de penhor, se elas não fossem entregues.

No direito brasileiro, o contrato de compra e venda é um contrato consensual. Basta que as partes cheguem a um consenso, para que o contrato se perfaça. A tradição da coisa vendida pode processar-se depois, constituindo o cumprimento da obrigação assumida pelo vendedor. No direito italiano e no francês, a compra e venda é um contrato real; ele só se completa com a tradição da coisa vendida.

## 17.7. Individual e coletivo

Individual é o contrato com manifestação de vontade de um só indivíduo, como acontece com a quase totalidade dos contratos. Coletivo é o contrato que gera obrigações e direitos para uma coletividade, como acontece com o contrato coletivo de trabalho.

## 17.8. Públicos e privados

Quanto à qualificação da pessoa que celebra o contrato, existem os contratos públicos e privados. Públicos são os contratos assinados pelo Poder Público, como a licitação. Obedecem às normas elaboradas pelo direito administrativo. Privados são os celebrados por pessoas privadas e regidas pelas normas do direito privado.

Das outras dez categorias de contrato referidas nesta classificação, fizemos já considerações específicas sobre elas.

# 18. CONTRATO-TIPO E ADESÃO CONTRATUAL

18.1. Contrato-tipo
18.2. Contrato de adesão
18.3. Características do contrato de adesão
18.4. Proteção à parte fraca
18.5. Diferenças entre contrato-tipo e contrato de adesão

### 18.1. Contrato-tipo

O contrato-tipo parece ter surgido em meados do século passado, por força do desenvolvimento econômico e da necessidade de racionalizar as atividades empresariais. É o contrato tecnicamente elaborado para se constituir num padrão, num modelo, tanto que foi também chamado de contrato *standard*. É pré-pronto, com suas cláusulas gerais preestabelecidas, contendo claros em que serão inseridos os dados essenciais e variáveis, como o preço, nome e qualificação das partes, datas, e outros desse tipo. É o que acontece atualmente com os contratos bancários. Quem quiser transacionar com um banco, dirige-se a uma agência bancária e combina com o gerente o tipo de negócio. O banco então faz a oferta do contrato já pronto num impresso, com os dados fornecidos pelo cliente; esses dados são inseridos num papel impresso, com as cláusulas do contrato fixas e imutáveis.

O cliente é obrigado a aceitar o contrato naqueles termos ou não o aceita. Não pode discutir aquelas cláusulas nem querer modificá-las; nem que o gerente do banco queira modificá-las, ele não terá autorização para tanto. Assim sendo, ou o cliente aceita tudo em bloco ou o rejeita por inteiro. Há sérias restrições à vontade do oblato. O policitante é a parte mais forte; impõe a sua vontade, elaborando as cláusulas, apresentando-as ao oblato. Este pode não aceitar e procurar outro banco, mas, provavelmente, lhe será apresentado um outro contrato-tipo. E não é só com bancos que se dá o contrato-tipo. Quem quiser fazer um contrato de seguro estará na mesma situação. Ao comprar um apartamento, o adquirente deverá assinar um desses contratos, que, no mundo moderno, estão se tornando norma.

O contrato-tipo rompe o princípio secular da autonomia da vontade, pois predomina a vontade de uma das partes, que normalmente é dotada de maior poder, principalmente econômico. A outra parte, mais fraca, não pode se opor à vontade do mais forte, sendo obrigada a aceitar ou rejeitar em bloco os termos do contrato. É um contrato leonino, porquanto a maioria das cláusulas pendem para o lado do leão. As partes não estão em paridade, senão seria um contrato paritário, e este se opõe ao contrato-tipo.

### 18.2. Contrato de adesão

O contrato de adesão é a radicalização do contrato-tipo, adotando as características deste. No contrato-tipo, como os contratos bancários, o oblato pode recusá-lo e procurar uma organização concorrente, que adote um sistema diferente. Ou então renunciar ao contrato, resolvendo seu problema de outra forma. O ofertante não detém o monopólio dos serviços que oferece, mas atua normalmente numa economia de mercado. No contrato de adesão, o oblato está mais tolhido em sua liberdade, pois a rejeição do contrato priva-o de desfrutar de um bem necessário. É o caso do serviço de eletricidade; se o consumidor não se conformar com as tarifas e cláusulas impostas pelo fornecedor, estará privado de um bem dominado por uma empresa monopolista.

O contrato de adesão foi assim denominado pelo jurista francês Saleilles, mas no mundo moderno é chamado, com maior propriedade, como "contrato por adesão". Realmente é um contrato que se completa pela adesão do oblato, razão pela qual lhe cabe melhor a designação de contrato por adesão. Não é regulamentado legalmente no Brasil e na maioria dos países, a não ser no código da Etiópia e da Holanda. O Código Civil italiano, por sua vez, não o regulamenta, embora adote algumas disposições sobre ele nos arts. 1.332 e 1.341. Doutrinariamente, contudo, é ele aceito pela maioria dos países e algumas normas são adotadas em defesa da parte mais fraca. O saudoso mestre Orlando Gomes dedicou-lhe um profundo estudo numa obra especial sobre ele.

### 18.3. Características do contrato de adesão

O contrato de adesão tem várias características, mas nenhuma delas é isenta de exceções ou dispensa ressalvas. Todavia, elas todas em conjunto caracterizam muito bem esse tipo de contrato e fazem dele uma peculiar criação do gênio jurídico. A característica primeira e essencial é a de que as cláusulas do contrato são elaboradas totalmente pela parte mais forte e apresentadas à parte mais fraca. Esta o aceita ou o rejeita em bloco.

A segunda característica é que o policitante ocupa-se de um objeto social monopolista, de tal forma que o oblato não poderá contratar com um concorrente direto do policitante. Se não aceitar as condições do contrato, priva-se de um bem necessário a uma vida mais confortável. Normalmente, o policitante é uma empresa pública prestadora de serviços públicos, como água, eletricidade, gás, telefone, transporte coletivo, correios e telégrafos. Tratam-se assim de serviços de consumo obrigatório, ou seja, um serviço que não pode ser recusado; o oblato o aceita ou não o desfruta.

A terceira característica do contrato é a de que ele permanece em constante oferta e dirigido a um público massivo. Tomaremos por exemplo os serviços do metrô; eles ficam à disposição da clientela, um público massivo, das 6 às 24 horas. Qualquer cidadão poderá utilizá-lo, celebrando um contrato de transporte, pois, no contrato de adesão, o policitante renuncia à escolha de seu oblato. A oferta se dá inclusive nos letreiros existentes nas estações ou nos próprios vagões. As modificações das cláusulas contratuais devem ser antecedidas de editais e ampla divulgação. Essa exigência para o contrato de adesão não é feita para os contratos-tipo.

A quarta característica é a obrigação de contrato por parte do ofertante, não podendo ele discriminar seus oblatos, concedendo a alguns tarifas especiais ou criando dificuldades a outros. Como fora dito, no contrato de adesão o policitante renuncia à escolha de seu oblato. Poderá recusar o contrato caso o oblato esteja em desobediência às leis ou ao regulamento dos serviços públicos, como o passageiro do metrô que estiver armado ou embriagado, ou se o vagão do metrô estiver lotado.

A quinta característica do contrato de adesão é a de que as empresas adotantes dessa modalidade contratual são empresas de serviços públicos, tais como transportes coletivos, água, gás, eletricidade, telefone, correios e telégrafos, teleféricos. É o que acontece em São Paulo, no Rio e demais cidades brasileiras de porte. É, pois, um contrato estabelecido normalmente entre uma pessoa jurídica de direito público interno (ofertante do serviço) e pessoas variadas como consumidoras. Se no contrato de adesão uma das partes é a mais forte, necessário se torna que seja uma empresa pública, pois ela tem o monopólio, exerce atividades próprias do poder público e sua força decorre da retaguarda oficial.

A sexta característica é a de que o contrato é normalmente verbal ou decorre de atos; não há normalmente um instrumento escrito. Por exemplo: no contrato de transporte pelo metrô, o passageiro introduz o bilhete na catraca, viaja e sai da estação de destino, sem dizer uma palavra. No caso de fornecimento de água entre a Sabesp e o consumidor, o pedido é normalmente feito por telefone ou por carta; a Sabesp envia então uma guia de pagamento do preço do serviço. Além da Sabesp, podemos citar a Telesp, a EBCT – Empresa Brasileira de Correios e Telégrafos, a CMTC, a Refesa, a Fepasa. Interessante resultado dessa característica é o de que até um incapaz juridicamente de contratar pode estabelecer o contrato. Assim, um menor de idade ou um interdito viajam em veículos de transporte coletivo, estabelecendo, portanto, um contrato de transporte.

A sétima característica é a de que o contrato de adesão, quando for estabelecido por instrumento escrito, perfaz-se em um documento já impresso, com cláusulas acessórias já escritas e cláusulas principais preenchidas no ato. As cláusulas principais constituem geralmente o preço, os prazos, a data do início e fim do contrato, as partes contratantes. O mesmo ocorre com os contratos-tipo. Imaginemos um contrato de transporte aéreo de pessoas: o passageiro estabelece o contrato com a empresa transportadora aérea num documento denominado "bilhete de passagem". Nesse documento estão impressas inúmeras cláusulas, em letra diminuta; são as chamadas cláusulas acessórias. As cláusulas chamadas principais são apostas no momento em que o contrato for estabelecido, tais como o nome e qualificação do passageiro, data, local e hora do embarque e do desembarque e outras.

Oitava característica é o preço cobrado pelo ofertante, que para ele não é livre, mas preparado e aprovado pelo Poder Público, constituindo-se numa "tarifa legal". Sendo as cláusulas do contrato de adesão estabelecidas por uma das partes, não seria possível conceder a esta um poder incomensurável, senão poderia ela elaborar um contrato leonino. Por essa razão, as tarifas devem ser submetidas à apreciação do Poder Público e serão então instituídas por norma legal. Em vista dessa interferência estatal, assiste-se comumente nos órgãos de comunicação às desavenças entre as concessionárias dos serviços de transportes coletivos e a Prefeitura Municipal sobre a legalização das tarifas. A tarifa legal e as cláusulas contratuais devem ser uniformes e invariáveis. Se o contrato é aprovado pelo Poder Público e também o preço dos serviços, não se poderia modificá-los sem que se constituísse uma transgressão legal. Seria, por outro lado, estabelecer um odioso privilégio ou ainda um favorecimento desleal à concorrência. Se, por exemplo, a CESP concedesse a uma empresa 50% de abatimento, em sua tarifa de fornecimento de energia elétrica, a empresa favorecida produziria com melhores condições de preço do que as concorrentes. Seria uma concorrência desleal e ilícita, contra outras empresas que não tenham sido galardoadas com essa vantagem.

Vimos então a incidência de oito características básicas do contrato de adesão, todas elas passíveis de exceções e discussões. No seu conjunto, porém, irão elas caracterizar com segurança o contrato de adesão, fazendo dele um contrato plenamente delineado. Não é um contrato típico, como a compra e venda e o mútuo, mas aplica-se a qualquer tipo de contrato. Diremos então que é uma modalidade especial em que possam ser aplicados os contratos típicos, como a compra e venda, a prestação de serviços, seguros e os demais.

### 18.4. Proteção à parte fraca

Afora o estabelecimento da "tarifa legal", há pouco falada, intervém o Poder Público para tutelar os interesses da parte mais fraca e numerosa, com o estabelecimento de outras medidas. A Prefeitura Municipal, com várias portarias, acompanha a atuação de suas autarquias ou concessionárias de serviços públicos. Exige ou elabora um estatuto para cada tipo de serviço. Além disso, muitos órgãos públicos examinam e aprovam o contrato elaborado pelo prestador dos serviços. O contrato adotado é muitas vezes divulgado por editais e amplo noticiário da imprensa. Diversos contratos de adesão já foram submetidos à aprovação da câmara de vereadores. Quando se trata de uma concessionária de direito privado, exige a licitação que certas normas sejam obedecidas.

Conforme fora aludido, o contrato de adesão é regulamentado pelo direito etíope e holandês. Nosso direito não o regulamenta, mas algumas normas estão previstas no projeto do Código Civil, de 1975, elaborado por uma comissão de juristas de reconhecido saber. Entretanto, as regras traçadas por vários órgãos do Poder Público trazem as limitações à parte preponderante do contrato, principalmente a de estabelecer cláusulas em seu favor. Essas regras foram expressas e transplantadas ao nosso país, do Código Civil da Itália, de 1942, referentes aos arts. 1.332, 1.341 e 1.342. O mais importante deles, o art. 1.341, nega efeito a cláusulas abusivas, a menos que essas cláusulas sejam especificamente aprovadas por escrito; ao dizer "especificamente", exige que essas cláusulas sejam estabelecidas à margem do contrato. É essencial a aprovação em separado, porquanto muitos contratos há com inúmeras cláusulas, algumas em letra tão miúda que se tornam ilegíveis em condições normais. O art. 1.341 aponta algumas dessas cláusulas: limitações de responsabilidade, faculdade de arrepender-se do contrato ou suspender sua execução, estabelecer prescrição ou decadência extralei, limitar a faculdade de opor exceções, impor restrições à liberdade contratual em relação a terceiros, prorrogação tácita ou renovação do contrato e cláusulas compromissórias ou derrogatórias da competência judicial.

### 18.5. Diferenças entre contrato-tipo e contrato de adesão

Ante o exame já feito do contrato-tipo e do contrato de adesão, pode-se notar que é um tanto sutil a diferença entre ambos; há uma zona cinzenta entre esses contratos de características comuns, em que não se pode vislumbrar qual deles seja. Além disso, o contrato-tipo é quase sempre de adesão, o contrato de adesão nem sempre é contrato-tipo e geralmente não o é, como o contrato de transporte de metrô ou por um ônibus coletivo. Geralmente o contrato de adesão é estabelecido para os serviços públicos e o contrato-tipo pelas empresas privadas. Não podemos, contudo, considerar esse critério de modo absoluto. O contrato de adesão é normalmente verbal ou silencioso, como o contrato de transporte coletivo de pessoas. O contrato-tipo é normalmente estabelecido por um instrumento escrito, com as cláusulas pré-redigidas, como os contratos bancários. Esse instrumento é um módulo ou formulário, tipograficamente impresso, com as cláusulas principais em branco, a serem preenchidas no ato da celebração do contrato.

Os princípios adotados para os contratos de adesão aplicam-se também aos contratos-tipo. As cláusulas de interpretação duvidosa devem ser interpretadas contra a parte que as estabeleceu. As cláusulas principais devem predominar sobre as cláusulas acessórias, as já impressas. Para o contrato-tipo aplica-se também a limitação da parte mais forte na imposição de cláusulas a favor de quem as predispôs. A norma aceita no Brasil está expressa no art. 1.342 do Código Civil italiano, que será conveniente transcrever:

| | |
|---|---|
| Art. 1.342 – *Contratto concluso mediante moduli o formulari.* Nei contratti conclusi medianti moduli o formulari, predisposti per disciplinare in maniera uniformi detterminati rapporti conttratuali, le clausole agiunte al modelo o al formulario prevalgono su quelle del modulo del formulario qualora siano incompatibili con esse, anche se queste ultime non sono state cancelate. | Art. 1.342 – Contrato concluído mediante módulos ou formulários. Nos contratos concluídos mediante módulos ou formulários predispostos para disciplinar de maneira uniforme determinadas relações contratuais, as cláusulas inseridas no módulo ou no formulário prevalecem sobre as do módulo ou do formulário, ainda que sejam incompatíveis com essas, mesmo que estas últimas não tenham sido canceladas. |

Da mesma forma como acontece no contrato de adesão, cláusulas de interpretação duvidosa devem ser interpretadas contra a parte mais fraca, ou seja, contra a parte que as redigiu. É princípio aplicado universalmente, inclusive no Brasil. Legislativamente, está expressa no art. 1.370 do Código Civil italiano:

| | |
|---|---|
| Art. 1.370 – *Interpretazione contro l'autore della clausola.* | Art. 1.370 – Interpretação contra o autor da cláusula. |
| *Le clausole inserite nelle condizione generali di conttrato o in moduli o formulari predisposti da uno dei contraenti s'iterpretano, nel dubbio, a favore dell'altro.* | As cláusulas inseridas nas condições gerais do contrato ou em módulos e formulários predispostos por um dos contraentes serão interpretadas a favor do outro contratante. |

# 19. PROVA DOS CONTRATOS

O contrato é um ato jurídico bilateral; faz gerar direitos e obrigações para ambas as partes que praticarem esse ato. Para que esses direitos sejam reclamados, principalmente em juízo, urge a comprovação da existência dos termos de seu ato gerador. A comprovação faz-se por meio das provas, que são assim o conjunto de meios utilizados para demonstrar a existência e os termos de um contrato, ou de qualquer ato jurídico. É a base da discussão judicial, pois, segundo se comenta, em juízo falar e não provar é o mesmo que não falar.

As formas pelas quais um contrato possa provar-se sofrem muito a influência do tipo de contrato quanto aos meios de prova. Podem ser eles solenes ou formais e não solenes ou informais. Os contratos solenes são aqueles para os quais a lei exige uma forma determinada; nessas condições, o tipo de prova está previsto pela lei e desobedecê-la poderá implicar ineficácia, inabilidade ou nulidade da prova. Aqueles contratos para os quais são estabelecidas formas e solenidades particulares não produzirão efeito em juízo, se as mesmas formas e solenidades não tiverem sido observadas. Não vale o ato que deixar de revestir a forma especial, determinada em lei, salvo quando esta comine sanção diferente contra a preterição da forma exigida.

O caso marcante do contrato solene é o da exigência da escritura pública, como acontece com o contrato de compra e venda de imóveis. Esse contrato deve ser realizado por oficial público, em cartório autorizado por lei, que por isso tem fé pública, vale dizer, o contrato do instrumento é verdadeiro, a menos que se prove cabalmente em contrário. O contrato é registrado em livro próprio, no cartório que o celebrar. Para alguns outros atos, a lei impõe a escritura pública, para outros faculta. É o caso do contrato de sociedade, que pode ser celebrado por instrumento público ou particular.

O sistema de provas adotado para os contratos mercantis é mais dinâmico e liberal do que o dos contratos civis. O dinamismo das atividades empresariais exige maiores facilidades nas formas contratuais e meios probatórios. Os contratos mercantis são muitas vezes em série, como os contratos bancários, e os civis mais individuais.

Vamos encontrar maiores esclarecimentos, no que tange aos atos processados em juízo, no Código de Processo Civil. Assim, o juiz pode determinar uma perícia judicial e esta revela ter existido determinado contrato. A confissão pode ser encontrada nos autos de um processo, se uma das partes admite ter havido um contrato. A presunção resulta de fatos que a lógica faz supor outro fato; por exemplo: uma empresa está instalada há vários anos num imóvel sem que tenha havido contrato escrito, pois fora estabelecido verbalmente. O próprio fato de estar localizada num imóvel, sem contestação do proprietário deste, faz presumir a existência de um contrato de locação de imóvel para fins empresariais.

Disposição expressa em vários diplomas legais, o art. 224 do Código Civil, art. 157 do Código de Processo Civil e art. 148 da Lei dos Registros Públicos, é a de que só produzirão efeitos no país provas documentárias elaboradas no idioma nacional. Qualquer documento elaborado em idioma estrangeiro, para ser aceito em juízo, deverá estar traduzido por tradutor público juramentado; essa tradução terá fé pública.

# PARTE II

# 1. AGÊNCIA E DISTRIBUIÇÃO

1.1. Conceito e características
1.2. Direitos do agente
1.3. Resolução do contrato
1.4. Deveres do agente

## 1.1. Conceito e características

Com o nome de agência e distribuição o novo Código introduziu um novo contrato, baseado, mais ou menos, no "contratto di agenzia", previsto nos arts. 1.742 a 1.765 do Código Civil italiano. A regulamentação que lhe dá nosso novo Código Civil aproxima-o ao contrato de representação comercial, regulamentado pela Lei 4.886/65. Ficamos entretanto em dúvida quanto a possível conflito entre o contrato de agência e distribuição, regulado nos arts. 710 a 721 do Código Civil e o contrato de representação comercial, regulado pela Lei 4.886/65, porquanto esta lei dá exclusividade ao representante comercial autônomo, devidamente registrado no respectivo conselho, para o exercício das atividades descritas nas duas legislações. Vejamos todavia do que se trata e conceito bem claro é exposto no art. 710 de nosso Código:

> "Pelo contrato de agência, uma pessoa assume, em caráter não eventual e sem vínculos de dependência, a obrigação de promover, à conta de outra, mediante retribuição, a realização de certos negócios, em zona determinada, caracterizando-se a distribuição quando o agente tiver à sua disposição a coisa a ser negociada".

As partes do contrato recebem o nome de proponente e agente, mas, pela descrição dos deveres e direitos não se vê muita diferença entre o agente e o representante comercial autônomo. O agente é uma pessoa, não especificando a lei se é pessoa física ou jurídica, o que nos faz inferir que possa ser uma ou outra. Fica essa pessoa encarregada de promover "certos negócios" à conta de outra pessoa. Ao que parece, o proponente deve ser um só, pois não fala o art. 710 em "outras pessoas". Certos negócios podem ser variados, como por exemplo, turismo, viagens, atividades culturais, esportivas, sociais, artísticas, propaganda. Ouve-se falar muito em agente teatral e agente de viagens. Ocorre a distribuição quando o agente tem "coisas" a distribuir, o que nem sempre ocorre.

Comparemos a definição de agente com a de representante comercial autônomo, dada pelo art. 1º da Lei 4.886/65:

> "Exerce a representação comercial autônoma a pessoa jurídica ou a pessoa física, sem relação de emprego, que desempenha, em caráter

não eventual por conta de uma ou mais pessoas, a mediação para a realização de negócios mercantis, agenciando propostas ou pedidos, para transmiti-los aos representados, praticando ou não atos relacionados com a execução dos negócios".

O agente promove "certos negócios", o que dá o caráter de generalidade, enquanto o representante comercial autônomo realiza "negócios mercantis", vale dizer, trabalha com mercadorias. Concluímos então que o contrato de agência é um contrato civil e o de representação comercial é mercantil. Em nosso parecer, o agente não pode promover venda de mercadorias, pois essa atividade é privativa do representante comercial autônomo. Nas duas profissões pode haver outorga de mandato.

### 1.2. Direitos do agente

A remuneração do agente deve corresponder aos negócios concluídos, não especificando o art. 714 se for comissão sobre o faturamento, podendo ser estabelecidas formas variadas de remuneração, "embora correspondente aos negócios concluídos". O representante comercial autônomo recebe comissão sobre o faturamento. A atividade exercida pelo agente é remunerada; essa remuneração é correspondente aos negócios concluídos dentro de sua zona, ainda que sem a interferência dele.

O agente promove a realização de certos negócios em zona determinada, que pode ser um Estado, uma região ou qualquer outra zona delimitada. Salvo ajuste, o proponente não pode constituir, simultaneamente, mais de um agente, na mesma zona, com idêntica incumbência; nem pode o agente assumir o encargo de nela tratar de negócios do mesmo gênero, à conta de outros proponentes. Há portanto exclusividade recíproca, apesar da possibilidade de ajuste entre eles para agirem de modo diferente. Vêem-se então pelas disposições legais várias características do contrato de agência:

1 – exclusividade de parte a parte: o agente pode trabalhar para o proponente e este só pode contar com os serviços do agente em determinada zona;

2 – autonomia de ação do agente, sem relação de emprego, sem vínculos de dependência e subordinação ao proponente; ele escolhe seus métodos de trabalho e seus prepostos;

3 – o trabalho executado pelo agente é não eventual, mas de caráter costumeiro, permanente, contínuo; não é a realização de algum ou alguns negócios, mas o exercício de atividade negocial;
4 – o serviço é prestado numa zona determinada e atribuída só ao agente;
5 – o trabalho do agente é a promoção e realização de negócios variados, não propriamente mercantis;
6 – a atividade do agente é remunerada;
7 – o agente não está obrigado a registro em órgão competente, o que não acontece com o representante comercial autônomo.

### 1.3. Resolução do contrato

Poderá o contrato ser desfeito por iniciativa do agente, se ele não puder continuar o trabalho por motivo de força maior. Nesse caso, fica assegurada sua remuneração correspondente aos serviços prestados, cabendo esse direito aos herdeiros no caso de morte do agente.

O agente ou distribuidor tem direito a indenização se o proponente, sem justa causa, cessar o atendimento das propostas ou reduzi-lo tanto que se torna antieconômica a continuação do contrato (art. 715). Se a dispensa dos serviços do agente se der sem a culpa deste, terá ele direito à remuneração devida até a data do desfazimento do contrato, inclusive sobre os negócios pendentes, além das indenizações previstas em lei especial. Não se conhece lei especial sobre agentes de modo geral, mas há normas várias e controladas por alguns órgãos específicos.

Há sugestiva liberalidade na resolução do contrato de agência e distribuição, se for por tempo indeterminado, ou sendo com prazo este já esteja vencido. Qualquer das partes poderá resolvê-lo, mediante aviso prévio de 90 dias, desde que transcorrido prazo compatível com a natureza e o vulto do investimento exigido do agente. Nota-se que o novo Código utiliza o termo "resolução" e não "rescisão". A rescisão ocorre quando houver lesão ao contrato, o que não ocorre nesta hipótese. Nenhuma das partes transgrediu as cláusulas contratuais nem causou prejuízo à outra, tanto que não se fala em indenização.

Se houver motivo para a rescisão do contrato de agência, aplicam-se a ele as disposições normais que regem a rescisão, isto é, o desfazimento do contrato devido a possíveis transgressões às cláusulas contratuais.

Segundo o art. 721, aplicam-se ao contrato de agência e distribuição, no que couber, as regras concernentes ao mandato e à comissão e as constantes de lei especial. Não fala porém no de representação comercial, mas as disposições do Código Civil aplicam-se a este último, já que o Código Civil é lei sistêmica, de aplicação ampla e superior.

**1.4. Deveres do agente**

A obrigação primordial do agente é promover atividades à conta do proponente. O agente, no desempenho que lhe foi cometido, deve agir com toda diligência, atendo-se às instruções recebidas do proponente (art. 712). A falta de zelo, a desídia, pouco caso dado à clientela e outros atos prejudiciais ao proponente poderão ensejar a rescisão do contrato pelo proponente. Poderá o agente sofrer ação por perdas e danos, se tiver causado prejuízos ao proponente. Não perderá porém o direito à remuneração pelos serviços que tiver prestado ao proponente.

# 2. ALIENAÇÃO FIDUCIÁRIA EM GARANTIA

2.1. Conceito
2.2. Características do contrato
2.3. Direitos do fiduciário

## 2.1. Conceito

É um tipo de contrato misto, eclético, contendo elementos da compra e venda, do penhor, do financiamento, do depósito. Vê-se que o objetivo desse contrato é o de incrementar o movimento de venda de bens móveis duráveis, criando um novo tipo de financiamento, dando ao financiador maior garantia e segurança para o recebimento de seu crédito. É utilizado principalmente na venda de veículos. Vejamos porém como se aplica:
a – alguém deseja comprar um veículo, mas não tem dinheiro para pagá-lo;
b – dirige-se a uma concessionária e adquire dela o veículo com financiamento e assina uma letra de câmbio;
c – a concessionária recebe o preço do veículo à vista, não do comprador mas de uma financeira;
d – o comprador do veículo vende-o à financeira, que se torna dele proprietária;
e – a financeira deixa o veículo nas mãos do comprador, que vai pagando a ela mensalmente o valor do financiamento;
f – ao pagar a última prestação, o comprador torna-se efetivamente o proprietário do veículo.

As três partes obtiveram vantagens: a concessionária vendeu o veículo, recebendo seu preço vista. O adquirente do veículo recebeu-o sem ter dinheiro para pagá-lo, tendo sido financiado. A financeira concedeu um financiamento, auferindo lucros, cercada de sólidas garantias. O comprador que recebeu o veículo financiado e alienou-o à financeira recebe o nome de fiduciante ou alienante. A financeira, que financiou a operação e recebeu o domínio do bem em garantia chama-se fiduciário. A concessionária é a vendedora, pois só vendeu o veículo, não entrando na relação fiduciária. Assume porém certas obrigações, como as de dar assistência técnica, assumir os riscos da evicção e dos vícios redibitórios e outras menores.

Aspecto importante da transação é a propriedade e posse do veículo. O fiduciário, isto é, a financeira, é a proprietária do veículo, pois ele foi alienado a ela, mas não tem a posse do veículo; tem a propriedade mas não a posse: é possuidora indireta. O fiduciante fica com o veículo em seu poder; ele tem a posse mas não a propriedade dele. O fiduciante é possuidor direto; ele só vai adquirir a propriedade desse veículo no momento em que pagar a última prestação. O fiduciante não pode vender o veículo pois não é dono dele, já que pertence ao fiduciário. Se vendê-lo, incorrerá em crime de estelionato, porquanto terá vendido um bem que não lhe pertence.

O fiduciário tem do veículo a propriedade resolúvel, ou seja, a propriedade conseguida em contrato com cláusula resolutória. Assim, na alienação fiduciária em garantia, o fiduciário tem a propriedade do veículo, mas no próprio contrato de constituição dessa propriedade consta uma cláusula extinguindo-a nas condições previstas. Pela cláusula resolutória, no momento em que o fiduciante pagar a última prestação, resolve-se a propriedade e esta passa do fiduciário para o fiduciante. Enquanto a propriedade não se resolve, o fiduciante permanece com o carro na sua posse, mas na condição de depositário. Esta situação é prevista no art. 66 da Lei do Mercado de Capitais, artigo esse que criou a alienação fiduciária em garantia. Pela sua clareza e amoldamento ao que acabamos de dizer, será conveniente expor aqui esse artigo:

"A alienação fiduciária em garantia transfere ao credor o domínio resolúvel e a posse indireta da coisa móvel alienada, independentemente da tradição efetiva do bem, tornando-se o alienante ou devedor em possuidor direto e depositário com todas as responsabilidades que lhe incumbem de acordo com a lei civil e penal".

**2.2. Características do contrato**

Esse contrato incorporou elementos do contrato de compra e venda, de depósito, de penhor, de financiamento. É um contrato muito eclético. É contrato empresarial e bancário, pois é o objeto social de uma instituição financeira. É privativo das companhias financeiras, que são instituições bancárias; é por isso um contrato bancário. Por ser empresarial, é de prestações recíprocas, oneroso e comutativo. Todas as partes têm suas vantagens e responsabilidades e estas são normalmente equilibradas e previamente projetadas

No tocante à sua forma, é um contrato solene. Só pode ser celebrado por escrito e seu instrumento, público ou particular, será obrigatoriamente arquivado, por cópia ou microfilme, no Cartório de Registro de Títulos e Documentos, para valer contra terceiros. Deverá conter certos dados obrigatórios: a) o total da dívida ou sua estimativa; b) o local e a data do pagamento; c) a taxa de juros, as comissões cuja cobrança for permitida e, eventualmente, a cláusula penal e a estipulação de correção monetária, com indicação dos índices aplicáveis; d) a descrição do bem objeto da alienação fiduciária o os elementos indispensáveis à sua identificação.

### 2.3. Direitos do fiduciário

A alienação fiduciária em garantia foi criada pela Lei do Mercado de Capitais (Lei 4.728/65) e regulamentada pelo Decreto-lei 911/69, com forte colorido protecionista ao crédito concedido para a aquisição de bens móveis duráveis. Tornou irrelevante e superado o antigo sistema de venda com reserva de domínio. Esse tipo de financiamento projetou um novo tipo de instituição financeira: a Sociedade de Crédito, Financiamento e Investimentos, conhecida vulgarmente como "financeira". Trata-se de uma instituição financeira privada, na forma de S/A, destinada a financiar o consumo de bens. Ela capta recursos no mercado de capitais, principalmente com a colocação nele das letras de câmbio emitidas por ela e aceitas pelos seus financiados. Assim, por exemplo, na compra de um veículo com alienação fiduciária, o comprador-fiduciante aceita uma letra de câmbio emitida pela financeira-fiduciária; esta coloca essa letra de câmbio no mercado de capitais, para reforçar seu caixa e financiar novas operações.

A maior parte das financeiras são instituições poderosas, quase sempre formando nos grandes conglomerados financeiros. Desfrutam também de tutela legal para seu crédito, já que a Lei do Mercado de Capitais e o Decreto-lei 911/69 lhes proporcionam garantia e recursos legais para o exercício de seus direitos creditórios. Quando diz o art. 66 da Lei do Mercado de Capitais que o devedor-alienante é possuidor direto e depositário do bem com todas as responsabilidades e encargos que lhe incumbem de acordo com a lei civil e penal, abre bem o leque de cuidados e diligência que ele deva tomar. Como depositário, é lhe imposto o dever de ter na guarda e conservação da coisa depositada o cuidado e diligência que costuma ter com o que lhe pertence, nos termos do art. 1.266 do Código Civil. Não tendo esse cuidado e diligência, se alienar ou der em garantia a terceiros o bem alienado fiduciariamente, incorrerá nas penas do art. 171, § 2º, I do Código Penal (estelionato qualificado), segundo o § 8º do art. 66.

A fim de assegurar a posse do bem e a garantia que ele representa, no caso de veículos, o certificado de propriedade traz registrada a alienação fiduciária em garantia, averbada no DETRAN. Assim sendo, se o fiduciante quiser vender o veículo a terceiro, o DETRAN só fará o registro, se contar com a concordância da financeira-fiduciária.

    Se o alienante não pagar as prestações do bem, a financeira-fiduciária requererá a busca e apreensão do bem, já que ela é a proprietária dele. Poderá, em seguida, vender esse bem e com o preço da venda cobrirá seu crédito. Se sobrar dinheiro, coloca-lo-á à disposição do devedor-alienante; se faltar, executará o saldo. A venda do bem gravado fiduciariamente poderá ser feita pela financeira-fiduciária independentemente de avaliação ou leilão.

    Se o devedor-alienante deixar de pagar uma prestação, a dívida toda poderá ser considerada vencida, de pleno direito, e sujeita a execução. A sentença judicial que julgar e conceder a busca e apreensão do bem estará sujeita a apelação apenas no sentido devolutivo, não impedindo assim a venda do bem e a solução do crédito da financeira-fiduciária. Por sua vez, o devedor-alienante poderá evitar a venda do bem, contestando a ação e purgando a mora.

    Outro privilégio legal concedido é no caso de falência do devedor-alienante. Fica facultado à financeira-fiduciária requerer a restituição do bem alienado fiduciariamente. Restituído o bem, poderá vendê-lo e se sobrar dinheiro será recolhido à massa falida, mas se faltar poderá habilitar o crédito residual no procedimento falimentar.

# 3. ARRENDAMENTO MERCANTIL (LEASING)

3.1. Conceito
3.2. Características do contrato
3.3. As partes
3.4. Tipos de arrendamento mercantil

## 3.1. Conceito

Nossa legislação está impedida de expressar-se em idioma estrangeiro, implicando até na proibição de termos latinos. Quando uma lei nova faz referência a algum contrato conhecido por nome em idioma estrangeiro, cria para ele um nome constante no nosso vernáculo. Assim é que para designar o contrato de "franchising", criou-se "franquia", para "factoring" criou-se "faturização" e "fomento comercial" e para "know-how" criou-se "fornecimento de tecnologia". O contrato de "leasing" começou a sobressair-se em nossa pátria de uns 20 anos para cá e ainda não foi regulamentado pela lei. Contudo, a Lei 6.099/74 teve que estabelecer algumas normas de caráter tributário sobre o contrato de "leasing", que estava se vulgarizando, dando-lhe então o nome de "arrendamento mercantil". Em respeito à nossa legislação, preferimos adotar o nome legal, quando nos referirmos a esses novos contratos, que adquiriram enorme repercussão nos tempos hodiernos. A expressão "arrendamento mercantil" designa porém um aluguel com matizes especiais, que a doutrina já discriminou do aluguel comum.

A Lei 6.099/74, no art. 1º, define o que seja o arrendamento mercantil e tomaremos por base a definição legal, para fazer quaisquer considerações sobre esse contrato:

> "Considera-se, para os efeitos desta lei, arrendamento mercantil o negócio jurídico realizado entre pessoa jurídica, na qualidade de arrendadora, e pessoa física ou jurídica, na qualidade de arrendatária e que tenha por objeto o arrendamento de bens adquiridos pela arrendadora, segundo especificações da arrendatária e para uso próprio desta".

Toda definição define mas não esclarece, e esta faz a mesma coisa, a tal ponto de utilizar na definição o termo definido: considera-se arrendamento mercantil e "arrendamento de bens". Vamos então analisar bem essa definição, adicionando-lhe alguns fatores que nos levarão a uma melhor compreensão desse contrato. Estamos falando realmente de um aluguel, sinônimo de arrendamento.

Uma pessoa, chamada arrendadora, aluga um bem a outra pessoa, chamada arrendatária, que pagará um aluguel mensal, durante determinado prazo. Entretanto, ao final do contrato, o arrendatário terá opção para comprar o bem alugado e os aluguéis pagos serão considerados pagamento antecipado do preço, obrigando-se o arrendatário a pagar apenas a parte do preço ainda não solvida. Vê-se, por esses dois fatores, que o arrendamento mercantil não é um contrato puro de aluguel, mas mesclado com o de financiamento e de compra e venda. Outro aspecto em que o arrendamento mercantil se diferencia do aluguel é que o bem alugado é antecipadamente indicado pelo arrendatário e o arrendador irá providenciar o bem indicado.

    O arrendamento mercantil é muito utilizado para o aluguel de equipamentos industriais, computadores, veículos e atualmente se estende a imóveis. Consideremos um exemplo: uma empresa necessita de um equipamento industrial, mas não tem recursos financeiros para adquiri-lo. Dirige-se a uma empresa de arrendamento mercantil e lhe dá as especificações do equipamento necessitado. A arrendadora adquire esse equipamento de quem o fabrica ou o importa. Em seguida, aluga esse equipamento ao arrendatário pelo prazo de três anos, mediante o pagamento de um aluguel mensal. Após três anos, ao vencer-se o contrato, o arrendatário compra esse equipamento do arrendador, por um preço já fixado na celebração do contrato. Os aluguéis que o arrendatário pagou ao arrendador durante esses três anos, transformam-se em pagamento do preço. O resíduo do preço, ou seja, o que faltar para atingir o valor do preço, será completado pelo arrendatário. Destarte, o arrendatário terá o equipamento parcialmente com o lucro obtido pelo bem arrendado. Se o arrendatário não quiser adquirir esse equipamento, poderá devolvê-lo ao arrendador, ou alugá-lo por mais três anos, renovando o contrato. Há três opções para o arrendatário: comprar o equipamento, devolvê-lo ao arrendador, renovar o contrato.

### 3.2. Características do contrato

    É um contrato formal, solene, uma vez que o art. 52 da Lei 6.099/74 obriga a constar no contrato algumas disposições: a) prazo do contrato; b) valor de cada contraprestação por períodos determinados, não superiores a um semestre; c) opção de compra ou renovação de contrato, como faculdade do arrendatário; d) preço para opção de compra ou critério para sua fixação, quando for estipulada esta cláusula. Além das disposições exigidas pelo art. 5, o art. 16 exige que o contrato de arrendamento mercantil celebrado com entidades domiciliadas no exterior seja submetido a registro no Banco Central do Brasil. A exigência de registro de certas cláusulas dão a esse contrato o caráter de solenidade.

Para nós, é um contrato atípico. Verdade é que a Lei 6.099/74 lhe dá o nome e exige certas disposições para ele. Sem dúvida, a lei o reconhece tanto que fala várias vezes em "contrato de arrendamento mercantil". Não o tipifica porém; não lhe traça as normas básicas. O enunciado da Lei 6.099/74 diz o seguinte: "dispõe sobre o tratamento tributário das operações de arrendamento mercantil". No exame geral da lei, nota-se, na letra e no espírito, a vontade do legislador em proteger o fisco, evitando que o arrendamento mercantil seja utilizado como fraude à lei; está no próprio enunciado dela. Traça ainda algumas normas operacionais e critérios de gastos, de caráter mais financeiro. A Lei 6.099/74 não teve em mira regulamentar e tipificar o contrato de arrendamento mercantil, pelo que o consideramos um contrato atípico.

Não é um contrato "intuitu personae", pois o art. 24 permite a cessão do contrato. É porém um contrato marcantemente empresarial, em que o arrendador é sempre uma empresa, embora o arrendatário possa ser uma pessoa física ou uma sociedade civil. Como normalmente ocorre com os contratos empresariais é um contrato de prestações recíprocas, oneroso e comutativo. Pode ser um contrato nacional e internacional, visto que é muito comum entre arrendatários brasileiros e arrendadores estrangeiros. Embora seja celebrado geralmente com um módulo ou formulário já pronto, não se pode dizer que seja um contrato de adesão, pois as partes são pessoas privadas e colocadas em pé de igualdade na discussão das cláusulas contratuais. Há muitos pormenores a serem discutidos livremente, como as especificações dos bens arrendados, que são impostas pelo arrendatário. Esses aspectos são próprios dos contratos paritários.

O arrendamento mercantil se perfaz com a entrega do bem arrendado ao arrendatário: é então um contrato real. É da mesma característica do contrato que mais perto segue: o de locação, que exige a entrega do bem locado. Olhado pelo aspecto da legislação que o rege, não diz que seja um contrato mercantil ou civil, pois a lei que a ele se referiu não é nem civil nem mercantil, mas de conteúdo tributário. Não há dúvida, porém, de que seja um contrato empresarial, mercantil, conforme o próprio nome com que foi batizado: arrendamento mercantil. É ainda de natureza jurídica mercantil. Como a locação, é de trato sucessivo, de execução continuada; o arrendatário vai pagando o aluguel em prestações periódicas, geralmente mensais, enquanto o arrendador entrega o bem para permanecer na posse do arrendatário até o final do contrato.

Estruturalmente, o contrato de arrendamento mercantil é um contrato de locação, de aluguel, tanto que no direito italiano recebeu o nome de "locazione finanziaria". O termo "leasing" origina-se do verbo inglês "to lease" = alugar. No direito francês chamou-se "crédit-bail" = crédito-aluguel. Renovamos o que dissemos antes, que locar, arrendar e alugar são sinônimos perfeitos. Contudo, o contrato puro de locação está isento da cláusula de opção para compra, o que não acontece com o arrendamento mercantil. Não terá ainda aplicação na locação o sistema de transformar o aluguel, já pago, em pagamento de preço, numa eventual compra do bem pelo locatário. São pois dois fatores que distinguem bastante o contrato de arrendamento mercantil do contrato de arrendamento comum. Como resulta normalmente num contrato de compra e venda, adicionam-se ao arrendamento mercantil os elementos do contrato de compra e venda. Poder-se-ia falar em contrato preliminar para o de arrendamento mercantil e definitivo para o contrato de compra e venda, mas há um só contrato normalmente e o contrato de arrendamento mercantil não gera a obrigação de comprar.

### 3.3. As partes

As partes do contrato são duas. O arrendador é sempre uma pessoa jurídica, de acordo com a exigência do art. 1º da Lei 6.099/74. Ao que parece, nossa lei quer que seja uma empresa mercantil. Não é por coincidência que todas as empresas de arrendamento mercantil conhecidas são na forma de S/A. São ainda instituições financeiras, e, como tais, submetidas ao controle do Banco Central do Brasil. A maior parte delas faz parte dos conglomerados financeiros. Obrigatoriamente são registradas no Banco Central, como ainda serão registrados nessa autarquia os contratos. No nome da empresa arrendadora deverá constar a expressão "arrendamento mercantil" e elas poderão se dedicar exclusivamente às operações de arrendamento mercantil.

O arrendatário pode ser uma pessoa física ou jurídica, como por exemplo, os usuários de veículos. Ainda que se trate de pessoa física como arrendatário, o arrendamento mercantil não perde a natureza de contrato empresarial. Segundo o art. 2º da Lei 6.099/74, arrendatário e arrendador não podem ser empresas coligadas.

## 3.4. Tipos de arrendamento mercantil

Com o enorme desenvolvimento do arrendamento mercantil no mundo todo, foram-se formando muitas modalidades e o contrato foi adotando novos contornos. O arrendamento mercantil puro é o que temos visto até agora, recebendo o nome de arrendamento mercantil financeiro, assim é chamado, porquanto, constitui ele um financiamento concedido pelo arrendador ao arrendatário, para que este possa adquirir bens necessários à sua atividade. Por esse motivo, tanto no Brasil como em certos países, como a França, em que o arrendamento mercantil foi regulamentado com o nome de "crédit-bail" pela Lei 66.455, de 2.7.66, as empresas de arrendamento mercantil são consideradas instituições financeiras. Quanto aos bens arrendados, não há distinção nos contratos; a princípio, o arrendamento mercantil era destinado a equipamentos industriais, mas foi abrangendo veículos, computadores, imóveis e outros bens. Uma empresa norte-americana tentou introduzir no Brasil o arrendamento mercantil de televisores, mas a experiência não deu certo.

Posteriormente, criou-se nos Estados Unidos da América uma nova modalidade, denominada "back", que a lei francesa adotou, com o nome de "cession-bail". O Brasil está adotando o nome de arrendamento mercantil de retorno, apesar de não ter ainda implantado esse nome. Por esse sistema, o arrendatário é proprietário dos bens que pretende arrendar e os vende à vista ao arrendador; este os entrega em arrendamento, imediatamente ao arrendatário. Há duas diferenças primordiais entre arrendamento mercantil financeiro e o de retorno. Neste último só há duas pessoas envolvidas, quais sejam, o arrendador e o arrendatário, uma vez que a transação dos bens fica entre eles. No financeiro, os bens são fornecidos por outra empresa; o contrato de compra e venda dos bens arrendados é estabelecido com terceiros. A segunda diferença é que no financeiro, o dinheiro financiado se destina à aquisição dos bens arrendados, enquanto que no arrendamento mercantil de retorno, o dinheiro fica à disposição do arrendatário.

Outra modalidade é o arrendamento mercantil operacional, em que o arrendatário dá assistência técnica, propondo inclusive a substituição dos bens arrendados. É muito utilizado com automóveis e computadores e outros bens de acentuadas características técnicas. O arrendador de veículos, por exemplo, dá assistência técnica e substitui os bens, de acordo com a conveniência.

# 4. BANCÁRIOS

4.1. Operações e contratos bancários
4.2. Cofres de segurança
4.3. Conta corrente de depósitos
4.4. Abertura de crédito bancário
4.5. Antecipação bancária
4.6. O desconto bancário

## 4.1. Operações e contratos bancários

São contratos bancários os que lastreiam as operações dos bancos. Usamos a expressão "banco" em sentido estrito, uma vez que modernamente as operações bancárias abrangem uma vasta gama de transações efetuadas pelas instituições financeiras. Os tipos de instituições financeiras também se alastram, formando um sugestivo complexo. Essas instituições e as atividades delas são rigidamente regulamentadas por legislação pertinente, constituída por muitas leis, decretos, portarias e outras normas emitidas por órgãos de controle, como o Conselho Monetário Nacional e o Banco Central do Brasil.

Consideram-se como instituições financeiras os bancos comerciais, os bancos de investimentos, bancos de desenvolvimento, caixas econômicas, bancos de crédito cooperativo, sociedades de crédito, financiamento e investimentos, cooperativas de crédito. Como estabelecimentos de crédito, essas instituições desenvolvem atividades principalmente de captação de recursos no mercado financeiro e os coloca à disposição das iniciativas que necessitem de financiamento para suas atividades. As atividades bancárias são normalmente executadas mediante contratos de crédito. Esses contratos formalizam operações financeiras de dois tipos: as ativas e as passivas. Operação passiva de um banco é aquela em que o banco se torna devedor de seu cliente, como é o caso do depósito bancário em conta corrente. As operações ativas são aquelas em que o banco se torna credor de seus clientes, ou seja, adianta dinheiro a eles. É o caso da antecipação bancária, abertura de crédito bancário, do desconto bancário.

Afora as operações de crédito, os bancos são entidades prestadoras de serviços, celebrando com seus clientes contratos de prestação de serviços. Muitos são os serviços oferecidos pelos bancos, como os cofres de segurança, prestação de fiança, cartas de crédito, ordens de pagamento, guarda de valores, cobrança de títulos, e muitos outros. Deles falaremos de apenas um, o dos cofres de segurança.

Os contratos bancários não se revelam normalmente como tipicamente bancários, mas pertencem ao universo contratual; contudo, ao ser aplicado por um banco, adquire a feição de bancário. Tomemos, por exemplo, um dos principais contratos utilizados pelos bancos: o do mútuo. A maioria das operações ativas dos bancos constituem empréstimo de dinheiro, o que constitui contrato de mútuo. Esse contrato, porém, é acidentalmente bancário e não essencialmente. Um contrato pode ser, então, essencialmente bancário, quando for exclusivo das atividades bancárias, ou acidentalmente bancário, quando for de emprego genérico, mas eventualmente aplicado por um banco.

Tanto o Código Civil como o Código Comercial deixaram de regulamentar os contratos bancários. Todavia, a Lei 4.595/64, conhecida como Lei da Reforma Bancária, supre essa deficiência, com o amparo das disposições baixadas pelo Banco Central do Brasil. O art. 120, porém, deixa claro que as operações bancárias executam-se mediante contratos ou são do tipo contratual.

Fazemos ainda uma breve referência a dois importantes contratos, essencialmente bancários e essencialmente internacionais. São os contratos de câmbio e de crédito documentário. Não entraremos no mérito deles, porquanto, deles já nos tínhamos ocupado no compêndio de Direito Internacional Privado, uma vez que se tratam de contratos tipicamente internacionais, de direito privado e reservados só aos bancos.

**4.2. Cofres de segurança**

Por esse contrato, uma pessoa física ou jurídica aluga um cofre na caixa-forte do banco, a fim de nele guardar coisas de valor ou documentos. É, por isso, também chamado de contrato de guarda de valores. Nesse caso, é uma réplica do contrato de locação. Mediante uma remuneração, o banco coloca à disposição do contratante um cofre, que poderá ser aberto, em horários determinados, pelo próprio cliente, que fica com a chave do cofre. Nesse caso, o banco responde perante o cliente, pela idoneidade e a custódia do local, salvo o caso fortuito. O banco desconhece o que o cliente guarda no cofre, razão pela qual não se responsabiliza pelo conteúdo.

Em caso de morte do locatário do cofre, o banco só poderá permitir a abertura do cofre à pessoa designada no contrato. Omitida essa designação, só poderá o cofre ser aberto mediante alvará judicial. Há nesse contrato dois elementos essenciais: a guarda do cofre pelo banco e o sigilo. Esses elementos afastam-no um pouco do contrato de locação. Embora tenha ele alguns elementos também do contrato de depósito, não há por parte do banco a "recepção" das coisas depositadas no cofre. Não há pois a tradição da coisa, elemento essencial do contrato de depósito, conforme preconiza o art. 1.265 do Código Civil.

O cliente tem como principal obrigação a de remunerar o banco pelo uso do cofre. Deve resguardar-se de guardar no cofre substâncias e materiais inconvenientes, perigosos e ilegais. Em contrapartida, tem ele o direito de utilizar livremente o cofre nos horários previstos. Por seu turno, o banco tem obrigações bem definidas. Deve ele assegurar o sigilo e a segurança do cofre, mas não de seu conteúdo.

Embora esse contrato não seja previsto em nossa lei, é um contrato autônomo e, podemos dizer, típico, pois as normas do Banco Central o regulam. Está previsto em alguns códigos, como no Código Civil italiano, nos arts. 1.839 a 1.841, no capítulo denominado "Dos Contratos Bancários". É pois, regulamentado em separado do contrato das normas estabelecidas para o contrato de depósito, de locação ou custódia de valores. É destarte um contrato próprio, consensual, por tempo geralmente indeterminado, não formal.

### 4.3. Conta corrente de depósitos

Conforme o próprio nome diz, é contrato pelo qual uma pessoa física ou jurídica ajusta com o banco a guarda em conta corrente, de dinheiro. Chamam-se as partes depositante de depositário, pois a esse contrato aplicam-se as disposições do Código Civil sobre o contrato de depósito. Trata-se de um contrato de duração: o depositante poderá entregar mais dinheiro em depósito e depois retirá-lo "in totum" ou em parte. É portanto depósito em conta corrente. A retirada do dinheiro depositado faz-se normalmente por intermédio de cheques, que são fornecidos pelo próprio banco.

Apresenta esse contrato certas peculiaridades. No depósito bancário de dinheiro, o banco torna-se proprietário do dinheiro depositado. Obriga-se contudo a restituí-lo, quando assim quiser o depositante, na mesma espécie, quantidade e qualidade. Há vários tipos de depósito: uns são de livre movimentação, outros a prazo fixo e de outros tipos. Para melhor interpretar o contrato de depósito em dinheiro em conta corrente bancária, será sugestivo consultar a Lei do Cheque, intimamente ligada à essa questão. Evitaremos contudo analisá-la neste trabalho, por já ter constado de nosso compêndio de "Títulos de Crédito".

### 4.4. Abertura de crédito bancário

Esse contrato apresenta muita semelhança ao contrato de depósito em conta corrente, mas este é uma operação passiva do banco, ou seja, ele se torna devedor de seu cliente. A abertura de crédito, ao contrário, é uma operação ativa do banco: torna-se ele credor do cliente. Dá-se também pela abertura de uma conta corrente, que se abre não com um depósito de dinheiro pelo cliente, mas diretamente por um cheque ou lançamento de um débito na conta. O saldo, para o cliente, sempre estará no vermelho, isto é, será ele sempre devedor. Poderá ele fazer depósitos em dinheiro que abaterá parcialmente seu débito, aumentando o saldo à sua disposição para retirada. É também um contrato de duração, podendo ser a prazo ou por tempo indeterminado.

O contrato a prazo pode ser prorrogado no vencimento ou então o creditado deverá cobrir imediatamente, ou no prazo estabelecido pelo creditador, vale dizer, o banco. Nesse período, o devedor não poderá fazer novos saques. Se o crédito for a tempo indeterminado, o desfazimento será previsto no próprio contrato; omitida a forma do desfazimento, poderão as partes rescindi-lo mediante aviso de véspera. Adotaremos aqui a definição desse contrato, que nos é revelada pelo art. 1.842 do Código Civil italiano:

| L'apertura di credito bancario è il contrato col quale la banca si obbliga a tenere a disposizione dell'altra parte una somma di danaro per un dato periodo di tempo o a tempo indeterminato. | A abertura de crédito bancário é o contrato com o qual o banco se obriga a manter à disposição da outra parte uma soma de dinheiro por um dado período de tempo ou a um tempo indeterminado. |
|---|---|

O banco concede pois ao cliente uma "disponibilidade", cobrando juros sobre os saldos devedores do cliente ou sobre o limite do crédito, durante determinado prazo. É um contrato oneroso pois as duas partes arcam com ônus financeiros, consensual e de execução continuada. É um contrato complexo, engajando elementos da conta corrente e do mútuo. Normalmente é um contrato-tipo, que se completa pela adesão contratual. A conta corrente devedora para o cliente tem um limite, embora possa ser por tempo determinado ou indeterminado.

Nota-se que na definição acima não há referência à garantia de títulos de crédito. Realmente não é essencial a oferta de garantia real, apesar de que ela ocorre quase sempre, pois a própria legislação e os controles oficiais impõem aos bancos a observância de seguras garantias a suas operações. É possível, entretanto, que a garantia do banco seja o próprio contrato de abertura de crédito; é então chamado de contrato de abertura de crédito a descoberto. Também não faz o conceito, adotado pelo art. 1.842 do Código Civil italiano, referências à abertura de C/C na qual o crédito possa ser exercido de forma continuada, como um crédito rotativo. É possível, pois, que a abertura de crédito seja feita com um só adiantamento do crédito lançado em outra conta do cliente. É possível ainda que o beneficiário do crédito nem sequer seja cliente do banco; o crédito é feito mediante recibo.

### 4.5. Antecipação bancária

É uma modalidade do anterior, mas garantida por penhor de mercadorias. Se a garantia for de títulos de crédito, será chamado de C/C caução; esta é a fórmula mais utilizada. O penhor mais comum é o de duplicatas. O banco recebe as duplicatas em caução, com endosso para cobrança, lançando-as a crédito do devedor conforme elas forem cobradas. Vê-se pois que é também uma abertura de crédito em C/C, mas garantida por penhor.

Como peculiaridade, esse contrato faculta ao banco a possibilidade de receber o pagamento do dinheiro antecipado, por parte de terceiros e não do beneficiário do crédito. É um contrato real, devido à entrega do dinheiro do antecipante ao antecipado e da entrega da garantia do antecipado ao antecipante. Outra peculiaridade é a vinculação crédito-garantia, pois o valor do crédito está em correlação com o valor da garantia. O banco é pois credor pignoratício. O contrato de penhor, porém, não é um contrato acessório mas faz parte integrante do contrato de antecipação bancária.

As partes desse contrato são normalmente chamadas de antecipante e antecipado. Apresenta-se ele com diversas facetas. Por exemplo: o banco-antecipante adianta ao antecipado o valor de 80% de um "warrant". A antecipação está correlacionada com o destino do "warrant", dado em garantia. Quando o titular dos direitos do "warrant" vender as mercadorias que ele representa será preciso que o contrato de antecipação se resolva. Examinemos uma hipótese diferente: o antecipado entrega ao banco-antecipante um borderô de duplicatas. O banco-antecipante cobra essas duplicatas dos sacados, creditando o valor delas na C/C caução do antecipado. O contrato, contudo, não se resolve, pois agora se trata de um contrato de duração. O antecipado entrega ao antecipante novas duplicatas recebendo o valor delas.

Podem ser variadas as coisas entregues em penhor. Geralmente são títulos de crédito, como duplicatas "warrant" ou ações. Podem ser também mercadorias "in natura", como gado, cereais e outras; neste caso, haverá tradição simbólica das mercadorias, permanecendo elas na posse do antecipado. As coisas podem ser apenhadas por um terceiro, em benefícios do antecipado. Num e noutro caso, o banco-antecipante poderá exigir o seguro das coisas apenhadas, com as despesas pagas pelo antecipado.

### 4.6. O desconto bancário

O desconto é um contrato de operação ativa, pois o banco adianta dinheiro a seu cliente, tornando-se credor dele. As partes são chamadas de descontante e descontário. Tem alguma semelhança com a antecipação bancária, mas é uma operação única, exaurindo-se com o título dado em garantia. Geralmente se opera com duplicatas, o cliente do banco, o descontário, entrega ao banco-descontante uma ou várias duplicatas. O banco-descontante adianta ao cliente o valor dessas duplicatas, "descontando" desse valor a sua remuneração e os ônus, eis porque esse contrato recebe o nome de desconto. Note-se que, neste caso, o banco opera com débitos de terceiros, vale dizer, quem vai pagar o débito não é o descontário, mas os sacados de suas duplicatas.

Ao receber essas duplicatas, o banco-descontante torna-se titular dos créditos que elas incorporam, pois são elas endossadas pelo descontário ao descontante. Reserva-se entretanto ao descontante o direito de regresso contra o descontário, caso o devedor direto não pagar a duplicata no vencimento dela. É pois um contrato "sui generis", com elementos do mútuo, da antecipação bancária, da cessão de crédito e elementos do Direito Cambiário, mormente do endosso.

Entre os muitos conceitos desse contrato, preferimos adotar o encontrado no art. 1.858 do Código Civil italiano:

| | |
|---|---|
| Lo sconto è contratto col quale la banca, previa deduzione dell'interesse, anticipa al cliente l'importo di un credito verso terzi non ancora scaduto, mediante la cessione, salvo buon fine, del credito stesso. | O desconto é o contrato com o qual o banco, mediante a prévia dedução dos juros, antecipa ao cliente o valor de um crédito para com terceiros, ainda não vencido, mediante a cessão, salvo bom final, do próprio crédito |

  Embora o desconto se aplique, na prática, apenas a duplicatas, qualquer outro crédito pode ser objeto de desconto, como, por exemplo, um "warrant". Vê-se, pela definição acima, que o desconto é essencialmente bancário. Em sentido estrito, o desconto é a "prévia dedução dos juros" sobre o valor dos créditos. É um contrato real pois implica na transição do título representativo de um crédito. Opera o desconto mediante a cessão do crédito, o que equivale a venda de um título de crédito, "salvo bom fim", quer dizer, se o terceiro pagar no vencimento, não é preciso fazer a cessão prevalecer.

# 5. CÂMBIO

5.1. Conceito e características
5.2. Modalidades de câmbio
5.3. Natureza jurídica

## 5.1. Conceito e características

Câmbio é a operação pela qual se adquire a moeda de um país com a contraprestação de outra moeda. É a conversão de uma moeda em outra, para a remessa a outros países ou para utilização no próprio país em que a moeda estrangeira seja adquirida, ou para várias outras finalidades. Alguns juristas consideram o câmbio como uma troca: a troca de uma moeda por outra. Outros, porém, aproximam-no a uma compra e venda.

O contrato de câmbio é o instrumento pelo qual se formalizam as operações em moedas estrangeiras. Não é um contrato nominado, ou seja, regulamentado pelas nossas leis ordinárias, embora minuciosamente descrito pelas normas do Banco Central, através de um manual denominado "Consolidação das Normas Cambiais". Vários juristas criticam essa omissão legislativa, desconhecendo a lei um contrato de larga importância e deixando-o ao amparo do Banco Central.

Contudo, por função da analogia, ao contrato de câmbio aplicam-se as disposições do contrato de compra e venda. Os elementos desse contrato se notam no contrato de câmbio: "res, pretium, consensus". A coisa é moeda estrangeira, que fica colocada na posição de mercadoria vendida. O preço é a moeda estrangeira. O consenso é a convergência de vontades do comprador e do vendedor sobre a operação.

Possui as características normais do contrato de compra e venda, conforme são encontradas nas disposições de nosso Código Civil. É contrato consensual, oneroso, mercantil, bilateral, ou de prestações recíprocas, inominado e principal. A essas características adiciona-se uma outra de especial importância: é um contrato solene, formal.

1. É um contrato extremamente formal, rigidamente delineado na "Consolidação das Normas Cambiais", emitidas pelo Banco Central. Só pode ser realizado em impresso específico, elaborado pelo Banco Central e normalmente adquirido desta autarquia, nas agências do Banco do Brasil. Uma pessoa privada poderá mandar imprimir esse impresso, desde que seja exatamente igual ao modelo elaborado pelo Banco Central. O preenchimento do impresso é tão formalizado, que há um manual do Banco Central instruindo a elaboração do contrato.

Há doze tipos de contratos de câmbio, sendo os quatro principais:
- Tipo 1 - Exportação;
- Tipo 2 - Importação;

- Tipo 3 - Transferências financeiras do exterior;
- Tipo 4 - Transferências financeiras para o exterior.

2. O contrato de câmbio é consensual, nos moldes do contrato de compra e venda. Entre ambas as partes deve haver convergência de vontades, com a oferta de uma das partes e a aceitação pela outra, formalizando o contrato. Por ele, assumem as partes obrigações, do vendedor em entregar a moeda estrangeira, e a do comprador em pagar o preço. Basta, pois, o consentimento das partes.

3. É contrato inominado por não estar tipificado em nossa lei ordinária. Embora seja um contrato antigo, conhecido pelos hebreus, chineses e referido no direito romano, vulgarizado na Idade Média e principalmente a partir do século XIV, nenhuma referência é feita a ele em nosso Código Comercial nem em nosso Código Civil. As normas estabelecidas pelo Banco Central não fazem dele um contrato típico.

4. É bilateral ou de prestações recíprocas, porquanto cria obrigações para ambas as partes e essas obrigações são recíprocas. É contrato do tipo "do ut des". É, outrossim, comutativo, por haver equilíbrio entre essas obrigações, de tal forma que o benefício colhido por uma das partes equivale aproximadamente ao da outra.

5. A natureza mercantil do contrato de câmbio revela-se na obrigatoriedade de ser formalizado por intermédio de uma instituição financeira. Às vezes o contrato de câmbio origina-se de uma instituição financeira. Às vezes o contrato de câmbio origina-se de uma operação de transferência de dinheiro entre pessoas físicas e privadas. Contudo, é uma operação autônoma da transação que lhe deu causa e é realizada com o concurso de um estabelecimento de crédito.

6. É contrato principal, porquanto é autônomo de outros que com ele possam manter conexão. Às vezes, um contrato de câmbio origina-se da venda de mercadorias; apesar da conexão entre ambos, o câmbio não fica na dependência dos eventos referentes à compra e venda. Nos municípios onde houver Bolsa de Valores Mobiliários, as operações de câmbio devem ser realizadas com a interveniência de uma sociedade corretora de valores imobiliários. Todavia, como a maioria das sociedades corretoras integram os grupos bancários, normalmente ela não aparece, por atuar no âmbito interno do banco. É dispensada a interveniência da sociedade corretora quando se tratar de operações simples, como mera operação de transferência entre bancos, se o valor for menor de US$ 1.000,00,

compra direta de moedas ou de "traveller's cheks" (câmbio manual), ou se for parte do Poder Público.

### 5.2. Modalidades de câmbio

O contrato de câmbio classifica-se em quatro modalidades:
1 - câmbio manual;
2 - câmbio sacado;
3 - operações financeiras internacionais;
4 - operações comerciais internacionais (importação/exportação).

1. O câmbio manual é a compra de moeda na mão por moeda na mão, ou moeda presente com moeda presente; é operação à vista, sem crédito; realiza-se no espaço e não no tempo. Normalmente, não passam pelos bancos, por serem operações livres de controle. É passagem de moeda da mão do vendedor para a mão do comprador, donde o nome de câmbio manual. Considera-se, ainda, câmbio manual a operação com "traveller's cheks", pois são papéis que representam dinheiro, por realizarem imediatamente o valor que representam. O "traveller's check" é também chamado de "cheque de viagem" ou "cheque de viajante". É um cheque emitido por um banco, a pedido de quem pretende viajar para o exterior, donde a designação de "cheque de viajante". Quase sempre é pago em reais mas com o valor expresso na moeda do país para onde vai o viajante. O favorecido do cheque assina-o no momento da emissão e na hora de receber o valor, no país para onde se dirigiu: assina-o novamente, servindo a primeira assinatura de modelo.

2. Com muito maior alcance do que o câmbio manual, o câmbio sacado ou câmbio trajetício é a compra de moeda presente por moeda ausente. E uma operação realizada no tempo e não no espaço, ou seja, a moeda estrangeira é transferida num país em determinado dia; o pagamento é feito em outro país numa ocasião futura. É chamado de câmbio trajetício, em vista de o dinheiro fazer trajeto de um país para outro. O trajeto se faz graças a uma letra de câmbio, que, no plano internacional, é chamada de saque (draft), donde surge o nome de câmbio sacado.

3. As operações financeiras referem-se a transferência de dinheiro do Brasil para o exterior e vice-versa. Realizam-se por meio de operações de câmbio sacado, pois o pagamento é realizado em tempo e espaço diferentes. Devem ser realizadas por intermédio da carteira de câmbio

de bancos oficiais ou particulares. São chamadas de "compras financeiras" quando se referirem a ingresso de divisas no Brasil e "vendas financeiras" se disserem respeito à transferência de divisas para o exterior. Essas transferências se realizam de diversas formas, como ordens de pagamento, cheques bancários ou cheques emitidos por particulares, cartas de crédito não comerciais.

A transferência de dinheiro destina-se a várias finalidades, como pagamento de revistas, cursos por correspondência, pagamento a pessoas em viagem de estudos, pagamentos de pensões, donativos, turismo. Podem ser enviados por ordem de pagamento por meio de bancos, via telex ou por carta, ou então por cheques bancários, isto é, emitidos por bancos. É possível ainda enviar um cheque particular, mas o pagamento é difícil por ser feito por cobrança bancária. Essas transferências podem ser realizadas sem interferência do Banco Central, mas são de pequena monta, não podendo ultrapassar a US$ 300,00. Utiliza-se, para essa operação, o impresso Tipo 4 – Contrato de Câmbio (transferências financeiras para o exterior).

De maior importância, contudo, são as remessas financeiras para pagamento de "royalties", juros, dividendos, retorno de capitais, amortizações de empréstimo no exterior, pagamento de transferência de tecnologia ou qualquer operação financeira mais elevada, que implique na evasão de divisas do Brasil. Será necessária a aprovação do Banco Central e deverá ser formalizada pelo impresso Tipo 4 – Contrato de Câmbio (transferências financeiras para o exterior).

Importante ainda é a operação financeira que representa entrada de capital estrangeiro no Brasil. São investimentos em moedas ou bens, empréstimos externos, operações 63. Deve ser formalizada pelo impresso Tipo 3 – Contrato de Câmbio (transferências financeiras do exterior). Todo investimento estrangeiro no Brasil deverá ser registrado no FIRCE – Fiscalização e Registro de Capitais Estrangeiros, órgão do Banco Central.

Pode ser também uma carta de crédito não comercial, operação parecida com "traveller's check". É uma carta entregue a uma pessoa que viaja ao exterior, emitida por um banco, à ordem de outro banco situado no exterior, autorizando-o a um pagamento em favor do portador da carta.

4. As operações comerciais referem-se à exportação ou importação. Os contratos referentes à exportação formalizam-se pelo impresso 1 – Contrato de Câmbio (exportação), e o de importação pelo Tipo 2 –

Contrato de Câmbio (importação). Refletem atividades mais típicas do comércio internacional, decorrentes de vendas de bens e serviços e acessórios de transportes e seguros internacionais.

### 5.3. Natureza jurídica

Malgrado a falta de regulamentação, há algumas referências a ele em leis esparsas, dando base para a avaliação de sua natureza jurídica. A Lei 4.595, de 31 de dezembro de 1964, a Lei da Reforma Bancária, no art. 19, inciso VI, diz que competirá ao Banco do Brasil, entre outras coisas, "realizar, por conta própria, operações de compra e venda de moedas estrangeiras". A Lei da Reforma Bancária interpreta, pois, o contrato de câmbio como se fosse de compra e venda de moeda estrangeira, como fazem doutrinariamente Pontes de Miranda e vários outros juristas.

A mais importante disposição sobre o contrato de câmbio é, entretanto, estabelecida pela Lei 4.728, de 14 de julho de 1965, que disciplinou o mercado de capitais. O art. 75 desta Lei diz que:

"O contrato de câmbio, desde que protestado por oficial competente para o protesto de títulos, constitui instrumento bastante para requerer a ação executiva".

O *caput* do art. 75 faz, pois, referência ao contrato de câmbio, o que o reconhece perante o direito brasileiro, embora este não o regulamente. Atribui a ele caracteres cambiários, dando-lhe força executiva. Pode ser protestado, dar base a ação executiva e até mesmo requerer a falência do devedor inadimplente.

A grande vantagem do contrato de câmbio é prevista no § 3º do referido artigo. Se o devedor impetrar concordata ou tiver sua falência decretada, o credor não precisará habilitar-se, mas requerer a devolução do valor do câmbio adiantado. E como o adiantamento é feito em moeda estrangeira, não fica submetido o credor ao desgaste inflacionário.

# 6. COMISSÃO

6.1. Conceito e caracteres
6.2. Obrigações do comissário
6.3. Obrigações do comitente

### 6.1. Conceito e caracteres

A comissão é um contrato parecido com o de mandato, mas, com uma diferença fundamental: o mandatário age em nome do mandante e o comissário age em nome próprio. As duas partes da comissão chamam-se comitente e comissário. Por esse contrato, o comissário obriga-se a exercer atividade empresarial em nome próprio, mas a favor do comitente e de acordo com as instruções deste. Aliás, o art. 693 do Código Civil diz que nem é preciso declarar ou mencionar o nome do comitente. Assim sendo, se o comissário vende determinados produtos a um cliente, este não precisará nem saber quem é o fabricante, mas sabe que esses produtos lhe são entregues sob a responsabilidade do comissário.

O mandatário normalmente pratica um ato isolado mas o comissário exerce atividade profissional e contínua, não eventual mas costumeira. Aliás, há alguma semelhança entre comissário, mandatário, agente, corretor e representante, mas cada um tem caracteres diferenciadores.

Esse contrato é longamente regulado pelo Código Civil, nos arts. 693 a 709; são 17 artigos entrando em minúcias de um contrato quase em desuso, sem contudo desmerecê-lo, pois forneceu muitas bases para o contrato de representação comercial, pelo qual foi quase assimilado. Consta do código de vários países; o Código Civil italiano regula-o nos arts. 1.731 a 1.736 (em apenas 6 artigos, enquanto o nosso o faz em 17). É pois um contrato típico, nominado. Se vende ou adquire bens é um contrato mercantil e o comissário pode ser considerado empresa, que poderá ser coletiva ou individual. Em nosso parecer, compara-se ao contrato de prestação de serviços e por isso pode ser comissário também a sociedade civil, que nosso código chama de "sociedade simples".

É contrato de prestações recíprocas, oneroso e consensual. O comissário presta serviços ao comitente comissão prevista no contrato. O sinalágma é perfeito. Vemos que comissão é o nome do contrato e da remuneração auferida pelo comissário. Não é um contrato formal, uma vez que a lei não exige para ele formalidades especiais. São aplicáveis à comissão, no que couber, as regras sobre mandato.

Salvo disposição em contrário, pode o comitente, a qualquer tempo, alterar as instruções dadas ao comissário, entendendo-se por elas regidos também os negócios pendentes (art. 704).

O art. 707 estabelece o crédito do comissário, relativo a comissões e despesas feitas, como privilégio geral, no caso de falência ou insolvência do comitente. Ficamos com dúvida quanto a esse privilégio. A ordem de preferência e os privilégios estão previstos na Lei de Falência e podem se chocar com essa disposição do Código Civil.

### 6.2. Obrigações do comissário

A principal obrigação do comissário é a da essência do contrato: exercer atividade de tipo empresarial, agindo em nome próprio, mas no interesse do comitente. É ele obrigado a agir de conformidade com as ordens e instruções do comitente, devendo, na falta destas e não podendo pedi-las a tempo, proceder segundo os usos em casos semelhantes. Não pode agir além do que estiver autorizado pelo comitente, pois, se assim fizer, o comitente não estará obrigado a atendê-lo. Por isso, deve seguir as instruções do comitente e o teor do contrato, prestando contas de sua atividade.

Serão porém justificados os atos do comissário, se eles trouxerem vantagens para o comitente, e ainda no caso em que, não admitindo demora a realização do negócio, o comissário agiu de acordo com os usos.

No desempenho de suas incumbências o comissário é obrigado a agir com cuidado e diligência. Não só para evitar qualquer prejuízo do comitente, mas ainda para lhe proporcionar lucro que razoavelmente se poderia esperar do negócio. Responderá o comissário, salvo motivo de força maior, por qualquer prejuízo que, por ação ou omissão, ocasionar ao comitente (art. 696).

Apesar disso, o comissário não responde pela insolvência das pessoas com quem tratar, exceto se tiver ele culpa ou se agiu sem autorização do comitente ou tiver desobediência ao teor do contrato. Por exemplo: se o comissário vender um produto que não esteja na pauta de ofertas do comitente.

O comissário fica diretamente responsável para com pessoas com quem contratar, sem que estas tenham ação contra o comitente, nem este contra elas, salvo se o comissário ceder seus direitos a qualquer das partes (art. 694). Em virtude de agir por si mesmo, o comissário vincula-se aos terceiros com quem transaciona. Assim, se vende produtos do comitente a distribuidores, obriga-se a entregar as mercadorias vendidas, nas condições do contrato de compra e venda; obriga-se ainda a cobrar o valor das faturas, para poder prestar contas ao comitente. Entretanto, como já foi dito, não responde pela solvência das pessoas com quem transaciona; destarte, se ele vende e os compradores não pagam, ele não pode transferir os valores ao comitente, não cabendo culpa ao comissário.

Em outras palavras, o comitente não responde pelas obrigações assumidas pelo comissário perante terceiros, da mesma forma como o comissário não responde pela solvência de terceiros perante o comitente.

Há contudo uma exceção que a própria lei prevê no art. 698: contrato de comissão "del credere". Se do contrato de comissão constar a cláusula "del credere", responderá o comissário solidariamente com as pessoas com quem houver tratado em nome do comitente, caso em que, salvo estipulação em contrário, o comissário tem direito a remuneração mais elevada, para compensar o ônus da responsabilidade assumida. Neste caso, o comissário estará oferecendo garantia ao comitente, graças ao "del credere", para recebimento dos créditos obtidos pela ação do comissário. Naturalmente, para assumir essa responsabilidade e oferecer maior garantia, o comissário deverá fazer jus a melhor comissão

Obriga-se o comissário a manter em boa guarda as mercadorias que detiver, como se fosse fiel depositário.

Está também em suas obrigações a cobrança dos débitos da clientela; os poderes do comissário a este respeito devem estar bem definidos no contrato de comissão, principalmente sua faculdade de conceder ou não prazos de pagamento. Presume-se autorizado o comissário a conceder dilação do prazo para pagamento, na conformidade dos usos do lugar onde se realizar o negócio, se não houver instruções diversas do comitente (art. 699).

É possível porém que não seja concedida essa faculdade ao comissário, vedando o contrato a alteração de prazos. Se houver instruções do comitente proibindo prorrogação de prazos para pagamento, ou se esta não for conforme os usos locais, poderá o comitente exigir que o comissário pague incontinente ou responda pelas conseqüências da dilação concedida. O comitente poderá agir da mesma forma se o comissário não der ciência dos prazos concedidos e a quem foram concedidos.

### 6.3. Obrigações do comitente

As obrigações do comitente são mais restritas, mas a principal é importante: pagar a remuneração do comissário. A remuneração a que faz jus o comissário, chamada de comissão, é tão importante que ela deu o nome ao contrato.

Todo comissário tem direito para exigir do comitente comissão pelo seu trabalho, estipulada no contrato. Se não houver essa estipulação, será ela arbitrada pela praxe corrente no local. Normalmente, porém, a comissão já é convencionada no contrato e pequenas modificações podem ser contornadas com promoções especiais para certos produtos. Deverá ainda o comitente reembolsar o comissário pelas despesas e desembolsos feitos por este no desempenho das funções previstas no contrato.

Se o comitente resilir unilateralmente o contrato, dispensando os serviços do comissário, sem que este haja dado motivo legal, deverá ressarci-lo por perdas e danos resultante da dispensa. Deverá ainda remunerar o comissário pelos serviços anteriormente prestados.

Há também obrigações mútuas. O comitente, tanto quanto o comissário, são obrigados a pagar juros um ao outro; o comitente pelo que o comissário houver adiantado para cumprimento de suas ordens. O comissário pela mora na entrega do dinheiro que houver recebido.

No caso de morte do comissário, ou, quando por motivo de força maior, não puder concluir um negócio, o comitente deverá pagar remuneração, ao comissário, proporcional aos trabalhos realizados.

Se houver rescisão unilateral do contrato por parte do comitente, em vista de motivos dados pelo comissário, não ficará o comitente obrigado a responder por perdas e danos, mas deverá remunerar os serviços úteis prestados pelo comissário. Mesmo tomando a iniciativa de rescindir o contrato e pagando os serviços úteis do comissário, fica ressalvado ao comitente o direito de exigir perdas e danos, se lhe causou prejuízos o motivo dado pelo comissário para a rescisão.

Deverá o comitente reembolsar o comissário pelas despesas e desembolsos feitos por este no desempenho das funções previstas no contrato; a menos que este disponha de modo diferente. Em caso de inadimplência do comitente, o comissário terá o direito de reter consigo os bens e valores do comitente, para o reembolso das despesas feitas ou comissões não pagas.

# 7. COMPRA E VENDA

7.1. Conceito e elementos
7.2. Características
7.3. Compra e venda civil e mercantil
7.4. Obrigações do vendedor
7.5. Obrigações do comprador
7.6. A retrovenda
7.7. Venda "ad corpus" e "ad mensuram"
7.8. Venda com reserva de domínio
7.9. Venda a contento
7.10. Venda sujeita a prova
7.11. Venda com preempção ou preferência
7.12. Venda sobre documentos
7.13. Venda nula e anulável
7.14. Venda internacional: Convenção de Viena
7.15. Venda internacional; INCOTERMS

## 7.1. Conceito e elementos

Este contrato parece ser o mais comum e dos mais antigos e importantes, tanto que o código da maioria dos países o regulam em primeiro lugar. É o que acontece com o nosso Código Civil, que o regulamenta nos arts. 481 a 532. Há portanto excessivas minúcias, muitas das quais de pouca aplicação no mundo moderno.

Pelo contrato de compra e venda, um dos contratantes se obriga a transferir o domínio de certa coisa, e o outro, a pagar-lhe certo preço em dinheiro (art. 481). É o acordo de duas partes; uma é o vendedor e a outra o comprador. Pelo contrato, o vendedor se obriga a transferir a propriedade de uma coisa ao comprador e este se obriga a uma retribuição em dinheiro, chamado preço. É contrato de prestações recíprocas e oneroso: o vendedor assume a obrigação de transferir o domínio de uma coisa; em decorrência, o comprador se obriga a pagar o preço. É evidente o sinalágma. Embora a lei use a expressão "domínio", preferimos falar mais propriedade, termo mais vulgarizado.

Pelo que vimos acima, notam-se três elementos nesse contrato: *res, pretium, consensus.*

## *Coisa*

A coisa vendida precisa de ser esclarecida; não é apenas "coisa" no sentido que lhe dá o direito das coisas. Refere-se a bens "in commercium", isto é, que não sejam legalmente inalienáveis ou insuscetíveis de apropriação pelo homem, como o ar e a água.

Não são apenas bens concretos que possam ser vendidos, mas é possível vender ações de S/A, títulos de crédito, conhecimentos técnicos e outros bens imateriais.

A compra e venda pode ter por objeto coisa atual ou futura. Neste caso, ficará sem efeito o contrato se esta não vier a existir, salvo se a intenção das partes era de concluir contrato aleatório (art. 483). Coisas atuais são coisas existentes no momento da compra e constituem o objeto normal da compra e venda. Coisas futuras são coisas inexistentes, mas poderão existir no futuro. Essa possibilidade existe no direito brasileiro, em vista de a compra e venda não ser contrato real.

Há dois aspectos a serem considerados. Se não houver pagamento, a obrigação de ambas as partes situam-se no futuro; se uma não cumprir a prestação, a outra não ficará obrigada a cumpri-la e o contrato fica resolvido. Por exemplo, o agricultor que vende sua colheita de feijão, mas as condições climáticas impedem a colheita e, por motivo de força maior, o vendedor não transfere o domínio da coisa vendida. Em compensação, o comprador não fica obrigado a pagar o preço, e o contrato se desfaz.

É possível porém que o contrato de compra e venda seja aleatório. É o caso de vendas futuras, prática reconhecida pela nossa lei, e que o direito romano também a houvera previsto, com o nome de EMPTIO SPEI = coisa esperada. A coisa pode não vir a existir, mas o risco foi assumido pelo comprador, razão pela qual o contrato é válido. O comprador fica obrigado a pagar o preço, pois o contrato era baseado na possibilidade e não na certeza.

Se a venda se realizar à vista de amostras, protótipos ou modelos, entender-se-á que o vendedor assegura ter a coisa as qualidades que a ela correspondem (art. 484). É a venda de produtos exibidos em folhetos, como ocorre com aparelhos eletrônicos ou eletrodomésticos. Não há possibilidade de ser apresentada a própria coisa a ser vendida, como uma geladeira. Nesse tipo de venda, o vendedor fica obrigado a entregar a coisa com as características expressas no catálogo. Prevalece a amostra, o protótipo ou o modelo, se houver contradição ou diferença com a maneira pela qual se descreveu a coisa no contrato.

## *Preço*

O preço é a contraprestação devida pelo comprador pela transferência da coisa para seu patrimônio. O pagamento deve ser feito em dinheiro. A compra e venda é um tipo de troca entre duas mercadorias, mas uma delas é o dinheiro. Deve ser de valor certo e verdadeiro, expresso em moeda corrente nacional. É determinado, mas a própria lei aceita que possa ser ele determinado posteriormente.

A fixação do preço pode ser deixada ao arbítrio de terceiro, que os contratantes logo designarem ou prometerem designar. Se o terceiro não aceitar a incumbência, ficará sem efeito o contrato, salvo quando acordarem os contratantes designar outra pessoa (art. 485). Também se poderá deixar a fixação do preço à taxa de mercado ou de bolsa, em certo e determinado dia e lugar (art. 486). É o que acontece com a venda em leilão nas bolsas, em que o preço é fixado previamente pela bolsa. Vê-se comumente no mercado de capitais, quando ações de companhias são vendidas em leilão; os jornais do dia trazem o preço vigorante nas vendas. É possível que as partes marquem um dia para a celebração do contrato; nesse caso vigorará o preço cotado naquele dia.

É lícito às partes fixar o preço em função de índices ou parâmetros, desde que suscetíveis de objetiva determinação (art. 487), conforme ocorre normalmente na venda de produtos agrícolas, dependentes de safra.

Convencionada a venda sem a fixação de preço ou de critérios para a sua determinação, se não houver tabelamento oficial, entende-se que as partes se sujeitaram ao preço corrente nas vendas habituais do vendedor (art. 488). O vendedor não pode estabelecer discriminações entre seus consumidores e fregueses, devendo vender suas mercadorias pelo mesmo preço. Normalmente, têm as empresas sua lista de preços que serão fornecidas publicamente, a todos os interessados. Realizando-se venda a um freguês, sem que o preço tivesse sido combinado, deve vigorar o preço adotado para todos; é obrigação de ambos os lados: o vendedor tem a obrigação de cobrar o preço costumeiro, que cobra de todos, enquanto o comprador tem que pagar o preço adotado pelo vendedor para todos. Na falta de acordo, por ter havido diversidade de preço, prevalecerá o termo médio.

Nulo é o contrato de compra e venda, quando se deixa ao arbítrio exclusivo de uma das partes a fixação do preço (art. 489). É um tanto sutil essa disposição, pois o vendedor é o dono da mercadoria e ele impõe o preço que quiser para ela. As indústrias, por exemplo, têm a lista de preços de seus produtos e as condições de venda. O comprador tem o direito de fazer comparação de preços de diversos vendedores e optar pelo que lhe seja mais conveniente. No contrato de adesão, todas as cláusulas, inclusive o preço, são fixadas pela parte mais forte. O que não é permitido é celebrar contrato de compra e venda sem se saber o preço, que será posteriormente orçado pelo vendedor ou pelo comprador.

## *Consenso*

O "consensus" é o acordo entre as partes; desde que o vendedor ofereça a coisa para venda em determinadas condições e o comprador aceita a oferta nas mesmas condições, chegaram a um consenso; está celebrado o contrato, independentemente da tradição da coisa. É possível que a entrega da coisa vendida se dê no momento da celebração do contrato, mas nem sempre acontece. No consenso, o vendedor assume a obrigação de entregar a coisa vendida mas nem sempre a entrega na hora, o comprador se obriga a pagar o preço da coisa mas nem sempre paga na hora. A consensualidade do contrato de compra e venda é reconhecida também pelo nosso Código no art. 482:

> "A compra e venda, quando pura, considerar-se-á obrigatória e perfeita, desde que as partes acordarem no objeto e no preço".

### 7.2. Características

Característica que exige bastante esclarecimento é a consensualidade do contrato. A compra e venda é um contrato consensual e não real. Basta o consenso das duas partes para que o contrato se aperfeiçoe. Essa consensualidade se deduz ainda do art. 482 do Código Civil. A compra e venda não opera a tradição; ela pode se efetuar depois. No direito francês, a compra e venda é um contrato real, pois ele opera imediatamente a tradição, tornando-se o comprador proprietário da coisa comprada, no momento do contrato. Essa caracterização torna-se importante, devido aos efeitos jurídicos que provoca.

Pela própria definição, é um contrato de prestações recíprocas: o comprador tem a obrigação de pagar o preço e o vendedor, em conseqüência obriga-se a transferir a coisa vendida.

Como é contrato translativo de propriedade provoca transformação no patrimônio de ambas as partes; é pois contrato oneroso, com encargos financeiros de ambas. Por exemplo, na compra de um pastel: o comprador desembolsa seu dinheiro entregando-o ao vendedor e o china tira o pastel de seu patrimônio, transferindo-o ao comprador.

Vendedor e comprador são devedores e credores recíprocos.

Típico é. Está regulamentado nos arts. 481 a 532 do Código Civil e vendas especiais em várias outras leis. Alguns países o chamam só de venda, outros só de compra, mas a maioria dos países dão a ele nome de compra e venda, ou como diz o direito italiano "compravendita".

Como a maioria dos contratos consensuais, é não solene, informal, excetuando-se alguns tipos especiais previstos na legislação extra-código, como o de compra e venda de imóveis, que exige escritura pública. Contrato informal é aquele a que a lei não impõe formalidades especiais.

## 7.3. Compra e venda civil e mercantil

A vulgarização deste assunto exige algumas considerações. Num e noutro caso, as obrigações e os direitos das partes são os mesmos; os elementos do contrato são os mesmos mas os efeitos jurídicos às vezes diferem. Digamos que o comprador seja uma empresa mercantil e contra ela seja sacada duplicata por essa compra; o não pagamento dessa duplicata poderá ensejar o pedido de falência contra a empresa compradora, o que não seria possível se a compradora fosse uma pessoa civil.

O contrato é civil quando for realizado entre pessoas civis, como as pessoas físicas. Vamos apontar exemplos:
– uma dona de casa vende um fogão velho à sua vizinha;
– um aluno vende a outro um livro usado;
– o proprietário de um apartamento vende-o ao inquilino (venda de imóvel é considerada negócio jurídico de natureza civil);
– um menino vende a outro uma figurinha de álbum.

Observa-se que, em todos esses casos, os vendedores e os compradores são cidadãos e não empresas. Os atos por ele realizados são esporádicos na vida deles; não é profissão da dona de casa vender fogões, nem a do aluno vender automóveis ou livros que tenha usado. Praticaram eles atos da vida civil, celebraram contrato de compra e venda não mercantil. Todas essas pessoas não exercem profissionalmente atividade econômica organizada para a produção e comercialização de bens e de serviços.

Vejamos entretanto a compra e venda mercantil e notaremos diferenças sensíveis. A FORD fabrica carros e os vende às suas concessionárias. A FORD não é cidadão mas empresa. A venda de seus produtos não é ato esporádico, porém faz parte de sua atividade empresarial. A FORD é uma empresa que exerce profissionalmente atividade econômica organizada para a fabricação e venda de carros. As vendas realizadas por ela são mercantis pois fazem parte de seu objeto social. Terá ela que pagar impostos por essa venda.

As concessionárias da FORD também são empresas e exercem atividades mercantis. As vendas que elas realizam são também mercantis, visto que a profissão delas é vender carros. Não importa que muitos de seus compradores sejam cidadãos, sejam pessoas civis. O negócio jurídico da compra e venda é de natureza mercantil, por fazer parte da atividade empresarial da concessionária.

### 7.4. Obrigações do vendedor

Salvo cláusula em contrário, ficarão as despesas de escritura e registro a cargo do comprador, e a cargo do comprador as da tradição (art. 490). Como contrato de prestações recíprocas, a compra e venda prevê várias obrigações para vendedor e comprador. Esse contrato tem como principal objeto a transferência de uma coisa, o que gera despesas. As despesas da venda ficam a cargo do vendedor. Por outro lado, o comprador vai ter despesas a pagar com a tradição, como pagamento de imposto de transmissão quando se tratar de imóveis. Por isso, muitos vendedores cobram as despesas de frete para a tradição da coisa do vendedor ao comprador, uma vez que caberia essa despesa ao comprador, mas é o vendedor que está arcando com o encargo.

Está na obrigação do vendedor entregar a coisa vendida, mas, em princípio, a tradição da coisa vendida, na falta de estipulação expressa, dar-se-á no lugar onde ela se encontrava, ao tempo da venda (art. 493). Em geral, a coisa encontrava-se no estoque do vendedor. Caberia pois ao comprador retirá-la desse local por sua conta. Como normalmente o vendedor faz a entrega da mercadoria, terá ele o direito de cobrar as despesas de transporte. É possível porém que as partes acertem de modo diferente.

Não sendo a venda a crédito, o vendedor não é obrigado a entregar a coisa antes de receber o preço (art. 491). As duas obrigações, em geral, devem ser cumpridas simultaneamente. Porém, se o fim primordial do contrato de compra e venda é a transferência de uma coisa do vendedor ao comprador, estabelece a lei que o comprador deva cumprir primeiro a sua prestação. Se a venda for a crédito, já terá havido combinação entre as partes para que o vendedor cumpra sua prestação e a do comprador em pagar o preço se cumpra depois.

Até o momento da tradição, os riscos da coisa correm por conta do vendedor, e os do preço por conta do comprador. Todavia, os casos fortuitos, ocorrentes no ato de contar, marcar ou assinalar coisas, que comumente se recebem, contando, pesando, medindo ou assinalando, e que já tiverem sido postas à disposição do comprador, correrão por conta deste. Correrão também por conta do comprador os riscos das referidas coisas, se estiver em mora de as receber, quando postas à sua disposição no tempo, lugar e pelo modo ajustado.

Analisando melhor essa situação, veremos que, antes da tradição, o proprietário da coisa ainda é o vendedor, e se a coisa perecer, o prejuízo será dele pois não mais transferirá a coisa e não poderá exigir o pagamento do preço. Se tiver ele recebido o preço ou parte dele antecipadamente, deverá devolvê-lo ao comprador.

Casos há, entretanto, que os riscos não correrão por conta do vendedor: é quando ele tiver colocado a mercadoria à disposição do comprador e ele não foi retirá-la. Ainda que estivesse no depósito do vendedor, a obrigação de tomar posse da mercadoria era do comprador e este tornou-se inadimplente.

Exime-se também o vendedor, quando tiver ele colocado à disposição do comprador a mercadoria e este estiver manipulando-a para transferi-la à sua posse.

O vendedor, salvo convenção em contrário, responde por todos os débitos que gravem a coisa até o momento da tradição (art. 502). Repetindo o que fora dito, antes da tradição a coisa ainda pertence ao vendedor e portanto deve ele arcar com os débitos e ônus que possam gravar a coisa vendida.

Nas coisas vendidas conjuntamente, o defeito oculto de uma não autoriza a rejeição de todas (art. 503). Entre as obrigações do vendedor situa-se como principal a de colocar a mercadoria à disposição do comprador, ou seja, transferir a este a propriedade da coisa vendida. Mas não é a única, deverá garantir o comprador contra os riscos da evicção e dos vícios redibitórios. Entretanto, pode dar-se que o vendedor venda três coisas em conjunto e uma delas apresenta vício oculto ou venha a ser perdida pelo comprador em virtude da evicção. Nesse caso, a responsabilidade do vendedor é por essa coisa perdida e não por todas. É o exemplo em que Justiniano vende três imóveis a Triboniano. Contudo, Triboniano perde um deles por efeito da evicção. Está no direito de Triboniano exigir indenização pela perda desse imóvel, mas os outros dois permanecem como venda perfeita.

Não pode um condômino em coisa indivisível vender a sua parte a estranhos, se outro consorte a quiser, tanto por tanto. O condômino, a quem não se der conhecimento da venda, poderá, depositando o preço, haver para si a parte vendida a estranhos, se o requerer no prazo de 180 dias, sob pena de decadência. Sendo muitos os condôminos, preferirá o que tiver benfeitorias de maior valor e, na falta de benfeitorias, o de quinhão maior. Se as partes forem iguais, ficarão com a parte vendida os proprietários, que a quiserem, depositando previamente o preço.

Estamos falando do vendedor sendo um condômino, proprietário de uma coisa que não pode ser dividida. Não se aplica esse critério a um prédio de apartamentos, em que os apartamentos são unidades autônomas, o prédio é uma coisa divisível. Cada proprietário poderá vender o seu apartamento. Porém, se o condomínio for indivisível, deve ser dada preferência a outro condômino, razão pela qual deverão eles ser comunicados da decisão do vendedor em vender sua cota condominial. Se nenhum condômino manifestar desejo de adquirir a cota, poderá esta ser vendida a estranho. Se vários condôminos manifestarem interesse, terá preferência o condômino que tiver feito mais benfeitorias; se não houver condômino nessas condições, a preferência será para o que tiver maior quinhão.

Digamos porém que o vendedor venda a sua parte no condomínio sem oferecê-la aos demais condôminos, contrariando portanto os direitos assegurados a estes pela lei. Nesse caso, qualquer dos condôminos prejudicados poderá empreender ação para a adjudicação da cota condominial vendida, depositando o preço em juízo.

### 7.5. Obrigações do comprador

A obrigação maior do comprador é a de pagar o preço da coisa comprada. Todavia, conforme a característica da compra, assume ele algumas obrigações e riscos. Uma dessas obrigações é a de retirar a mercadoria que ele tiver comprado, do lugar em que ela foi colocada à sua disposição. Se a coisa for expedida para lugar diverso, por ordem do comprador, por sua conta correrão os riscos, uma vez entregue a quem haja de transportá-la, salvo se das instruções dele se afastar o vendedor. Examinemos a seguinte situação: Paulo vendeu determinada mercadoria a Gaio, colocando-a à disposição do comprador. Gaio indicou a Paulo o endereço em que a mercadoria deveria ser entregue. Os riscos do transporte dessa mercadoria serão de Gaio, a menos que Paulo tenha se afastado das instruções recebidas de Gaio. Aplica-se em caso semelhante a regra geral, ou seja, se a coisa perece, seu dono arca com o prejuízo: "res perit domino". No momento em que a coisa saiu da posse do vendedor, este não responde mais por ela. Se a mercadoria foi entregue a um transportador com ordem de entregar ao comprador, presume-se que já se deu a tradição da coisa.

Não obstante o prazo ajustado para o pagamento, se antes da tradição o comprador cair em insolvência, poderá o vendedor sobrestar a entrega da coisa, até que o comprador lhe dê caução de pagar no prazo ajustado (art. 495). É outra obrigação do comprador: garantir o pagamento do preço, caso ainda seu débito não esteja vencido, mas ele foi colocado em situação de insolvência. Haverá expectativa de prejuízo pelo credor, uma vez que o comprador apresenta sérios sintomas de que não poderá cumprir a sua obrigação. Nessas condições, o vendedor fica facultado a não cumprir sua prestação, caso o comprador não lhe dê garantia de cumprir a dele.

**7.6. A retrovenda**

O vendedor de coisa imóvel pode reservar-se o direito de recobrá-la no prazo máximo de decadência de três anos, restituindo o preço recebido e reembolsando as despesas do comprador, inclusive as que, durante o período de resgate, se efetuaram com sua autorização escrita, ou para a realização de benfeitorias necessárias (art. 505).

Vê-se que a retrovenda só se aplica à venda de imóveis, mas não vemos porque não possa se aplicar a coisas móveis, pelo menos por analogia. A retrovenda é considerada um "pacto adjeto" ao contrato de compra e venda, facultando às partes o retorno à situação anterior à venda do imóvel, ou seja, o vendedor recupera o imóvel que vendeu e o comprador se desfaz do que comprou, recuperando seu dinheiro.

Nosso Código prevê a retrovenda nos arts. 505 a 508, na seção denominada "Das cláusulas especiais à compra e venda", mas não tem o sentido de mera cláusula, uma vez que pode ser estabelecida em contrato à parte. Trata-se de uma revenda, mas na segunda venda as partes são as mesmas em sentido contrário: o vendedor passa a ser o comprador e vice-versa. O vendedor porém terá que arcar com as despesas que o comprador tivera tido com a transferência do imóvel, ou se o comprador tiver investido em benfeitorias necessárias. Terá ainda o vendedor que pagar ao comprador o preço recebido, já que ele agora transformou-se no comprador.

Não deve ser comum essa prática, pois o vendedor deve desembolsar mais dinheiro do que recebeu e o comprador fica proprietário de uma coisa, mas em sentido precário, já que é propriedade resolúvel. Esse tipo de propriedade dificulta a venda do imóvel, uma vez que o terceiro que o adquirir, ficará atingido pela cláusula, ainda mais que o direito passa aos herdeiros.

Se o comprador se recusar a receber as quantias a que faz jus, o vendedor, para exercer o direito de resgate, as depositará judicialmente.

Verificada a insuficiência do depósito inicial, não será o vendedor restituído no domínio da coisa, até e enquanto não for integralmente pago o comprador (art. 506).

Existem dois tipos de cláusula de retrovenda: "pactum de retrovendo" e "pactum de retroemendo", conforme houver ou não consentimento do comprador. Em ambos os casos porém o vendedor deverá colocar à disposição do comprador o dinheiro à vista e se este não o receber deverá depositá-lo em juízo.

O direito de retrato, que é cessível e transferível a herdeiros e legatários, poderá ser exercido contra terceiro adquirente (art. 507). Por isso, a cláusula de retrovenda deverá constar da escritura do imóvel e ser registrada na circunscrição imobiliária, para que possa valer contra terceiros.

Se a duas ou mais pessoas couber o direito de retrato sobre o mesmo imóvel e só uma o exercer, poderá o comprador intimar as outras para nele acordarem, prevalecendo o pacto em favor de quem haja efetuado o depósito, contanto que seja integral.

### 7.7. Venda "ad corpus" e "ad mensuram"

Quando se tratar de venda de imóveis, poderá ela apresentar características especiais se for venda "ad corpus" ou "ad mensuram".

*Venda "ad corpus"*

Na venda "ad corpus" não se determina a dimensão do imóvel, que é vendido como um bloco, um corpo certo, determinado. Por exemplo, um edifício de 10 andares, denominado "Império", situado na Rua Alfa, 32, tendo ao lado direito terreno de Ulpiano e do lado esquerdo imóvel de Salustiano, e, no fundo, imóvel de Gaio. É muito comum esse tipo de venda quando se trata de imóvel rural, como uma fazenda; é difícil estabelecer as dimensões exatas da área. Pode-se então haver a venda de "uma fazenda agropastoril, com área de 90 hectares, denominada Palmares, limitada de um lado por um rio em toda a extensão, denominado "Rio Vermelho", e de outro pelo imóvel rural pertencente a Papiniano.

O preço é para o bloco, para o todo. Na venda realizada nessas condições, se, depois de realizada, o comprador fizer medição meticulosa do imóvel; e constatar que ele tem medida menor, não tem direito de reclamar. O imóvel foi vendido como coisa certa, determinada, e discriminada, tendo sido apenas enunciativa a referência às suas dimensões, ainda que não conste, de modo expresso, ter sido a venda "ad corpus". Não haverá complementação da área, nem devolução de excesso no preço.

Presume-se porém como "ad corpus", se o imóvel apresentar diferença superior a 1/20 (um vigésimo) da área. Por exemplo, uma fazenda foi vendida como tendo 100 hectares; ao fazer a medição fica provado que ela tinha só 70 hectares. Nesse caso a diferença ultrapassa o limite permitido pela lei e o comprador poderá reclamar a diferença de preço, ou a complementação da área.

## Venda "ad mensuram"

Nesta venda, o preço do imóvel é orçado com base na área, na medida. Há correlação entre o preço e a metragem de terreno, de tal forma que esta é fator determinante no estabelecimento do preço. Se, na venda de um imóvel, se estipular o preço por medida de extensão, ou se determinar a respectiva área, e esta não corresponder, em qualquer dos casos, às dimensões dadas, o comprador terá o direito de exigir o complemento da área, e, não sendo possível, o de reclamar a resolução do contrato ou abatimento proporcional ao preço. Presume-se que a referência às dimensões foi simplesmente enunciativa, quando a diferença encontrada não exceder a 1/20 (um vigésimo) da área total enunciada, ressalvado ao comprador o direito de provar que, em tais circunstâncias, não teria realizado o negócio.

Se em vez de falta houver excesso, e o vendedor provar que tinha motivos para ignorar a medida exata da área vendida, caberá ao comprador, à sua escolha, completar o valor correspondente ao preço ou devolver o excesso. Inverteu-se aqui a situação; ao fazer-se a medição foi constatado excesso da área, isto é, o terreno era maior do que o que constou na venda, não tendo o vendedor conhecimento da diferença. Caberá então ao vendedor reclamar direitos como a devolução da parte do imóvel, ou então exigir do comprador o pagamento da área sobressalente.

Há o prazo de um ano, para a decadência do direito de reclamar, tanto para o comprador, como para o vendedor. Começa o prazo prescricional da data do registro do título. Se houver atraso na imissão de posse do imóvel, atribuível ao vendedor, a partir dela fluirá o prazo decadencial.

## 7.8. Venda com reserva de domínio

Regulada pelo novo Código nos arts. 521 a 528, a venda com reserva de domínio sofre concorrência da venda com alienação fiduciária em garantia; esta porém é de aplicação mais restrita. Na venda de coisa móvel, pode o vendedor reservar para si a propriedade até que o preço esteja integralmente pago (art. 521). A reserva de domínio é um pacto adjeto ao contrato de compra e venda e por ele o comprador fica só com o direito de posse da coisa comprada. O direito de propriedade ele só vai adquirir quando pagar o preço.

Se o comprador, antes de pagar o preço, vender a coisa incorrerá em estelionato, por vender coisa de propriedade alheia. Neste caso, a transição da coisa não operou a transferência da propriedade dela. Nesse aspecto, fica derrogado requisito essencial do contrato de compra e venda.

A cláusula de reserva de domínio será estipulada por escrito e depende de registro no domicílio do comprador para valer contra terceiros (art. 522). Assim sendo, o terceiro que adquirir a coisa não poderá assim alegar desconhecimento dessa cláusula.

Não pode ser objeto de venda com reserva de domínio a coisa insuscetível de caracterização perfeita, para estremá-la de outras congêneres. Na dúvida, decide-se a favor do terceiro de boa-fé. Apesar do registro, é preciso precaver o interesse de terceiros que possam ser logrados ao adquirir alguma coisa. Por isso, a coisa deve ser bem individualizada, distinguindo-a perfeitamente de outras.

A transferência de propriedade ao comprador dá-se no momento em que o preço esteja integralmente pago. Todavia, pelos riscos da coisa responde o comprador, a partir de quando lhe foi entregue. Se a coisa está nas mãos do comprador e dela ele faz uso como se sua fosse, está ele na condição de fiel depositário e portanto deve responsabilizar-se pela integridade da coisa em seu poder.

O vendedor somente poderá executar a cláusula de reserva de domínio após constituir o comprador em mora, mediante protesto do título ou interpelação judicial. Verificada a mora do comprador, poderá o vendedor mover contra ele a competente ação de cobrança das prestações vencidas e vincendas e o mais que lhe for devido; ou poderá recuperar a posse da coisa vendida.

Ao tentar recuperar a posse da coisa vendida, o vendedor poderá reter as prestações pagas pelo comprador até o necessário para cobrir a depreciação da coisa, as despesas feitas e o mais que de direito lhe for devido. O excedente será devolvido ao comprador; e o que faltar lhe será cobrado, tudo na forma da lei processual.

Se o vendedor receber o pagamento à vista, ou, posteriormente, mediante financiamento de instituição do mercado de capitais, a esta caberá exercer os direitos e ações decorrentes do contrato, a benefício de qualquer outro. A operação financeira e a respectiva ciência do comprador constarão do registro do contrato. Essa venda assemelha-se muito à venda com reserva de domínio, financiada por Financeira.

### 7.9. Venda a contento

A venda feita a contento do comprador entende-se realizada sob condição suspensiva, ainda que a coisa lhe tenha sido entregue; e não se reputará perfeita, enquanto o adquirente não manifestar seu agrado (art. 509). É venda condicional, pois a tradição da coisa não dá segurança ao negócio jurídico, que fica sujeito ao agrado do comprador com a coisa vendida; se não ficar satisfeito, não se aperfeiçoa o contrato.

Deverá ser estipulado prazo para o exercício do direito de manifestar-se satisfeito o comprador com a coisa comprada. Não havendo esse prazo, o vendedor poderá intimar o comprador a manifestar-se, num prazo compatível. Se assim não for, a venda poderá prorrogar-se infinitamente. Digamos que uma indústria adquira maquinaria para ser utilizada na sua atividade produtiva; usa essa maquinaria por vinte anos e após esse tempo, quer desfazer o contrato alegando que ela não lhe agradou.

### 7.10. Venda sujeita a prova

Também a venda sujeita a prova presume-se feita sob a condição suspensiva de que a coisa tenha as qualidades asseguradas pelo vendedor e seja idônea para o fim a que se destina. É bem parecida com a venda a contento, mas a coisa comprada deve ser submetida a prova, a experiência e comprovando-se que ela possui realmente as características reveladas na venda, será o contrato aperfeiçoado. Seria o caso de maquinaria industrial, cujas características apresentadas na venda garantiam determinada capacidade de produção, consumo de energia ou matéria-prima.

Essa maquinaria é colocada em funcionamento para se averiguar ter ela realmente as características anunciadas pelo vendedor, e, se elas forem confirmadas, a venda se completará. A venda sujeita a prova foi feita também sob condição suspensiva. Até então, o comprador ficará na posição de comodatário, como acontece na venda a contento.

Não havendo prazo estipulado para a declaração do comprador, o vendedor terá direito de intimá-lo, judicial ou extrajudicialmente, para que o faça em prazo improrrogável.

### 7.11. Venda com preempção ou preferência

Preempção, preferência e prelação, palavras mais ou menos sinônimas, designam um tipo de venda pela qual o comprador, se decidir vender a coisa que comprou, deverá oferecê-la primeiro ao vendedor. A preempção, ou preferência, impõe ao comprador a obrigação de oferecer ao vendedor a coisa que aquele vai vender, ou dar em pagamento, para que este use seu direito de prelação na compra tanto por tanto. É direito personalíssimo do vendedor; não pode ser cedido, nem passa aos herdeiros.

A lei não restringe a aplicação desse pacto adjeto apenas a coisas imóveis, razão pela qual será possível a coisas móveis. Essa última hipótese parece ser mais difícil pois a tendência normal das coisas móveis é desvalorizar-se, enquanto a dos imóveis é valorizar-se. Por exemplo, uma concessionária de veículos vende um automóvel novo e vai recomprá-lo cinco meses depois. É evidente que o valor da coisa vai sofrer sério desgaste.

### 7.12. Venda sobre documentos

Outra importante contribuição de nosso novo Código ao aperfeiçoamento e modernização do direito contratual foi a regulamentação desse modelo contratual. Neste mesmo compêndio, fazemos estudo desse contrato, aplicado nas operações internacionais, com o nome de "crédito documentário". Com o novo Código porém, o crédito documentário passa a ser também contrato nacional, aplicado no campo jurídico interno, como acontece no direito de vários países importantes.

Na venda sobre documentos, a tradição da coisa é substituída pela entrega de seu título representativo e dos outros documentos exigidos pelo contrato, ou, no silêncio deste, pelos usos. Achando-se a documentação em ordem, não pode o comprador recusar o pagamento, a pretexto de defeito de qualidade ou de estado da coisa vendida, salvo se o defeito já houver sido comprovado (art. 529).

Vamos imaginar operação desse tipo. Alfa Ltda. é uma empresa de Recife e adquire mercadoria em São Paulo, de Beta Ltda.. Não recebe a mercadoria em espécie, mas os documentos representativos dela, como nota fiscal, conhecimento de transporte, apólice de seguro. A mercadoria é despachada para Recife e lá Alfa Ltda. comparece no porto de desembarque da mercadoria e exige sua entrega. Para tanto, deverá apresentar os documentos comprobatórios de seu direito de propriedade sobre ela. O conjunto desses documentos é chamado de "documentário", donde originou o nome de "crédito documentário". Vamos distinguir bem um do outro: o crédito documentário é contrato só aplicado nas operações internacionais; a venda sobre documentos só é aplicado no campo interno. Ambos contudo, assentam-se nos mesmos princípios.

No plano internacional, esse contrato só é aplicado quando houver venda a crédito, mas no direito brasileiro não haverá necessidade de financiamento. Não havendo estipulação em contrário, o pagamento deve ser efetuado na data e lugar da entrega dos documentos (art. 530). A venda é pois normalmente à vista.

Se entre os documentos entregues ao comprador figurar apólice de seguro que cubra os riscos do transporte, correm estes à conta do comprador, salvo se, ao ser concluído o contrato, tivesse o vendedor ciência da perda ou avaria da coisa (art. 532). Entre os documentos que compõem o documentário figura-se quase sempre a apólice de seguro, para cobrir a mercadoria, desde que o documentário foi entregue até a entrega dela no lugar do destino.

Estipulado o pagamento por intermédio de estabelecimento bancário, caberá a este efetuá-lo contra a entrega dos documentos sem obrigação de verificar a coisa vendida, pela qual não responde. Nesse caso, somente após a recusa do estabelecimento bancário a efetuar o pagamento, poderá o vendedor pretendê-lo diretamente do comprador. Normalmente a venda é realizada a prazo e com financiamento bancário. Nesse caso, o comprador pede crédito ao seu banco para que este financie a compra. No momento em que recebe o crédito, o comprador usa-o para pagar a venda; será então pagamento à vista. No mesmo momento, o comprador recebe o documentário, que lhe dá o direito de propriedade sobre a mercadoria.

## 7.13. Venda nula e anulável

Se marido e mulher forem casados em regime de comunhão de bens, a venda de algum bem de um a outro não é nula, mas inócua, pois eles já são donos do patrimônio comum do casal. Contudo, mesmo no regime de comunhão, pode haver alguns bens fora da comunhão; se assim for, será possível a venda de um a outro, desde que não se revele o intuito de prejudicar alguém, caso em que a venda será anulável. Nos demais regimes de bens, entretanto, será possível essa venda, passando a propriedade particular de um cônjuge ao outro, como no regime de separação. No caso de comunhão parcial, pode haver bens fora da comunhão e esses poderão ser objeto de venda entre eles.

É anulável a venda de ascendente a descendente, salvo se os outros descendentes e o cônjuge do alienante expressamente houverem consentido. Em ambos os casos, dispensa-se o consentimento do cônjuge se o regime de bens for o da separação obrigatória (art. 496). Nesses casos a venda é anulável, não nula. Para a anulação haverá necessidade de que algum prejudicado requeira a anulação.

Haverá porém casos de nulidade, vale dizer, a venda será declarada nula, se algum bem for comprado, ainda que em leilão público, por pessoas legalmente impedidas de comprar. É o caso de tutores, curadores, testamenteiros e administradores, se eles comprarem bens aos quais eles tenham acesso legal, como o tutor que compra bens do tutelado; nesse caso ele será pessoalmente o comprador e será indiretamente o vendedor.

Também será nula a venda se o comprador for servidor público, em geral, ao comprar bens ou direitos da pessoa jurídica a que servirem, ou que estejam sob a sua administração direta ou indireta. Será o caso do governador do Estado mandar vender bens do Governo estadual e ele próprio os comprar, ou então o leiloeiro comprar o bem que ele leiloou. Ou então, no caso de leilão judicial ou em qualquer tipo de venda de coisas em discussão judicial, haver compra por juiz, escrivão ou qualquer outro servidor público que tiver operado em processos referentes a esses bens.

Em todos os casos acima referidos, a venda é nula "pleno jure"; não produzirá efeitos jurídicos. Segue esse critério se a coisa vendida for um crédito (venda de crédito é chamada de "cessão de crédito").

## 7.14. Venda internacional: Convenção de Viena

Quanto ao contrato de compra e venda, há várias considerações no direito dos países, embora esses conceitos se reportem ao direito romano. Será preferível adotarmos o critério observado no Código Civil brasileiro, que dá um conceito muito preciso sobre esse contrato, no art. 481:

"Pelo contrato de compra e venda, um dos contratantes se obriga a transferir o domínio de certa coisa, e o outro, a pagar-lhe certo preço em dinheiro".

O critério brasileiro é também adotado pela maioria dos países; é ele baseado no Código Civil alemão. Pelo contrato de compra e venda o vendedor assume a obrigação de transferir a propriedade da coisa vendida, mas nem sempre a transfere na hora. Muitas vezes a venda é feita numa ocasião, mas a mercadoria é entregue em outra e só então o comprador se torna o dono dela.

O outro sistema é o adotado pela França e pela Itália, bem como por diversos outros países. Por esse sistema, no contrato de compra e venda, o vendedor assume a obrigação de vender e ao mesmo tempo transfere o domínio da mercadoria. Num só ato se englobam os passos fundamentais da venda: o vendedor assume a obrigação de dar e ao mesmo tempo transfere o domínio da mercadoria.

A distinção entre os dois sistemas é importante e provoca conflitos em operações internacionais entre países que adotam sistemas diferentes. Por isso, bom número de países estabeleceram a Convenção de Haia, adotando critérios uniformes para a compra e venda de mercadorias, que harmonizassem os critérios adotados pelo maior número possível de países. Posteriormente, em 1980, foi realizada em Viena, promovida pela ONU, nova convenção sobre venda internacional de mercadorias, que vigora ainda hoje e aplica-se amplamente por ter sido promovida pela ONU.

A compra e venda internacional de mercadorias é considerada pela Convenção de Viena como imprescindível para o desenvolvimento do comércio internacional, baseado na igualdade e nas vantagens mútuas e constitui um elemento importante na promoção de relações amigáveis entre os países. Considera ainda que a adoção de regras uniformes aplicáveis aos contratos de venda internacional de mercadorias e compatíveis com os diferentes sistemas econômicos, sociais e jurídicos contribuirá para a eliminação dos obstáculos jurídicos às trocas internacionais e favorecerá o desenvolvimento do comércio mundial.

A compra e venda ocupa-se apenas da venda internacional de mercadorias, deixando de lado as mercadorias de uso pessoal ou familiar, para leilão, com penhora ou qualquer outra constrição judicial, de valores mobiliários, títulos de crédito e moedas, navios, barcos, aeronaves e batiscafos, eletricidade.

Não se refere também à venda de serviços. Em vários países, como se vê no moderno Código Comercial português, o contrato de prestação de serviços é um contrato próprio, nominado e bem distinto do da compra e venda. A Convenção de Viena julgou melhor distingüi-lo do da compra e venda, não o incluindo na regulamentação. Não atinge também o "drawback".

Para essa convenção, o contrato de compra e venda internacional, segundo os arts. 14 a 24, celebra-se pela oferta de venda da mercadoria e pela aceitação da oferta por parte do comprador. Uma proposta para a celebração do contrato de compra e venda dirigida a uma ou mais pessoas determinadas, constitui uma oferta se ela for suficientemente precisa e se ela indica a vontade de seu autor em obrigar-se, no caso de aceitação. Uma proposta é suficientemente precisa quando designar as mercadorias, e, expressa ou implicitamente, fixa a quantidade e o preço ou fornece as indicações necessárias para determiná-los.

Uma proposta endereçada a pessoas indeterminadas é considerada apenas como um convite à oferta, a menos que aquele que tenha feito a proposta não tenha claramente indicado o contrário. Essa disposição é bem diferente das observadas no direito interno de muitos países; ao fazer oferta pública, como, anunciar no jornal ou expor mercadorias na vitrine, o ofertante renuncia à escolha de seu comprador.

A oferta torna-se eficaz assim que ela chega ao destinatário; mesmo que seja irrevogável pode ser retratada se a retratação chegar ao destinatário antes ou concomitante com a oferta. Mesmo que uma oferta seja irrevogável, torna-se nula se a recusa do oblato chega ao conhecimento do ofertante. No campo internacional, quem faz a oferta da mercadoria é chamado "policitante" e o destinatário da oferta é chamado de "oblato".

Se o destinatário da oferta, o oblato, declara ou manifesta por várias atitudes que ele aquiesceu à oferta, demonstra a aceitação. A inércia ou o silêncio do oblato não pode ser considerado como atitude de aceitação. Chegando a aceitação ao conhecimento do ofertante (ou policitante), o contrato está estabelecido. O ofertante poderá revogar a oferta, mas a revogação deve chegar ao conhecimento do oblato antes que ele tenha expedido ao policitante a aceitação da oferta. Esse critério é também adotado no direito contratual brasileiro previsto no art. 1.085 do Código Civil.

O art. 16 da Convenção de Viena prevê dois casos em que a proposta não poderá ser revogada: em primeiro lugar, se a oferta estabelece um prazo para a aceitação ou se consta na própria oferta a condição de irrevogabilidade; em segundo lugar, se o destinatário da oferta considerou-a como irrevogável e, em vista dessa condição, tomou providências para concretizar a compra da mercadoria ofertada.

A aceitação de uma proposta produz efeitos jurídicos no momento em que chegar ao conhecimento do ofertante. Não produzirá efeito, porém, se a aceitação não chegar ao conhecimento do policitante no prazo estipulado, ou, se não houver um prazo estipulado, num prazo razoável, tendo em conta as circunstâncias da transação e a rapidez dos meios de comunicação utilizados pelo autor da oferta. Uma oferta verbal deve ser aceita imediatamente, a menos que as circunstâncias impliquem o contrário.

A Convenção de Viena prevê obrigações básicas e gerais das partes, embora cada contrato tenha peculiaridades próprias, principalmente com a adoção de cláusulas especiais dos INCOTERMS. Para o vendedor há três obrigações principais:
– transferir o domínio das mercadorias ao comprador;
– remeter-lhe o documentário;
– garantir a inviolabilidade da mercadoria.

A mercadoria deve ser entregue livre de qualquer direito ou pretensão de terceiros, a menos que o comprador aceite receber as mercadorias em tais condições. Especificamente no caso de direito ou pretensão de terceiros, referentes à Propriedade Industrial, que o vendedor conheça ou deveria conhecer no momento em que firmou o contrato, e que vigoravam no país do vendedor. Contudo, o vendedor fica isento de responsabilidade se o direito ou pretensão de terceiros, no tocante à Propriedade Industrial referentes a essas mercadorias, não prevaleçam em seu país mas no país do comprador ou nos países em que o comprador vender essas mercadorias.

Obrigação importante para o vendedor, no caso da compra e venda internacional é a de fazer chegar as mãos do comprador o documentário da venda no momento, lugar e na forma prevista no contrato. Mesmo no tocante aos documentos que devam ser providenciados pelo comprador, necessário se torna a colaboração do vendedor. A Convenção de Viena reconhece ao comprador o direito de reclamar perdas e danos que tiver em decorrência de documentário irregular.

Falemos então das obrigações do comprador. A primacial obrigação do comprador é a de pagar o preço no tempo, local e modo previsto no contrato. Essa obrigação amplia-se com as providências que lhe cabem de fazer o pagamento chegar ao vendedor, inclusive arcando com as taxas e entraves existentes no país do comprador. Outra obrigação do comprador é a de tomar posse da mercadoria comprada, liberando-a, examinando-a com a maior brevidade. Caso a mercadoria esteja com algum defeito e fora das especificações constantes do contrato, obriga-se a comunicar, de imediato, a ocorrência ao vendedor.

Importante aspecto do direito contratual internacional é a solução de conflitos em decorrência das cláusulas contratuais, a forma de julgamento e o foro competente. Embora vigore a liberdade das partes com a "autonomia da vontade", há restrições e inibições legais que limitam a capacidade dos contraentes de disporem como lhes aprouver a esse respeito.

Contravenções ao contrato cometidas por uma das partes são essenciais quando elas causarem à outra parte um prejuízo que a prive substancialmente do que ela pretendia do contrato, a menos que a parte contraventora não possa ter previsto esse prejuízo.

O contrato pode ser modificado ou resilido por acordo amigável entre as partes. Um contrato escrito que contenha disposição estipulando que toda modificação ou resilição de comum acordo só pode ser modificado ou resilido por essa forma não poderá ser feito de modo diferente. A Convenção aplica assim o princípio de que um contrato deve ser modificado ou terminado da mesma forma pela qual se constituiu, princípio esse aplicado no direito interno de muitos países, inclusive no Brasil.

Aspecto delicado que a Convenção de Viena cuidou levemente no art. 28, foi o do foro competente para dirimir dúvidas e conflitos entre as partes do contrato de compra e venda internacional de mercadorias. Se uma parte tiver o direito de exigir da outra a execução de uma obrigação, um tribunal será encarregado, aplicando o direito que ele adotaria para os contratos de venda semelhantes, não regidos pela Convenção.

Assim sendo, a Convenção não indica qual será o tribunal e atribui ao tribunal escolhido a faculdade de aplicar seu próprio direito. Comumente, nos contratos internacionais há cláusula compromissória adotando a "arbitragem", solucionando facilmente o problema. Nem sempre, porém, ocorre a cláusula compromissória e as partes acordam que a solução seja dada pela Justiça de um dos países contratantes.

Embora vigore a "autonomia da vontade" das partes no estabelecimento das cláusulas contratuais, o foro competente está estabelecido no código de processo de quase todos os países, não sendo facultado às partes modificar a disposição legal. Mesmo no caso de um contrato internacional não pode a vontade das partes afrontar as leis dos respectivos países ou a lei do foro competente. Assim sendo, o foro competente deverá ser calcado no elemento de conexão mais incisivo: o lugar da oferta ou da aceitação, da execução do contrato, do domicílio das partes. Tomaremos por base o que dispõe a Lei de Introdução ao Código Civil: no tocante às obrigações vigora o art. 9º e no tocante aos bens o art. 8º.

Pelo que dispõe o art. 9º, § 2º, a obrigação resultante do contrato reputa-se constituída no lugar em que residir o proponente. Por outro lado, pelo art. 1.087 de nosso Código Civil reputar-se-á celebrado o contrato no lugar em que foi proposto. Pela nossa legislação, se for o caso de uma exportação, o vendedor está sediado no Brasil e, portanto, o foro competente será o do Brasil. Se for um contrato de importação, o foro será o do país em que estiver sediado o exportador.

Entretanto, o próprio art. 9º prevê dois outros elementos de conexão, além do domicílio do proponente. O *caput* invoca o do lugar da celebração do contrato (lex loci celebrationis) e o § 1º do lugar da execução (lex loci executionis). Diz o *caput* do art. 9º que, para qualificar e reger as obrigações, aplicar-se-á a lei dos países em que se constituírem. Portanto, se celebrado no Brasil, será o foro do Brasil; se for celebrado no exterior, lá serão resolvidos os litígios. Há um outro aspecto: é possível que um contrato seja celebrado em país estranho às partes. Por exemplo, um contrato de compra e venda internacional de mercadorias celebrado entre uma empresa brasileira e outra argentina é celebrado no Uruguai. Segundo nossa disposição legal, as obrigações se constituíram no Uruguai e por isso lá está o foro competente para a solução deles.

O § 1º do art. 9º estabelece outro critério; se o contrato for executado no Brasil, o foro será aqui (lex executionis). Será, entretanto, observada a lei estrangeira quanto aos requisitos extrínsecos do ato. É o caso típico de aplicação da lei estrangeira pela Justiça brasileira. Ressalte-se que a Convenção de Viena foi promovida pela ONU e a ela aderiram quase todos os países, incluindo-se o Brasil.

### 7.15. Venda internacional: INCOTERMS

O contrato de compra e venda é o mais usual no comércio, tanto nacional como internacional. Com sua divulgação cada vez mais ampla, vai somando uma série imensa de novas facetas, inovações e complexidade cada vez mais sofisticada. Essa complexidade acentua-se mais ainda nas operações internacionais, dadas as naturais dificuldades que fatalmente surgem. A distância em que as partes se encontram, as diferenças de idiomas das partes envolvidas, a variação dos meios de transporte, o maior tempo exigido para a entrega das mercadorias, o sistema de pagamento do preço, os riscos do negócio, são algumas dessas dificuldades que sobrecarregam a venda internacional.

Focalizamos aqui um problema complexo e difícil, com a solução encontrada. Não há total uniformidade no direito dos países na regulamentação da compra e venda. Também não há uniformidade na linguagem, nos critérios e nos costumes dos países. O aspecto principal dessas divergências diz respeito às obrigações do vendedor e do comprador. A Convenção de Haia de 1964 e a de Viena de 1980 procuraram estabelecer critérios mais uniformes, mas não resolveram principalmente os problemas práticos, para dar segurança e uniformidade no estabelecimento de contratos.

Os INCOTERMS (Internacional Commercial Terms) foram a solução encontrada para o problema retro exposto. Constituem o estabelecimento de uma terminologia uniforme, fácil de interpretação e aplicação. Não se constitui, todavia, só de uma terminologia; é um conjunto de normas internacionais que levam à correta interpretação das obrigações do vendedor e do comprador e a uma praxe mais uniforme a ser adotada por todos os países. É uma modalidade de código, cujas disposições constituem cláusulas do contrato de compra e venda. Basta inserir num contrato a sigla de um "Incoterm" e estará estabelecida uma cláusula bem definida.

De fato, não é possível, num mundo dividido por barreiras lingüísticas, e, sobretudo, por tradições comerciais, culturais e jurídicas, deixar ao acaso, as anotações, em cima do joelho ou do telefone, dos entendimentos negociais. Os "incoterms" são convenções que, uma vez aceitas pelas partes contratantes passam a ter força contratual, com seu significado jurídico precisamente determinado. Muito deve o comércio internacional a esse instrumento de ordenação. Nele o exportador ou importador vai encontrar a palavra ou expressão exata para empregar em seu contrato, sua carta ou telex, e mais ainda, a cláusula para inserir no contrato.

O objetivo dos "incoterms" é estabelecer uma série de regras internacionais para interpretar os principais termos usados nos contratos de compra e venda internacional, que preferem a certeza de regras internacionais uniformes às incertezas da diversidade de acepções atribuídas aos mesmos termos, nos vários países. Os "incoterms" são verdadeiras cláusulas contratuais padronizadas que permitem às partes referir-se a um conjunto preestabelecido de regras, a ser incorporado a seus contratos. Como não há leis impositivas internacionais e, na maioria dos países, os "incoterms" não são regulados por lei interna, essas cláusulas não passam a vigorar automaticamente. As partes precisam adotá-las expressamente, mas, uma vez adotadas, essas cláusulas passam a ser obrigatórias, tenham ou não as partes notícia detalhada e compreensão do teor de cada regra.

As partes intervenientes nesses contratos freqüentemente desconhecem as diferenças existentes entre as praxes comerciais de seus respectivos países. No comércio internacional esta falta de uniformidade é constante fonte de atritos, provocando desentendimentos, questões e sentenças judiciais, com todo o desperdício de tempo e dinheiro que acarretam.

Os "incoterms" foram elaborados pela Câmara de Comércio Internacional, entidade sediada em Paris, e publicados em 1936, em uma Brochura denominada "Rules for Interpretation of Trade Terms". Essa brochura definia os principais termos usados no comércio internacional, reduzidos a simples siglas que retratam as obrigações do comprador e do vendedor e o momento em que deverão ser cumpridas. A aceitação dos "incoterms" foi imediata, definida e definitiva, instituindo-se no mundo inteiro. Foi ainda ampliada e aperfeiçoada com nova publicação em 1953, sendo então conhecidos como INCOTERMS-1953, que vigoram até hoje. Em 1941, os EUA publicaram um código semelhante, mais amplo e minucioso, com base nos "incoterms" denominado Revised American Foreign Trade Definitions-1941. Entretanto, os INCOTERMS-1953 ainda hoje são adotados pelas empresas americanas nas operações de compra e venda internacional.

Com o propósito de colocar à disposição das empresas um meio de superar as mais graves causas de atritos, a Câmara de Comércio Internacional publicou a série de normas para a interpretação dos referidos termos. A real utilidade dos "incoterms" demonstrada pela sua plena aceitação e aplicação após mais de meio século. A importância de regras uniformes para a interpretação dos termos e cláusulas padrão, utilizados no comércio internacional, é reconhecida por exportadores e importadores, que buscam definições claras de seus direitos e obrigações nas transações internacionais. Assim, as empresas têm estipulado em seus contratos de compra e venda que eles são regidos pelos INCOTERMS-1953.

Os "incoterms" não são muitos, sendo 14 os oficialmente adotados, mas apenas 10 têm sido usados. Uma característica deles é a de que o 10 encerra muitas obrigações para o importador e poucas para o exportador; a carga das obrigações vai caindo para o comprador e incidindo sobre o vendedor, numa escala. São os seguintes os 10 principais "incoterms" até agora estabelecidos pela Câmara de Comércio Internacional:

- EXW – Ex work (na fábrica);
- FOR – Free on rail (posto na estação);
- FOT – Free on truck (posto no vagão);
- FAS – Free alongside ship (posto no costado do navio);
- FOB – Free on board (posto a bordo);
- C&F – Cost and freight (custo e frete);
- C&I – Cost and insurance (custo e seguro);
- CIF – Cost, insurance and freight (custo, seguro e frete);
- EXS – Ex ship (no navio);
- EXQ – Ex quai (no cais - duty paid = custo pago).

Examinemos porém cada um deles:
EXW - Ex work
OBRIGAÇÕES DO EXPORTADOR – São as obrigações decorrentes da obtenção da mercadoria até colocá-la à disposição do comprador-importador. Se for uma indústria, o exportador se encarrega da fabricação, acondicionamento e demais medidas para que ela esteja em ordem e coloca-a à disposição do importador. Se for uma "Trading Company" deverá ter a mercadoria em ordem e colocá-la à disposição do importador, pronta para ser retirada do depósito e embarcada.

Estando a mercadoria pronta para que o importador possa tomar posse dela, o exportador deverá avisá-lo de que ela está à disposição para ser retirada, no prazo e no local convencionados no contrato e dentro das demais condições contratuais, inclusive já faturada e com os documentos que só o exportador pode emitir. O aviso normalmente é dado por telex ou por qualquer outra forma prevista no contrato. A documentação geral é providenciada pelo importador, mas o exportador se obriga a dar-lhe toda assessoria e colaboração para obtê-la. Ao comunicar ao importador que a mercadoria está à sua disposição para retirá-la, cessa a responsabilidade do exportador.

OBRIGAÇÕES DO IMPORTADOR – Nesta cláusula, a maioria dos encargos fica para o importador. Ao ser notificado que a mercadoria está à sua disposição, o importador deverá providenciar o transporte, retirar a mercadoria do local indicado pelo exportador e no prazo previsto no contrato. Cabe-lhe conferir a mercadoria e assumir toda a responsabilidade por ela desde o momento em que for recebida. Cabe-lhe ainda providenciar todo o documentário para a exportação da mercadoria, obrigando-se o exportador a lhe dar assistência para a obtenção.

FOR – Free on rail; FOT – Free on truck

OBRIGAÇÕES DO EXPORTADOR – São utilizados quando a mercadoria for transportada por estrada de ferro mas também se estende, por analogia, ao transporte rodoviário. Aqui aumenta um pouco a responsabilidade do exportador e diminui um pouco a do importador. O exportador deverá providenciar a mercadoria e colocá-la à disposição do importador, não no depósito da estação, mas na estação da estrada de ferro, providenciando o transporte dela do depósito à estação. Cabe ao exportador entregar ao importador, além do faturamento o documento usual do embarque ferroviário. Deverá avisar antecipadamente o importador de que a mercadoria será entregue em determinada estação, conforme estipulado no contrato e entregar-lhe os documentos que lhe cabem. Embora o FOT seja incluído junto com o FOR, é, na verdade, nova modalidade de cláusula. A mercadoria deverá ser colocada pelo exportador, não na estação, mas no vagão, aumentando sua responsabilidade, por assumir os riscos do embarque no vagão.

OBRIGAÇÕES DO IMPORTADOR – As obrigações do importador começam quando ele assume a mercadoria na estação ou no vagão. A mercadoria passa da mão da estrada de ferro para o importador, enquanto que na EXW a mercadoria passa da mão do exportador diretamente para o importador. A obrigação de pagar o preço surge no momento em que o importador recebe notificação da entrega da mercadoria, os custos do transporte, das taxas e a obtenção dos documentos referentes à exportação.

FAS – Free alongside ship

OBRIGAÇÕES DO EXPORTADOR – Vai aumentando a carga das obrigações do exportador, enquanto vai diminuindo a do importador. No FAS o exportador se obriga a entregar a mercadoria no costado do navio, ou seja, no porto em que vai ser embarcada. Fica a seu cargo providenciar o transporte da fonte de produção da mercadoria até o porto de embarque, avisando o importador, e os gastos do transporte e acondicionamento no depósito do porto. Cabe ao exportador fornecer um documento especial de que a mercadoria foi entregue em ordem, dentro das condições do contrato, denominado "clean document".

"Clean document", ou conhecimento de embarque sem ressalva, é o conhecimento que não contém cláusulas superpostas declarando expressamente uma condição defeituosa da mercadoria ou da embalagem.

OBRIGAÇÕES DO IMPORTADOR – Cabe ao importador indicar no contrato, ou previamente ao exportador, em qual porto deseja que seja entregue a mercadoria, em qual depósito, em que data e demais condições, indicando inclusive o nome do navio que embarcará a mercadoria. Desde o momento em que o importador for avisado de que a mercadoria está à sua disposição no costado do navio, surge para ele a obrigação de pagar o preço e assumir os custos da operação afora a fatura e o conhecimento de depósito.

FOB – Free on board

OBRIGAÇÕES DO EXPORTADOR – Por essa cláusula, a mais usual, o exportador obriga-se a entregar a mercadoria a bordo do navio que irá transportá-la para o exterior. Para lembrança, ressaltamos que o exportador é o vendedor e o importador é o comprador no contrato de compra e venda. Correm por conta do exportador os riscos e os custos da mercadoria, desde que ela seja fabricada, transportada até o porto, armazenada no depósito e transportada do porto para o navio. Cabe ao exportador providenciar uma gama mais ampla de documentos: a fatura, o conhecimento de transporte até o porto, a Guia de Exportação, a ordem de embarque, o "Origin Certificate" e o "clean document", embora os custos dos documentos devam ser ressarcidos pelo importador.

OBRIGAÇÕES DO IMPORTADOR – Nesta cláusula já fica rompida a maior carga de responsabilidade do importador, ficando equilibrada a responsabilidade de ambos. O importador assume os riscos e custos da mercadoria, bem como pagar o preço, no momento em que a mercadoria ultrapassa a amurada do navio. O navio que transportar a carga deverá ser contratado pelo importador, devendo avisar ao exportador o nome do navio, o porto e a data em que deverá ser embarcada a mercadoria. Como é o importador que contrata o navio, cabe a ele providenciar o "Bill of Lading".

C&F – Cost and freight
OBRIGAÇÕES DO EXPORTADOR – Nesta cláusula, começa a incidir maior carga de responsabilidade em cima do exportador, com menor dose para o importador. Neste sistema, o exportador providencia a mercadoria, encarrega-se do transporte até o porto e coloca-a à bordo do navio, segundo as condições FOB. Contudo, é o exportador que contrata o navio e, portanto, cabe-lhe fornecer ao importador o "Bill of Lading", a "Commercial Invoice", o "Origin Certificate" e a Guia de Exportação. Assume ainda o exportador os riscos e custos da mercadoria até que seja posta a bordo do navio, mas também paga o frete, ou seja, o custo do transporte até o porto de desembarque.

OBRIGAÇÕES DO IMPORTADOR – Algumas obrigações do importador são assumidas no momento em que a mercadoria é colocada a bordo do navio, no porto de embarque. O frete já deverá ter sido pago pelo exportador, mas os custos e riscos ficam a cargo do importador durante a viagem até o destino, inclusive os do desembarque. Deve ele ser avisado do momento do embarque, quando se inicia seu período obrigacional. Deve receber as mercadorias no porto de desembarque, encarregando-se das custas da liberação e receber juntamente o documentário, desde que a mercadoria ultrapasse a amurada do navio. Quanto ao documentário, o importador deverá pagar ao exportador a obtenção do "Origin Certificate" e deverá providenciar no país de destino a documentação para o desembarque, como a Guia de Importação.

C&I – Cost and Insuranse
É bem parecido com o anterior, mas, como o próprio nome diz, em vez do frete, o exportador paga o seguro.

CIF – Cost, Insuranse and freight
OBRIGAÇÕES DE EXPORTADOR – Esta é a cláusula mais utilizada depois do FOB. Neste sistema, o exportador se encarrega de quase

tudo. Contrata o navio, embarca a mercadoria, paga o frete até o porto do destino. Conforme o nome indica, o exportador contrata o seguro da mercadoria, em seguradora conceituada e previamente aprovada pelas partes, fornecendo ao importador também Apólice de Seguro (Insurance Certificate), cobrindo os riscos e amparando a mercadoria contratada. O seguro deverá ser feito na moeda contratual e pelo valor CIF, acrescido de 10 a 15%. Salvo acordo especial, os riscos do transporte não cobrem certos riscos especiais próprios, como guerra, contaminação, roubo, furto, umidade, deterioração química da mercadoria. O exportador assume os riscos da mercadoria até que ela seja colocada a bordo; daí por diante o seguro garante. O exportador fornece o documentário: "Commercial Invoice", "Bill of Lading", "Origin Certificate", "Packing List" e Guia de Exportação, por sua conta e ordem.

OBRIGAÇÕES DO IMPORTADOR – Os encargos são mínimos. Recebe a mercadoria no porto de desembarque e assume, com exceção do frete e seguro, os riscos e despesas incorridos durante a viagem, bem como os custos de desembarque.

EXS – Ex ship

OBRIGAÇÕES DO EXPORTADOR – O exportador deve colocar a mercadoria à disposição do importador, na data prevista no contrato, a bordo do navio, no local da descarga usual do porto convencionado, de forma a lhe permitir retirá-la com o equipamento de descarga apropriado à natureza da mercadoria. Assume todas as despesas e riscos da mercadoria até o momento em que tenha sido posta realmente à disposição do importador, no porto de destino. Por isso, deve avisar ao importador, em tempo hábil, a data prevista para a chegada do navio indicado e enviar-lhe com antecedência o documentário.

OBRIGAÇÕES DO IMPORTADOR – São mínimas: deve receber a mercadoria no local indicado para a entrega e assumir os riscos, encargos e despesas a partir do momento em que a mercadoria for entregue à sua disposição.

EXQ – Ex quai

É bem parecido com o "ex ship", mas a mercadoria é entregue à disposição do importador, não no navio junto ao porto do destino, mas desembarcada e estando no próprio cais, de tal forma que o importador não se encarrega nem do desembarque.

- EXW - EXWORK - A L'USINE:
EX-PONTO DE ORIGEM (FÁBRICA, PLANTAÇÃO, MINA, ARMAZÉM ETC.)

O vendedor limita-se a colocar a mercadoria à disposição do comprador no local de origem convencionado e dentro dos prazos estipulados. O comprador responsabiliza-se por todas as operações e transportes. Esta é a obrigação mínima do vendedor.

1. A PARTIR DA FÁBRICA, DA MINA, DO MOINHO, DA PLANTAÇÃO, DO DEPÓSITO ETC.

VENDEDOR — COMPRADOR

### DISTRIBUIÇÃO DE DESPESAS

Paga as despesas de embalagem, as decorrentes de fiscalização e todas as demais, até que a mercadoria esteja à disposição do comprador no prazo combinado.

Paga todas as despesas após o recebimento, além de taxas alfandegárias (no caso de exportação) e as referentes à obtenção dos documentos exigidos no país de embarque ou de origem, dos quais necessita para a exportação e/ou importação (eventualmente para trânsito por outros países), inclusive certificados de origem e licenças de exportação. Paga, também, as despesas consulares.

## 2. LIVRE - VAGÃO - LIVRE NO TREM: F.O.R. - LIVRE NO CAMINHÃO: F.O.T. (designar ponto de embarque)

### DISTRIBUIÇÃO DE DESPESAS

| VENDEDOR | COMPRADOR |
|---|---|
| Para carga completa, o vendedor consegue o vagão e, se necessário, espaço suplementar na plataforma: quando a carga não for completa, o vendedor se responsabiliza pela entrega da mercadoria na estação de embarque ou num veículo fornecido pela companhia ferroviária, quando esta cláusula estiver compreendida no frete; o vendedor paga, ademais, todas as despesas, até que o vagão carregado ou a mercadoria estejam em poder da estrada de ferro; paga, também, todas as despesas de embalagem, controles e as decorrentes da obtenção de documentos necessários ao despacho. | É responsável por todas as despesas (inclusive as despesas com aluguel nas plataformas), a partir do momento em que o vagão carregado ou a carga parcial tenha sido entregue à estrada de ferro; paga, também, todas as despesas alfandegárias e taxas decorrentes da exportação, além das feitas com a aquisição de todos os documentos de que necessita para a exportação e importação (eventualmente, trânsito por outros países); paga, ainda, as despesas com certificados de origem e consulares e todas as demais despesas alfandegárias e taxas decorrentes do embarque. |

### SEGURO DE TRANSPORTE
**POR CONTA DO VENDEDOR**     **POR CONTA DO COMPRADOR**

FOR - FREE ON RAIL OU FOT-FREE ON TRUCK - FRANCO WAGON/CAMION:

LIVRE SOBRE VAGÃO/CAMINHÃO (PONTO DE PARTIDA CONVENCIONADO)

Este é o FOB específico para os transportes ferroviários e rodoviários.

- FAS - FREE ALONGSIDE SHIP - FRANCO LE LONG DU NAVIRE: POSTO AO LADO DO NAVIO (PORTO DE EMBARQUE)

O vendedor entrega a mercadoria no cais junto ao navio, sob guindaste se o navio atracar, ou em barcaças ao lado do navio, se este não acostar no cais.

3. F.A.S. (LIVRE AO LADO DO NAVIO OU ALVARENGA) (mencionar porto desembarque)

**VENDEDOR** — **COMPRADOR**

### DISTRIBUIÇÃO DE DESPESAS

Paga as despesas com a efetiva entrega da mercadoria no local predeterminado pelo comprador; no porto de embarque, no costado do navio, inclusive todas as despesas com formalidades exigidas para tal fim; despesas de embalagem, controles etc.; despesas com a documentação exigida para a comprovação da entrega da mercadoria no costado do navio, todas as referentes a documentos de embarque e as despesas alfandegárias de exportação.

Paga todas as despesas a partir do momento em que a mercadoria estiver depositada no costado do navio, exceto todas as despesas suplementares, no caso de o navio designado sofrer atraso, ou não dispuser mais de praça para a carga contratada. Paga, também, as despesas para a obtenção dos seguintes documentos: de exportação e outros exigidos, além de despesas consulares e de certificados de origem.

### SEGURO DE TRANSPORTE
**POR CONTA DO VENDEDOR** — **POR CONTA DO COMPRADOR**

- FOB - FREE ON BOARD (FRANCO BOARD):
LIVRE A BORDO (PORTO DE EMBARQUE)

Por esta cláusula caberá ao vendedor embarcar a mercadoria, livre de quaisquer encargos, a bordo de um navio no porto de embarque. Nas operações com os EUA, o termo FOB pode ser utilizado também para os transportes ferroviários e rodoviários. Assim, nos contratos com aquele país, deve-se acrescentar ao termo FOB o meio de transporte a ser utilizado. No caso de transporte marítimo, é o comprador quem escolhe

233

o navio e paga o frete, assumindo, a partir da entrada dos produtos no navio, todos os riscos e despesas. As formalidades de exportação, contudo, competem ao exportador.

### 4. F.O.B. (LIVRE A BORDO) (designar embarcadouro)

**VENDEDOR**   **COMPRADOR**

### DISTRIBUIÇÃO DE DESPESAS

Paga todas as despesas até o efetivo embarque da mercadoria no navio transportador; todas as decorrentes do processamento da exportação e todas as referentes ao embarque (subentendido que o navio esteja pronto para receber a carga). O vendedor paga, ademais, todas as despesas com vistorias e fiscalizações, e custo da documentação necessária ao embarque.

Paga as despesas com reserva de praça e todas as que surgirem após o embarque da mercadoria; despesas marítimas, no caso de o transportador não estar em condições de receber a carga no prazo estipulado; paga, também, todas as despesas marítimas, a partir do momento em que esgota o prazo do embarque, além de se responsabilizar por um conhecimento e por todos os documentos exigidos no país de embarque ou origem, de que necessitar para a introdução da mercadoria no destino (eventualmente, também, para trânsito em outros territórios). Paga, ainda, as despesas referentes a certificados de origem e despesas consulares.

### SEGURO DE TRANSPORTE
**POR CONTA DO VENDEDOR    POR CONTA DO COMPRADOR**

- C.I.F. - COST, INSURANCE AND A FREIGHT - COST, ASSURANCE, FRET (CAF)
CUSTO, SEGURO E FRETE (SEGURO DA INDICAÇÃO DO PORTO DE DESTINO)

Por esta cláusula, o vendedor se obriga a entregar a mercadoria no navio, no porto de destino com frete e seguro pagos.

## 5. C.&.F. (CUSTO E FRETE) (designar destino)

**VENDEDOR**  **COMPRADOR**

### DISTRIBUIÇÃO DE DESPESAS

Paga o frete e todas as despesas de descarga no destino, as que forem cobradas pelas companhias de navegação no porto de carga, as referentes a licenças de exportação e todas as demais despesas concernentes ao embarque, a conhecimento de embarque "on board" ou "ship-ped" B/L – despesas de embalagem – despesas de vistorias, medições, pesagem, contagem, bem como demais despesas com impostos, taxas etc. Paga, também, as despesas com as formalidades para o carregamento da mercadoria, desde que a companhia de navegação as cobre no ato. Paga, ainda, as despesas recorrentes da liberação do embarque.

Responsabiliza-se, com exceção do frete, por todas as despesas marítimas até a chegada no destino, bem como despesas de descarga, alvarengagem e deposição da mercadoria em terra, desde que essas despesas não estejam incluídas no frete ou que não tenham sido cobradas na origem pela companhia de navegação ou pelos armadores (nas vendas C.&.F. descarregadas, as despesas de descarga e alvarengagem correm por conta do vendedor). Paga, ademais, as despesas com certificados de origem e despesas consulares, além das despesas alfandegárias e demais despesas com a importação.

### SEGURO DE TRANSPORTE
**POR CONTA DO VENDEDOR**   **POR CONTA DO COMPRADOR**

- FRC - FREE CARRIER - FRANCO TRANSPORTEUR:
LIVRE TRANSPORTADOR (PONTO DESIGNADO)

Adaptação do termo FOB às peculiaridades do transporte intermodal. O ponto de transferência de despesas e responsabilidades não é mais o momento do embarque, mas um ponto intermediário convencionado entre as partes. É o comprador quem escolhe o modo de transporte e o transportador. É ele também quem paga o transporte principal. O desembaraço aduaneiro de exportação fica a cargo do vendedor.

## 6. C.I.F. (DESPESAS, SEGURO E FRETE) (destino mencionado)

**VENDEDOR**  **COMPRADOR**

### DISTRIBUIÇÃO DE DESPESAS

| | |
|---|---|
| Paga todas as despesas de frete até o destino; despesas com licenças de exportação ou demais documentos necessários; todas as despesas de embarque e de seguro marítimo, mais despesas com conhecimentos de embarque ("on board" ou "shipped" B/L), despesas de embalagem, exceto as de vistorias, medições, pesagens e contagem. Paga todas as taxas de exportação, bem como todas as despesas necessárias à efetivação do carregamento. Na venda da mercadoria (C.I.F. descarregada), as despesas de descarga, alvarengagem e estiva correm por conta do vendedor. | Paga todas as despesas de transporte marítimo (à exceção do frete e seguro até a chegada do transportador no porto de destino); paga, também, as despesas de descarga ou alvarengagem, desde que não estejam incluídas no frete marítimo, até que a mercadoria seja posta em terra; paga despesas por riscos de guerra, certificados de origem e documentos consulares, despesas alfandegárias e todas as necessárias à entrada legal da mercadoria. |

### SEGURO DE TRANSPORTE
**POR CONTA DO VENDEDOR        POR CONTA DO COMPRADOR**


- C.F.R. - COST AND FREIGHT - COOT ET FRET
CUSTO E FRETE (SEGUIDO DO PORTO DE DESTINO)

Mais conhecido como C.&.F., este termo só difere do anterior pelo fato de que o vendedor não tem a obrigação de pagar o seguro da mercadoria até o porto de destino. Tal como no CIF, é o vendedor quem escolhe o navio e paga o frete marítimo, responsabilizando-se também pelas formalidades de exportação. O risco de perdas e danos, fica por conta do comprador.

7. LIVRE DE FRETE (designar destino). SÓ PARA TRANSPORTE TERRESTRE; ABRANGE TODA A CARGA POR VIA TERRESTRE, FERROVIÁRIA OU FLUVIAL, INTERNA OU INTERNACIONAL

VENDEDOR                    COMPRADOR

### DISTRIBUIÇÃO DE DESPESAS

Paga todas as despesas até o ponto de embarque combinado, eventuais despesas de embalagem, vistorias, medições, pesagem e contagem; despesas com licenças de exportação ou/e demais documentos necessários à liberação da carga.

Paga todas as despesas a partir do ponto de embarque combinado, mais despesas para certificados de origem e faturas consulares, bem como todos os documentos de que necessita o comprador para trânsito em outros países ou localidades e entrada no ponto de destino.

### SEGURO DE TRANSPORTE

Correrá por conta do vendedor até o ponto de embarque, depois, às expensas do comprador.

- EXS - EX SHIP

Porto de destino convencionado.

O vendedor deverá colocar os produtos à disposição do comprador a bordo do navio no porto de destino convencionado.

## 8. A PARTIR DO NAVIO (designar porto)

**VENDEDOR**       **COMPRADOR**

### DISTRIBUIÇÃO DE DESPESAS

| | |
|---|---|
| Paga todas as despesas até o local onde se encontra o navio; todas as despesas para eventuais embalagens, para vistorias, medições, pesagem e contagem; despesas com comunicação ao comprador sobre a data provável da chegada do navio transportador. | Paga todas as despesas a partir do momento em que a mercadoria lhe foi posta à disposição e todas que se referirem à documentação que lhe comprove a origem; despesas consulares e outras do país embarcador ou de origem, e feitas pelo vendedor. Paga todas as despesas de descarga, além de todas as taxas e despesas alfandegárias, bem como todas as deduções e impostos decorrentes da descarga da mercadoria e/ou de sua entrada. |

### SEGURO DE TRANSPORTE
**POR CONTA DO VENDEDOR        POR CONTA DO COMPRADOR**

- EXQ - EX-QUAY - A QUAI

Despachado (porto convencionado)

O vendedor deverá entregar a mercadoria ao comprador no cais do porto de destino. As formalidades de despacho aduaneiro no país importador, assim como o pagamento dos direitos e taxas exigíveis são incumbência do vendedor.

## 9. A PARTIR DO CAIS COM ALFÂNDEGAS (mencionar porto)

**VENDEDOR**  **COMPRADOR**

### DISTRIBUIÇÃO DE DESPESAS

Paga as despesas para autorização de exportação, todo o transporte até o cais, inclusive despesas alfandegárias e de acondicionamento. Paga, também, todas as despesas de vistorias, controles, pesagens, medições, contagem e, além disso, todas as despesas até que a mercadoria esteja à disposição do comprador, no cais, no tempo previsto. Paga, ademais, todas as despesas com a documentação de que o comprador necessita.

Paga todas as despesas a partir do momento em que a mercadoria lhe foi posta à disposição – no tempo aprazado – no cais do porto de embarque. No caso de despacho "a partir do cais sem alfândegas", todas as despesas para a importação, incluindo impostos, despesas alfandegárias, assim como todas as outras exigidas na entrada ou para a entrada da mercadoria.

### SEGURO DE TRANSPORTE
**POR CONTA DO VENDEDOR**  **POR CONTA DO COMPRADOR**

- **C.I.P. - FREIGHT OR CARRIAGE AND INSURANCE PAID TO - FRET OU PORT PAYÉ ASSURANCE COMPRISE, JUSQU'A:**
Frete ou porte e seguro pagos até ponto de destino.
Baseia-se nos princípios do CIF, sendo que o vendedor arca com os custos de transporte e seguro até o ponto acordado entre as partes. Os riscos de perdas e avarias são transferidos no momento da entrega da mercadoria ao primeiro transportador, adaptando-se assim a qualquer tipo de transporte, inclusive o intermodal. Literalmente, a sigla significa COST INSURANCE PAID.

- **O.C.P. - FREIGHT OR CARRIAGE PAID TO - FRET OU PORT PAYÉ JUSQU'A:**
Frete ou porte pago até ponto de destinação.
Idêntico ao anterior, mas sem exigir do vendedor a contratação do seguro. Literalmente, significa DELIVERED COST PAID.

# 8. COMPROMISSO

8.1. Conceito e razão do compromisso
8.2. Características do compromisso "latu sensu"
8.3. A cláusula compromissória
8.4. O compromisso "strictu sensu"

## 8.1. Conceito e razões do compromisso

Entre as muitas e boas inovações introduzidas pelo novo Código Civil figura a inclusão do contrato de compromisso na tipologia contratual. Compromisso é o contrato pelo qual duas partes, envolvidas em conflito de interesses, pactuam resolver esse conflito utilizando método de solução por elas escolhido. Esse método recebe o nome de arbitragem. Assim sendo, se duas partes de um contrato tiverem alguma divergência no tocante à interpretação ou execução desse contrato, e não conseguem resolvê-la por si mesmas, poderão optar por duas vias:
- 1º – levar a questão à justiça pública;
- 2º – submeter o problema à solução pela arbitragem.

Por que estabelecer o contrato de compromisso para resolver alguma controvérsia na órbita jurídica se o Poder Público coloca a jurisdição ao dispor das partes? Encontraremos a resposta analisando o funcionamento do Poder Judiciário de nossos dias, como aliás de toda a administração pública, não só no Brasil mas na maioria dos países. Desde há muito a administração pública está sucateada, como também o aparelhamento judiciário. A justiça pública revela-se instrumento inadequado para a solução de litígios, por longa série de razões.

A escalada de corrupção e violência que varre esse país tem sua causa na ineficácia da justiça, que, não funcionando, propicia impunidade aos criminosos. A justiça do trabalho provoca discórdia entre empregadores e empregados, não resolvendo os problemas de relacionamento entre eles; exaspera os espíritos ao dificultar as soluções e cria mais problemas ainda. A justiça civil emperra a vida empresarial e o bem-estar comum. A justiça de família colabora no desmoronamento das mais sagradas instituições da família, como o casamento, o amor paterno e o filial, agregação familiar.

A principal deficiência do judiciário repousa na morosidade natural, caracterizadora dos processos. Os problemas jurídicos atuais, mormente os empresariais, exigem solução pronta e rápida, senão agravará o relacionamento social. A velha máxima de que "a justiça tarda mas não falha" é uma falácia: se a justiça tarda ela já é falha, ou melhor, justiça tardia é justiça inexistente.

Outro motivo da inadequação da justiça pública para a solução de problemas é a elevada contenciosidade das lides. O pretório transformou-se em arena de gladiadores em que as partes trocam agressões, excitando os ânimos e dificultando a resolução de litígios. A justa composição da lide exige ponderação, espírito crítico e conciliatório, respeito mútuo, condições não encontradas em ambiente dominado pelas paixões. Quem vai à justiça vai para brigar e esse espírito belicoso é estimulado pela natural morosidade do processo, quando não pelos próprios advogados das partes. Nossas faculdades de direito procuram preparar advogados para a luta, para a contenda e não para a conversação.

A terceira inconveniência dos processos judiciais é a observância do princípio da publicidade. O processo fica aberto a consultas e faz dele "lavagem de roupa suja em público". As empresas, por exemplo, abominam ter que revelar seus problemas internos, incidentes com terceiros. Em processo pode estar exposta alguma confidência como a fórmula de um remédio, estratégia mercadológica, lançamento de produtos, dificuldades financeiras e outros problemas cujo sigilo se impõe.

Muitos outros motivos existem mas bastariam os três retrocitados para despertar nas partes o desejo, o interesse e a necessidade de resolução alternativa de litígios. Por isso, o Código lembra a elas no art. 851: é admitido compromisso, judicial ou extrajudicial, para resolver litígios entre pessoas que possam contratar. A resolução dos litígios é por via arbitral, instituto esse regulamentado pela Lei 9.307/96.

## 8.2. Características do compromisso "latu sensu"

O compromisso é um contrato, ou seja, uma convenção entre partes. É um contrato formal, pois a lei impõe a ele certas formalidades e requisitos. É bilateral e comutativo, pois as partes assumem direitos e obrigações recíprocas, claras e previstas. Diz a lei que só pessoas capazes de contratar podem celebrar o compromisso, o que nos parece lógico, pois sendo um contrato só quem puder contratar pode celebrar o compromisso. O que o Código pretende dizer, porém, é quem só for absolutamente capaz poderá firmar o compromisso; menor de 18 poderá celebrar muitos contratos por meio de seu representante legal, mas não o de compromisso. Na regulamentação italiana, não se pode celebrar compromisso em processos em que seja exigida a presença do Ministério Público.

É vedado compromisso para solução de questões de Estado, de direito pessoal de família e de outras que não tenham caráter estritamente patrimonial (art. 852). Não é portanto qualquer direito que possa ser objeto de compromisso, mas apenas os que se refiram a dinheiro, enfim que representem patrimônio. Não é possível ser o compromisso aplicado em questões de direito público, de direito de família, em direito penal; num sentido geral, direitos que não admitem transação ou que exigem a presença do Ministério Público, como os que envolvam interesses de menores, de ausentes, de interditos. A transação é contrato previsto no novo Código Civil nos arts. 840 a 850 e sobre ela há um capítulo neste compêndio.

Para que haja compromisso é necessário que haja uma controvérsia entre duas partes a respeito de direitos patrimoniais disponíveis. Destina-se ele a dirimir essa controvérsia. Pode ser ele judicial e extrajudicial.

Há contudo um tipo especial de compromisso, denominado "cláusula compromissória", para dirimir litígio ainda não existente, mas que poderá vir a existir. Merece ela estudo mais pormenorizado por ser mais comum. Consideremos então compromisso "strictu sensu" e "latu sensu", este último mais precisamente chamado "convenção arbitral", que por sua vez se divide em cláusula compromissória e compromisso "strictu sensu". Teremos então que levar em conta as duas modalidades.

## 8.3. A cláusula compromissória

A cláusula compromissória é a convenção pela qual as partes em um contrato comprometem-se a submeter à arbitragem os litígios que possam surgir, relativamente a tal contrato. Fala-se aqui de um potencial litígio; ele ainda não existe, mas poderá surgir a qualquer momento. Esse tipo de convenção antecede ao litígio, tendo pois um caráter preventivo. A solução de uma controvérsia ficou prevista pela cláusula compromissória, constante no próprio contrato sobre o qual possa haver dúvidas futuras. Esta cláusula deve ser estipulada por escrito, podendo estar inserta no próprio contrato ou em documento apartado, que a ela se refira. Não poderá portanto haver cláusula compromissória verbal, uma vez que ela, sendo estabelecida por escrito, será a documentação da existência de um contrato.

É de natureza contratual, pois é estabelecida por contrato e só se refere a um contrato. É mais uma razão para apoiar nossas considerações iniciais, quando foi a arbitragem apontada como aplicável marcantemente na área contratual. Não existe no direito interno brasileiro cláusula contratual a não ser referente a um contrato e estabelecida de forma contratual, ainda que a lei não o declare expressamente.

Procurou precaver-se a lei brasileira quanto aos abusos que possam originar-se do contrato de adesão, tipo de contrato muito em moda hoje em dia e de crescente domínio. O contrato de adesão é o elaborado por uma das partes, estabelecendo todas as cláusulas. A proposta desse contrato é apresentada pela parte elaboradora, de posição claramente forte e predominante, à outra parte, que se vê na posição de aceitar as cláusulas em bloco ou não celebrará o contrato.

Não há doutrina muito bem definida e estável sobre essa modalidade contratual, mas o direito italiano traz normas sobre ele e aponta vários tipos dele. O contrato de adesão propriamente dito é o que se observa normalmente com as empresas públicas, em serviços sem concorrência, como os de fornecimento de água, luz e gás. Quem quiser a instalação e fornecimento de água não pode fazer orçamentos nem escolher o fornecedor; contará somente com uma empresa e a ela terá de submeter-se. Há porém uma espécie de contrato de adesão, regulado pelo Código Civil italiano e hoje muito desenvolvido em todos os países, denominado "contrato por módulos e formulários". Trata-se de um contrato em formulário já impresso, contendo todas as cláusulas, ficando em branco apenas os dados referentes à operação a ser realizada. É hoje muito adotado nas instituições financeiras. Quem deseja realizar alguma operação bancária recebe esse módulo para assinar; o gerente do banco não tem autorização para discutir e modificar as cláusulas. É um contrato de adesão, utilizado em operações de direito privado.

Nos contratos de adesão, a cláusula compromissória só terá eficácia se o aderente tomar a iniciativa de instituir a arbitragem ou concordar expressamente com a sua instituição, desde que por escrito em documento anexo ou em registro, com a assinatura ou visto especialmente para esta cláusula. Procura a lei proteger a parte mais fraca no poder de barganha, a parte a quem o contrato de adesão é ofertado. Não pode a cláusula compromissória ficar misturada e diluída entre as cláusulas do contrato, mas deve realçar-se de forma tal que a parte aderente ao contrato tenha que pensar nela de forma especial. Por esse motivo, deve ela ser firmada em documento à parte, de tal forma que o aderente deva ler antes de assinar. Se for inserta entre as demais cláusulas contratuais, poderia por exemplo, constar com *post scriptum* após a assinatura do contrato e com letras mais realçadas.

Poderão as partes indicar na convenção, além da adoção da arbitragem, também o possível órgão arbitral ou outros pormenores. Reportando-se as partes, na cláusula arbitral, às regras de algum órgão arbitral institucional ou entidade especializada, a arbitragem instituída é processada de acordo com tais regras, podendo, igualmente, as partes estabelecerem na própria cláusula, ou em outro documento, a forma convencionada para a instituição da arbitragem. Não ficou especificado na Lei de Arbitragem o que seja órgão arbitral institucional ou entidade especializada. Como entidade especializada, interpretamos as câmaras de comércio e as bolsas, que possuem serviço de arbitragem, embora de âmbito restrito. Órgão arbitral institucional, ao nosso ver, seria alguma câmara de arbitragem já organizada e instituída. No final de 1996, eram conhecidas três em São Paulo: Câmara de Mediação e Arbitragem de São Paulo, Corte Paulista de Arbitragem Empresarial, Câmara de Arbitragem da Câmara de Comércio Brasil-Canadá. É de se acreditar que várias outras surjam a partir de 1997. O regulamento de um desses órgãos, se apontado pelas partes, valerá como direito aplicável ao julgamento e ao procedimento arbitral.

É possível que a cláusula arbitral, seja vaga, indicando apenas a arbitragem como forma de solução de disputas, mas não designando como seria aplicada, ficando em aberto o órgão arbitral que se ocupará da questão, qual será o direito aplicável e pormenores vários. Não havendo acordo prévio sobre a forma de instituir a arbitragem, a parte interessada manifestará à outra parte sua intenção de dar início a arbitragem, por via postal ou por outro meio qualquer de comunicação, mediante comprovação de recebimento, convocando-a para, em dia, hora e local certos, firmar o compromisso arbitral. Não comparecendo a parte convocada ou, comparecendo, recusar-se a firmar o compromisso arbitral, poderá a outra parte propor a demanda de que trata o art. 7º da Lei da Arbitragem, perante o órgão do Poder Judiciário a que, originariamente, tocaria o julgamento da causa.

Conclui-se que a cláusula compromissória em aberto, sem indicação do órgão arbitral institucional para julgar a questão, constitui acordo gerador da obrigação de firmar outro acordo; este acordo segundo será o compromisso arbitral. Haverá, para a questão surgida, a cláusula compromissória e o compromisso arbitrar. Não é portanto obrigante a cláusula compromissória em aberto, pois a obrigação por ela estabelecida não traz sanções para seu inadimplemento e parece instituir obrigação mais de ordem moral. Todavia, se uma parte quiser discutir a questão, não poderá dirigir-se diretamente ao Poder Judiciário, pois a obrigação assumida na cláusula compromissória era a de apelar para a arbitragem. Se a outra parte não atender ao pedido de instalação do juízo arbitral, é que a parte proponente da ação irá a justiça comum.

A cláusula compromissória gerará uma "obrigação de fazer", vale dizer, de submeter-se à arbitragem. Se não cumpri-la oferecerá à outra parte o direito de exigir na justiça o cumprimento dessa obrigação. Destarte, poderá a cláusula compromissória ser substituída pelo compromisso arbitral. Existindo cláusula compromissória e havendo resistência quanto à instituição da arbitragem, poderá a parte interessada requerer a citação da outra parte para comparecer em juízo a fim de lavrar-se o compromisso, designando o juiz audiência especial para tal fim. É portanto a arbitragem requerida à Justiça, que irá reconhecê-la.

O autor indicará, com precisão, o objeto da arbitragem, instruindo o pedido com o documento que contiver a cláusula compromissória. Comparecendo as partes à audiência, o juiz tentará previamente a conciliação acerca do litígio. Não obtendo sucesso, tentará levar as partes à celebração, de comum acordo, do compromisso arbitral. Não concordando as partes sobre os termos do compromisso, decidirá o juiz, após ouvir o réu sobre seu conteúdo, na própria audiência ou no prazo de dez dias, respeitadas as disposições da cláusula compromissória.

A sentença judicial decretará um compromisso. É a simbiose entre a jurisdição pública e a jurisdição privada. A parte interessada requer à Justiça para que esta imponha a arbitragem por uma sentença. A sentença que julgar procedente o pedido valerá como compromisso arbitral. Se o autor da ação deixar de comparecer à audiência designada para a lavratura do compromisso arbitral, o juiz extinguirá o processo sem julgamento de mérito. Se for o réu que não comparecer à audiência, caberá ao juiz, ouvido o autor, estatuir a respeito do compromisso, nomeando árbitro único.

A cláusula compromissória é autônoma em relação ao contrato em que estiver inserta, de tal sorte que a nulidade deste não implica, necessariamente, a nulidade da cláusula arbitral. Parece-nos bem problemática a validade dessa disposição legal. Digamos que a nulidade do contrato seja requerida judicialmente por uma das partes e o juiz anule o contrato, deixando válida a convenção arbitral. O que irão discutir as partes no juízo arbitral? O contrato não pode ser, pois ele é nulo. Questão estranha ao contrato também não pode ser, pois a cláusula compromissória prevê a solução arbitral apenas de litígios relativos ao contrato.

Muitas dúvidas surgem igualmente do parágrafo único do art. 8º, ao dizer que caberá ao árbitro decidir de ofício, ou por provocação das partes, as questões acerca da existência, validade e eficácia da convenção de arbitragem e do contrato que contenha a cláusula arbitral. Se cabe ao árbitro decidir sobre a existência do contrato, devemos interpretar essa "existência" como um contrato não celebrado e não que seja nulo ou anulado. Por exemplo, a parte alega ter celebrado contrato verbal e não há qualquer evidência sobre a existência desse contrato. O árbitro pode considerar esse contrato como não celebrado, ou seja, não chegou a penetrar no mundo jurídico. Declarar nulo um ato jurídico perfeito será um poder que não deve ser concedido à arbitragem, em nosso parecer. Julgamos ainda inconveniente a atribuição ao árbitro de decidir de ofício, a menos que esta faculdade conste na cláusula compromissória ou no regulamento da corte arbitral que irá julgar o caso.

## 8.4. O compromisso "strictu sensu"

A outra modalidade de convenção arbitral é o compromisso arbitral. A convenção é o gênero, enquanto a cláusula compromissória e o compromisso são as espécies. A controvérsia entre as partes já existe e não há cláusula compromissória. É possível até que essa controvérsia já seja objeto de ação judicial. O compromisso é a convenção pela qual as partes submetem um litígio à arbitragem de uma ou mais pessoas, podendo ser judicial ou extrajudicial. Como se vê, a cláusula compromissória antecede à demanda, enquanto o compromisso sucede a ela. Outra diferença é que a cláusula compromissória só pode ser referente a um contrato.

O compromisso arbitral judicial ocorre quando já existe na justiça comum uma demanda judicial, mas as partes decidem retirá-la da jurisdição pública para a jurisdição privada. O compromisso arbitral judicial celebrar-se-á por termo nos autos, perante o juízo ou tribunal, onde tem curso a demanda. Interessante notar que pode ser firmado quando o processo já estiver no tribunal superior, ou seja, já conta com sentença judicial. Julgamos difícil que este último caso venha a ocorrer, pois uma das partes já conta com sentença judicial favorável e mesmo assim abrirá mão dela.

Esse compromisso será celebrado em audiência, lavrando-se termo nos autos. Acreditamos que os próprios juízes venham a propor a submissão da lide da arbitragem, como uma forma de conciliação, extingüindo o processo. Aliás, o art. 207 do Código de Processo Civil faculta ao réu, ao contestar uma ação judicial, alegar a existência de convenção arbitral, como também da cláusula compromissória, referente à questão discutida. O juiz poderá então extingüir o processo em vista de haver compromisso entre as partes para que as divergências entre elas sejam resolvidas por arbitragem. Neste caso, o compromisso arbitral extrajudicial passa a ser judicial, por ter sido reconhecido em sentença arbitral.

Resta ainda o compromisso arbitral extrajudicial que será celebrado por escrito particular, assinado por duas testemunhas, ou por instrumento público. Não exige a lei que esse compromisso conte com homologação judicial. É um documento formal, pois a lei prescreve para ele vários requisitos, mais precisamente seis. Deverá conter a qualificação das partes: nome, domicílio e documentos de identificação; se for pessoa física, deverá constar o estado civil e a profissão. Se for uma pessoa jurídica, os registros nos órgãos competentes. Constarão ainda o nome, profissão e domicílio do árbitro ou dos árbitros. Se for uma entidade, deverá ter a sua identificação. É de se realçar que a Lei fala em "entidade" à qual as partes delegarem a indicação de árbitros e não uma corte especializada da arbitragem. Digamos assim que, se as partes escolherem a associação comercial de uma cidade, esta será o árbitro.

Constará também a matéria que será objeto da arbitragem, quer dizer, o teor da demanda e o lugar em que será proferida a sentença arbitral. Há portanto exigências obrigatórias, cuja omissão poderá acarretar a nulidade da arbitragem. Seis outros requisitos poderá conter o compromisso arbitral, de alta conveniência, mas não de obrigatoriedade: 1 – local ou locais em que se desenvolverá a arbitragem; 2 – a autorização para que o árbitro ou os árbitros julguem por eqüidade, se assim for convencionado pelas partes; 3 – o prazo para a apresentação da sentença arbitral; 4 – a indicação da lei nacional ou das regras corporativas aplicáveis à arbitragem, quando assim convencionarem as partes; 5 – a declaração da responsabilidade pelo pagamento dos honorários e das despesas com a arbitragem; 6 – a fixação dos honorários do árbitro, ou dos árbitros.

É de manifesta importância o cuidado com os seis requisitos facultativos para garantir a eficiência da arbitragem. Por exemplo, se as partes não fixarem o prazo para a apresentação da sentença arbitral, digamos 30 dias, ficará submetida ao prazo legal de seis meses. Uma das vantagens da arbitragem sobre a jurisdição oficial é a celeridade, principalmente a rapidez com que deva surgir a sentença arbitral. Se as partes têm a faculdade de fixar um prazo e abrem mão dessa prerrogativa, talvez seja preferível submeter-se à justiça.

Os dois últimos requisitos convenientes, a declaração da responsabilidade pelo pagamento dos honorários e das despesas com a arbitragem e a fixação dos honorários do árbitro, ou dos árbitros, são de interesse de todos os envolvidos na arbitragem. Para as partes, ficarão elas sabendo o encargo a que se obrigarão, tendo assim dados para o planejamento de atividades e gastos. Além disso, não ficarão ao sabor de orçamentos futuros, que poderão ultrapassar as expectativas. O árbitro ou o tribunal arbitral, por sua vez, terá mais certeza no direito e mais segurança no exercício desse direito, se houver um compromisso arbitral bem pormenorizado e bem elaborado, com esses requisitos expostos de forma clara. Fixando as partes os honorários dos árbitros no compromisso arbitral, este constituirá título executivo extrajudicial; não havendo tal estipulação, o árbitro requererá ao órgão do Poder Judiciário que seria competente para julgar, originariamente, a causa que os fixe por sentença. Há, pois, maior valorização do compromisso arbitral, ao transformá-lo num título executivo, como a nota promissória, ou a letra de câmbio. Fica ele equiparado a um contrato tendo uma obrigação pecuniária, com duas testemunhas, que, no art. 585 do CPC é apontado como "título executivo extrajudicial".

Em nosso ponto de vista, o compromisso arbitral judicial também deverá conter esses requisitos. O art. 1º fala que esses requisitos deverão constar obrigatoriamente do compromisso arbitral, sem referir-se a qual tipo de compromisso arbitral está se referindo.

O compromisso arbitral pode extinguir-se de três maneiras, antes que seja executado. A primeira delas é quando, qualquer dos árbitros, antes de aceitar a nomeação, excusa-se do encargo, desde que as partes tenham declarado, expressamente, não aceitar substituto. Obedece essa extinção ao próprio princípio da arbitragem, de que o árbitro é pessoa escolhida pelas partes, por ser pessoa da confiança delas. Se um árbitro foi escolhido sem ser cogitado a sua substituição, entende-se que lhe foi atribuído um encargo *intuitu personae*. Se ele foi escolhido como árbitro e recusar o encargo, a arbitragem não pode ser instaurada. Pelos mesmos motivos vem a segunda forma de extinção: se o árbitro escolhido falecer ou ficar impossibilitado de dar seu voto, desde que as partes declarem expressamente não aceitar substituto.

A terceira razão para que se extinga o compromisso arbitral é o vencimento do prazo para a apresentação do laudo, sem que ele tenha sido proferido. Neste caso, a parte interessada deverá antes notificar o árbitro, ou o presidente do tribunal, concedendo o prazo de dez dias para a prolação da sentença.

# 9. CONCESSÃO COMERCIAL

9.1. Conceito e partes
9.2. Objeto do contrato
9.3. Natureza jurídica
9.4. Obrigações do concedente
9.5. Obrigações do concessionário
9.6. Extinção do contrato
9.7. Resolução das controvérsias contratuais
9.8. Modelo de contrato de concessão comercial

## 9.1. Conceito e partes

Este contrato realçou-se principalmente com o elevado desenvolvimento da indústria automobilística no Brasil, vindo a ser regulamentado em 1979, pela Lei 6.729/79. É fácil imaginar esse contrato ao ver as empresas vendedoras de automóveis, vendendo veículos automotores das indústrias famosas, como Volkswagen, Fiat, Ford, Renault, Peugeot. A outra parte do contrato, porém, são em grande número, espalhadas por todo o Brasil. As duas partes do contrato chamam-se concedente e concessionário.

O concedente, também chamado de montadora, produtora e fabricante, é uma empresa mercantil, a indústria automobilística produtora de veículos automotores de via terrestre. Navio e avião também são veículos automotores, mas não são de via terrestre, não estando por isso abrangidos por estas normas. Embora seja também chamada de fabricante, essa expressão é pouco considerada, uma vez que a maior parte dos componentes de um veículo não é fabricada por ela.

A produtora mais monta do que fabrica, razão por que é chamada comumente de montadora. Assim por exemplo, os pneus são fabricados por indústrias de borracha; os vidros por indústria vidraceira; as peças de plástico por indústria especializada. Malgrado seja a maioria dos componentes de um carro fabricada por outras empresas, contam com a coordenação técnica da montadora.

A concessionária, distribuidora ou revendedora, é também empresa mercantil, mas não de caráter industrial. É distribuidora, do tipo vendedora varejista, levando os produtos e serviços às mãos dos consumidores finais. Exerce a função de intermediária entre a montadora e os consumidores. Sendo empresa mercantil, está obrigada a registro na Junta Comercial. Não apenas vende produtos, mas presta serviços de revisão e manutenção dos veículos. Promove a venda de variadas formas, como por consórcio.

O contrato de concessão comercial tem conceito e características bem expressos no art. 2º da Lei 6.729/79:

> "A concessão comercial entre produtores e distribuidores de veículos automotores será ajustada em contrato que obedecerá forma escrita padronizada para cada marca e especificará produtos, área demarcada, distância mínima e quotas de veículos automotores, bem como as condi-

ções relativas a requisitos financeiros, organização administrativa e contábil, capacidade técnica, instalações, equipamentos e mão-de-obra especializada do concessionário".

Sob o critério comparativo, este contrato muito se aproxima ao contrato de agência, regulamentado nos arts. 710 a 721 do novo Código Civil. A parte deste último contrato é chamado de "agente" ou "distribuidor" e esta designação também se aplica ao concessionário. Por analogia, essas normas devem ser aplicadas ao contrato de concessão comercial.

## 9.2. Objeto do contrato

Consta de mercadorias e serviços o objeto do contrato. As mercadorias comercializadas são veículos automotores, suas peças e componentes extras. São veículos automotores de via terrestre, como automóveis, caminhões, ônibus, motocicletas, bicicletas motorizadas, "pick up", "vans", peruas, furgões.

Incluem-se ainda maquinaria agrícola motorizada, como tratores, colhedeiras, debulhadeiras, trilhadeiras. Fazem parte alguns complementos que se acoplam a esses veículos, como é o caso do arado, grade, roçadeiras e demais apetrechos destinados à atividade agropecuária. É também o caso de um "trailer" ou uma caçamba que se acoplam a um carro, geralmente para o transporte de malas, pacotes, grãos e mercadorias várias.

Além do veículo vendido como unidade, são vendidas peças de reposição desses veículos e também componentes como tapetes, almofadas, lâmpadas, óleo lubrificante, materiais de limpeza de veículos ou de embelezamento.

Há algumas exceções, embora sejam veículos automotores. É o caso de betoneiras, tratores de esteira, motoniveladoras, máquina de construção civil. Ficam fora também certos veículos automotores que não sejam, de via terrestre, como barcos, navios, aviões, helicópteros, batiscafos.

Não só mercadorias constituem os objeto do contrato. Importante é a prestação de serviços de assistência técnica aos produtos comercializados, não só pela concessionária vendedora, mas também pelas demais concessionárias da rede. Por outro lado, o proprietário do veículo vendido por uma concessionária não fica obrigado a auferir os serviços de assistência técnica pela fornecedora, mas poderá se dirigir a qualquer outra concessionária da rede, ou de oficina de "serviço autorizado". O consumidor poderá adquirir veículos e peças em qualquer concessionária da rede.

Durante determinado período, haverá a revisão gratuita dos veículos e troca de algumas peças constituindo a fase de garantia. Passada essa fase os serviços e as peças são cobradas do consumidor.

Não podem ser objeto de concessão produtos de outro fabricante, a não ser componentes extras como tapetes, cuja venda não representa concorrência para o produtor-concedente. Pode, contudo, constituir objeto de venda, veículo de outro fabricante, que houver sido recebido pela concessionária como parte do pagamento pela venda de produto seu.

## 9.3. Natureza jurídica

É de natureza mercantil, não só pelo seu objeto, mas é celebrado entre empresas mercantis. É de prestações recíprocas: o concedente cumpre determinadas prestações, recebendo em contrapartida o preço delas. Contrato com essa característica é chamado de "bilateral" pelo art. 476 do Código Civil.

Este contrato é de execução continuada ou diferida, designação dada pelo art. 478 de nosso Código; vigora ele por tempo indeterminado, com atividade empresarial caracterizada por longa série de transações. Poderá ser inicialmente celebrado por tempo determinado, não inferior a cinco anos. Antes de 180 dias do vencimento do prazo, poderá uma das partes manifestar desejo de dar fim ao contrato, devendo comunicar à outra sua intenção por escrito e devidamente comprovada. Mesmo sendo a prazo, contudo, não deixa de ser contrato de execução continuada ou diferida.

A concessão é ajustada entre a concedente e a concessionária em contrato escrito e padronizado, de tal forma que haverá alguma uniformidade do modelo adotado pelas diversas montadoras. Tem por isso algumas características do contrato de adesão.

É contrato principal, podendo haver outros dependentes e secundários. Poderá haver contrato acessório para cada marca de veículos, para promoções especiais, para algum programa de treinamento de pessoal da concessionária pela concedente. Poderão ainda integrar o contrato convenções celebradas por entidades representativas das duas categorias, ou até pelas próprias partes.

É comutativo, sinalagmático: as duas partes sabem inicialmente quais os seus deveres e direitos e acertam as medidas desses deveres e direitos. Cada uma delas pode prever seus lucros, os investimentos necessários, as responsabilidades e podem estabelecer, de comum acordo, o equilíbrio de interesses. Em conseqüência, é também contrato oneroso, envolvendo movimentação financeira. Aliás, como contrato mercantil, não poderia ser gratuito.

Tem que ser contrato equilibrado. Não pode haver diferenciação de tratamento entre concedente e concessionário quanto a encargos financeiros e quanto a prazo de obrigações que se possam equiparar. Só poderá haver exigências entre concedente e concessionário de obrigações constituídas por escrito. Igualmente, não haverá exigência de garantias acima do valor e da duração das obrigações contraídas.

**9.4. Obrigações do concedente**

A principal obrigação do concedente é o fornecimento dos veículos e outros produtos dentro da quota prevista no contrato. Ultrapassando essa quota, poderá o concedente suspender a entrega, mas só se houver motivos ponderáveis. A venda deve ser realizada pelos preços e condições fixadas, não podendo adotar protecionismo e discriminações entre os concessionários de sua rede. Se não atender a pedidos do concessionário no prazo devido, este poderá cancelar esse pedido. Se o pedido for de componentes, o concessionário poderá recorrer a outro fornecedor.

O pagamento do preço das mercadorias fornecidas pelo concedente não poderá ser exigido, no todo ou em parte, antes do faturamento, salvo ajuste diverso entre o concedente e sua rede de distribuição. Se o pagamento da mercadoria preceder à saída dela, é preciso que ela seja entregue até o sexto dia subseqüente ao pagamento.

Não poderá o concedente vender seus produtos, fazendo concorrência a seus concessionários. Surgem algumas exceções e casos especiais. Uma delas é a venda ao Governo, pois este evita comprar diretamente das concessionárias por serem muitas e poderia significar preferência por uma. Abre então concorrência para as montadoras, que são poucas. Outra exceção será a venda para o corpo diplomático, mas ocorre raras vezes. Pode vender por meio da rede, ficando a entrega a cargo dos concessionários, cabendo a eles a contraprestação pelos serviços de revisão.

O concedente deverá abster-se da prática de atos pelos quais ela vincula o concessionário a condições de subordinação econômica, jurídica e administrativa ou estabeleça interferência na gestão dos negócios. Não se considera interferência as inspeções realizadas pelo concedente.

Há casos contudo em que o concedente possa tomar iniciativa no território do concessionário; poderá ele contratar com oficina reparadora de veículos ou vendedora de componentes, a prestação de serviços de assistência ou a comercialização de componentes, dando-lhe a denominação de "serviço autorizado". Essa nomeação ocorre normalmente em cidades em que não haja concessionário. É possível até em cidades grandes, como São Paulo, Rio e outras capitais. Essas oficinas poderão fazer concertos e fornecer peças, sendo chamadas de oficinas autorizadas ou serviços autorizados.

### 9.5. Obrigações do concessionário

O concessionário terá como obrigação principal a de colocar nas mãos dos consumidores os produtos fornecidos pela concedente. É portanto um vendedor. As operações de venda, contudo, não se resumem na entrega da mercadoria e recebimento do preço. Segundo as modernas teorias da ciência da administração de empresas, vender é uma atividade ampla, abrangente e complexa. Exige organização, com planejamento, execução e controle. Antes mesmo das operações produtivas, o trabalho é precedido por pesquisa de mercado e detecção das necessidades e comportamento psicológico dos consumidores.

Importante função do concessionário é a prestação de assistência técnica aos adquirentes dos produtos, adicionando-se os vendidos por outros concessionários da rede. Todavia, só se incluem os produtos do concedente. Não pode o concessionário vender ou prestar assistência técnica a produtos de empresas concorrentes; nem trabalhar com outros produtos, como geladeiras, bicicletas, televisores.

Ficará obrigado o concessionário a vender pelo menos a quota mínima estabelecida no contrato. Poderá ultrapassar essa quota à vontade, sem limite, podendo usar o concessionário qualquer recurso lícito, como promoções, arrendamento mercantil, aceitação de outro veículo para pagamento, que poderia ser até veículo de outro fabricante.

Os equipamentos, as instalações e demais dependências do concessionário são montados e conservados por ele, mas com orientação e autorização do concedente. É um tipo de assistência técnica prestada pelo concedente, que o concessionário deve acatar. Também deverá o concessionário manter em suas instalações o emblema e demais indicações de que seja um "revendedor autorizado" do concedente.

Obrigação importante do concessionário é manter estoque de veículos e componentes de sua distribuição. O concedente poderá exigir do concessionário a manutenção de estoque proporcional à rotatividade de produtos novos, objeto da concessão e adequado à natureza dos clientes do estabelecimento. Esse estoque deverá sofrer inspeção constante da assessoria técnica do concedente.

Trata-se de estoque mínimo, facultando-se ao concessionário limitá-lo, como por exemplo, 65% da atribuição mensal das respectivas quotas anuais para veículos automotores, 30% para caminhões, 4% para tratores. Quanto aos componentes, até o preço das peças compradas nos últimos três meses.

Num sentido geral, as obrigações básicas encontram-se expressas no § 2º do art. 5º da Lei 6.729/79:

> "O comissário obriga-se à comercialização de veículos automotores, implementos, componentes e máquinas agrícolas, de via terrestre, e à prestação de serviços inerentes aos mesmos, nas condições estabelecidas no contrato de concessão comercial, sendo-lhe defesa a prática dessas atividades, diretamente ou por intermédio de prepostos, fora de sua área demarcada".

A área demarcada para a concessão é área operacional do concessionário e este não poderá vender fora dela. Por outro lado, sua área não poderá ser reduzida, devendo haver distâncias mínimas entre concessionários da mesma rede, fixadas segundo critérios de potencial do mercado.

O concessionário poderá vender apenas ao consumidor os veículos novos, não a atacado, ou seja, para os veículos serem revendidos. Todavia, poderá fazer operações com outros concessionários da rede, desde que não ultrapasse a 15% da quota quanto a caminhões e 10% quanto aos demais veículos.

A concessão compreende ainda o resguardo da integridade da marca e dos interesses coletivos do concedente e da rede de distribuição. Deverá o concessionário utilizar a logomarca do concedente, embora gratuitamente, sem pagamento de "royalties".

### 9.6. Extinção do contrato

Como todo contrato e como tudo que é terreno, o contrato de concessão comercial um dia terá seu final. E nem é possível que seja eterno, pois a sociedade e a economia estão sempre em contínuas mutações e o direito amolda-se à realidade do momento. Conveniente se torna esclarecer o sentido de certos termos ligados ao desfazimento do contrato mas outros termos, como a resolução e a resilição aplicam-se muitas vezes à forma de rompimento contratual.

A rescisão opera-se quando houver quebra do contrato, ou seja, se uma das partes praticar lesão aos compromissos contratuais. Uma parte dá motivo à outra para romper o contrato. É o final mais tumultuado de se findar um contrato, pois a causa do rompimento está dentro dele e não em fatores externos.

Falando sobre as possibilidades de rescisão do contrato de concessão comercial, ela irá acontecer se uma das partes, ou o concedente ou o concessionário, praticar alguma lesão, algum descumprimento das cláusulas contratuais. Em casos desse porte, a parte faltosa poderá ficar sujeita a multa, reparação de danos e sanções variadas.

Digamos que o concedente descumpra o contrato, deixe de fornecer os produtos, aumente de forma abusiva os preços, restringe a área de ação do concessionário. Dá causa assim a pedido de rescisão do contrato pelo concessionário. Dá-se então a rescisão. Em tal caso, o art. 24 da Lei 6.729/79 obriga o concedente a adquirir de volta o estoque de veículos, implementos e componentes novos, pelo preço de venda ao consumidor, vigente na data da rescisão do contrato.

Mais ainda, deverá comprar-lhe os equipamentos, máquinas, ferramental e instalações destinadas à concessão, pelo preço de mercado correspondente ao estado em que se encontrarem e cuja aquisição o concedente determinara ou dela tivera ciência por escrito sem lhe fazer oposição imediata e documentada, excluídos desta obrigação os imóveis do concessionário. Assim sendo, o concessionário recuperaria o dinheiro que foi obrigado a investir nas instalações necessárias aos serviços que era obrigado a prestar ao concedente. Será necessário esclarecer que as instalações, os equipamentos, tipo de mobiliário e decoração, em sua maior parte são adquiridos pelo concessionário por orientação do concedente.

Haverá obrigação de o concedente indenizar o concessionário pelo trabalho por este exercido, arcando com perdas e danos sofridos. Essa indenização é calculada à razão de 4% do faturamento projetado para um período correspondente à soma de uma parte fixa de 18 meses. Haverá também uma parte variável de três meses por qüinqüênio de vigência da concessão, devendo a projeção tomar por base o valor corrigido monetariamente do faturamento de bens e serviços concernentes à concessão, que o concessionário tiver realizado nos dois anos anteriores à rescisão.

Esses cálculos são considerados para a rescisão (por culpa do concedente) de contrato estabelecido por tempo indeterminado, ou seja, sem prazo; ou então, o contrato tivesse prazo, mas este já se tinha escoado, transformando-se destarte em contrato por tempo indeterminado.

Digamos, todavia, que o contrato tivesse sido celebrado com prazo de sete anos e após três anos o concedente tenha provocado o rompimento. Neste caso, as obrigações do concedente são as mesmas da situação retrodescrita, mas as bases do cálculo serão diferentes: a indenização será calculada sobre o faturamento projetado até o término do contrato. Será diferente o critério se o contrato foi rompido um ano após sua celebração, isto é, só com um ano de vigência. Neste caso, o cálculo da indenização de 4% será sobre o faturamento realizado nesse ano de vigência do contrato.

As bases até agora consideradas são as legais: as previstas pela lei. É possível, entretanto, que o contrato contenha cláusulas livremente pactuadas entre as partes, prevendo outras indenizações. Se assim for, além da reparação legal de perdas e danos, serão consideradas as cláusulas voluntárias.

Examinemos agora o caso contrário: o rompimento do contrato por culpa do concessionário; quando este tiver desobedecido as normas contratuais. Caberá a ele indenizar o concedente com 5% do valor total das mercadorias que tiver adquirido do concedente nos quatro últimos meses de contrato. A mercadoria em estoque poderá ser vendida pelo concessionário.

Houvéramos falado em três formas de extinção de contrato, mais precisamente rescisão, resilição e resolução. Após discorrermos sobre a rescisão, examinaremos a resilição e a resolução do contrato, formas essas de extinção do contrato sem que tenha havido provocação de uma das partes. A resilição ocorre se as duas partes julgarem conveniente dar fim ao contrato, visto não haver mais interesse na manutenção de um acordo que não vem trazendo vantagens. Não há conflito entre elas, mas convergência de opiniões. A causa está no íntimo de cada parte. Se a resilição do contrato ocorreu por consenso entre concedente e concessionário, prevalecerá o que eles acordarem, desde que não vise a prejudicar terceiros ou contravenha à lei.

A resolução de um contrato também ocorre sem que uma das partes o cause, mas é causa proveniente de fatores externos, ou previstos no próprio contrato, ou quando o contrato não tenha mais objeto. É o exemplo da compra de sanduíche; o comprador recebe o sanduíche e o paga. O comprador comprou e pagou a coisa; o vendedor vendeu e recebeu o preço. O contrato se perfez; não há mais contrato, pois as duas partes cumpriram a prestação que lhes cabia.

Embora a lei faça confusão sobre o sentido das três formas de desfazimento do contrato de concessão comercial, os arts. 22 e 23 apontam algumas formas de resolução, numa lista mais exemplificativa do que enumerativa. Uma das formas é o motivo de força maior, que alguns chamam de caso fortuito. Tomemos por exemplo: surge uma lei proibindo a fabricação de carro movido a álcool; só será permitido a gasolina. O fabricante (concedente) só fabricava carros a álcool e não tem condições de modificar seu equipamento industrial e se vê obrigado a suspender a produção. É um motivo de força maior, dando azo a uma das partes para pedir a resolução do contrato.

Outra possibilidade: o contrato foi celebrado ao prazo de dez anos; vencido esse prazo, nenhuma das partes pediu a prorrogação. O contrato está resolvido; está desfeito. Surge, entretanto, uma hipótese especial. O contrato foi celebrado por prazo superior a cinco anos; caberá a qualquer das partes pedir a prorrogação antes de 180 dias do vencimento do prazo. Se ninguém pedir a prorrogação, o contrato estará resolvido. Porém, se o concessionário pedir a prorrogação e o concedente não a conceder, o contrato estará resolvido, mas o concedente fica na posição de culpado. Terá então, que readquirir o estoque de veículos e componentes novos e os equipamentos e instalações do concessionário, como se tivesse o cedente provocado o rompimento do contrato.

Não estará, porém o concedente obrigado à indenização de 4%, prevista no caso de ele provocar o rompimento. Ficará também desobrigado de qualquer indenização o concessionário, se constar no contrato que lhe cabe a iniciativa de não prorrogá-lo.

Os valores a serem pagos como indenização devem ser pagos com 60 dias do dia da extinção do contrato de concessão comercial. Se não forem pagos nesse prazo ficarão sujeitos a juros e correção monetária, a partir do vencimento do débito.

## 9.7. Resolução das controvérsias contratuais

Disposição bastante avançada e de extraordinário alcance foi prevista no inciso III do art. 18. A resolução de possíveis divergências entre concedente e concessionário poderão ser resolvidas por arbitragem, em vez de serem levadas ao Poder Judiciário. A arbitragem é um sistema alternativo de resolução de conflitos jurídicos, principalmente de natureza contratual. Consta de uma convenção entre as partes, pela qual elas escolhem uma pessoa privada como juiz ou constituem um tribunal para julgar algum dilema estabelecido entre elas.

A arbitragem está regulamentada pela Lei 9.307/96 e está-se implantando em todo o Brasil, como já se implantara com vigor nos Estados Unidos da América, Canadá, Japão, na antiga URSS e muitos outros países. Nesses países, a aplicação da arbitragem suplantou a aplicação da justiça pública. No Brasil, o sistema já havia em nossa lei, mas necessitada de melhor regulamentação. Fez parte das prioridades do Instituto Brasileiro de Direito Comercial "Visconde de Cairu", como forma alternativa de resolução de litígios na órbita empresarial, culminando com o surgimento da Lei 9.307/96.

Após a Lei 9.307/96, também chamada de Lei da Arbitragem ou Lei Marco Maciel, por ter sido da iniciativa do vice-presidente da República, a arbitragem tem sido divulgada e implantada no Brasil pela Associação Brasileira de Arbitragem-ABAR. O sucesso dessa fórmula de resolução de litígios é assegurado pelos motivos que asseguraram a efetividade do sistema em outros países. É um sistema de rápido funcionamento, ante a morosidade da justiça comum; podem as partes impor o prazo para que a justiça arbitral se exerça.

Outra vantagem é a confidencialidade. O processo arbitral não tem a mínima publicidade e ninguém pode examiná-lo a não ser as próprias partes e seus advogados. A sentença arbitral é feita em duas vias, uma para cada parte, e os documentos são devolvidos a elas, não sobrando documentação reveladora da existência do litígio.

Os componentes da justiça arbitral são escolhidos pelas partes, não podendo elas queixarem-se da atuação deles. O direito que irá fulcrar o julgamento pode ser escolhido também pelas partes, de tal maneira que será o direito mais adequado à questão. Essa vantagem revela-se especialmente no caso específico do contrato de concessão comercial. É possível formar-se um tribunal destinado a dirimir pendências entre o concedente e o concessionário, formado por juízes arbitrais especialmente preparados para esse tipo de relações jurídicas. Podem esses árbitros acumular experiência precisa no trato dos problemas emergentes da concessão comercial e desenvolverem sensibilidade própria para eles.

Muito importante é a baixa contenciosidade do sistema arbitral. A resolução do litígio processa-se de forma a evitar atritos entre as partes e a permanência de mágoas que dificultem o relacionamento entre elas. No caso específico do concedente e concessionário, são empresas do mesmo segmento de mercado e cedo ou tarde voltarão a encontrar-se. Não é conveniente a elas a existência de mágoa e inimizade, que não se justificam na área empresarial, principalmente no mundo moderno.

**9.8. Modelo de contrato de concessão comercial**

CONTRATO DE CONCESSÃO COMERCIAL

INDÚSTRIA AUTOMOBILÍSTICA DALLAS S/A, empresa mercantil, com sede em São Paulo, à Rodovia Anchieta, km. 10, inscrita no CGC sob o nº. 23.004.205/0001/50, Inscrição Estadual 299.432.125, doravante denominada CONCEDENTE,

DISTRIBUIDORA AUTOMOTORA SALLES S/A, empresa mercantil com sede na Av. Água Branca, 230 – São Paulo-SP, inscrita no CGC sob o nº. 41.284.908/0003/25, Inscrição Estadual 303.123.234, doravante denominada CESSIONÁRIA,

Têm entre si celebrado o Contrato de Concessão Comercial, com as cláusulas seguintes:

OBJETO DO CONTRATO:

1. A Concedente concede ao Concessionário o direito de revender automóveis e peças de reposição da marca DALLAS e prestar assistência técnica aos veículos de sua fabricação, com as obrigações daí decorrentes.
2. Todos os negócios resultantes dessa concessão serão realizados pelo concessionário em seu nome, por sua conta e sob a exclusiva responsabilidade, sem direito de representação da Concedente.

## OBRIGAÇÕES DA CONCEDENTE:

1. A Concedente prestará ao Concessionário orientação técnica, administrativa e contábil destinada à organização e adequado funcionamento de sua empresa.

2. Por meio de seus departamentos especializados, dará a Concedente assistência ao Concessionário nos trabalhos necessários à instalação da revenda, no que tange à aquisição do terreno, elaboração de plantas e execução de suas obras.

3. O concessionário será orientado sob a forma de utilizar com o máximo de eficiência todas as suas instalações.

4. Ao pessoal técnico e administrativo do concessionário serão ministrados cursos e seminários visando ao seu treinamento nas tarefas de que são incumbidos.

5. Serão fornecidos também ao Concessionário programas e recursos materiais destinados à formação de aprendizes e ao treinamento, pelo próprio Concessionário, de seu pessoal produtivo ou administrativo.

6. Todos os formulários, catálogos de peças e listas de preços do Concessionário serão fornecidos pela Concedente.

7. O Concessionário poderá adquirir também da Concedente a literatura técnica atualizada necessária ao desempenho de suas atividades, assim como letreiros luminosos para seu estabelecimento.

8. Receberá o Concessionário instruções técnicas em geral, relativas aos produtos da marca DALLAS e a aquisição de equipamentos, ferramentas especiais e de medição e ferramental de construção própria.

9. Receberá mais o Concessionário orientação sobre a organização e funcionamento de seu comércio de veículos usados.

10. Ao Concessionário serão também fornecidos planos de desenvolvimento de dados estatísticos da revenda, a fim de poder apreciar o grau de sua eficiência no contexto dos demais concessionários.

11. Serão ainda fornecidos ao Concessionário dados sobre a pesquisa do mercado, racionalização do trabalho e aperfeiçoamento de métodos de trabalho.

12. A Concedente fornecerá ao Concessionário o material necessário à promoção de vendas e orientará e acompanhará suas campanhas promocionais, participando de suas despesas de propaganda.

13. O Concessionário se beneficiará ainda com a promoção de vendas que a Concedente realizar no âmbito nacional.

14. Representantes e auditores da Concedente visitarão periodicamente o Concessionário com o objetivo de verificar o curso de seus negócios e fornecer-lhe orientação para o aprimoramento de suas atividades.

15. A Concedente garantirá seus produtos mediante o reembolso ao Concessionário das despesas de mão-de-obra e peças substituídas em veículos com menos de 10.000 km. rodados e menos de seis meses de uso, em conseqüência de defeitos de fabricação, montagem e funcionamento.

16. Reembolsará também a Concedente o Concessionário pelas despesas com material e mão-de-obra relativas à substituição de peças com menos de seis meses de uso por defeito de fabricação, montagem e funcionamento.

17. Em circunstâncias especiais, independente de quilometragem e prazo, poderá a Concedente efetuar, a seu critério, o reembolso das despesas referidas nos dois itens anteriores.

18. Ao Concessionário é assegurado manter linha de crédito para o funcionamento de suas vendas, no Banco Dallas S/A, dentro das possibilidades.

## OBRIGAÇÕES DO CONCESSIONÁRIO

1. A aquisição de veículos da marca DALLAS será feita pelo Concessionário de acordo com pedidos mensais, ao preço estipulado pelo Concedente.

2. A aquisição de material de assistência técnica, peças de reposição ou peças originais recondicionadas será feita conforme instruções da Concedente.

3. O Concessionário promoverá os interesses da Concedente por meio de propaganda de seus produtos, de acordo com a orientação técnica que lhe for fornecida.

4. O Concessionário acrescentará à sua denominação comercial "Revendedor Autorizado da Marca Dallas", sendo-lhe vedado usar marcas e insígnias da Concedente nos registros de seu estabelecimento.

5. As dependências destinadas a vendas, exposição, oficina e depósito de peças de reposição do Concessionário serão equipadas e conservadas de acordo com as orientações do Concedente e identificadas pela colocação em locais bem visíveis dos caracteres distintivos e marcas do Concedente.

6. As oficinas de conserto do Concessionário serão equipadas com ferramentas especiais adequadas, convenientemente mantidas.

7. O Concessionário seguirá as orientações do Concedente relativas às "Normas de Trabalho", estoque e vendas de veículos novos e usados, organização contábil, estoque e venda de peças de reposição, assistência técnica, promoção de vendas e treinamento de pessoal.

8. A assistência técnica prestada pelo Concessionário aos proprietários de veículos da marca DALLAS atenderá aos padrões normais de rapidez e eficiência, observados os limites estabelecidos pelo Código de Operações de Serviços Gerais.

9. O Concessionário manterá atendimento público em todas as suas instalações durante o horário normal de comércio em sua zona e, quando

conveniente e possível, cumprirá plantão de atendimento fora do horário comercial e prestará assistência técnica volante nas vias públicas.

10. No estabelecimento do Concessionário haverá tabela de preços de veículos exposta em lugar bem visível, da qual constará também a parcela correspondente ao frete e seguro de transporte.

11. Será sempre respeitada a originalidade essencial dos produtos da marca DALLAS, sendo defeso modificá-los, alterá-los ou de qualquer forma contribuir para que isso seja feito.

12. O Concessionário zelará pelas marcas, insígnias, sinais, expressões ou sinais de propaganda ou privilégios industriais da Concedente, usando-os apenas com autorização e sob orientação da Concedente, não usando quaisquer outros que possam causar confusão com eles e notificando o Concedente de qualquer utilização indevida em sua zona.

13. Os balanços mensais do Concessionário, firmados por seus dirigentes e por contador legalmente habilitado serão conservados em sigilo e servirão à Concedente como material de estudo destinado à orientação do próprio Concessionário.

ZONA DE REVENDA:

1. Considera-se zona de revenda, no mínimo, o Município do estabelecimento do Concessionário.

2. A extensão da zona de revenda e prestação de assistência técnica será determinada em documento anexo a este contrato e poderá ser modificada a critério da Concedente mediante comunicação prévia.

3. Reserva-se a Concedente a faculdade de fazer outras concessões a terceiros, iguais ou semelhantes à presente, dentro da mesma zona, assegurado aos concessionários já estabelecidos direito a se habilitarem à nova concessão.

4. O Concessionário não fará transações com revendedores não autorizados, nem venderá produtos da marca DALLAS fora de sua zona, para fora do país ou para fins de exportação.

FORNECIMENTOS DIRETOS:

1. Reserva-se o Concedente o direito de vender diretamente seus produtos:
– ao patrimônio da União, Estado, Município, inclusive autarquias e sociedade de economia mista;
– às representações diplomáticas;
– às indústrias congêneres;
– aos seus empregados ou a empregados de empresas nas quais tenha participação ou interesse;
– às autoridades públicas;
– aos frotistas;
– às instituições de fins filantrópicos e/ou assistenciais;
– às cooperativas ou reembolsáveis das Forças Armadas;
– às organizações internacionais;
– aos jornalistas;
– às pessoas físicas ou jurídicas que ao seu critério mereçam esse tratamento.

2. Nas hipóteses do item anterior, será assegurada ao Concessionário a participação habitual na venda, salvo situações especiais, a juízo da Concedente.

DA EXCLUSIVIDADE:

1. Não pode o Concessionário participar de qualquer atividade que possa implicar a promoção ou comercialização de produtos similares ou concorrentes dos produtos DALLAS.

2. Esta proibição não impede o comércio de veículos usados, recebidos em pagamento de carros da marca DALLAS.

ENCOMENDA DE PRODUTOS:

1. As encomendas do concessionário, no que se refere à quantidade e época, estarão em conformidade com o plano anual de fornecimentos firmado entre ele e o Concedente.

2. Ao Concedente caberá a faculdade de confirmar os pedidos e atendê-los levando em conta sua capacidade de produção e a de absorção momentânea da zona de venda.

GARANTIA:

1. O Concessionário prestará assistência técnica gratuita a veículos da marca DALLAS, nos prazos e condições estipulados na garantia de fábrica.

2. Os serviços prestados pelo Concessionário aos clientes da marca DALLAS serão por ele garantidos nos mesmos prazos e condições do Concedente, ficando obrigado a refazê-los quando necessário ou a ressarcir as despesas repetidas em outro Concessionário, quando efetuados fora de sua zona, sob aprovação do Concedente.

3. As despesas da assistência técnica prestada pelo Concessionário a veículos com garantia de fábrica serão reembolsadas pelo Concedente de acordo com tabelas específicas.

PREÇOS:

1. Todos os preços de veículos, peças de reposição e serviços serão tabelados pela Concedente e alteráveis independentemente de prévia notificação.

2. Os produtos adquiridos pelo Concessionário à Concedente serão pagos à vista, ao preço do faturamento.

3. As revendas ao consumidor serão feitas de acordo com a tabela fornecida pelo Concedente, inclusive no que se refere a frete e seguro de transporte.

BENS EM COMODATO:

1. Para o bom desempenho de suas obrigações poderá o Concessionário receber em comodato da Concedente objetos como ferramental e material de vendas.

2. O Concessionário deverá usar e conservar os objetos que lhe foram confiados na forma determinada pelo Concedente, restituindo-os, em perfeito estado, quando exigidos, sob pena de responder pelo aluguel que vier a ser por esta arbitrado, durante a mora, na qual ficará constituído desde logo, independentemente de qualquer notificação, interpelação ou protesto, até sua entrega ou conserto.

3. O Concessionário depositará na Concedente, em garantia do objeto comodato, valor correspondente a seu preço de compra.

4. É vedado ao Concessionário transferir a terceiros posse e uso dos objetos comodatos ou dá-los em qualquer forma de garantia.

5. O Concessionário dará imediato conhecimento ao Concedente de qualquer dano verificado nos objetos comodatos, com ou sem culpa sua.

6. A Concedente poderá segurar os objetos comodatos, correndo à conta do Concessionário as despesas deste seguro.

DISPOSIÇÕES GERAIS:

1. Os equipamentos necessários ao cumprimento das obrigações do Concessionário, não fornecidos pelo Concedente, serão adquiridos por este sob prévio exame e recomendação do Concedente.

2. Os direitos decorrentes deste contrato somente poderão ser transferidos com prévio assentimento escrito do Concedente.

3. Estas disposições serão alteráveis mediante documento escrito firmado pelas partes, não importando em qualquer forma de modificação a eventual tolerância do Concedente a seu parcial inadimplemento.

4. Eventuais prejuízos decorrentes do transporte de produtos da marca DALLAS, bem como despesas de seguro, correm à conta do Con-

cessionário, devendo, todavia, o Concedente contratar o transporte e o seguro.

5. Não se responsabiliza o Concedente pelas dívidas do Concessionário, ainda que decorrentes deste contrato.

6. O presente contrato, que regulará totalmente as relações com seus signatários, entrará em vigor na data de sua assinatura e cessará em ............... Será, todavia, prorrogável por sucessivos períodos de um ano, mediante manifestação escrita das partes.

7. Rescinde-se, entretanto, a qualquer tempo, o contrato, independentemente de notificação, por infração de qualquer uma de suas cláusulas ou nas seguintes hipóteses:

A – se for decretada falência ou deferida concordata do Concessionário;
B – se o Concessionário entrar em processo de liquidação judicial ou extrajudicial;
C – se houver qualquer modificação nos dados constantes do anexo deste contrato, sem prévia aprovação do Concedente;
D – se qualquer de seus diretores vier a participar da direção de outra empresa concorrente.

8. Rescindido o contrato, será lançado o débito do Concessionário, para compensação com eventuais saldos credores, o valor das revisões gratuitas ainda não realizadas em veículos por ele vendidos.

9. Fica eleito, com exclusão de qualquer outro, o foro da Capital de São Paulo, para dirimir qualquer demanda ou indiretamente resultante deste contrato.

10. Quando a controvérsia se tratar de direitos patrimoniais disponíveis, as partes deverão submeter a controvérsia à arbitragem, ficando encarregada a Associação Brasileira de Arbitragem-ABAR de solucionar o problema.

Estando assim justos e contratados, celebram as partes o presente Contrato de Concessão Comercial, em três vias, devendo ficar uma com cada parte, assinadas por ambas as partes e na presença das duas testemunhas abaixo assinadas.

São Paulo, 1 de março de 2003

Indústria Automobilística Dallas S/A    Distribuidora Automotora Salles S/A

Testemunhas:

Nome: Gilmar Sampaio
Endereço: Rua Apa, 32


Nome: Cesar Gomide
Endereço: Rua Isa, 22

# 10. CONSTITUIÇÃO DE RENDA

10.1. Conceito e caracteres
10.2. Figuras intervenientes
10.3. Formas de constituição

## 10.1. Conceito e caracteres

A constituição de renda é o contrato pelo qual uma pessoa entrega certo capital a outra para que lhe pague uma renda ou prestação periódica. Pode ser a título gratuito ou oneroso. Hoje, o contrato de constituição de renda é quase sempre contrato bancário.

Os conglomerados financeiros montaram vários tipos de constituição de renda, cuja renda é superior à da poupança, razão por que tem atraído a preferência dos investidores. O capital entregue nesses contratos bancários é sempre em dinheiro.

É contrato real pois implica a tradição dos bens ao rendeiro. Os bens dados em compensação da renda caem, desde a tradição, no domínio da pessoa que se obrigou a pagar a renda. Por isso, a constituição de renda é um contrato real; perfaz-se com a entrega do capital do instituidor ao rendeiro. Se o rendeiro se obriga a pagar a renda ao instituidor ou a quem ele indicar, é natural que ele tenha sua compensação. Essa compensação é o patrimônio que ele recebe. O rendeiro portanto assumirá os riscos do capital de que se tornou proprietário.

A renda constituída por título gratuito pode, por ato do instituidor, ficar isenta de todas as execuções pendentes e futuras. A isenção prevista no Código, no art. 813, prevalece de pleno direito em favor dos montepios e pensões alimentícias. A impenhorabilidade é, portanto, cláusula só admitida na constituição a título gratuito em favor de terceiro. Se for a título oneroso e tendo o instituidor como beneficiário seria cláusula fraudulenta, pois o instituidor arrumou um jeito de subtrair seus bens a execução por suas dívidas.

O credor, seja o instituidor ou o beneficiário, adquire o direito à renda, dia a dia, se a prestação não houver de ser paga adiantada, no começo de cada um dos períodos prefixos (art. 811). Esse direito surge com a tradição dos bens ao devedor (o censuário). Se o censuário (ou rendeiro) deixar de cumprir a obrigação estipulada, poderá o credor da renda acioná-lo para que lhe pague as prestações atrasadas. Poderá ainda exigir garantias das prestações futuras. Se não houver o adimplemento ou as garantias, poderá o beneficiário ou o instituidor pedir a rescisão do contrato.

## 10.2. Figuras intervenientes

Quem entrega o capital é chamado instituidor ou credor e quem recebe é o rendeiro, ou censuário. Às vezes, há três pessoas envolvidas no contrato de constituição de renda, como ocorre nesta hipótese: Ulpiano entrega a Papiniano o capital constituído de bens móveis e imóveis, que se obriga a satisfazer as prestações a favor de Modestino. Nesse caso, Modestino é o beneficiário e para ele o contrato é gratuito, porquanto não está sujeito a nenhuma prestação: ele é o credor. Ulpiano é o instituidor; para ele o contrato é oneroso, visto que, desfalcou o seu patrimônio. Papiniano é o rendeiro, o devedor, uma vez que se obrigou a pagar a renda a Modestino. Para ele o contrato é oneroso.

Papiniano assume obrigação séria, mas os bens dados em compensação da renda, desde a tradição, passam a ser de sua propriedade. Sendo o contrato a título oneroso, pode o credor, ao contratar, exigir que o rendeiro lhe preste garantia real ou fidejussória (art. 805). No exemplo retrocitado, Papiniano deve atender a essa exigência, uma vez que foi beneficiado ao receber o capital entregue por Ulpiano.

É possível instituir renda a vários beneficiários. Quando a renda for constituída em benefício de duas ou mais pessoas, sem determinação da parte de cada uma, entende-se que os seus direitos são iguais; e, salvo estipulação diversa, não adquirirão os sobrevivos direito à parte dos que morreram. Pode ser determinada a parte de cada um, mas, se não tiver sido determinada, entende-se que sejam iguais. Se algum morreu, os outros não serão herdeiros da parte de quem morreu.

### 10.3. Formas de constituição

A renda pode ser constituída por ato "inter vivos" e nesse caso é um contrato. Pode também ser constituída por testamento, assemelhando-se mais ao legado; neste caso seu estudo pertence ao campo do Direito das Sucessões.

O contrato de constituição de renda requer escritura pública (art. 807). É portanto contrato formal, solene.

É feito a prazo certo, ou por vida, podendo ultrapassar a vida do devedor, mas não a do credor, seja ele o contratante, seja terceiro. Se o beneficiário morre extingue-se o contrato, pois não tem mais ele necessidade da renda. Quanto ao devedor, ou seja, ao rendeiro, será possível passar-se a obrigação aos herdeiros, desde que haja cláusula nesse sentido. Sendo por toda a vida do beneficiário ou a por prazo certo é sempre por tempo previsto.

É nula a constituição de renda a pessoa já falecida, ou que, nos trinta dias seguintes, vier a falecer de moléstia que já sofria, quando foi celebrado o contrato (art. 808). Se, como foi dito, a morte do beneficiário extingue o contrato, com maior razão será nula a constituição de renda a pessoa já falecida; não há objeto para o contrato. Não pode haver benefício sem beneficiário. Que necessidade de dinheiro terá o falecido?

Será nulo o contrato também se o beneficiário vier a falecer nos trinta dias após a constituição, ou seja, antes que se vença o prazo de um mês para o pagamento da renda. Sendo nulo, o rendeiro não precisará pagar a renda. Se falecer após os trinta dias, o rendeiro deverá pagar a renda desse período, pois o contrato não é nulo; o contrato teve validade desde o momento da celebração do contrato até a morte do beneficiário.

# 11. CONTRATO DE CONTA CORRENTE

11.1. Noção de conta corrente
11.2. Caracteres do contrato
11.3. Penhora da conta corrente
11.4. Encerramento da conta

## 11.1. Noção de conta corrente

Esse contrato não está previsto na nossa lei, sendo pois atípico. Entretanto, é bastante aplicado em suas numerosas variações. A principal delas é a conta corrente bancária. Por um contrato celebrado com um banco, um cliente mantém uma conta corrente, na qual faz depósitos que são lançados a seu crédito. Em compensação, saca cheques que são lançados a seu débito. O saldo vai variando, quase sempre credor para o cliente mas é possível que se torne devedor. Quando for extinto o contrato de conta corrente, o cliente credor do saldo saca o dinheiro e se for ele devedor pagará o saldo ao banco. Contudo, o contrato de conta corrente que iremos examinar é um tanto diferente: é o celebrado entre duas empresas. Não é regulamentado pela nossa lei, embora seja bem antigo e bem anterior aos nossos códigos. Tomaremos então por base a regulamentação dada a esse contrato pelo Código Civil italiano, nos arts. 1.823 a 1.833 e no Projeto do Código Civil brasileiro.

Segundo o art. 1.823 do Código Civil italiano, a conta corrente é o contrato pelo qual as partes se obrigam a anotar em uma conta os créditos derivados de remessas recíprocas, considerando-os inexigíveis e indisponíveis até o fechamento da conta. O saldo da conta é exigível no vencimento estabelecido. Se não for exigido o pagamento do saldo pelo credor, fica esse saldo considerado como a primeira remessa de uma nova conta corrente, e o contrato se tem como renovado por tempo indeterminado. Vê-se, pela própria definição, que o objeto do contrato de conta corrente é uma concessão recíproca de crédito. Com a liquidação da C/C pela diferença, ou seja, pelo saldo, eliminam-se repetidas e freqüentes diferenças de dinheiro nos dois sentidos com a vantagem de poder liquidar um débito no momento que as partes estabelecerem.

Conforme foi dito, na C/C as partes lançam créditos derivados de remessas recíprocas. Remessa é o ato do qual deriva o crédito a ser anotado na S/A. Esse ato pode ser uma compra e venda, um adiantamento ou de qualquer outra natureza, desde que seja um crédito pecuniário. O termo remessa é utilizado no sentido figurado e não literal. A remessa é facultativa, uma vez que nenhum correntista é obrigado a fazer remessas ao outro; elas são feitas por efeito do contrato de C/C. Realiza-se a compensação dos créditos recíprocos.

## 11.2. Caracteres do contrato

O contrato de conta corrente é consensual, por se aperfeiçoar com o consenso das duas partes. Às vezes há a tradição de dinheiro, mas é possível que não ocorra essa tradição, mas apenas o lançamento de créditos e débitos. É não solene, informal, podendo provar-se por todos os meios de prova em direito permitidos. Importa distinguir a prova do contrato da prova das remessas, embora esta última possa provar também o contrato. É contrato de prestações recíprocas; essa reciprocidade é tão marcante e eqüitativa, que ambas as partes têm o mesmo nome: correntista. É de prestação continuada, com ou sem prazo de vencimento. Tratando-se de C/C de natureza empresarial, é oneroso e sobre os saldos decorrem juros, estabelecidos no contrato ou por índices oficiais.

### 11.3. Penhora da conta corrente

O saldo de uma C/C é um crédito, um bem que poderá garantir os compromissos do titular dos direitos creditórios. Assim sendo, o credor de um dos correntistas poderá requerer a penhora de seu saldo credor na C/C, devendo ser intimado da penhora o correntista devedor. Este último não poderá lançar créditos seus a débito do saldo penhorado. Qualquer dos correntistas poderá pedir a rescisão do contrato, caso haja penhora ou seqüestro do saldo. Poderão, entretanto, as mesmas partes abrirem nova C/C.

### 11.4. Encerramento da conta

O encerramento da conta dá-se no vencimento do contrato, ou então no encerramento do balanço anual de ambos os correntistas. O saldo é apurado e deve ser pago pelo correntista devedor, ou então entra em seu débito, na abertura de nova C/C. Como é um contrato, poderá ser encerrada pelo mútuo consenso dos dois correntistas. Pode ainda o saldo ser reduzido a zero; neste caso, não está ela encerrada mas em recesso, até que seja novamente movimentada.

Questão tratada em nosso compêndio de Direito Falimentar, mas que se torna conveniente repetir, é a situação da C/C em caso de falência ou concordata de um dos correntistas. A regulamentação foi estabelecida pela nossa Lei Falimentar, o Decreto-lei 7.661/45. Pelo que diz o art. 45, no caso de falência de um correntista, a C/C considera-se encerrada, apurando-se o saldo. Se o saldo for favorável ao falido, poderá ser cobrado pela Massa Falida. Em caso contrário, o correntista credor, poderá habilitar seu saldo, como credor quirografário, a menos que haja alguma garantia estabelecida no contrato. O mesmo acontece na concordata, mas o juiz poderá autorizar o movimento da conta.

# 12. CORRETAGEM

12.1. Conceito e caracteres
12.2. Remuneração do corretor
12.3. Obrigações do corretor
12.4. Contratos específicos de corretagem

## 12.1. Conceito e caracteres

A função de corretor já constava em nosso direito desde 1850,· quando surgiu o Código Comercial, hoje absorvido pelo Código Civil, mas o contrato de corretagem não tinha sido ainda previsto. Ingressou agora em nossa lei graças ao novo Código Civil, que o tipifica nos arts.722 a 729. Herdamos o novo tipo contratual do "conttrato de mediazione", previsto nos arts. 1.754 a 1.765 do Código Civil italiano. Certas modalidades especiais do contrato de corretagem estão previstas em leis específicas, como é o caso do contrato de seguros, estudado em capítulo próprio deste compêndio.

Pelo contrato de corretagem, uma pessoa não ligada a outra em virtude de mandato de prestação de serviços ou por qualquer relação de dependência, obriga-se a obter para a segunda um ou mais negócios, conforme as instruções recebidas (art. 722). Pelo que se vê, o corretor faz a intermediação entre duas ou mais partes, procurando aproximá-las e conciliar os interesses, a fim de levá-las à celebração de contrato.

O corretor é ligado a uma das partes pelo contrato de corretagem, mas não é mandatário, nem representante. Ele não participa do contrato referente ao negócio por ele intermediado, cujas partes são outras. O conceito dado pelo art. 1.754 do Código Civil italiano é bem semelhante ao que é dado pelo art. 722 de nosso Código; um completa o outro:

| Mediatore | Mediador |
| --- | --- |
| È mediatore colui chi mette in relazione due o più persone per la conclusione di un affare senza essere legato ad alcuna di esse da rapporti di collaborazione, di dipendenza o di rappresentanza. | É mediador aquele que põe em relacionamento duas ou mais pessoas para a conclusão de um ou mais negócios sem ser ligado a alguma delas por relações de colaboração, de dependência ou de representação. |

Há alguma semelhança entre o contrato de corretagem e o de agência e distribuição. Neste último, porém, há atividade contínua, não eventual, enquanto a corretagem visa a negócios isolados. É, por exemplo, o trabalho do corretor de imóveis; geralmente ele promove a venda de um só imóvel. É atividade ocasional.

## 12.2. Remuneração do corretor

O contrato é consensual, oneroso, comutativo, de prestações recíprocas. É oneroso, pois as duas partes lucram, prestando o corretor um serviço remunerado. A remuneração do corretor, se não estiver fixada em lei, nem ajustada entre as partes, será arbitrada segundo a natureza do negócio e os usos locais (art. 724). Essa remuneração é devida desde que o corretor tenha obtido o resultado previsto, de levar as partes a um acordo, celebrando o contrato. O resultado é válido, ainda que as partes tenham se arrependido e desfaçam o contrato. O direito à remuneração surgiu porém do consenso das partes na aceitação do negócio, mesmo que não se tenha realizado; o trabalho do corretor tinha sido porém decisivo.

Se as partes realizarem o negócio diretamente entre elas não cabe remuneração ao corretor. Por exemplo, Modestino encarrega Ulpiano de realizar determinada operação, celebrando contrato para esse fim. Contudo, Modestino conhece Gaio e celebra o negócio com ele, sem que Ulpiano tenha participado. Considera-se desfeito o contrato. É possível, porém, que o contrato tenha cláusula de exclusividade para a realização do negócio; nesse caso, Modestino deveria ter encaminhado Gaio para entendimentos com Ulpiano. Caberá remuneração completa a Ulpiano, ainda que sua atuação não tenha influenciado a celebração, a menos que este tenha demonstrado desídia e pouco caso à corretagem.

Situação semelhante será se o acordo entre o cliente e o corretor não tiver prazo: o cliente pode desfazer o acordo e dispensar o trabalho do corretor, não cabendo remuneração a ele. Entretanto, se o corretor tiver exercido alguma ação e, após desfeito o acordo, o negócio se concretizar, o corretor deverá ser remunerado. Se o contrato for a prazo e durante ele o corretor exerceu esforço para a realização do negócio, o corretor deverá ser remunerado, ainda que tenha sido realizado após o prazo.

Se houver dois ou mais corretores operando no negócio, a remuneração será devida em partes iguais entre eles. As despesas ocorrerão para cada um, em qualquer caso, pois fazem parte de seu trabalho. A remuneração normalmente é devida por quem encarregou o corretor de intermediar o negócio.

## 12.3. Obrigações do corretor

O corretor é obrigado a executar a mediação, com a diligência e a prudência que o negócio requer, prestando ao cliente, espontaneamente, todas as informações sobre o andamento dos negócios. Deve ainda, sob pena de responder por perdas e danos, prestar ao cliente todos os esclarecimentos que estiverem ao seu alcance, acerca da segurança ou risco do negócio, das alterações de valores e do mais que possa influir nos resultados da incumbência (art. 723).

Deve o corretor manter-se no âmbito das instruções e condições estabelecidas pelo seu cliente. Poderá orientá-lo e pedir, às vezes, redução de suas pretensões, para assegurar o sucesso do negócio, mas não preterir os desejos de seu cliente sem licença deste.

## 12.4. Contratos específicos de corretagem

Afora as disposições do Código Civil, leis especiais regulam alguns contratos de corretagem. Neste compêndio fazemos estudo sobre contrato de corretagem de seguros, mas diversos outros estão regulamentados.

### *Corretagem de imóveis*

Parece ser este o contrato de corretagem mais comum e sugestivo. É por lei considerado civil, pois administração e comercialização de imóveis são consideradas legalmente atividades civis. A questão está regulamentada pela Lei 6.530/78 e seu art. 3º dá noção bem precisa do que seja contrato de corretagem de imóveis, ao precisar a função de corretor:

> "Compete ao corretor de imóveis exercer a intermediação na compra, venda, permuta e locação de imóveis, podendo ainda, opinar quanto à comercialização imobiliária".

### *Corretagem de navios*

É regulado pelo Decreto 54.956/64, sendo bem conhecido no Rio de Janeiro, Santos e outras cidades em que haja portos e intensa navegação. O corretor de navios era corretor oficial, o que significava que para exercer essa atividade necessitava de nomeação pelo Poder Público. Trata não só da venda de navios, mas de fretamento, arrendamento, engajamento de cargas e alguns serviços mais próprios de despachantes, como atuar em operações de carregamento, descarga, transbordo, baldeação de cargas.

*Corretagem de valores mobiliários*

É celebrado por pessoas autorizadas a atuar no mercado de capitais, quer nos leilões da Bolsa de Valores Mobiliários, quer no mercado de balcão. A Bolsa de Valores Mobiliários é formada pelas Sociedades Corretoras de Valores Mobiliários e só elas podem atuar nas bolsas, mas estas possuem os seus corretores, que participam do leilão. Outros porém atuam no mercado de balcão, ou seja, com a venda de títulos e valores mobiliários diretamente ao público. Os valores mobiliários são principalmente ações, mas entre eles também se incluem CDB (certificado de depósito bancário), letras de câmbio, debêntures, "commercial papers" e outros títulos destinados a recolher dinheiro no mercado de capitais.

*Corretagem de mercadorias*

É bem parecido com o anterior, com regime jurídico correlato, mas o corretor de mercadorias opera na Bolsa de Mercadorias, na Bolsa de Cereais e na Bolsa Mercantil & Futuros. Em vez de valores mobiliários negocia mercadorias, como cereais, carne e outros, incluindo também ouro.

# 13. CRÉDITO DOCUMENTÁRIO

13.1. Conceito e partes contraentes
13.2. Carta de crédito
13.3. O documentário
13.4. Modalidades
13.5. Regulamentação
13.6. Utilidade do crédito documentário

## 13.1. Conceito e partes contraentes

O nome desse contrato internacional é, às vezes, chamado "crédito documentado", mas a designação de acordo com sua regulamentação é mais apropriada como "crédito documentário", porquanto se baseia no documentário da venda de mercadorias e não nas próprias mercadorias. O crédito documentário é um contrato de crédito tipicamente internacional. Apresenta muita analogia com o contrato de mútuo, de empréstimo de dinheiro. Esse empréstimo, contudo, tem um fim específico: financiar uma operação de compra e venda internacional. Sucede-se, portanto, após o estabelecimento de um contrato de compra e venda internacional.

O crédito documentário é um contrato pelo qual o comprador de uma mercadoria pede ao seu banco um crédito, com ordem para que esse crédito seja pago ao vendedor da mercadoria, localizado em outro país, desde que o vendedor entregue ao banco, que lhe pagar, o documentário da mercadoria exportada. Há, portanto, no crédito documentário, quatro partes, quatro pessoas envolvidas, a saber:

1 - TOMADOR, que é o comprador no contrato de compra e venda;
2 - BENEFICIÁRIO, que é o vendedor-exportador;
3 - BANCO EMISSOR, que é um banco situado no país do tomador;
4 - BANCO AVISADOR, que é um banco situado no país do beneficiário.

A operação de um crédito documentário apresenta um longo roteiro, parecendo ser complicado, mas é bem claro e simples. Desde que combinada a venda de uma mercadoria brasileira para outro país, digamos o Uruguai, os passos são mais ou menos os seguintes:

1. O comprador-importador solicita ao seu banco, no seu país, que lhe conceda um crédito-documentário, pedindo que o dinheiro seja entregue ao vendedor-exportador no Brasil. O solicitante do crédito documentário é chamado de tomador.

2. O banco uruguaio emite uma carta de crédito para o Brasil, dando ordem de pagamento a um banco brasileiro, a fim de ser feito o pagamento ao vendedor-exportador, contra a entrega do documentário. O banco uruguaio é chamado de banco emissor.

3. O banco brasileiro recebe a carta de crédito e avisa o vendedor-exportador de que o dinheiro está à disposição deste, desde que entregue os documentos indicados na carta de crédito. O banco brasileiro é chamado de banco avisador.

4. O vendedor-exportador recebe, então, do banco avisador o pagamento do preço da venda que realizou, fazendo então a entrega dos documentos representativos dessa venda. O vendedor-exportador é chamado de beneficiário.

Está assim cumprida a carta de crédito, que é uma ordem de pagamento contra a entrega de documentos. Esse documentário terá que chegar às mãos do tomador, seguindo o mesmo roteiro, porém em sentido inverso:

1. O beneficiário entrega o documentário ao banco avisador no momento em que recebe o crédito;

2. O banco emissor entrega o documentário ao tomador.

O roteiro segue este gráfico:

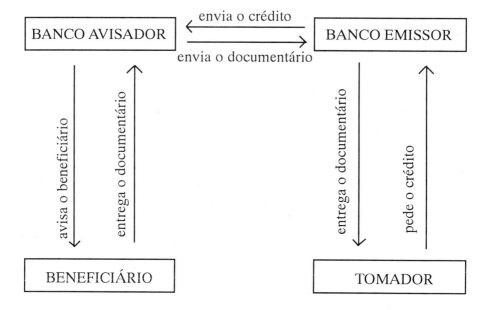

## 13.2. Carta de crédito

A carta de crédito é uma operação inerente e concomitante com o crédito documentário. É uma ordem de pagamento internacional, contra a entrega de certos documentos. A carta de crédito é feita normalmente por bancos, mas não obrigatoriamente. Pode ser uma instituição financeira, uma casa de câmbio, uma agência de turismo. Na carta de crédito estão relacionados os documentos que deverão ser entregues quando ela for cumprida. Quem pagar deve examinar o documentário e certificar-se de que está de acordo com o que diz a carta de crédito.

Perante o direito brasileiro, a carta de crédito é um contrato. Nosso Código Comercial, ao tipificar os contratos mercantis, previu a carta de crédito, no art. 264. No direito internacional privado, a carta de crédito não é considerada um contrato, mas apenas uma ordem de pagamento, uma operação concomitante com o crédito-documentário; não tem as características e os objetivos de um contrato. É chamada de "commercial letter of credit", ou na expressão francesa "lettre de crédit".

Assemelha-se mais a um título de crédito, por ser uma declaração unilateral de vontade. Não tem, contudo, várias características de um título de crédito, tanto que, se não for paga, não caberá o protesto cambiário. Nosso Código de Processo Civil não a elenca entre os títulos executivos extrajudiciais e nossas leis cambiárias não a regulamentam. Não se pode considerá-la, pois, um título de crédito.

### 13.3. O documentário

O nome desse contrato internacional ficou conhecido no mundo inteiro, com base na regulamentação e na designação que lhe dá a publicação nº 400 da Câmara de Comércio Internacional: "documentary credit". Justifica-se essa designação pelo fato de ser uma operação baseada nos documentos relativos a uma mercadoria e não na própria mercadoria.

Documentário é um conjunto de documentos. Em nosso caso, é um conjunto de documentos referentes a uma mercadoria vendida e despachada para outro país. É também chamado documentação do comércio internacional. São documentos já bem vulgarizados e instituídos universalmente. A carta de crédito relaciona quais os documentos que constituem o seu documentário. Há, porém, poucas variações e existem documentos obrigatórios. O objetivo do documentário é dar ao tomador do crédito-documentário a faculdade de poder exigir, da alfândega de seu país, a entrega da mercadoria que ele comprou. Com esses documentos, pode ele exercer seus direitos de propriedade sobre as mercadorias exportadas para ele. São os seguintes os documentos costumeiros de um crédito documentário:

GUIA DE EXPORTAÇÃO – É um documento intransferível, emitido pelo Banco do Brasil, por sua carta de exportação/importação, em formulários padronizados, que confere ao exportador o direito de providenciar o embarque da mercadoria vendida ao exterior, obedecidos o preço, prazo e demais condições estabelecidas na guia. Os formulários podem ser adquiridos no Decex (Banco do Brasil) ou em qualquer agência desse banco, podendo ser feitos pelo exportador, entregue ao banco com quem ficará o contrato de exportação e este o assinará, expedindo a competente Guia de Exportação. Esse documento só tem validade enquanto o navio estiver em águas territoriais brasileiras. Ao sair do Brasil passa a ter eficácia a fatura comercial (comercial invoice) e o conhecimento de transporte (bill of lading), substituindo a guia. Esta guia serve para o Decex controlar todas as exportações e ao mesmo tempo atesta a legitimidade da operação.

COMMERCIAL INVOICE (fatura comercial) – É documento emitido ou fornecido pelo exportador, que caracteriza a operação de venda da mercadoria. É parecida com a nota fiscal usual, contendo a assinatura do vendedor. Ao ser assinada pelo comprador transforma-se num título de crédito internacional. Assim, no plano internacional, a fatura equivale à nossa duplicata. É escrita em inglês ou bilíngüe. A fatura contém os dados da nota fiscal ou da fatura interna, tais como: a descrição e caracterização da mercadoria, cláusulas do contrato de compra e venda internacional (incoterms), qualificação do comprador e do vendedor, valor da venda e forma de pagamento, bem como a data e número do "bill of lading" e nome da transportadora.

BILL OF LADING (conhecimento de embarque) – É emitido pela empresa transportadora da mercadoria, comprovando sua entrega para o embarque. Perante o direito brasileiro e de muitos países, é considerado um título de crédito, tanto que é devidamente regulamentado pela nossa legislação cambiária. Se o transporte for aéreo, é chamado de "airway bill" e se for ferroviário, de "rail road bill".

PACKING LIST (romaneio) – É a relação de todas as mercadorias embarcadas, referentes a uma compra e venda, apontando a forma da embalagem, como caixas, baús, engradados, "containers", "paillets" e suas características externas: peso, cor, dimensões, formas. Descreve ainda a mercadoria que se encontra em cada volume. A finalidade primordial do "packing list" é permitir o encontro e a identificação da mercadoria embarcada.

ORIGIN CERTIFICATE (certificado de origem) – Esse certificado é normalmente emitido pela FIESP – Federação das Indústrias do Estado de São Paulo e se destina a comprovar a origem da mercadoria, ou seja, quem a fabricou, em que lugar foi fabricada. É um documento exigido também no âmbito nacional, pois o exportador goza normalmente de incentivos creditícios e fiscais para as mercadorias de fabricação nacional. Muitas vezes é exigido pelo país importador, porquanto há controle nos países estrangeiros, em vista dos acordos comerciais assinados entre o Brasil e esses países. É o caso dos países membros da Aladi, mas é preciso que o importador comprove que as mercadorias sejam originárias do Brasil. Outro caso da exigência do certificado de origem é quando a mercadoria é vendida para países industrializados, mormente os que compõem a Comunidade Européia; neste caso, o certificado de origem deve ser emitido pelo Departamento de Comércio Exterior do Banco do Brasil. Faculta ao vendedor brasileiro exportar, aproveitando os SGP - Sistemas Gerais de Preferências.

PHYTOSANITARY CERTIFICATE (certificado fitosanitário) – É utilizado quando se tratar de produtos de origem animal ou vegetal, por força de exigências da maioria dos países. É emitido pelo Ministério da Agricultura, de acordo com o que foi estabelecido pela Convenção Internacional para a Proteção dos vegetais, de 1951. Certificado semelhante é adotado para medicamentos, produtos químicos, essências; é chamado então Certificado de Análise. Pode ser emitido pelo próprio exportador, mas assinado por um técnico especializado, como um químico, um farmacêutico, que se responsabiliza pessoalmente.

### 13.4. Modalidades

Nota-se que na Publicação nº 400 da Câmara de Comércio Internacional é utilizada no plural a expressão "créditos documentários", dando a impressão de que há vários tipos. O crédito documentário é, realmente, um tanto maleável, o que ocorrerá fatalmente com um contrato que se destina a larga aplicação em um volumoso número de países. Há, portanto, várias modalidades de crédito documentário, que se diferenciam levemente, mas mantendo a mesma estrutura. A mais importante dessas distinções é prevista na Publicação nº 400, no Título B – forma e notificação do crédito – sob o ponto de vista do conteúdo obrigacional. Diz o art. 7º que o crédito documentário pode ser revogável e irrevogável.

O crédito documentário revogável pode ser emendado ou cancelado pelo banco emissor a qualquer momento e sem prévio aviso ao beneficiário. Fica portanto sujeito a cancelamento sem que o beneficiário tenha garantia quanto ao cumprimento do crédito documentário. Entretanto, se ele já tiver sido cumprido, ou seja, utilizado pelo beneficiário, este estará a salvo do cancelamento.

O crédito documentário irrevogável constitui um compromisso firme do banco emissor, desde que, os documentos estipulados sejam apresentados e os termos e condições do crédito sejam cumpridos.

Outra modalidade importante de crédito documentário é quanto à eficácia do crédito: se ele é à vista ou sacado. Esta última é mais importante, pois faz rolar adiante a operação, criando novos direitos e obrigações e incrementando a circulação da moeda e do crédito. Ao receber o aviso do banco avisador de que o crédito está à sua disposição, o beneficiário poderá receber o dinheiro e entregar o documentário. Poderá, contudo, incluir no documentário uma letra de câmbio (draft), que será aceita pelo banco avisador. Assim, o beneficiário poderá vender a mercadoria a prazo, cujo preço fica bem majorado, e, ao invés de receber dinheiro, receberá a letra de câmbio aceita pelo banco. Esta letra de câmbio será facilmente descontável por qualquer banco, inclusive pelo próprio banco avisador ou pelo Banco do Brasil ou comercializada no mercado financeiro internacional.

A grande vantagem do crédito documentário com o aceite da letra de câmbio é que o beneficiário poderá vender seus produtos com preços mais elevados, por ser a prazo, e descontar seus saques a juros módicos, beneficiando-se dos incentivos creditícios e fiscais que o governo brasileiro concede nas operações de comércio internacional.

### 13.5. Regulamentação

O crédito documentário foi criado pela praxe do comércio internacional e tornou-se muito vulgarizado. Como seu uso foi-se alastrando, a Câmara de Comércio Internacional encarregou-se de elaborar a regulamentação do crédito documentário, para unificar seu processamento no mundo todo. Assim é que surgiu a regulamentação, por uma publicação da Câmara de Comércio Internacional, que foi várias vezes reformulada e aprovada em várias convenções internacionais. Atualmente, está regulamentada, pela Publicação nº 400, denominada "regras e usos uniformes relativos a créditos documentários" (uniforme customs and practice for documentar credits).

Não está regulamentado pela nossa lei. Está previsto pela legislação de alguns países, como o Código Civil da Itália a o Código Comercial do México. A Publicação nº 400 da Câmara de Comércio Internacional está, entretanto, muito difundida e a aplicação do crédito documentário tem sido freqüente e pacífica no mundo inteiro e inclusive no Brasil. Nos EUA, o crédito documentário é regulamentado pelo UCC-Uniform Commercial Code, publicado pela "American Bar Association", entidade que congrega os advogados norte-americanos, correspondente à nossa OAB. Todavia, o UCC não foi instituído em lei nacional, razão por que não entrou na legislação americana. Nosso novo Código Civil, nos arts. 529 a 532, ao regulamentar o contrato de compra e venda, prevê a "venda sobre documentos", com as normas próprias do crédito documentário.

A Publicação nº 400 da Câmara de Comércio Internacional é uma regulamentação elaborada em 55 artigos, distribuídos em 6 títulos, a saber:

A - Disposições gerais e transitórias;
B - Forma e notificação do crédito;
C - Obrigações e responsabilidades;
D - Documentos;
E - Disposições diversas;
P - Transferência.

## 13.6. Utilidade do crédito documentário

O crédito documentário é, hoje, elemento propulsor das operações internacionais de compra e venda, graças às inúmeras utilidades que ele presta, e às vantagens que proporciona às partes interessadas, ou seja, ao tomador, ao banco emissor, ao banco avisador e ao beneficiário. O contrato de compra e venda internacional é análogo ao de compra e venda nacional. É regulamentado pela Convenção de Viena, de 1980, promovida pela ONU. Seus elementos essenciais são aceitos pelo direito de todos os países: "res, pretium, consensus".

Todavia, a compra e venda internacional apresenta várias facetas próprias e maiores riscos e dificuldades, ocasionadas pela maior distância, dificuldade de comunicação, idiomas e moedas distintas, complexidade de transportes, documentação variada, instabilidade política e econômica em qualquer país abrangido pela venda e muitos outros fatores. A compra e venda internacional vai ainda facultar o estabelecimento de outros contratos, como o de câmbio e o próprio crédito documentário.

Da mesma forma que as vendas nacionais, as internacionais trazem sérias preocupações às duas partes:

COMPRADOR – quer receber a mercadoria nas condições estipuladas, na data em que vai precisar dela, no preço combinado com as especificações exigidas, em bom estado.

VENDEDOR – quer, antes de tudo, receber o preço do que vendeu, na data certa e sem empecilhos. Antes de despachar a mercadoria, receia que o comprador entre em insolvência, ou cancele o pedido.

O crédito documentário dá garantia às partes, garantia essa dada por dois bancos, que lhes dão ainda assessoria e providenciam a solução final do crédito. O vendedor da mercadoria, ao receber o aviso do banco avisador, de que há um crédito à disposição dele, fica totalmente garantido e terá a comodidade de entregar os documentos só no ato do recebimento do crédito, ao banco que o paga. Cessam então as suas preocupações.

O comprador da mercadoria recebe um crédito para concretizar a compra e toda a burocracia do pagamento e da obtenção dos documentos que lhe é atribuída. Fica ainda seguro quanto ao recebimento da mercadoria, pois, se o vendedor ficar seguro quanto ao recebimento do preço, não terá receio em providenciar o envio da mercadoria em tempo mais breve. Fica ainda seguro quanto ao recebimento do documentário, pois conta com a responsabilidade de dois bancos.

Os dois bancos envolvidos realizam uma operação de crédito lastreada por mercadoria e papéis que a representam. Além disso, cada banco trabalha com seu cliente: o banco emissor com o tomador e o banco avisador com o beneficiário. Não lidam portanto com empresas desconhecidas mas com clientes seus, devidamente cadastrados. Os dois bancos ficam ainda livres de responsabilidades quanto a possíveis conflitos entre vendedor-exportador e o comprador-importador, decorrentes do contrato de compra e venda. O crédito documentário é um contrato autônomo, abstrato, distinto portanto do contrato de compra e venda; as partes são outras, diversos são os objetivos e efeitos. Não há correlação nem conexão entre um e outro. Verdade é que o crédito documentário decorre de um anterior contrato de compra e venda. Após aperfeiçoar-se o contrato de compra e venda, as partes combinam a forma de pagamento, por intermédio do crédito documentário. Trata-se, porém, de contrato, com novas obrigações e direitos, totalmente autônomo do contrato que lhe serviu de base. Nem mesmo se pode dizer que um seja o principal e o outro, acessório, pois nenhum vínculo jurídico existe entre eles.

Aliás, as Regras e Usos Uniformes relativos a Créditos Documentários (Publicação nº 400 da Câmara de Comércio Internacional) reconhece essa autonomia no art. 3º:

> "Os créditos são, por sua natureza, transações distintas das vendas e outros contratos que lhes possam ter servido de base, e, de modo algum, tais contratos envolvem ou obrigam os bancos, mesmo que alguma referência a tais contratos esteja incluída no crédito".

Mais adiante, o art. 6º reforça a separação entre as obrigações decorrentes de ambos os contratos:

> "O beneficiário não pode, em hipótese alguma, prevalecer-se das relações contratuais existentes entre bancos ou entre o tomador do crédito e o banco avisador".

# 14. DEPÓSITO

14.1. Conceito e características
14.2. Tipos de depósito
14.3. Obrigações do depositário
14.4. Direitos do depositário
14.5. Depósito em armazéns gerais

## 14.1. Conceito e características

Depósito é o contrato pelo qual uma pessoa entrega para outra uma coisa móvel para guardá-la, devolvendo-a quando for pedida de volta. A pessoa que entrega a coisa móvel para guarda chama-se depositante; a que a recebe depositário. A coisa depositada é sempre um objeto móvel, segundo exige a nossa lei. Apesar dessa exigência, não vemos motivo pelo qual um imóvel não possa ser objeto de contrato de depósito. Nosso Código Civil define-o da seguinte forma no art. 627: "pelo contrato de depósito, recebe o depositário um objeto móvel para guardar, até que o depositante o reclame".

Numa observação superficial, parece que o depósito é igual ao comodato, mas não é. O comodato é um contrato de uso: o comodatário recebe um bem para mantê-lo em sua posse, mas vai fazer uso dele, tirar proveito da coisa guardada. No depósito, o depositário só vai guardar o bem depositado, não podendo fazer uso dele; é um contrato de custódia. A propósito, o art. 630 do Código Civil diz que se o depósito foi entregue fechado, colado, selado ou lacrado, nesse mesmo estado se manterá; e, se for devassado, incorrerá o depositário na presunção de culpa.

Trata-se de contrato antigo, criado e regulamentado pelo direito da antiga Roma e transmitido ao direito de muitos países. Em nosso país é regulamentado pelos arts. 627 a 652 do Código Civil. É contrato real, só se perfazendo com a entrega da coisa ao depositário. Pode ser gratuito ou oneroso. É gratuito, em princípio, exceto se houver convenção em contrário, se resultante da atividade negocial ou se o depositário o praticar por profissão. Se o depósito for oneroso e a retribuição do depositário não constar de lei, nem resultar de ajuste será determinado pelos usos do lugar, e, na falta destes, por arbitramento (art. 628). Pelos dizeres da lei, o contrato de depósito é naturalmente gratuito, devendo haver cláusula de onerosidade quando for oneroso. Contrato gratuito é o chamado pelo direito italiano como "contrato de prestação a cargo de uma só parte".

## 14.2. Tipos de depósito

O depósito comum é chamado de voluntário, por ser iniciativa do depositante. Por sua vez, pode o depósito voluntário ser gratuito ou oneroso. Ao voluntário opõe-se o necessário, o que se faz em desempenho de obrigação legal. É o caso do depósito judicial, feito por determinação do juiz. No processo de execução, por exemplo, o oficial de justiça penhora bens do devedor e nomeia o próprio devedor ou outra pessoa para ser o depositário dos bens penhorados.

Outro caso especial de direito ocorre nas casas de pouso, como um hotel. Se o hóspede não paga, o hoteleiro tem o direito de reter os pertences do hóspede inadimplente para garantia de seu crédito. Neste caso, o hoteleiro torna-se depositário desses pertences. É também tipo de depósito necessário e legal.

O depósito pignoratício ocorre no contrato de penhor. Para garantir um débito, o devedor entrega ao credor uma coisa móvel para servir de garantia a esse débito. O credor fica como depositário dessa coisa, chamado por isso de credor pignoratício (pignus = penhor).

Ocorre ainda o depósito necessário por ocasião de calamidade pública, como incêndio, inundação, saques, naufrágio de navios e outras semelhantes. O Poder Público é obrigado a intervir, recolhendo pertences alheios e entregando-os em depósito a várias pessoas.

### 14.3. Obrigações do depositário

O depositário é obrigado a ter na guarda e conservação da coisa depositada o cuidado e diligência que costuma com o que lhe pertence, bem como a restituí-la com todos os frutos e acrescidos, quando o exija o depositante. É a primordial obrigação do depositário: guardar e conservar a coisa depositada. Outra obrigação é a de restituir a coisa móvel ao depositante quando este o pedir de volta.

Se a coisa houver sido depositada no interesse de terceiro, e o depositário tiver sido cientificado deste fato pelo depositante, não poderá ele exonerar-se restituindo a este sem o consentimento daquele. Imaginemos que Paulo entregou a Servílio um computador de Marciano em depósito. Deixou claro a Servílio que o depósito foi feito no interesse de Marciano. Servílio só deverá devolver o computador a Marciano e não a Paulo, a menos que Marciano o tenha autorizado.

Salvo disposição em contrário, a restituição da coisa deve dar-se no lugar em que tiver de ser guardada. As despesas de restituição correm por conta do depositante.

A obrigação de devolver o objeto depositado é no momento em que o depositante o pedir de volta. Há, entretanto, algumas exceções amparadas pela lei. É o caso de a devolução ser embargada pela justiça ou houver ordem judicial para recolhimento a depositário público. Outro caso é o de se pender execução contra o depositante, como por exemplo se houver penhora sobre a coisa. Nesse caso, o depósito voluntário transforma-se em judicial. Ao depositário será facultado o direito de recusar a devolução se houver motivo razoável se suspeitar que a coisa foi dolosamente obtida. Poderá, inclusive, requerer depósito judicial da coisa, em depósito público, expondo o fundamento da suspeita.

O depositário, que por força maior houver perdido a coisa depositada e recebido outra em seu lugar, é obrigado a entregar a segunda ao depositante. Deve ceder ao depositante o direito à sanções que no caso tiver contra o terceiro responsável pela restituição da primeira.

Sendo dois ou mais depositantes, e divisível a coisa, a cada um o depositante só entregará a respectiva parte, salvo se houver entre eles responsabilidade solidária. Por outro lado, não há vários depositários; a custódia da coisa deve ser exercida pessoalmente pelo depositário, não podendo transferir essa incumbência, a não ser em comum acordo com o depositante.

### 14.4. Direitos do depositário

O contrato de depósito é normalmente unilateral e feito mais no interesse do depositante, cabendo ao depositário o direito de recusar o contrato. Apesar de ser contrato de prestação a cargo de uma só parte, tem o depositário certos direitos, principalmente se for oneroso o contrato, ou se for de natureza mercantil Não responde ele pelos casos fortuitos ou de força maior, embora lhe caiba o ônus da prova se alegar tais casos.

Se o contrato for oneroso, o depositário tem a receber a contraprestação. Pode exigir do depositante a cobertura das despesas feitas com a coisa e os prejuízos que forem provocados pelo depósito. Em caso de inadimplência do depositante, o depositário poderá reter consigo as coisas depositadas, não as entregando ao depositante, até o recebimento de seus créditos ou remoção das coisas para o Depósito Público.

Se o depositário se tornar incapaz, a pessoa que assumir a administração dos bens dele diligenciará imediatamente a devolução da coisa depositada. Se houver dificuldade no recebimento pelo depositante, poderá recolhê-la ao Depósito Público, ou promoverá a nomeação de outro.

## 14.5. Depósito em armazéns gerais

Examinaremos agora especificamente o caso mais importante de contrato de depósito mercantil, que é celebrado com armazéns especializados na guarda de mercadorias, chamados pela lei de trapiches e armazéns de depósito. Trapiche é considerado um armazém de depósito situado junto aos portos. Ambos, porém, se submetem ao mesmo regime jurídico e têm a mesma finalidade: manter em depósito mercadorias, até que o depositante as peça de volta ou autorize a entregá-las a terceiros. A importância desse tipo de depósito ressaltou-se ainda mais com a criação do regime de entrepostos aduaneiros e das "trading companies", tipo de empresa da qual tratamos em nosso compêndio de direito societário e direito internacional privado.

A mais importante aplicação do depósito mercantil é aquele celebrado com empresas de armazéns gerais. Esse tipo de empresa, criada pelo Decreto 1.102, de 1903, a mais antiga lei do direito empresarial, ainda em vigor, funcionando há um século, tem como objeto social a manutenção de armazéns para depósito de mercadorias, geralmente grãos. Em princípio, a empresa de armazéns gerais celebra contratos normais de depósito de mercadorias, recebendo-as para guarda e conservação dando recibo do seu recebimento. Peculiaridade dessas mercadorias é que são bens consumíveis e fungíveis, como grãos. Assim sendo, o depositante não irá devolver a mesma mercadoria depositada, mas outra do mesmo gênero, qualidade e quantidade, como feijão, milho, soja.

As obrigações e os direitos das duas partes são, mais ou menos, semelhantes às constantes de um comum contrato de depósito. As peculiaridades desse tipo de contrato acarretam, entretanto, efeitos especiais. O depositante tem como principal obrigação a de pagar a remuneração do depositário. Como o contrato de depósito em armazéns gerais é um contrato de adesão, a comissão é uma "tarifa legal", ou seja, estabelecida pelo Poder Público, ou com a aprovação dele. O contrato se perfaz com a entrega da mercadoria, que é examinada e classificada pelo depositário. O depositário, porém, poderá examinar a mercadoria, nos horários designados.

O depositante poderá encarregar o depositário de vender a mercadoria em leilão estabelecendo as condições da venda. O depositário deverá ter sua "sala de leilões", por exigência legal. Ao depositar a mercadoria, o depositante poderá pedir a emissão do conhecimento de depósito e do warrant, ficando o depositário obrigado a emiti-los. O depositante deverá pagar as despesas de leilão e da conservação das mercadorias, pois muitas vezes, exigem elas algum tratamento.

Normalmente, o conhecimento de depósito tem vencimento, mas este não é tão relevante; se o contrato for por tempo indeterminado ou determinado, o depositante poderá pedir a mercadoria mesmo antes do prazo ou autorizar o leilão delas. Por outro lado, o depositário, ao vencer-se o prazo e a mercadoria não for retirada, poderá vendê-la em leilão, pagar-se as despesas e colocar o fruto líquido da hasta à disposição do depositante.

Para garantir a guarda, conservação e entrega das mercadorias depositadas, como fiéis depositários que são, não apenas a empresa de armazéns gerais, mas também seus diretores e gerentes, deverá ela fazer seguro das mercadorias. As despesas de seguro serão incluídas na tarifa paga pelo depositante. Esse seguro salvaguarda ainda posição dos diretores e gerentes da empresa de armazéns gerais; eles são responsáveis solidários com ela e poderão sofrer até pena de prisão, no caso de inadimplemento das obrigações e cuidados de fieis depositários.

# 15. DOAÇÃO

15.1. Conceito e natureza jurídica
15.2. Forma da doação
15.3. Tipos de doação
15.4. Revogação da doação

## 15.1. Conceito e natureza jurídica

A doação é como a compra e venda contrato translativo de propriedade de um bem, tendo desta dois elementos: "res" e "consensus", mas não o "pretium". Seria como a compra e venda sem o pagamento do preço. Considera-se doação o contrato em que uma pessoa por liberalidade, transfere do seu patrimônio bens ou vantagens para o de outra. A expressão "por liberalidade" tem o sentido claro de "gratuitamente". É portanto, contrato gratuito.

É contrato unilateral, ou seja, com prestação a cargo de uma só parte, sendo suas partes denominadas doador e donatário. Nenhuma obrigação tem o donatário, nem mesmo a de aceitar a doação. Pode ele recusar-se a receber a coisa doada, que poderá voltar à posse do patrimônio do doador ou transformar-se numa "res delerictae".

Além de unilateral e gratuito, é real. Diz o Código que o doador "transfere" bens a outrem, interpretando-se que nesta transferência consta a tradição. O Código antigo dizia que se "obriga a transferir", o que tornava a doação um contrato consensual, mas nosso atual direito optou por considerar a tradição dos bens no momento da doação.

O direito romano situava a doação no Direito das Coisas, ao considerá-la como uma das formas de aquisição da propriedade. Seguiu a esteira romana o Código Civil francês, que a considerava um ato unilateral de vontade, pois não se concebe contrato se não há obrigações de duas partes. O Código Civil italiano porém incluiu-a entre os contratos, o que fez também o Código Civil alemão, este último influenciando nosso Código de 1916.

O insigne jurista italiano, Francesco Messineo, dividiu os contratos em dois tipos:
– conttrato di prestazioni a carico di una solo parte;
– conttrato di prestazioni corrispettivi.

Esse critério foi adotado pelo direito italiano, considerando a doação como um contrato com prestações a cargo de uma só parte. A natureza contratual da doação transmitiu-se ao nosso direito, conservando-lhe os arts. 538 a 564, o que demonstra, nos 27 artigos elevada consideração por essa figura contratual.

O doador pode fixar prazo ao donatário, para declarar se aceita ou não a liberalidade. Desde que o donatário ciente do prazo, não faça, dentro dele, a declaração, entender-se-á que aceitou, se a doação não for sujeita a encargo (art. 539). Trata-se de aceitação ficta, mas não significa que o donatário deva assumir a coisa: poderá abandoná-la de imediato.

### 15.2. Forma da doação

A doação far-se-á por escritura pública ou instrumento particular. A doação verbal será válida se, versando sobre bens móveis e de pequeno valor, se lhe seguir incontinente a tradição. Fica assim a doação um negócio jurídico formal, pois a lei impõe para ele certas formalidades. Tem outros requisitos porém; deve ser um negócio jurídico "inter vivos", senão seria um testamento, um legado. Poderá ser feita ainda a um nascituro, mas deverá ser aceita pelo seu representante legal. Pode ser feita também a um absolutamente incapaz, neste caso dispensando-se a aceitação, desde que seja doação pura, incondicionada. Se for doado bem imóvel, forçosamente será por escritura pública.

### 15.3. Tipos de doação

*Remuneratória*

É possível que a doação seja feita em contemplação do merecimento do donatário, como se fosse o pagamento por serviços prestados ao doador, a outra pessoa ou à comunidade. Não perde, porém, a doação o caráter de liberalidade. É a doação remuneratória, mas não deixa de ser liberalidade, pois o doador não está obrigado a doar; não está cumprindo uma prestação. Além disso, provoca o enriquecimento do donatário com o conseqüente empobrecimento do doador. É negócio jurídico unilateral e gratuito, porquanto o donatário não se comprometeu a contraprestação de serviços. Se, anteriormente, tinha prestado serviços, a ação do donatário não estava condicionada ao recebimento da doação.

*Familiar*

A doação mais comum e geradora de controvérsias é a que se faz no seio familiar, como de antecedentes a descendentes e vice-versa, entre cônjuges, principalmente de pai para filho. Nesse caso, como também nas outras hipóteses de doação, o doador não pode doar todos os bens, sem reservar alguns que possam garantir sua subsistência. Poderia então fazer doação total, mas com usufruto para si.

Tendo herdeiros necessários, só poderá doar o que poderia dispor em testamento. Por exemplo: um homem casado e com filhos, deve reservar a meação da esposa; de sua meação deverá reservar a metade para si e a outra metade poderá doar. Em suma: só é possível doar 25% do patrimônio.

Pode ser anulada pelos herdeiros necessários, incluindo-se o cônjuge, a doação feita por pessoa casada a outra pessoa com quem mantenha relacionamento adúltero. O cônjuge adúltero pode ser tanto o marido como a mulher. Relevamos esta questão, porquanto o antigo Código só proibia doação de homem casado à concubina, mas não vedava da mulher casada ao concubino.

## *Subvenção periódica*

A doação em forma de subvenção periódica ao beneficiado extingue-se morrendo o doador, salvo se este dispuser de modo diferente, mas não poderá ultrapassar a vida do donatário (art. 545). Nessas condições, a doação não se transmite aos herdeiros do donatário. Cessa a doação periódica se o doador vier a falecer, a menos que ele disponha de outra forma. Há nesta questão algum paralelismo com a prestação de alimentos.

## *Condicional*

É possível que o doador imponha alguma condição para que a doação se concretize. Por exemplo, um pai doa casa a seu filho para servir de residência a este, mas o filho só ficará com a casa quando se casar. Essa doação depende assim de acontecimento incerto e futuro para ser efetivada, vale dizer, o donatário só adquire direito ao bem se a condição for verificada.

A doação feita em contemplação de casamento futuro com certa e determinada pessoa fica sem efeito se o casamento não se realizar, mas não poderá ser impugnada por falta de ação. O Código antigo não permitia que o doador impusesse a condição do donatário se casar com certa e determinada pessoa. A condição podia ser apenas a de casar, mas não casar com pessoa nomeada. O novo Código abriu porém outras possibilidades. Por exemplo, o pai pode doar casa a seu filho Aldo, desde que se case com Luisa. Mais ainda, pode estender essa condição aos filhos de Aldo e Luisa.

O doador não é obrigado a pagar juros moratórios, nem é sujeito às conseqüências da evicção e dos vícios redibitórios. Nas doações para casamento com certa e determinada pessoa, o doador ficará sujeito à evicção, salvo convenção em contrário. Já examinamos na parte inicial deste curso a evicção e os vícios redibitórios. Eles podem ocorrer nos negócios jurídicos translativos da propriedade, como nos contratos de compra e venda e da doação. Não se aplicam na doação as normas aplicáveis ao da compra e venda, pois esta é onerosa e a doação é gratuita. Porém, se a doação for feita com encargo de o donatário casar com certa e determinada pessoa, este pode ter sido obrigado a assumir compromissos em decorrência da doação. Neste caso, o doador ficará sujeito às conseqüências da evicção, senão o donatário poderá ser vítima de um logro.

### *Doação com cláusula de reversão*

O doador pode estipular que os bens doados voltem ao seu patrimônio, se sobreviver ao donatário (art. 547). Essa disposição é bem parecida com a doação condicional, ou seja, a doação só se mantém se o donatário não morrer antes do doador. Fica, portanto, a doação subordinada a acontecimento futuro e incerto. Essa cláusula pode ser considerada "condição resolutiva". O bem doado realmente se integra no patrimônio do donatário, mas este fica com a "propriedade resolúvel" do bem. Como se sabe, a propriedade resolúvel é aquela que ao ser constituída já traz no ato da constituição o seu termo final, o seu encerramento. É o que acontece com a doação com cláusula de retorno. O donatário se torna proprietário do bem, mas seu direito de propriedade será extinto segundo cláusula do contrato de doação.

### *Doação em comum*

Salvo declaração em contrário, a doação em comum a mais de uma pessoa entende-se distribuída por igual entre elas. Se os donatários, em tal caso, forem marido e mulher, subsistirá na totalidade a doação para o cônjuge sobrevivo. Vamos exemplificar: o avô doa casa a duas netas; essa casa pertencerá às duas em comum, formando comunhão.

Se for vendida, o preço da venda caberá meio a meio a cada uma. Se for dada a um casal, será também comum, qualquer que seja o regime de bens. Pelo que se entende do art. 551, pela morte de um deles, a casa não deve ser dividida entre os herdeiros, mas pertencerá ao cônjuge supérstite.

*Doação a entidade futura*

A doação a entidade futura caducará se, em dois anos, esta não estiver constituída regularmente (art. 554). É o que ocorre comumente na formação de fundações. Para se constituir a fundação, o seu instituidor fará doação de bens suficientes para executar o objetivo a que ela se destina. Pode ser que essa fundação já existia, mas a lei prevê sua constituição após receber os bens. Nesse caso, a fundação deve ser legalmente constituída e registrada no órgão público competente, no prazo de dois anos. Não estando devidamente registrada nesse prazo, caducará a doação.

**15.4. Revogação da doação**

A doação é negócio jurídico revogável, mas é restrito e limitado o poder revogatório do doador. Os dez artigos dedicados ao problema sistematiza os casos de revogação e as causas provocadoras. Pelo art. 555 a doação pode ser revogada por dois motivos:

– Ingratidão do donatário;
– Inexecução do encargo.

*Ingratidão do donatário*

Não se pode renunciar antecipadamente o direito de revogar a liberalidade por ingratidão do donatário (art. 556). É, portanto, irrenunciável o direito de revogação. Se no contrato de doação constar cláusula em que o doador abre mão do direito de revogar sua decisão, essa cláusula será nula. Naturalmente, se o donatário praticar ato de ingratidão, fica facultado ao doador o direito de perdoar o ofensor ou revogar a doação, mas posteriormente ao ato de ingratidão. O que não é possível é renunciar ao direito de revogação antecipada, vale dizer, antes do ato de ingratidão.

Os motivos de revogação por ingratidão constituem "numerus clausus", mais precisamente quatro, que serão relacionados e comentados.

O primeiro deles é se o donatário atentar contra a vida do doador ou cometeu crime de homicídio contra ele. No caso de homicídio doloso, o doador está morto e não pode empreender a ação anulatória; neste caso caberá aos herdeiros, a menos que, antes de morrer, o doador tenha perdoado o donatário-homicida. Vigora aqui um princípio antigo consubstanciado no provérbio francês: "S'il y a quelque chose de sacré parmi les hommes, c'est la volonté des mourants" = Se houver alguma coisa de sagrado entre os homens é a vontade dos moribundos.

O segundo motivo é se o donatário cometeu contra o doador alguma ofensa física. O terceiro é se o injuriou gravemente ou o caluniou, e o quarto se o donatário se recusou a prestar alimentos ao doador quando este precisou e o donatário estava capacitado a prestá-los.

A revogação não se dá por simples decisão pessoal do doador, mas deve ser pleiteada judicialmente. A revogação por qualquer desses motivos terá o prazo de um ano, a contar de quando chegue ao conhecimento do doador o fato que a autorizar, e de ter sido o donatário o seu autor (art. 559). O autor da ação deverá provar a existência dos atos de ingratidão previstos na lei, cuja existência será decidida no próprio processo de revogação. Não é necessário pois que haja condenação criminal. Por exemplo: se o donatário atentou contra a vida do doador. Imediatamente o doador entra com processo de revogação, independente do processo criminal, que pode durar vários anos.

A não ser no caso de homicídio, já referido, o direito de revogar a doação não se transmite aos herdeiros do doador, nem prejudica os do donatário. Todavia, se o doador tiver iniciado a ação de revogação, seus herdeiros poderão dar continuidade ao processo e se o donatário também vier a falecer, continuarão contra os herdeiros deste.

A revogação por ingratidão não prejudica o direito de terceiros, nem obriga o donatário a restituir os frutos percebidos, antes da citação válida, mas sujeita-o a pagar os posteriores, e, quando não possa restituir em espécie as coisas doadas, a indenizá-la por meio-termo do seu valor (art. 563). Confessamos nossa perplexidade ante a expressão "meio-termo" usada pelo Código. Essa palavra origina-se de "terminus" = término, limite, vencimento, mas com sentidos muito variados, como também a palavra "meio". Ao que tudo indica, pelas comparações, o meio-termo parece significar a metade do valor avaliado da coisa doada.

Podemos examinar vários acontecimentos afetados por essas disposições legais. Digamos que o donatário recebeu uma casa em doação e a alugou, percebendo aluguéis durante um ano. Após receber a doação, o donatário pratica ato de ingratidão e é citado para os termos da ação. Durante este ano não havia motivos para se cancelar a doação, e por isso o donatário não estará obrigado a devolver os aluguéis; apenas a casa. Não poderá contudo receber os aluguéis após ser citado para os termos do processo de revogação.

Vamos examinar outra hipótese: Pompônio faz doação de uma casa a Papiniano, mas pratica ato de ingratidão contra Pompônio e a doação acaba sendo revogada. Mas, antes disso, Papiniano tinha vendido a casa a Modestino. Não há como devolver a casa a Pompônio, já que esta se incorporou ao patrimônio de Modestino. Neste caso, pelo que diz o art. 563, Papiniano terá que indenizar a casa pelo meio-termo do valor dela.

Nem todas as doações, contudo, poderão ser revogadas por ingratidão. Há quatro exceções. Uma delas é quando se tratar de doação remuneratória; o doador levou em consideração algum benefício que o donatário lhe tenha propiciado. Se a ingratidão se observou posteriormente, não pode ter efeito retroativo.

Outra hipótese é a doação onerada com encargo já cumprido. Digamos que Salustiano fez doação de biblioteca a Marcelino com a condição de, após cinco anos, Marcelino transferir essa biblioteca a um colégio. Marcelino cumpriu o encargo, transferindo a biblioteca: a doação tornou-se irreversível. Outro exemplo do mesmo tipo é se a doação for feita com a condição do donatário casar com determinada pessoa, e o casamento é realizado. Se tivesse que devolver a casa doada, o donatário deveria então ter o direito de pedir anulação do casamento.

Também não cabe revogação se tiver sido feita em cumprimento de obrigação natural. Não esclarece a lei quais possam ser os casos de obrigação natural. Poder-se-ia citar, por exemplo, doação de casa aos pais, o que seria como prestação de alimentos.

## *Inexecução de encargo*

Além da revogação por atos de ingratidão, há outro motivo, já citado: por inexecução de encargo. Trata-se de doação onerosa, obrigando o donatário a determinada prestação. O donatário aceita a doação, comprometendo-se a cumprir o encargo imposto, mas não o cumpre. O doador pode então revogar a doação. Seria como se aplicasse a cláusula "exceptio non adimpleti contractus". Se não houver prazo estabelecido para o cumprimento do encargo, o doador poderá notificar o donatário, concedendo-lhe o prazo para o cumprimento.

## 16. EMPREITADA

16.1. Conceito e características
16.2. Tipos de empreitada
16.3. Obrigações do empreiteiro
16.4. Obrigações do dono da obra
16.5. Contrato "clé en main" ou "turn key"

## 16.1. Conceito e características

O contrato de empreitada foi previsto na antiga Roma, com o nome de "locatio operarum" e sobreviveu aos nossos dias como o nome de empreitada. Duas são as partes: o empreiteiro e o dono da obra. O empreiteiro é a pessoa física ou jurídica que se encarrega de realizar uma determinada obra para outra pessoa, mediante remuneração. É muito utilizada na construção civil, como, por exemplo, um cidadão que contrata com o empreiteiro para que este construa uma casa, de acordo com projeto e orçamento previamente estabelecido. Esse projeto pode ser elaborado pelo empreiteiro ou pelo dono da obra ou por alguém a rogo deles. O empreiteiro contrata seu pessoal, compra os materiais, e, dentro do tempo e demais condições previstas, entrega a casa ao dono da obra. Vê-se que o contrato visa a um resultado final: a entrega da obra concluída.

Há independência entre as partes contraentes; o empreiteiro não pode ser empregado do dono da obra, ou ter com ele alguma relação de dependência. O material aplicado na obra é, quase sempre, fornecido pelo empreiteiro, mas é possível convencionar-se de outra maneira. A remuneração que o dono da obra pagará ao empreiteiro pode ser orçada sob diversos critérios.

Não é apenas na construção civil que se aplica a empreitada, mas para qualquer tipo de serviço quer de natureza civil, quer mercantil. Como procuramos examinar mais os contratos empresariais consideraremos o empreiteiro como empresa prestadora de serviços. Por exemplo: a empreiteira encarrega-se de construir um prédio ou uma fábrica, uma instalação industrial, a entregar produtos prontos para serem embalados, uma obra literária ou artística.

Cuida-se da mistura de dois contratos: de compra e venda e de prestação de serviços, com as mesmas características desses. É consensual, pois se aperfeiçoa com o simples consenso das partes; a entrega da obra dar-se-á depois. É oneroso, pois o empreiteiro investe na obra e o dono da obra pagará não só o investimento feito, mas ainda a remuneração do serviço do empreiteiro.

É comutativo, porque as partes já ficam conhecendo o teor de suas prestações. Conforme já visto, é contrato de prestações recíprocas. É contrato de trato sucessivo, mas pode ser considerado de entrega imediata, só se perfazendo o contrato com a entrega.

A regulamentação da empreitada consta de nosso Código Civil, nos arts. 610 a 626. Está ela presente nos principais códigos estrangeiros; o Código Civil italiano deu-lhe ampla regulamentação, nos arts. 1.655 a 1.677, com o nome de "appalto".

## 16.2. Tipos de empreitada

Pode ela ser civil ou mercantil; mesmo assim, não é suficientemente estudada. Como não constava do antigo Código Comercial, os comercialistas não a consideravam; os civilistas consideram-na apenas como contrato civil, entre pessoas civis. Todavia, a mais importante forma de empreitada é a mercantil. É civil em casos mais simples como a reforma de uma pequena casa. Contudo, as obras públicas e as grandes obras privadas foram edificadas por empreiteiras poderosas, graças a contratos tipicamente mercantis. Aspecto importante da moderna empreitada é a presença de muitos contratos de subempreitada. Assim, ao construir um edifício de porte, a empreiteira contrata subempreitadas com uma empreiteira especializada em instalações elétricas, outra de instalações hidráulicas, outra de jardins, outra de fundações, e assim por diante.

Nosso Código prevê ainda dois tipos de empreitada: de lavor e mista. Na empreitada de lavor, o empreiteiro fornece apenas mão-de-obra, o seu trabalho; os materiais são fornecidos pelo dono da obra. Essa categoria é geralmente civil. Os contratos de empreitada de maior ressonância, porém são os de empreitada mista. O empreiteiro não só concorre com seu talento, seu ofício e arte, como fornece os materiais. Há, portanto, operação de compra e venda de mercadorias, em sentido profissional, próprio das atividades empresariais.

Nesses casos, o empreiteiro pode não estar registrado na Junta Comercial, mas é uma empresa. O que se considera uma empresa? Segundo o art. 2.082 do Código Civil italiano, é empresa quem exerce profissionalmente atividade econômica organizada para a produção e venda de mercadorias ou serviços, destinados à satisfação do mercado consumidor. Esse mesmo conceito está entrando agora em nossa legislação, no art. 966 do novo Código Civil.

E o que é o empreiteiro? É um profissional; exerce profissionalmente atividade econômica especializada e organizada, com intuito de lucro. Ele vive dessa atividade econômica, que produz riquezas, graças à iniciativa do empresário. Ele precisa de ter empresa cientificamente estruturada: estoque planejado de materiais, um quadro de pessoal especializado, estimativa de custos, pagamento de tributos. Pratica uma série de atos mercantis integrados, como a compra e venda de mercadorias. Exerce gestão de negócios, assumindo os riscos da atividade econômica. O empreiteiro é portanto uma empresa; os contratos por ele celebrados na sua profissão são contratos profissionais. Nota-se o caráter empresarial da empreitada na própria definição desse contrato, que foi apresentada neste capítulo. Encontra-se ainda de forma sugestiva na definição que nos dá o art. 1.655 do Código Civil italiano:

| Dell'appalto – Nozione | Da empreitada – Noção |
|---|---|
| L 'appalto è un conttrato col quale una parte assume, con organizzazione dei mezzi necessari e con gestione a proprio rischio il compimento di un opera o di un servizio verso un corrispetivo in danaro. | A empreitada é um contrato com o qual uma parte assume, com organização dos meios necessários e com gestão com próprio risco o cumprimento de uma obra ou de um serviço mediante contra-prestação em dinheiro. |

### 16.3. Obrigações do empreiteiro

A empreitada é um contrato de prestações recíprocas; cada parte tem suas obrigações: o empreiteiro de executar a obra e o dono da obra a de pagar o preço. Há evidente sinalágma. Portanto, a obrigação primordial do empreiteiro é a de entregar a obra pronta, nos termos e condições convencionados. O empreiteiro que se incumbiu de executar uma obra segundo plano aceito por quem a encomendou, não terá direito a exigir acréscimo no preço, ainda que sejam introduzidas modificações no projeto, a não ser que essas resultem de instruções escritas do dono da obra. O orçamento foi feito pelo empreiteiro e comprometeu-se ele a executar o projeto de acordo com o plano elaborado por ele e preço calculado também por ele; não poderia então o empreiteiro modificar o próprio plano, a menos que tenha a concordância do dono da obra.

Por outro lado, se ocorrer diminuição no preço do material ou da mão-de-obra superior a 10% do preço global convencionado, poderá este ser revisto, a pedido do dono da obra, para que se lhe assegure a diferença apurada. Ficará, então, o empreiteiro obrigado a abater a diferença de preço que ele houvera cobrado.

Se o empreiteiro suspender a empreitada por justa causa, responderá por perdas e danos. Poderá, porém, o empreiteiro suspender a empreitada por justa causa quando houver culpa do dono da obra ou motivo de força maior, devidamente comprovados.

O empreiteiro de uma obra pode contribuir para ela só com seu trabalho ou com ele e os materiais. A obrigação de fornecer os materiais não se presume; resulta da lei ou da vontade das partes. Ao celebrar o contrato, as duas partes, empreiteiro e dono da obra acertam se os materiais serão fornecidos pelo empreiteiro ou não.

Quando o empreiteiro fornece os materiais, correm por sua conta os riscos até a entrega da obra, que deverá ser da aprovação de quem a encomendou. Se o empreiteiro só forneceu mão-de-obra, todos os riscos em que não tiver culpa correrão por conta do dono da obra.

Se o empreiteiro, por imperícia ou negligência ocasionar perda de materiais que recebeu do dono da obra, ficará obrigado a pagar os prejuízos.

Sendo a empreitada unicamente de lavor, se a coisa perecer antes de entregue, sem mora do dono nem culpa do empreiteiro, este último não receberá o pagamento. Excetua-se o caso de a perda ter resultado de defeito dos materiais fornecidos pelo dono da obra, ou o empreiteiro tiver recebido o material com atraso e de baixa qualidade ou quantidade insuficiente; cabe-lhe também provar que reclamaram desses fatos ante o dono da obra.

Nos contratos de empreitada de edifícios e outras construções consideráveis, o empreiteiro de materiais e execução responderá, durante o prazo irredutível de cinco anos, pela solidez e segurança do trabalho, tanto em razão dos materiais como do solo. Neste caso, o dono da obra terá o prazo decadencial de 180 dias, a partir do aparecimento para reclamar.

## 16.4. Obrigações do dono da obra

Estando concluída a obra, o dono está obrigado a recebê-la se estiver de acordo com o contrato, as instruções recebidas e os costumes do lugar. Se o empreiteiro entretanto afastou-se das instruções recebidas e dos planos e regras técnicas, o dono da obra poderá rejeitá-la ou pedir abatimento do preço de acordo com o prejuízo ou desvalorização da obra.

Se o empreiteiro só forneceu mão-de-obra, todos os riscos em que não tiver culpa correrão por conta do dono. Trata-se nesse caso de empreitada de lavor e o empreiteiro só responde por seu serviço. Deverá o dono da obra pagar ao empreiteiro as despesas e lucros relativos aos serviços já feitos na obra, se a suspender após ter sido iniciada. Deverá ainda pagar indenização razoável, calculada em função do que o empreiteiro teria ganho, se concluída a obra.

Não terá o dono da obra direito a indenização por danos resultantes de defeitos e vícios da solidez e segurança do trabalho, em razão dos materiais ou do solo, se a execução da obra foi confiada a terceiros e o empreiteiro não tiver assumido a fiscalização dela.

Por outro lado, se o dono da obra tiver aprovado projeto elaborado pelo empreiteiro, não estará obrigado a concordar com modificações no projeto, a não ser que seja em comum acordo. Poderá ter que discutir alguma modificação por motivos supervenientes ou razões de ordem técnica, ou se for modificação de pouca monta, ou se ficar comprovada a inconveniência ou a excessiva onerosidade de execução do projeto em sua forma originária.

Antes da execução de uma obra, pode haver a elaboração de projeto por parte do dono da obra ou do empreiteiro, mas se trata de um acordo à parte. A elaboração desse projeto não implica a obrigação de executá-lo nem de fiscalizar-lhe a execução. Essas obrigações virão depois com o contrato de empreitada.

### 16.5. Contrato "clé en main" ou "turn key"

Um exemplo famoso desse contrato foi celebrado entre a indústria francesa de automóveis RENAULT e a empresa estatal romena INDUSTRIALIMPORT. O contrato teve por objeto a venda de um equipamento industrial para a fabricação de veículos. É, em princípio, um contrato de compra e venda de equipamento industrial, com as mesmas partes: vendedor e comprador. Entretanto, não foi a venda de maquinaria industrial estática, mas a venda foi mais além. A RENAULT vendeu a maquinaria, instalou-a nos pavilhões industriais, ligou essas máquinas, fazendo-as funcionar e testou-as. Treinou o pessoal da compradora no manejo dessas máquinas e testou o trabalho produtivo, com os primeiros protótipos. A entrega do equipamento industrial fornecido só se perfez quando o comprador pôde assumir a produção dos veículos.

Esse sistema vem justificar o nome do contrato: "clé en main" = chave na mão, ou a versão americana "turn key" = vire a chave. Vê-se então que o contrato "clé en main" consiste na venda de um equipamento industrial, não estático, mas dinâmico. A maquinaria vendida não é apenas entregue, mas instalada, acionada, testada e agilizada na produção. As prestações do vendedor não terminam com a entrega da coisa vendida, continua com várias outras, inclusive com o treinamento do pessoal do comprador.

É um contrato misto e não apenas o de compra e venda; integram-se nele os elementos do contrato de empreitada mercantil, de prestação de serviços, de assistência técnica. Parece uma forma mais evoluída do contrato de empreitada mercantil. O aspecto primordial do contrato "clé en main" é o de haver nele um contrato de transferência de tecnologia: o vendedor não vende apenas uma maquinaria industrial, mas também a tecnologia de utilização desse equipamento. Não se trata de um contrato a parte, mas o fornecimento de tecnologia industrial está ínsito no próprio contrato de compra e venda. Assim sendo, coexistem no contrato "clé en main" elementos diversos, a saber:

– materiais – constituído dos equipamentos industriais vendidos;

– imateriais – constituído de manuais de instalação e de operações, planos, "croquis", "layouts", instruções, dados técnicos e demais idéias para o bom desempenho do equipamento;

– serviços – assistência técnica, instalação dos equipamentos, treinamento do pessoal do comprador, seleção de matérias-primas, etc.

Se o comprador do equipamento aciona-os, dispensando o acompanhamento e os serviços do vendedor, não há contrato "clé en main", tão-somente venda de equipamento industrial. O comprador já tem sua tecnologia, tanto que ele próprio sabe como fazer a maquinaria produzir. Comprou o equipamento limitado aos seus aspectos materiais, embora haja sempre alguns manuais de operações ou de instalação acompanhando esses equipamentos. Por isso, o contrato "clé en main" se faz entre um fornecedor de equipamentos industriais, detentor de tecnologia, e uma empresa carente dessa tecnologia. Internacionalmente, é o mais comum entre países tecnologicamente desenvolvidos e países em desenvolvimento. Nessas condições, o comprador adquire uma tecnologia, mediante a compra de um equipamento industrial.

*Obrigações das partes*

A obrigação do vendedor é entregar o equipamento, seguindo, entretanto, fases diversas: concepção, realização, funcionamento, treinamento, assistência técnica. A concepção é a fase da escolha do equipamento industrial a ser vendido e os planos de utilização dele. Na venda normal, essa fase pertence totalmente ao comprador, mas no "clé en main" o vendedor participa ativamente na escolha da "res".

A realização é a implantação do projeto, começando pela infra-estrutura imobiliária. O equipamento industrial é instalado em imóvel fornecido pelo comprador mas com as concepções técnicas delineadas pelo vendedor. A instalação se faz de acordo com a tecnologia fornecida pelo vendedor, que elabora o "croquis", as "maquettes", o "layout" para a localização de cada unidade do equipamento. Consta ainda do planejamento de operações, formação da rede de comunicações, previsão de matéria-prima a ser utilizada, de tal forma que a fábrica é entregue já em condições de funcionar. Simbolicamente se diz que é a entrega da chave da fábrica ao comprador dela, donde o nome do contrato: "clé en main". Nos Estados Unidos da América foi criada a designação de "turn key" = vire a chave. Essa expressão dá a entender que basta virar a chave e a fábrica entra em funcionamento.

*Contrato "produit en main"*

O contrato "clé en main", nas fases acima expostas, foi aplicado a princípio, mas, com o desenvolvimento tecnológico, tornou-se incompleto. Evoluiu além da entrega da fábrica, acompanhando a produção até a entrega dos produtos no mercado. Surgiu assim a versão do contrato denominada "produit en main". Aplica-se o "produit en main" em empresas de países do terceiro mundo, em que falta competência suficiente para tirar bom proveito e desenvolver a tecnologia. Nessas condições, o vendedor dá assistência técnica às atividades do comprador, elabora o planejamento da produção, confere a qualidade dos produtos. Dá treinamento ao pessoal do comprador para aumentar a eficiência dele no manejo da fábrica.

Esse trabalho é um tipo de garantia do bom desempenho do equipamento vendido. Nele há a participação do comprador mormente de seus ferramenteiros, feitores e outros profissionais colocados diretamente na produção e no funcionamento da fábrica vendida. As obrigações do vendedor terminam então no momento em que o comprador assimilou toda a tecnologia passada pelo vendedor, mostrando-se competente para operar a fábrica com bom desempenho, fabricando os produtos e colocando-os na mão de seus consumidores, donde o nome "produit en main". Há pois uma assistência tecnológica e mercadológica, por parte do vendedor.

### *Características desses contratos*

A principal característica desse contrato é a de ser ele o principal, complementado por uma extensa série de contratos acessórios. O principal é o de empreitada mercantil e os principais acessórios são o de compra e venda de coisas e de transferência de tecnologia. Este último não é de licenciamento, mas de cessão. O comprador do equipamento torna-se dono da tecnologia cedida pelo vendedor. Poderá vender o equipamento e com ele a tecnologia de sua utilização. É marcantemente empresarial, portanto, oneroso sinalagmático e de prestações recíprocas. Como o de empreitada e compra e venda, é consensual. É ainda de trato sucessivo, com prestações várias, continuadas e normalmente demoradas.

# 17. EMPRÉSTIMO DE COISAS: COMODATO

17.1. Conceito e características
17.2. Obrigações do comodatário

## 17.1. Conceito e características

O comodato é o contrato pelo qual uma parte empresta à outra uma coisa para que esta a use e lhe devolva. A coisa deve ser devolvida na sua individualidade, vale dizer, deve ser devolvida a própria coisa emprestada. Distingue-se pois do mútuo, pois no comodato a coisa é não fungível. É um contrato real pois se perfaz com a entrega da coisa.

A pessoa que empresta a coisa infungível chama-se comodante e quem a recebe é o comodatário. São as duas personagens intervenientes no contrato.

O comodato é empréstimo gratuito de coisas não fungíveis; não pode ser oneroso, pois seria então contrato de locação. A lei não prevê para ele forma especial, pelo que pode ser considerado contrato informal, não solene. É contrato de prestação a cargo de uma só parte; unilateral porque apenas o comodatário assume obrigações. Não se considera obrigação a entrega da coisa pelo comodante.

É um contrato temporário, devendo ter prazo, mas mesmo sem prazo é temporário. Se o contrato não tiver prazo convencional, presume-se que seja o necessário para o uso concedido. Não poderá o comodante suspender o uso e gozo da coisa emprestada, antes de findo o prazo convencional, ou o que se determine pelo uso concedido. Salve-se quando houver necessidade urgente, reconhecida pela justiça.

Quanto à coisa emprestada pode ser móvel ou imóvel, mas não poderão ser fungíveis ou consumíveis. Não precisa ser propriedade do comodante; este poderá ceder em comodato coisas alheias, mas necessitarão de licença especial. É o caso de administradores judiciais, como tutores, curadores, inventariantes, testamenteiros, ou depositários: poderão eles conceder comodato de bens alheios sob sua orientação, desde que autorizados, geralmente pela justiça.

O comodato é contrato temporário, por determinado período de tempo. Pode porém ser estabelecido por tempo definido e indefinido, mas este não significa eterno, senão seria doação. Se o comodato tiver prazo convencional, no vencimento cessa o contrato, retornando a coisa à posse do comodante. Até então não poderá o comodante pedir de volta nem o depositário devolver a coisa, a não ser de comum acordo.

Se, porém o comodato não tiver prazo convencional, presume-se que o prazo seja pelo tempo necessário ao uso da coisa. Por exemplo, Modestino empresta para Ulpiano seu apartamento na praia para que este passe as férias de julho. Presume-se que no dia 31 de julho cesse o contrato.

Contudo, o comodato é um ato gracioso do comodante e, em caso de necessidade imperiosa e imprevista, o comodante poderá pedir a restituição da coisa e se não for atendido, poderá pedi-la judicialmente, por meio de ação de reintegração de posse.

## 17.2. Obrigações do comodatário

O comodatário é obrigado a conservar, como se sua fora, a coisa emprestada, não podendo usá-la senão de acordo com o contrato ou a natureza dela, sob pena de perdas e danos. Se a coisa emprestada for, por exemplo, um imóvel residencial, não pode ser transformado em escritório ou indústria; se for automóvel de passeio, não poderá ser usado para transporte de mercadorias, nem táxi.

Se o comodatário transgredir essa condição e for colocado em mora, além de responder por perdas e danos, deverá restituir imediatamente a coisa ao comodante. Desde o momento em que for colocado em mora até a devolução, o comodatário deverá pagar aluguel pelo uso da coisa. Nessas condições, o contrato passou a ser locação.

Em caso de perigo, o comodatário deve demonstrar seu zelo à coisa que lhe foi entregue, a tal ponto de sobrepô-la à suas posses pessoais. Se, correndo risco o objeto de comodato juntamente com outros do comodatário, antepuser este a salvação dos seus, abandonando o do comodante, responderá o comodatário pelo ocorrido, e nem poderá alegar caso fortuito ou força maior.

O comodatário não poderá jamais recobrar do comodante as despesas feitas com o uso e gozo da coisa emprestada. Estar desfrutando gratuitamente da propriedade alheia já é um privilégio do comodatário, não lhe sendo lógico esperar que o comodante cubra os gastos feitos pelo portador do privilégio. Qualquer benfeitoria realizada na coisa emprestada, seja necessária, útil ou voluptuária trará vantagens diretas e imediatas ao próprio comodatário.

É possível que uma coisa seja entregue a mais de um comodatário, ou seja, duas ou mais pessoas desfrutam do mesmo empréstimo. Se duas ou mais pessoas forem simultaneamente comodatárias de uma coisa, ficarão solidariamente responsáveis para com o comodante. Essa solidariedade representa o esforço comum a que estão obrigados os comodatários no próprio interesse em desfrutar um benefício. Devem eles ter em conta que o termo "comodato"origina-se etimologicamente de "comodum datum"= dado comodamente.

# 18. EMPRÉSTIMO DE DINHEIRO: MÚTUO

18.1. Conceito e partes
18.2. Caracteres do contrato
18.3. Paralelismo com o comodato

### 18.1. Conceito e partes

O mútuo é o empréstimo de coisas fungíveis. O mutuário é obrigado a restituir ao mutuante o que dele recebeu em coisa do mesmo gênero, qualidade e quantidade (art. 586). Como se vê nesse conceito, as partes desse contrato chamam-se mutuante (quem entrega a coisa) e mutuário (quem recebe). Coisa fungível é a que se pode pagar com outra do mesmo gênero, qualidade e quantidade. Coisa fungível é essencialmente o dinheiro; por isso se diz que o mútuo é o empréstimo de dinheiro. Essencialmente mas não exclusivamente; poderia ser por exemplo feijão: Marcelino empresta a Vitalino 300 sacas de feijão roxinho até a safra; após a safra, Vitalino paga o empréstimo com 300 sacas de feijão roxinho. Não são as mesmas sacas nem os mesmos feijões, ou seja, pagou com coisas do mesmo gênero, qualidade e quantidade. Com o dinheiro é assim; um banco empresta a seu cliente R$100.000,00 e depois o cliente lhe paga com a mesma importância, mas não são as mesmas notas, o mesmo dinheiro, mas outro, porém com o mesmo valor.

Este empréstimo transfere o domínio da coisa emprestada ao mutuário, por cuja conta correm todos os riscos dela desde a tradição (art. 587). Excepcionalmente é um empréstimo "sui generis", pois a coisa emprestada passa a ser propriedade do mutuário. Aproxima-se mais à venda do que ao empréstimo. É como se a coisa fosse vendida a um preço, mas esse preço será outra coisa igual à que foi vendida.

O mutuário é do dono da coisa, tanto que pode fazer com ela o que bem entender. Tratando-se de dinheiro, o mutuário poderá usar, doar, enfim dar a ele o destino que lhe aprouver. Quando for devolver o dinheiro, não será o mesmo, mas outro só que será com o mesmo gênero e valor.

### 18.2. Caracteres do contrato

É um contrato real, pois só se completa com a tradição da coisa. É gratuito em princípio, mas pode ser oneroso desde que haja estipulação nesse sentido. O mutuante nada recebe, a menos que haja contraprestação combinada entre as partes. Destinando-se o mútuo a fins econômicos, presumem-se devidos os juros. Esses juros deverão ser os juros legais, com taxa limitada pela lei, conforme previsto no Código Civil nos arts. 406 e 407.

É unilateral porque só o mutuário assume obrigações, uma vez que a entrega do dinheiro pelo mutuante não é obrigação, mas liberalidade.

Por ser contrato, a lei exige que seja celebrado entre pessoas juridicamente capazes. O mútuo feito a pessoa menor sem prévia autorização daquele sob cuja orientação estiver não pode ser reavido nem do mutuário, nem de seus fiadores. Poderá, entretanto, o representante legal do menor ratificar posteriormente o empréstimo, o que validará o contrato.

Será também válido se esse empréstimo tiver resultado em benefício do menor, como por exemplo, se o mutuante emprestou dinheiro a um menor para que esse menor comprasse um imóvel. Será possível também, requerer a penhora de bens do menor, se o mutuante tiver emprestado a ele dinheiro para a sua manutenção, como os alimentos habituais.

Após a concessão do empréstimo, se o mutuário sofrer notória mudança em situação econômica vislumbrando-se a possibilidade de não cumprimento da obrigação, o mutuante poderá pedir a rescisão do contrato, exigindo a restituição do dinheiro.

O mútuo é contrato de duração e deve ter seu prazo. Os bancos, por exemplo, praticam comumente este contrato, com prazo de 60, 90, ou 120 dias. É possível porém que, por lapso não se estabeleceu o prazo para a devolução. Ou então, poderá haver dúvida a respeito do tempo para a utilização do crédito. Nesses casos, haverá o suprimento legal, para a determinação do prazo.

Se for empréstimo de dinheiro, como acontece quase sempre, o prazo será então de 30 dias. Se for empréstimo de produtos agrícolas, como arroz, feijão, soja, o prazo será até a próxima colheita. Se for de alguma outra coisa fungível, será o espaço de tempo que declarar o mutuante.

**18.3. Paralelismo com o comodato**

O mútuo é o empréstimo de uma coisa, como também é o comodato. Mútuo origina-se de "meum tuum" (meu-teu), ou seja, o meu é também teu. Há muitos caracteres comuns, mas também muitas diferenças. Marcante é a característica do mútuo em ser empréstimo de coisa fungível e o comodato de coisa infungível. Assim sendo, o comodato é o empréstimo de uso, o mútuo de consumo.

No comodato deve ser devolvida a própria coisa emprestada, como por exemplo, uma casa. O mútuo não implica a devolução da própria coisa emprestada, mas de outra, do mesmo gênero, qualidade e quantidade, como é o caso do dinheiro; não são as próprias notas devolvidas, mas outras, só que do mesmo valor.

No mútuo não existe empréstimo, mas a transferência de propriedade, tanto que o mutuário pode fazer com o dinheiro o que quiser, já que é dono dele. No comodato, o comodatário não pode fazer o que quiser com a coisa; poderá usá-la, mas não mudar a natureza, devolvendo-a ao comodante tal qual era.

O mútuo é, em princípio, contrato gratuito; mas nem sempre, uma vez que será possível estabelecer cláusula para o pagamento de juros. O comodato é sempre gratuito, senão seria locação.

Há porém características comuns: ambos são contratos reais, porque se perfazem com a entrega da coisa; ambos não unilaterais, ou seja, com prestação a cargo de uma só parte; são contratos temporários; são empréstimo de coisas.

# 19. CONTRATO DE "ENGINEERING"

Por esse contrato, uma empresa de assessoria técnica compromete-se a implantar em uma outra empresa um método de trabalho ou a aprimorar o método que esta já aplicava. É um sistema de prestação de serviços, em que o prestador do "engineering" dá garantia da eficiência de seu trabalho, assistência técnica e controle de qualidade.

É diferente do "know-how"; neste o concedente detém um processo de trabalho, que fornece ao licenciado. No "engineering", o beneficiário já possui um método de trabalho e o prestador de serviço de "engineering" estuda, corrige e aperfeiçoa esse método. O prestador do serviço não cria o método para si, mas cria diretamente para o beneficiário; a tecnologia já era deste e incorpora-se definitivamente ao patrimônio dele; é portanto tecnologia de utilização definitiva e não temporária como o "know-how".

Às vezes, o "engineering" pode ser aplicado no próprio "know-how". Uma empresa que detenha um "know-how" e pretenda aperfeiçoá-lo, contrata com uma empresa de "engineering" para que estude e aperfeiçoe o "know-how". Assim sendo, a fornecedora da tecnologia fornecida não é a detentora dela. Ela pode atuar como mandatária da empresa titular dos conhecimentos objeto do contrato, transferindo e implantando a metodologia de uma empresa em outra.

Esse contrato tem sido chamado de "organização", "consultoria empresarial" ou "engenharia empresarial"; é também usado o termo "engenharia", tradução de "engineering". Quando em vigor o AN-15/75, esse contrato era categorizado como "contrato de serviços técnicos especializados", de forma diferente do "know-how". A Resolução 22/91 adota a classificação de "prestação de serviços de assistência técnica e científica".

O contrato de "engineering" não é celebrado apenas com fins industriais, mas também administrativos, mercadológicos, controle de qualidade, processamento de dados, gerenciamento, planejamento financeiro e operacional, programação e elaboração de estudos e projetos, elaboração de planos diretores, estudos de previabilidade e de viabilidade técnico-econômica e financeira, instalação, montagem e colocação em funcionamento de máquinas, equipamentos e unidades industriais, e outras atividades empresariais que exijam uma organização cientificamente estabelecida.

O serviço de "engineering" não é desconhecido da lei brasileira. Pelos Decretos 64.345/69 e 66.717/70, os órgãos públicos só poderão contratar serviços de "engineering" (a lei fala em consultaria e assistência técnica, não usando a expressão "engineering") com empresas estrangeiras, se não houver empresa nacional capacitada a prestar esses serviços. Se contratar empresa estrangeira, deverá o serviço ser executado em convênio com empresa nacional. Uma empresa privada, porém, poderá contratar diretamente com empresa estrangeira.

# 20. ESTIMATÓRIO (VENDA EM CONSIGNAÇÃO)

20.1. Noções gerais
20.2. Obrigações e direitos
20.3. Caracteres do contrato

## 20.1. Noções gerais

O contrato estimatório ou contrato de vendas em consignação é celebrado entre duas partes, denominadas consignante e consignatário. Por esse contrato, o consignante entrega ao consignatário mercadorias, para serem vendidas e um preço final já estimado. Se elas não forem vendidas em determinado prazo, o consignatário deverá devolvê-las ao consignante. É uma variação do contrato de compra e venda, mas com uma diferença fundamental: na compra e venda, com a tradição, opera-se a transferência da propriedade da mercadoria vendida; o comprador torna-se dono dela.

Não é o que acontece com o contrato de venda de mercadorias em consignação. Mesmo com a tradição da coisa ao consignatário, o consignante continua dono dela. A posse é do consignatário e a propriedade do consignante. Há neste caso alguns elementos também do contrato de depósito, bem como do mandato. Ao receber as mercadorias consignadas, o consignatário assume a posição de fiel depositário submetido às obrigações próprias do contrato de depósito. Além disso, o consignatário recebe autorização do consignante para vender essas mercadorias a um preço já estabelecido, recolhendo o preço delas ao consignante. Evidenciam-se assim alguns elementos do mandato.

O nome do contrato advém do fato de as mercadorias serem vendidas a um preço já estimado. Não é muito comum nos dias de hoje, mas acreditamos que tenha sido muito vulgarizado na primeira metade deste século. O ICMS chamava-se anteriormente Imposto sobre Vendas e Consignações. Segundo o Código Civil e o Código Civil italiano só pode ter por objeto bens móveis. O lucro do consignatário será a diferença entre o preço estabelecido pelo consignante e o que for pago pelo comprador. O consignante obriga-se a entregar as mercadorias, arcando com todas as despesas da entrega. Daí por diante, ficam as despesas de guarda e conservação das mercadorias, da venda e entrega delas, os impostos, a cargo do consignatário.

## 20.2. Obrigações e direitos

O consignatário assume despesas de custódia, da venda e entrega da mercadoria. Se não conseguir vendê-la no prazo estabelecido, deverá devolvê-la ao consignante. Ao vender as coisas entregues em consignação, deverá pagar o preço. Perante terceiros que adquirirem os produtos, assume ele riscos pela evicção e pelos vícios redibitórios. Assim sendo, há uma tríplice obrigação do consignatário, derivante do contrato: custodiar e restituir a coisa no prazo, a menos que a tenha vendido, o que gera a obrigação de pagar o preço. O consignatário não é liberado da obrigação de pagar o preço se a coisa perecer em sua posse, ainda mesmo por causa não imputável a ele.

Por outro lado, tem o poder de vender a coisa consignada. Não é um direito é um poder outorgado pelo consignante. Se ele exerce esse poder, torna-se obrigado a pagar o preço; se não exercê-lo poderá restituir a coisa ao final do prazo. Se ele inadimplir suas obrigações dará ao consignante o direito a duas opções: exigir o pagamento do preço ou a devolução da coisa. Se alienar a coisa e reter o preço, incorrerá em apropriação indébita.

### 20.3. Caracteres do contrato

Trata-se de um contrato real, pois se aperfeiçoa com a consignação da coisa, feita pelo consignatário. A propriedade da coisa permanece com o consignante, até que seja vendida ao terceiro pelo consignatário. É também contrato de trato sucessivo, ou de duração. Via de regra, há um prazo para o contrato; há também um prazo para a venda da mercadoria a partir da entrega dela. Vencido o prazo, o consignatário não poderá alienar as mercadorias em consignação.

Não é necessário que seja um contrato empresarial e mercantil. Por exemplo: um cidadão encarrega outro de vender a determinado preço uma garrafa de champanhe importada; se o consignatário vendê-la a preço maior que o estimado, ficará com a diferença. Estamos porém examinando esse contrato mais pelo lado empresarial. O consignatário comumente é uma empresa dedicada à venda de certa linha de artigos e aceita em consignação produtos característicos de sua linha. O consignante nem sempre é uma empresa.

É contrato de prestações recíprocas: o consignatário assume três obrigações principais, mas em troca de uma contraprestação. É oneroso, porquanto ambas as partes sofrem alterações patrimoniais com as operações de venda. É contrato atípico em nosso direito, já que a lei nem sequer o previu. Consta porém de vários códigos, mas com o nome de "contrato estimatório". É o que acontece com o Código Civil italiano, que o tipifica com esse nome e o regulamenta nos arts. 1.556 a 1.558. Apesar dos três parcos artigos do Código Civil italiano, constitui a base legislativa de que dispomos para as nossas considerações. O Código Civil, tipifica-o, dedicando-lhe quatro artigos (arts. 534 a 537).

A coisa consignada não pode ser objeto de penhora ou seqüestro pelos credores do consignatário, enquanto não pago integralmente o preço (art. 536). As mercadorias consignadas pertencem ao consignante e não ao consignatário e por isso não podem garantir as dívidas deste último. Está na obrigação do consignatário demonstrar o verdadeiro proprietário das coisas em seu poder ao oficial de justiça que proceder à penhora dessas coisas.

Por outro lado, o consignante não pode dispor da coisa antes de lhe ser restituída ou de lhe ser comunicada a restituição. Por essa disposição legal, não pode ele oferecer à penhora os bens entregues em consignação.

# 21. FIANÇA

21.1. Conceito e caracteres
21.2. Fiança civil e mercantil
21.3. Fiança e aval
21.4. Efeitos da fiança
21.5. Extinção da fiança

## 21.1. Conceito e caracteres

Considera-se fiança o contrato pelo qual uma pessoa chamada fiador obriga-se a pagar um débito de outra pessoa, chamada afiançado. Esse conceito é confirmado pelo art. 818 do novo Código Civil:

> "Pelo contrato de fiança, uma pessoa garante satisfazer ao credor uma obrigação assumida pelo devedor, caso este não a cumpra".

A fiança é um contrato de garantia, como o penhor; contudo, o penhor é uma garantia real e a fiança garantia pessoal ou fidejussória. É pessoal porque a pessoa do fiador responde pelo débito, enquanto que na garantia real é a coisa dada em garantia. É um contrato acessório, porquanto garante a obrigação principal. Normalmente é obrigação a cargo de uma só parte, também chamado de unilateral: o fiador assume obrigações e o afiançado não fica obrigado.

Nem sempre porém é gratuito. A maioria dos grandes bancos mantém um setor de fiança. Um inquilino, por exemplo, ao alugar um imóvel, pede fiança a um banco, que a concede mediante o pagamento de taxa mensal. O banco fiador, por sua vez, pede determinadas garantias de seu afiançado, às vezes, de outro fiador. Há pois, a fiança de outra fiança. A fiança que um fiador dá ao credor para garantir as responsabilidades de um afiançado é chamada de "abono". O abonador assume responsabilidades idênticas às do fiador.

Pode-se estipular a fiança, ainda que sem o conhecimento do devedor ou contra sua vontade (art. 820). É muito usado como contrato acessório ao contrato de locação. Por exemplo: Ulpiano aluga imóvel a Modestino, celebrando contrato de locação de imóvel. Para maior garantia de Ulpiano, Gaio concede fiança, obrigando-se a pagar o aluguel, caso Modestino não pagar. É possível que o contrato de locação seja celebrado só entre Ulpiano e Modestino; posteriormente, Gaio concede a fiança diretamente com Ulpiano, sem que Modestino participe. Embora seja outro contrato, a fiança pode ser estabelecida no próprio contrato de locação.

A fiança deve ser dada por escrito e não admite interpretação extensiva (art. 819). Assim sendo, o fiador não se obriga, a não ser no que for descrito na fiança; sua responsabilidade limita-se aos termos da fiança. Digamos que a fiança tenha sido dada ao valor do aluguel; não pode ser estendida às despesas de condomínio. Aliás, em sentido geral, diz o art. 114 do novo Código Civil que os negócios jurídicos benéficos interpretam-se estritamente; e a fiança é um negócio jurídico benéfico.

É um contrato formal, solene, uma vez que a lei impõe forma especial, ou seja, deve ser por escrito. Todavia, além da forma escrita, a lei não exige outras formalidades para a fiança, que poderá ser dada por instrumento público ou particular.

As dívidas futuras podem ser objeto de fiança; mas o fiador, neste caso, não será demandado senão depois que se fizer certa e líquida a obrigação do principal devedor (art. 821). No contrato de locação, por exemplo, a fiança é dada para possível inadimplemento do aluguel, o que representa dívida futura. A responsabilidade decorrente da fiança é subsidiária, indireta. É preciso primeiro saber o montante da dívida do devedor principal e só então poderá o fiador ser cobrado.

Não sendo limitada, a fiança compreenderá todos os acessórios da dívida principal, inclusive as despesas judiciais, desde a citação do devedor (art. 822). Pode a fiança ser limitada ou ilimitada, com limite estabelecido no contrato. Será limitada quando der cobertura parcial à dívida, como por exemplo, no contrato de locação a fiança cobrir apenas o valor do aluguel. Se a fiança garantir o valor do aluguel e mais juros, correção monetária, despesas judiciais e outras obrigações decorrentes do inadimplemento da pessoa afiançada, será ilimitada. Outra ocorrência de fiança limitada será também se no contrato de locação constar aluguel de R$1.000,00, a fiança garantir apenas R$500,00.

A fiança pode ser de valor inferior ao da obrigação principal e contraída em condições menos onerosas, e, quando exceder o valor da dívida, ou for mais onerosa que ela, não valerá senão até ao limite da obrigação afiançada (art. 823). É possível a fiança parcial, que será limitada, como logo acima foi referido. Destarte, no contrato de aluguel, um fiador poderá garantir a metade do aluguel e outro fiador a outra metade. O que não pode ser é superior à obrigação principal. Não será nula, mas apenas limitada ao valor da dívida. Por isso, diz o art. 819 que a fiança "não admite interpretação extensiva".

As obrigações nulas não são suscetíveis de fiança, exceto se a nulidade resultar apenas de incapacidade pessoal do devedor (art. 824). Essa disposição é óbvia: se a dívida é nula, a fiança também será nula, pois se trata de um contrato acessório e dependente de outro. Não se pode garantir uma dívida inexistente. A fiança valerá, porém se a dívida for nula, se tiver sido assumida por um incapaz, a menos que seja empréstimo de dinheiro (mútuo) a um menor de idade. Por exemplo, dívida de jogo é nula, mas se alguém quiser garantir essa dívida, fará fiança válida.

Quando alguém houver de oferecer fiador, o credor não pode ser obrigado a aceitá-lo se não for pessoa idônea, domiciliada no município onde tenha que prestar a fiança, e não possua bens suficientes para cumprir a obrigação (art. 825). A fiança é um contrato "intuitu persone", ou seja, leva-se em conta a pessoa do fiador. Para garantir os direitos do credor, deverá ser pessoa inspiradora de confiança do credor, pessoa idônea moral e financeiramente. Por isso, a fiança é uma garantia pessoal ou fidejussória; deriva-se essa palavra de fides = fé. Deve o fiador ser para o credor uma pessoa fidedigna, ou seja, merecedor de fé.

Se o fiador se tornar insolvente ou incapaz, poderá o credor exigir que seja substituído (art. 826). Se o fiador garante o pagamento do débito do afiançado, essa garantia ficará abalada se o fiador tornar-se insolvente ou incapaz. Nesse caso, tem o credor o direito de exigir a substituição do fiador, por outra pessoa inspiradora de confiança, por pessoa idônea moral e financeiramente. O mínimo que se costuma exigir é que o fiador tenha imóvel livre e desembaraçado de ônus, na comarca do devedor.

## 21.2. Fiança civil e mercantil

É um aspecto importante, por decorrerem efeitos jurídicos relevantes. A fiança mercantil é empresarial, ou seja, o afiançado é uma empresa e a operação afiançada deve fazer parte de sua atividade. Ou então, o fiador é uma empresa, como acontece com vários bancos com setor organizado para conceder fiança. Nesse caso a concessão de fiança constitui atividade empresarial.

Tratando-se de fiança mercantil, a responsabilidade do fiador é solidária, como se fosse um aval. Se o afiançado não solver sua obrigação, o credor acionará ambos indistintamente. Na fiança civil, a responsabilidade do fiador é secundária, subsidiária, indireta, como acontece no contrato de locação residencial. O fiador será chamado a pagar só se o afiançado, que é o devedor direto, não pagar. Se o afiançado tiver bens que possam garantir a execução, o fiador poderá indicá-los à penhora e se eles forem insuficientes, poderão ser penhorados os do fiador. É o chamado benefício de ordem ou de excussão.

### 21.3. Fiança e aval

Embora fiança e aval sejam garantias pessoais ou fidejussórias, existem marcantes diferenças entre elas. A fiança é um contrato, o aval uma declaração unilateral de vontade. A fiança é dada num contrato, o aval em título de crédito.

A responsabilidade na fiança é subsidiária e indireta, no aval é solidária e direta. O exame da fiança pertence ao campo do Direito Contratual, tanto que está sendo discutida neste compêndio sobre contratos; do aval ao campo do Direito Cambiário. O aval garante dívida líquida e certa, enquanto que a fiança pode garantir dívida incerta ou inexistente. A fiança extingue-se com a morte do fiador; o aval permanece no título, transmitindo-se a responsabilidade aos herdeiros.

O aval só pode ser convencional. A fiança normalmente é convencional mas pode ser legal ou judicial.

Aspecto discutido é se a fiança extingue-se quando se vencer o contrato principal. Nossos tribunais têm se pronunciado no sentido de que o acessório segue o principal. Se o contrato principal se extingue, extinto fica o de fiança. O aval permanece válido, ainda que a obrigação principal seja nula.

### 21.4. Efeitos da fiança

O fiador demandado pelo pagamento da dívida tem direito a exigir, até a contestação da lide, que sejam primeiro executados os bens do devedor. O fiador que alegar o benefício de ordem deve nomear bens do devedor, sitos no mesmo município, livres e desembaraçados de ônus, quantos bastem para solver o débito. É uma exceção facultada ao fiador, ou seja, uma forma de defesa; essa exceção é denominada normalmente de "benefício de ordem". A fiança, conforme foi dito várias vezes, é garantia subsidiária, indireta, secundária. Quem deve pagar é o devedor; se este não pagar e não oferecer bens à penhora ou não tiver bens penhoráveis, o fiador garantirá o pagamento. Se o devedor direto tiver bens situados na comarca de execução, o fiador apontará esses bens para a penhora. Por isso, no próprio contrato de fiança, costuma-se registrar um imóvel livre e desembaraçado de ônus do fiador. Convém o credor exigir que os bens sejam localizados na comarca de execução.

O benefício de ordem não aproveita ao fiador se ele o renunciou expressamente. Da mesma forma se ele tiver sido fiador solidário, ficando colocado na mesma posição que o devedor principal. Assim também ocorre se o devedor principal tornou-se insolvente ou falido; a fiança garante também esse aspecto. Além do mais, para alegar o benefício de ordem, o fiador terá que indicar bens do devedor desembaraçados de ônus; ora, se o devedor ficar insolvente, seus bens ficarão gravados de ônus.

A fiança conjuntamente prestada a um só débito por mais de uma pessoa importa o compromisso de solidariedade entre elas, se declaradamente não se reservarem o benefício da divisão. Estipulado este benefício, cada fiador responde unicamente pela parte que, em proporção lhe couber no pagamento. Cada fiador pode fixar no contrato a parte da dívida que toma sob sua responsabilidade, caso em que não será mais por ele obrigado. A fiança conjunta, ou co-fiança, ocorre quando houver dois ou mais fiadores de um só afiançado, mais precisamente o mesmo débito. A solidariedade entre os fiadores é o normal, a menos que tenha havido acordo entre os envolvidos na fiança, estabelecendo de forma diferente. Assim sendo, se o devedor principal não pagar o débito, cada fiador obriga-se a pagá-lo na totalidade. Poderá o credor executar todos eles e se forem penhorados bens de todos, é facultado ao credor escolher qual bem penhorado será leiloado primeiro.

Se tiver havido a cláusula de divisão da responsabilidade, cada credor responderá por sua parte proporcional da dívida. Examinemos a seguinte dívida, com fiança de Gaio, Paulo e Labeo, no valor de R$1.500,00. Cada um deles deverá pagar o total dessa dívida. Se houver o benefício da divisão, Gaio pagará R$500,00, Paulo R$500,00 e Labeo R$500,00.

Se a fiança for dada com valores declarados, cada um pagará a parte que lhe cabe. Destarte, a dívida de R$1.500,00, se foi afiançada em R$800,00 por Gaio, R$500,00 por Paulo e R$300,00 por Labeo, cada um pagará o valor que tiver afiançado.

O fiador que pagar integralmente a dívida fica sub-rogado nos direitos do credor; mas só poderá demandar a cada um dos outros fiadores pela respectiva quota. Vigora o benefício da sub-rogação, pela qual o fiador que paga a dívida transforma-se em credor do afiançado e dos demais co-fiadores. Ao assumir o crédito adquire o direito de exigir o pagamento da importância que ele pagou. Vamos dar um exemplo: Papiniano executa dívida de Modestino, afiançada por Gaio e Ulpiano. No decorrer do processo, Ulpiano paga a dívida, livrando-se da execução; seu nome deve ser riscado do processo, pois não é mais executado. Por outro lado, Ulpiano poderá assumir no processo a posição de exeqüente, substituindo o exeqüente inicial, Papiniano. Ulpiano fará continuar a execução contra o devedor principal, Modestino e o co-fiador Gaio. Se Gaio pagar a dívida, sub-roga-se nos direitos creditórios e continua a execução contra Modestino. Se Modestino pagar, não haverá sub-rogação, por ser devedor direto.

O devedor responde também perante o fiador por todas as perdas e danos que este pagar, e pelos que sofrer em razão da fiança. O fiador tem direito aos juros do desembolso pela taxa estipulada na obrigação principal, e, não havendo taxa convencionada, aos juros legais de mora. O devedor responsabilizou-se pela dívida total do afiançado; pagou não só o principal mas os acessórios, para solucionar problema criado pelo inadimplemento do afiançado; deve ser indenizado em todos os gastos a que foi obrigado.

Quando o credor, sem justa causa, demorar a execução iniciada contra o devedor, poderá o fiador promover-lhe o andamento. Somos de opinião de que se o credor demorar mais do que o tempo necessário para iniciar a execução, terá concedido moratória ao devedor afiançado. É o caso de o locador permitir que seu inquilino fique um ano sem pagar o aluguel. Terá concedido injustificável benefício ao devedor em detrimento do fiador. Se a execução for iniciada e o exeqüente não acionar o processo, o fiador poderá requerer o andamento, pois a dívida irá aumentando. Pode o fiador requerer o cancelamento da fiança, se o credor estiver dilatando o exercício de seu direito, aumentando a responsabilidade do fiador, parecendo ter havido arreglo entre credor e afiançado.

O fiador poderá exonerar-se da fiança que tiver assinado sem limitação de tempo, sempre que lhe convier, ficando obrigado por todos os efeitos da fiança, durante 60 dias após a notificação do credor. A fiança pode ser a prazo ou por tempo indeterminado, ou seja, sem prazo. Se a fiança for concedida sem prazo, poderá o fiador exonerar-se dela a qualquer hora. A exoneração deverá ser requerida judicialmente, não exigindo a lei justa causa para ela. O fiador ficará responsável pela dívida até que a fiança seja cancelada. Os efeitos da fiança permanecem por 60 dias após ter sido notificado o devedor do desejo do fiador.

A obrigação do fiador passa aos herdeiros, mas a responsabilidade da fiança se limita ao tempo decorrido até a morte do fiador, e não pode ultrapassar as forças da herança (art. 836). Com a morte do fiador extingue-se a fiança, mas os efeitos dela antes da morte, permanecem e passam aos herdeiros. Apesar de ser "intuitu persone", os efeitos desde a celebração até a morte do fiador vinculam os herdeiros. Limitam-se, porém ao valor da herança, não se responsabilizando os herdeiros pelo que ultrapassar a força da herança. Digamos assim que a dívida afiançada seja de R$90.000,00, mas a herança soma apenas a R$60.000,00. Os restantes R$30.000,00 ficam por conta do devedor principal.

## 21.5. Extinção da fiança

O fiador pode opor ao credor as exceções que lhe forem pessoais, e as extintivas da obrigação que competem ao devedor principal, se não provierem simplesmente de incapacidade pessoal, salvo o caso do mútuo feito a pessoa menor (art. 837). Extingue-se a fiança de várias maneiras. Uma delas, conforme falado, é com a morte do fiador. Outra, por sentença judicial, se o fiador no processo de execução propor exceção que lhe seja pessoal, como ser for declarado interdito. No princípio de que "accessorium sequitur principalem", se for extinta a obrigação principal, extinta está a fiança, por lhe ser acessória.

Ainda que seja solidário, o fiador ficará desobrigado se o credor conceder moratória ao devedor, sem o conhecimento do fiador. Não diz a lei se a moratória deve ser comprovada ou presumida. Em nosso parecer, se o credor retarda exageradamente a cobrança da dívida está concedendo moratória.

Está cancelada também se, por fato do credor, for impossível a sub-rogação pelo fiador nos direitos e preferências. Se o credor causar algum impedimento que impeça o fiador de assumir os direitos e preferências propiciados pela sub-rogação, terá desfalcado o fiador.

Extingue ainda a fiança se o credor, em pagamento da dívida, aceitar amigavelmente do devedor objeto diverso do que este era obrigado a lhe dar, ainda que depois venha a perdê-lo por evicção. Deu-se nesse caso a dação em pagamento, extinguindo-se a dívida. Se não há mais dívida, não há mais fiança que a garanta.

Se for invocado o benefício da excussão e o devedor, retardando-se a execução, cair em insolvência, ficará exonerado o fiador que a invocou, se provar que os bens por ele indicados eram, ao tempo da penhora, suficientes para a solução da dívida afiançada (art. 838). A situação agora tornou-se um tanto complicada, e vai exigir melhores explicações, principalmente sobre o termo "excussão" aqui empregado. A excussão é termo utilizado como sinônimo de execução, mas em sentido estrito é a execução de dívida com garantia real, como o penhor e hipoteca, ou então com bens reservados e prometidos para garantia. Neste caso, ao ser concedida a fiança, o devedor era idôneo moral e financeiramente. Depois, houve mudança nas condições financeiras do devedor, tornando-se insolvente. Tinha o credor o direito de cobrar a dívida, executando-a. Se retardou na defesa de seus direitos creditórios, o credor não poderá exigir do fiador o resultado da própria desídia.

Vamos imaginar a situação existente entre Ulpiano (o devedor), Modestino (o credor) e Gaio (o fiador). Ulpiano tem dívida para com Modestino, afiançada por Gaio.

Como Modestino não pagou, Ulpiano executou a dívida, estendendo a execução para Gaio, pois este era o fiador. Gaio, porém, indica bens de Ulpiano para penhora, bens esses que já estavam prometidos para pagamento da dívida. Ao invés de agir prontamente, Modestino relaxa na execução, deixando passar o tempo. Nesse ínterim, Ulpiano cai em insolvência, ficando bloqueados seus bens e bloqueado o processo. Gaio poderá pedir a extinção da fiança, pois se Modestino tivesse agido com presteza, teria evitado a ocorrência.

# 22. FOMENTO COMERCIAL (Factoring)

22.1. Conceito
22.2. Tríplice serviço
22.3. Partes contratantes
22.4. Características do contrato
22.5. O "maturity factoring"

## 22.1. Conceito

O "factoring" é um novo contrato que está se implantando pouco a pouco em nosso país. É um tipo de contrato de compra e venda, em que uma empresa vende a outra o seu faturamento, por um preço menor do que a soma das faturas, diferença essa que será a remuneração da empresa compradora. Pode parecer estranho que se vendam duplicatas, mas estas se tratam de um bem "in commercium", ou seja, a lei não proíbe que o titular dos direitos que elas representam faça delas o que quiser inclusive que as venda. Os créditos e outros direitos podem ser vendidos por contrato; a venda de créditos e outros direitos recebe o nome especial de cessão. Assim, é o "factoring" um contrato misto, com elementos extraídos principalmente da cessão de crédito e do desconto bancário. Em nosso país algumas normas esparsas e convenções já batizaram essa figura contratual com o nome de "fomento comercial". O contrato tem duas partes, chamadas de faturizador e faturizado.

Por esse contrato, uma empresa mercantil ou civil, chamada faturizado, cede seus ativos financeiros a outra, chamada faturizador. Há uma outra pessoa que, mesmo sem ser parte no contrato, está intimamente ligada a essa operação: é o sacado das duplicatas faturizadas. Ele deveria pagar ao sacador dessas duplicatas, mas, com a operação de fomento comercial, deverá cumprir essa prestação ao faturizador. Pelo que se vê, é um contrato tipicamente mercantil, empresarial, pois ambas as partes, faturizador e faturizado, são empresas. O faturizador é uma empresa mercantil. O faturizado poderá ser uma empresa mercantil ou civil. As duplicatas faturizadas poderão ser mercantis ou de prestação de serviços. Será indiferente o tipo de pessoa do sacado das duplicatas: física ou jurídica, civil ou mercantil, de direito público ou privado.

## 22.2. Tríplice serviço

O fomento comercial é assim um sistema de financiamento. Adquirindo os ativos financeiros do faturizado, o faturizador supre-lhe as necessidades financeiras momentâneas, permitindo-lhe investir no seu capital de giro. Por outro lado, há uma colaboração administrativa do faturizador à gestão dos negócios do faturizado. Ao tornar-se titular dos direitos creditórios, o faturizador promove a cobrança deles, aliviando esse encargo do faturizado. A principal assessoria de gestão dada pelo faturizador é na seleção da clientela do faturizado.

Como adquirente das duplicatas do faturizado, tem real interesse o faturizador na qualidade e idoneidade do crédito que está adquirindo. Por esse motivo, procura ele orientar o faturizador nas vendas que este realizar; recomenda clientes mais confiáveis e veta aqueles que ofereçam risco. Deverá assim o faturizador estruturar seu setor econômico e cadastral, para habilitar-se ao assessoramento da gestão dos negócios do faturizado. A partir da operação, o relacionamento creditício opera-se entre o devedor das duplicatas faturizadas e o faturizador, que, de imediato dará aviso aos sacados.

Outro tipo do tríplice serviço prestado pelo faturizador ao faturizado é de "garantia". Consiste ela na renúncia do faturizador ao direito de regresso contra o faturizado, apesar de serem as duplicatas transferidas por endosso. Com efeito, ao ceder as suas duplicatas ao faturizador, o faturizado retira-se do vínculo obrigacional. Nesse aspecto, o contrato de fomento comercial aproxima-se muito do contrato bancário, hoje em desuso, denominado desconto "à forfait". Por essa operação bancária, ao descontar duplicatas de um cliente-sacador, o banco descontante libera o sacador-descontado, de pagar as duplicatas, caso o sacado não as pague. Ao renunciar ao direito de regresso contra o sacador-endossante, o faturizador dá-lhe garantia de pagamento delas. Alguns chamam essa garantia de "seguro do adimplemento", ou "assunção de risco".

Se o faturizador libera o faturizado de pagar o valor das duplicatas transferidas por endosso, assume o risco do crédito que elas incorporam; não havendo o pagamento o prejuízo será do faturizador. Assim sendo, o faturizado terá garantia do recebimento das duplicatas que sacou e transferiu por endosso, tanto que já recebeu o valor delas e não terá mais preocupações. Aliás, é um dos objetivos básicos do fomento comercial: aliviar o faturizado de preocupações e obrigações creditícias, fornecendo-lhe os serviços de uma organização especializada. Eis por que se justifica a designação de "garantia" e "assunção de risco".

Todavia, a renuncia ao direito de regresso encontra restrições de ordem legal na Lei Cambiária nacional, isto é, a Convenção de Genebra. Como as duplicatas são transferidas por endosso, esse endosso deverá ficar sujeito às normas da Lei Cambiária. Esta assegura o direito de regresso ao endossatário e não prevê uma forma de renúncia. A renúncia expressa no contrato de fomento comercial é inócua, pois a lei não admite declarações cambiárias fora da cártula. Uma solução possível será a emissão da duplicata com ordem de pagamento diretamente à empresa de fomento comercial e não ao sacador.

O terceiro serviço prestado pelo faturizador é o do financiamento. A aquisição do faturamento faz-se com pagamento a vista e assim ele recupera o investimento feito na produção de seus artigos. Nesse aspecto, o objetivo do fomento comercial aproxima-se ao do mútuo. Não é porém o mútuo. O dinheiro apresentado pelo faturizador ao faturizado é o pagamento do preço das duplicatas, extinguindo-se este relacionamento obrigacional entre ambos. O dinheiro apresentado pelo mutuante ao mutuário é um empréstimo temporário, para ser devolvido num determinado prazo. O fomento comercial é uma cessão de crédito a título oneroso, enquanto o mútuo não é uma cessão de crédito, e normalmente a título gratuito. No mútuo, o mutuante não abre mão do direito de regresso. Por essas razões, o direito francês considera instituições financeiras as empresas de fomento comercial, o "crédit-bail" e na mesma esteira segue o direito italiano.

Por outro lado, o faturizado dará garantia dos riscos da evicção e dos vícios redibitórios ao faturizador. Essa garantia, contudo, não se refere a possível insolvência do sacado das duplicatas, mas das qualidades essenciais delas. Por exemplo, uma duplicata sacada sobre uma venda cuja mercadoria não foi entregue. Os créditos cedidos deverão conter os caracteres básicos de sua idoneidade: regulares no seu aspecto formal, lícitos pela sua origem e certos quanto à sua existência.

### 22.3. Partes contratantes

O contrato de fomento comercial tem duas partes: faturizador e faturizado. Mais próprio seria então chamá-lo de faturização. Contudo, algumas normas baixadas pelo Banco Central batizaram-no com o nome de fomento comercial, sendo muito provável a adoção desse nome por uma eventual lei regulamentadora. Respeitaremos por isso a nomenclatura das normas existentes. Considera-se como tipicamente empresarial, por ser firmado entre duas empresas. Por ser entre duas empresas assume as características comuns aos contratos referentes às atividades empresariais: de prestações recíprocas, mercantil e oneroso.

Devido a falta de regulamentação, difícil se torna traçar um perfil exato do faturizador. Do faturizado torna-se mais fácil. Pode ser uma empresa mercantil ou civil, ou seja, constituem "res" do fomento comercial duplicatas mercantis e de prestação de serviços. Verdade é que a doutrina do "factoring" em diversos países não fala especificamente em duplicatas, mas em "ativos financeiros". Poderão ser outros títulos de crédito, como "warrant", conhecimento de depósito, letras de câmbio, notas promissórias. Todavia, o único tipo de operação até agora aplicado é a venda do faturamento de uma empresa. O faturizado pode ser empresa de qualquer tipo societário, desde que esteja autorizada a emitir fatura e duplicata.

Caracterizar bem o faturizador é tarefa mais complexa. Conhecem-se em São Paulo mais de 200 empresas faturizadoras. São elas S/A e trazem no nome a expressão "fomento comercial", influência talvez das empresas de arrendamento mercantil. Não há, no entanto, exigência legal, uma vez que não há lei regulamentadora desse tipo de empresa. O faturizado, conforme visto, pode ser uma empresa mercantil ou civil, mas a empresa faturizadora só poderá ser mercantil. Não é só por ser uma S/A, mas pela própria natureza de sua atividade empresarial.

Uma dúvida surge, levantada inclusive pelo Banco Central: será a empresa faturizadora uma instituição financeira? Ao nosso modo de ver a resposta é afirmativa. Para atender às suas finalidades de financiar as empresas produtoras, o faturizador necessitará de vultosos recursos financeiros. Terá que recorrer fatalmente ao mercado financeiro e ao mercado de capitais, para captar esses recursos. Será então um intermediador entre os capitais disponíveis no mercado e a iniciativa empresarial que necessita desses capitais. Sua função será pois semelhante a de um banco comercial e das demais instituições financeiras

Uma discussão levantada pelos bancos, a de que a operação de fomento comercial é uma operação financeira e portanto concorrente das atividades bancárias. É portanto parecida com o desconto "à forfait". Ao revés, as empresas de fomento comercial dizem que suas operações são comerciais, ou seja, constam de cessão de crédito a título oneroso. São parecidas com as de compra e venda. Essa discussão é antiga e não parece perto de chegar a uma solução final, mas que a empresa de fomento comercial é uma instituição financeira está bem próximo da verdade. Se concede financiamentos é uma instituição de crédito.

## 22.4. Características do contrato

O contrato de fomento comercial é não solene e consensual; não tem forma determinada, pois a lei não lhe traça uma regulação básica. Poderia ser até um contrato verbal, mas é difícil que assim ocorra, pois o faturizador é uma empresa de bom respaldo financeiro para poder conceder financiamento a nível empresarial. Exerce profissionalmente atividade econômica organizada; necessita pois de ser dotada de administração científica, não se lhe admitindo operações em sistemas empíricos. Normalmente é um contrato escrito, já impresso, no sistema de módulo ou formulário, apresentando várias características do contrato-tipo ou contrato de adesão. O faturizador elabora as cláusulas contratuais, submetendo-as ao faturizado, que as aceita ou as rejeita "in totum". Deve haver plena confiança entre as partes, motivo pelo qual é um contrato "intuitu personae". Sendo contrato de natureza empresarial, é oneroso, comutativo e de prestações recíprocas.

É um contrato de prestação sucessiva ou continuada, celebrando-se um contrato que preveja a aquisição do faturamento mensal. A operação não é única; o contrato não se resolve com a aquisição de um faturamento e seu pagamento. Via de regra, o contrato é celebrado sem nenhuma operação; a primeira delas dá-se no primeiro faturamento adquirido, operação que se repete nos meses subseqüentes. Se constasse de uma só operação, seria praticamente um contrato real, porquanto só se aperfeiçoaria com a entrega das duplicatas. Assim sendo, trata-se de um tipo de contrato que o direito italiano chama de "contrato normativo" ou "pactum de modo contrahendi". É um tipo de contrato preliminar que estabelece as normas e a disciplina de futuros contratos a serem firmados entre as mesmas partes do contrato normativo.

Coloca-se entre os contratos atípicos e mistos. É atípico porque a lei não o tipifica e ele não se enquadra entre aqueles que lhe fornecem os elementos essenciais. É misto porque reúne elementos de outros contratos de compra e venda, de mútuo, da cessão de crédito, do desconto "à forfait", do mandato, da prestação de serviços. Há equilíbrio na prestação das partes, o faturizado dá o seu faturamento em troca do valor dele; portanto, o sinalágma é evidente.

### 22.5. O "maturity factoring"

Em vista da enorme vulgarização do "factoring" nos últimos anos, vem-se introduzindo no Brasil nova forma de contrato de "factoring", também surgida nos Estados Unidos da América. Assim é que, ao lado do "factoring" normal e tradicional, chamado de "conventional factoring", surgiu nova versão do contrato com o nome de "maturity factoring". Por esse tipo de contrato, o faturizador dá garantia do pagamento das duplicatas, mas não concede o financiamento. O pagamento das duplicatas se dá no vencimento delas (maturity = vencimento). Assim sendo, o faturizador oferece os serviços de garantia e de gestão de crédito; renuncia ao direito de regresso, mas garante o pagamento ao faturizado só no vencimento das duplicatas e não antecipadamente.

# 23. FORNECIMENTO DE TECNOLOGIA (KNOW-HOW)

23.1. Conceito
23.2. Partes do contrato
23.3. Registro do contrato
23.4. A tutela legal

## 23.1. Conceito

A expressão "know-how" foi criada há bastante tempo, abreviando a fórmula original: "know-how do to it" (saber como fazer isto). Enquanto o "franchising" é utilizado no comércio, o "know-how" é utilizado principalmente na indústria. Pelo contrato de "know-how", uma empresa detentora de técnicas, fórmulas de produtos ou de processos, arte de fabricação ou conhecimento confidencial de método de trabalho, concede a outra empresa o direito de utilizar esses conhecimentos beneficiando-se da maior produtividade, mediante o pagamento de uma remuneração. O concedente do "know-how" é normalmente empresa de países mais desenvolvidos industrialmente, que elaboraram técnicas industriais mais produtivas.

O "know-how" não é uma invenção propriamente dita, um invento industrial e normalmente não é patenteável. É difícil patentear um método secreto de trabalho e para patenteá-lo cessa o segredo, que é importante característica do "know-how". A invenção é a criação de um produto novo e o "know-how" não cria um novo produto, mas a forma de se fabricar um produto com maior produtividade. O "know-how" é um conhecimento e o mesmo conhecimento pode ser desenvolvido por diversas pessoas em diversos lugares. Da mesma forma, uma metodologia de fabricação pode ser suplantada por outra tecnologia. É o que aconteceu no Japão no mundo moderno; este país criou "know-how" aplicado na indústria, que tornou obsoleto o "know-how" que detinham empresas de outros países.

O "know-how" é um valor imaterial que se incorpora no patrimônio de uma empresa. Trata-se de um patrimônio intelectual, conhecimentos secretos capazes de criar ou melhorar um produto, tornando-o mais rentável. Por isso, é difícil de ser avaliado e registrado; não consta do balanço de uma empresa. É, entretanto, um patrimônio transferível e comercializável, ensejando o contrato de "know-how". Este contrato é, pois, o instrumento pelo qual uma empresa possa melhorar a sua produtividade, recebendo de outra uma tecnologia nova de fabricação. Obriga-se a empresa receptora do "know-how" ao pagamento de uma remuneração, os "royalties", visto ser o contrato de "know-how" mercantil, empresarial, oneroso e comutativo.

O transmitente do "know-how" assume a obrigação principal de transferir temporariamente seus conhecimentos técnicos a outrem. Dá uma concessão, uma licença temporária, para que o licenciado utilize a tecnologia e lhe proporcione um ganho. Há outras obrigações acessórias, como a de aprimorar o "know-how" licenciado, fornecer à empresa receptora dele, gráficos e relatórios, não fornecer o mesmo sistema tecnológico a competidores no mesmo país ou em zonas restritas. Em muitos casos, o fornecedor do "know-how" dá garantia de sua eficácia técnica e controle de qualidade.

A economia do mundo hodierno caracteriza-se por ser essencialmente tecnológica, em que a toda hora se inventam bens que possam satisfazer melhor as demandas do mercado consumidor. Não basta, contudo, inventar coisas, há necessidade de se inventar métodos e sistemas de produção dos bens. Mesmo para um produto já inventado e em produção, é possível encontrar um método cientificamente esquematizado, visando a uma produção mais econômica dos bens, economizando matéria-prima, diminuindo a utilização de mão-de-obra e abreviando o tempo de produção. Desta maneira, obter-se-ão produtos mais baratos e de melhor qualidade, que suplantarão os da concorrência. É a luta da produção em massa contra o artesanato.

Impõe-se a conexão entre os dois valores: a criação e a produção. A criação é fruto da ciência, do gênio humano: é a invenção. Inventar um produto é criá-lo, é dar-lhe as formas e outros característicos. A produção é a reprodução desse produto em larga escala, destinada a suprir às necessidades do mercado consumidor. Quando se fala em produção, refere-se à produção industrial, à produção em massa, com a adoção de métodos cientificamente executados, visando a atingir produtos de melhor qualidade e menor preço. É a conexão da sociedade tecnológica: criação-produção, a ciência com a administração. O objeto dessa conexão é a produtividade. Por outro lado, quando se fala em criação, em invenção, considera-se o invento industrial, a invenção de produtos destinados a suprir às necessidades humanas, com a devida remuneração.

Esta técnica de reprodução de bens destinados ao mercado consumidor, esta metodologia de trabalho executada com o princípio da produtividade é que constitui o "know-how". Ele é a arte do desempenho empresarial, fruto também da criação, mas principalmente da experiência. Sendo fruto da experiência adquirida, criando uma arte de fabricação, o "know-how" não tem o caráter de "novidade", característica básica do invento industrial, da invenção. Não tendo caráter de novidade, não pode ser patenteado, mesmo porque, se for patenteado, perderá seu caráter de "segredo de fábrica". Por isso, o objeto do "know-how" é a transferência de uma metodologia secreta, de um segredo relativo à produção industrial de bens.

O contrato de concessão de "know-how" era previsto no Brasil pelo Ato Normativo 15/75 do INPI, com o nome de "contrato de fornecimento de tecnologia industrial". Achamos esse nome inadequado, pois o "know-how" é aplicado principalmente na indústria, mas não obrigatoriamente. Um banco, por exemplo, pode criar um "know-how", uma metodologia própria de trabalho bancário e aplicá-lo na sua atividade operacional. O mesmo pode fazer uma empresa prestadora de serviços, um magazine, um hospital, um hotel. Todavia, o AN-15/75 foi revogado e, em seu lugar, passou a vigorar a Resolução 22/91, de 27.2.91, secundada pela Instrução Normativa 01/91, de 2.7.91. A Resolução 22/91, do INPI, adotou para o "know-how" o nome de "contrato de fornecimento de tecnologia". Como é a legalmente adotada, faremos referência doravante a essa denominação. Embora o AN-15/75 tenha sido revogado, trouxe-nos considerável contribuição doutrinária.

## 23.2. Partes do contrato

No conceito de "know-how" nota-se a existência de duas partes. Uma delas é a empresa dona dessa tecnologia; é a detentora desse direito de propriedade imaterial, que poderá fornecer a quem ela quiser. Nesse aspecto, pode ser chamada de proprietária. Como é ela quem fornece o "know-how", pode também ser chamada de fornecedora, a parte ativa no contrato de transferência desse tipo de tecnologia.

Contudo, o contrato de fornecimento de tecnologia se dá de duas formas: pela cessão e pela licença. A cessão de "know-how" é a sua venda; com ela a empresa fornecedora retira-se de cena, transferindo definitivamente à empresa cessionária seus direitos de propriedade imaterial. A licença, porém, é um aluguel do "know-how", um arrendamento. É uma autorização dada pelo concedente a uma outra empresa, para que esta utilize o "know-how" durante determinado tempo, mediante o pagamento de uma remuneração chamada "royalty". Tratando-se de cessão, as partes podem ser chamadas de cedente e cessionário; sendo licença, chamar-se-ão licenciadora e licenciada. Como entretanto a transferência do "know-how" implica na concessão temporária ou definitiva para a utilização da tecnologia, e o contrato se denomina de fornecimento de tecnologia, preferiremos adotar as expressões fornecedora e fornecida.

A fornecida é a empresa que recebe essa tecnologia, para utilizá-la durante determinado tempo; é uma usuária do "know-how". Aplica a tecnologia alheia na sua atividade empresarial e por essa aplicação assume a obrigação de remunerar o fornecedor pagando o "royalty" ao proprietário dos direitos da propriedade imaterial.

### 23.3. Registro do contrato

Como os demais tipos de contratos de transferência de tecnologia, o contrato de fornecimento de tecnologia (ou "know-how") deverá ser averbado no INPI e também no Banco Central do Brasil, sem o qual não poderão ser transferidos os "royalties" para o exterior. A averbação, ou seja, o registro do contrato no INPI e no Banco Central deverá ser feita mediante procedimento especial, com determinados formulários padronizados. Não está ainda estabelecido o sistema de registro do "know-how" que permita a manutenção do segredo, pois esta característica é essencial a esse tipo de contrato. Outra característica do "know-how" é a de não ser amparado por direitos de propriedade industrial, e com o registro fica amoldado à nossa legislação tutelar; para essa tutela necessitará de estar bem definido e esclarecido, deixando portanto de ser secreto e sujeito à divulgação.

Outro aspecto que poderá implicar em divulgação é que o "know-how" não consta pura e simplesmente de conhecimentos e de técnicas aplicados às atividades empresariais. Esses conhecimentos são expressos por dados técnicos de engenharia de processo ou dos produtos fabricados com a utilização do "know-how" fornecido. Há uma metodologia do desenvolvimento tecnológico, usada para a obtenção de dados; esses dados estão muitas vezes representados pelo conjunto de fórmulas e de informações técnicas, de documentos, de desenhos e modelos industriais, de instruções sobre operações, de manuais de treinamento, cálculos, "croquis" e outros elementos parecidos, para permitir a fabricação de produtos. Até o preço do "contrato de fornecimento de tecnologia" poderá implicar na divulgação dos conhecimentos secretos.

## 23.4. A tutela legal

O art. 1º da Resolução 22/91 diz que a averbação do contrato de fornecimento de tecnologia deverá incentivar a inovação tecnológica. Assim sendo, deveria ser esse incentivo tutelado pelo direito da propriedade industrial, principalmente pelo Código de Propriedade Industrial. Por outro lado, o art. 1.2. da Instrução Normativa 1/91 diz que o "contrato de fornecimento de tecnologia" é o instrumento utilizado para a formalização da transferência de conhecimentos e de tecnologias não amparadas por direito da propriedade industrial no Brasil. Portanto, o "know-how" carece de tutela legal. O mesmo artigo diz que o contrato de fornecimento de tecnologia deverá conter cláusulas que assegurem ao usuário a absorção da tecnologia fornecida, de forma a permitir sua capacitação tecnológica. De forma muito vaga, procura essa disposição proteger palidamente o adquirente da tecnologia contra possíveis desmandos do fornecedor. É bom volver ao fato de que os fornecedores de "know-how" normalmente são empresas estrangeiras e os usuários dele são empresas nacionais.

Cabe agora uma pergunta: que garantia terá o adquirente do "know-how" contra o furto dessa tecnologia fornecida, ou ser vítima de divulgação indevida de seus conhecimentos secretos e que têm no segredo o principal fator de sua eficácia? É esse o ponto crítico, vago e volúvel do "know-how". Todavia, o direito de vários países amoldou o "know-how" a um outro valor imaterial da empresa: o segredo de fábrica, uma vez que ele é um conjunto de conhecimentos secretos. Como o segredo de fábrica encontra guarida na lei brasileira e de muitos países, a analogia faz assimilar um ao outro. Encontrou-se assim uma forma de proteção legal a essa propriedade imaterial.

O primeiro manto protetor legal do "know-how" foi apresentado pelo direito francês, graças ao art. 418 do Código Penal, de 1810, capitulando como crime, e como tal sujeito a sanções, a indevida divulgação dos segredos de fábrica. Por sua vez, o Código Civil francês, no art. 1.382, previu a atividade ilícita da concorrência desleal. Desde então, a legislação de muitos países, como à da Alemanha, capitula a concorrência desleal, incluindo nela a divulgação dos segredos de fábrica, quer na lei empresarial, quer penal. O mesmo acontece no Brasil, provavelmente por influência francesa. Já estava prevista no antigo Código de Propriedade Industrial, de 1945, tendo-se conservado após o advento do novo e atual Código, transplantados os artigos específicos para o Código Penal, com o nome de "Crimes contra a Propriedade Imaterial".

É evidente a analogia e a aproximação entre as duas modalidades de propriedade imaterial: o "know-how" e o segredo de fábrica. Poder-se-ia dizer que o segredo de fábrica é o gênero e o "know-how" a espécie. Há pois seguros fundamentos em aplicar-se as normas legais de um ao outro. O antigo Código da Propriedade Industrial, Lei 7.903/45, conservou em vigor o título que se referia aos crimes contra a propriedade imaterial, e no art. 178 enumera doze tipos de crime de concorrência desleal. Pelo inciso XI, comete crime de concorrência desleal quem divulga ou explora, sem autorização, quando a serviço de outrem, segredo de fábrica, que lhe foi confiado ou de que teve conhecimento em razão do serviço, mesmo depois de havê-lo deixado. Essa disposição dá a entender que esse crime só é praticado por empregado ou ex-empregado de uma empresa detentora do "know-how".

Parece-nos, todavia, que os doze incisos do art. 178 formam uma enumeração exemplificativa e não taxativa. Não constitui um "numerus clausus" de concorrência desleal. Perguntamos então: não capitula em concorrência desleal quem se apropria de forma ilícita do "know-how" de um concorrente, utilizando-o em seu benefício e em detrimento do concorrente, locupletando-se graças ao trabalho alheio?

# 24. FRANQUIA OU "FRANCHISING"

24.1. Conceito e características
24.2. Partes contratantes
24.3. Obrigações do franqueador
24.4. Obrigações do franqueado
24.5. Regulamentação
24.6. Importância da franquia
24.7. Origem
24.8. A franquia empresarial na lei brasileira

## 24.1. Conceito e características

Entre os contratos de transferência de tecnologia, nenhum conseguiu sucesso tão rápido, abrangente, profundo, como fez o de "franchising". Realmente impressionante foi a vulgarização e importância que esse novo mecanismo de comercialização de produtos atingiu no mundo inteiro, ultrapassando as mais distantes fronteiras.

O contrato de franquia é o acordo pelo qual o detentor de propriedade industrial dá concessão a uma empresa para produzir e comercializar, diretamente ao público, determinados produtos de marca já consagrada e vulgarizada. Sob o ponto de vista empresarial, é um método adotado para a distribuição de produtos e/ou serviços, consistente na parceria entre uma empresa, em princípio mais experiente, e outras empresas, geralmente menos experientes, no qual a primeira transfere às últimas a experiência ou competência por ela desenvolvida, no que se refere à produção e distribuição de certos produtos.

Sob o ponto de vista jurídico, a franquia é geralmente um complexo de contratos, sendo um principal e os outros acessórios ou dependentes. A incidência desse contrato é principalmente na área propriamente comercial, na distribuição de produtos, procurando fazê-los chegar mais direta e rapidamente às mãos do consumidor. Aproxima-se ao contrato de distribuição e de representação ou agência. Enquadra-se, porém, amplamente, como contrato de transferência de tecnologia. Poderá ser facilmente compreendido se observarmos um exemplo bem frisante, como é o caso da rede de lanchonetes MacDonald's.

Trata-se de um contrato bilateral, consensual, oneroso, empresarial, de execução continuada, internacional ou nacional, híbrido e complexo, de prestações recíprocas (comutativo, informal). Necessário se torna analisar cada uma das características do contrato. Nossa consideração de contrato, apesar de muitos conceitos e aplicações levantados por numerosos juristas, é o constante no art. 1.321 do Código Civil italiano, "de que o contrato é o acordo de duas ou mais partes, para constituir, regular ou extinguir entre elas uma relação jurídica patrimonial".

BILATERAL – A bilateralidade desse contrato se manifesta sob diversas formas a começar pela caracterização positiva das duas partes, franqueador e franqueado, e pelas obrigações mútuas, em decorrência do consenso entre as partes. O não cumprimento de obrigações por uma delas poderá ensejar a outra o apelo ao princípio de "exceptio non adimpleti contractus". Poderá dar ainda à outra o direito à rescisão do contrato.

CONSENSUAL – Aperfeiçoa-se o contrato pelo simples consentimento das partes. Faz nascer obrigações para as partes, antes mesmo do início das operações e independente do fornecimento de qualquer mercadoria. Assim, com o "consensus", o franqueado já está obrigado a pagar taxas iniciais e adquire o direito de colocar à frente do seu estabelecimento a insígnia do franqueador.

TÍPICO – É típico ou nominado, porque é regulamentado pela nossa lei. Aliás, o próprio nome "franchising" nos faz supor a ausência de regras jurídicas próprias para ele, pois nossa lei não admite denominações em idioma estrangeiro. Aplica-se algumas vezes a expressão "franchising", que, por ser nome estrangeiro, não pode constar em nossa legislação. Mesmo assim é aplicado junto com "franquia".

DE EXECUÇÃO CONTINUADA – A franquia é um contrato marcantemente de duração. As prestações não se realizam em um só momento, mas de forma continuada e permanente; tanto as prestações como as contraprestações são contínuas e vão se repetindo no tempo e no espaço.

INTERNACIONAL – Trata-se de contrato geralmente internacional, mas não essencialmente internacional. No Brasil, já está em desenvolvimento o sistema com empresas brasileiras, concedendo franquias a outras empresas nacionais. É o caso da cadeia de restaurantes denominada "Grupo Sérgio" e das empresas de cosméticos "Ao Boticário" e "Água de Cheiro", e a "Botica Ao Veado de Ouro". Nos EUA, onde o moderno "franchising" nasceu e se desenvolveu, as empresas franqueadoras aplicaram o sistema primeiro no país e depois fora dele. Não deixa de ser marcantemente internacional, como se vê na maioria das empresas franqueadoras operando no Brasil. O tipo de operação presta-se muito a espalhar-se pelos países, pois a vulgarização e a propaganda ampla são fatores de seu sucesso.

HÍBRIDO – É formado por elementos de variados contratos, como o de fornecimento, de concessão, de prestação de serviços e vários outros. Todavia, a aglutinação desses elementos torna a franquia um contrato peculiar. Outrossim, é geralmente um complexo de contratos, mormente no Brasil, em vista da nossa regulamentação dos contratos de transferência de tecnologia.

INFORMAL – É um ato jurídico não solene, sem submeter-se a formas precisas e exigidas pela lei. Sua elaboração fica à vontade das partes, sem prender-se a formalidades. Contudo, embora seja informal e inominado, não está a descoberto da lei. Malgrado a franquia não seja regulamentada, há certos serviços regulamentados pelo INPI – Instituto Nacional da Propriedade Industrial. Se for um contrato celebrado no exterior com empresa estrangeira, porém, deverá ser registrado no Banco Central.

EMPRESARIAL – É estabelecido entre duas empresas. O franqueador é uma empresa coletiva, embora não seja vedado que seja empresa individual. O franqueado poderá ser empresa individual ou coletiva, apesar de que todas as que se conhecem sejam coletivas. Sendo um contrato empresarial, é naturalmente oneroso, por trazer vantagens e sacrifícios patrimoniais para as duas partes. A onerosidade é aspecto que se ressalta na finalidade especulativa das atividades empresariais. O intento lucrativo está patente não só na atividade das partes, mas na essência desse contrato de tipo mercantil.

COMUTATIVO – Sendo empresarial e oneroso, implica a equivalência possível da utilidade obtida pelas partes. As partes conhecem antecipadamente seus direitos e obrigações e procuram conciliá-los, para conseguirem equivalência de valores. As operações não ficam submetidas à "álea" dos negócios e do tempo, mas são plenamente definidas, sem previsão de incertezas futuras.

"INTUITU PERSONAE" – Em muitos sentidos, pode-se dizer que seja contrato "intuitu personae", pois que ambas as partes detêm exclusividade nos seus negócios. O franqueador detém uma tecnologia exclusiva, marcas registradas e outros elementos patenteados que lhe garantem exclusividade. Quase tudo que o franqueado faz ou adquire só pode ter uma fonte. O franqueado tem exclusividade de ação em seu território sem que o franqueador possa realizar transações com terceiros; só ele pode comercializar os produtos franqueados.

Por outro lado, o franqueado só pode manter contrato de franquia com o franqueador e adotar sua orientação. As obrigações de ambas as partes são intransferíveis. Essa intransferibilidade de direitos e obrigações é que faz do contrato de franquia um contrato "intuitu personae". Normalmente, o franqueador elabora os contratos e os oferece aos interessados, não podendo haver privilégios contratuais, e as mesmas condições impostas a um franqueado devem ser estendidas a todos. Não se pode, porém, dizer que seja um contrato de adesão, porquanto há muitos pormenores que afastam a franquia daquela figura contratual.

O franqueado pode escolher qual será o franqueador, havendo portanto opção. Não se pode também dizer que o franqueado aceita em bloco as condições contratuais. Abrem-se as discussões sobre alguns aspectos contratuais como a extensão do território, o tamanho das instalações, as formas de pagamento do preço. O contrato não é padronizado, "standard". É feito num impresso próprio. Esses pormenores chegam a afastá-lo do contrato de adesão, com o qual mantém apenas alguma afinidade.

### 24.2. Partes contratantes

Como contrato bilateral, a franquia tem duas partes plenamente definidas e com vasta gama de direitos e obrigações, previstos no próprio contrato e na doutrina jurídica já elaborada. Essas partes são o franqueador e o franqueado.

O franqueador é o detentor dos direitos de exclusividade das marcas, produtos, sistema de produção e comercialização, expressões ou sinais de propaganda, e demais elementos da Propriedade Industrial. É também chamado de concedente, pois ele pessoalmente não aciona esses direitos, mas os concede temporariamente a outras empresas para uso e aplicação. Não se dedica a atividades operacionais, mas à pesquisa, ao desenvolvimento de produtos, à criatividade. Divulga de forma bem ampla suas marcas e a boa qualidade de seus produtos. Assim fazendo, valoriza o serviço que ofertará. O franqueador (franchisor) desenvolve toda uma tecnologia a ser usada por outrem.

O franqueado (franchisee) é uma empresa individual ou coletiva, a quem será feita a concessão para o uso das marcas, produtos e de toda tecnologia criada pelo franqueador. Ocupar-se-á das atividades operacionais, ou seja, da produção e colocação dos produtos nas mãos do consumidor. É também chamado de licenciado, por receber licença do franqueador para a utilização do nome, marcas e toda a tecnologia de comercialização; é o adquirente temporário dos direitos.

É conveniente citar que apenas contratos empresariais unem as duas partes. Não há relação de dependência, ou seja, o franqueado não pode ser empregado do franqueador. Devem ser duas empresas independentes, mas atuando como sócios de um empreendimento.

## 24.3. Obrigações do franqueador

Não é pequena a gama de obrigações do franqueador, embora não lhe caiba a atividade operacional. A principal obrigação é a de criar e aprimorar produtos e sistema de produção e comercialização desses produtos. Dotado desse Direito de Propriedade Industrial, o franqueador fornece ao franqueado, não definitivamente, mas licencia a utilização deles. Mesmo chamado de cedente, não há cessão, pois esta seria definitiva; apenas concede ao franqueado a licença para comercializar os produtos franqueados.

Como segunda tarefa importante e complementação da primeira, precisa o franqueador prestar contínua assistência aos franqueados. Controla a aplicação da tecnologia, com assessoria e auditoria constantes, controle de qualidade e acompanhamento geral das atividades dos franqueados. As instalações técnicas dos franqueados são projetadas pelo franqueador, que elabora o projeto e o fornece, acompanhando a fabricação e instalação de acordo com os padrões que o próprio franqueador estabelece.

Outro encargo importante do franqueador, mormente pelos valores investidos, é o da publicidade, uma vez que produtos franqueados se caracterizam pela fama e pela vulgarização. Basta ver a maciça propaganda empreendida nos principais órgãos de comunicação, para sentir-se a pesada responsabilidade dos franqueadores, como a Coca-Cola, a MacDonald's, Shell, Ellus, Benetton e várias outras. Concede e garante ao franqueado a exclusividade de atuação em um território determinado, que lhe proporcione movimento constante e viabilidade econômica. Garante ainda ao franqueado a manutenção de um preço uniforme para todos os produtos, evitando a concorrência entre eles, mas desenvolvendo a colaboração.

## 24.4. Obrigações do franqueado

Ao franqueado cabe uma gama bem maior de obrigações, que, por outro lado, alivia-o de muitas iniciativas, pesquisas, tomadas de preço, controle de estoque. Fica restrito ao franqueado a comercialização apenas de produtos franqueados; não pode ele incluir produto novo, de tal forma que fica obrigado a uniformizar seus itens de venda com os demais franqueados. Para essa uniformização, só pode adquirir a matéria-prima indicada pelo franqueador e utilizar os equipamentos constantes do projeto de instalação. Só poderá cobrar os preços previamente fixados pelo franqueador para todos os franqueados.

A principal obrigação do franqueado é a do pagamento de "royalties" pela utilização da franquia. A remuneração paga deve ser uniforme para todos os franqueados ligados a um franqueador. Todavia, não é uniforme para todos os tipos de franquia: em alguns casos há uma taxa fixa mensal, noutros uma comissão sobre o movimento de vendas, noutros não há qualquer pagamento, pois a remuneração do franqueador está inserida no preço da matéria-prima fornecida por ele.

A formação e preparação do quadro de pessoal do franqueado deve também obedecer a critérios preestabelecidos. Os funcionários devem ser aprovados e preparados no centro de treinamento do franqueador, de tal forma que possam ter desempenho profissional com os padrões de produtividade orçados pelas pesquisas do franqueador. Na maioria dos casos, até o uniforme usado pelos funcionários do franqueado deve obedecer aos padrões desenhados pelo franqueador.

**24.5. Regulamentação**

Conforme fora referido, a lei brasileira não contempla o contrato de franquia, por razões óbvias. Trata-se de um contrato novo, enquanto nosso Código Civil é de 1917 e nosso Código Comercial, de 1850. Aplicam-se a ele as normas gerais sobre os contratos constantes do Código Civil e do Código Comercial e algumas normas ínsitas em outras. Tendo em vista que o contrato de franquia é marcantemente internacional e caracterizado como de transferência de tecnologia, implica a remessa de "royalties" para o exterior. Por essa razão, é coberto pelo controle do INPI – Instituto Nacional da Propriedade Industrial e regulado pelas normas desse órgão público. Essas normas não fazem referência ao contrato de franquia, mas a outros contratos que se integram na estrutura geral da franquia.

Como a maioria dos franqueadores operando no Brasil são empresas sediadas no exterior, para que possam elas transferir os "royalties" do Brasil, necessitam de se enquadrar na regulamentação do INPI e nas disposições do Código da Propriedade Industrial. Por isso a franquia é um complexo de vários contratos, obrigados à averbação no INPI, uma vez que cada um deles, abre a possibilidade de transferência de lucros, como por exemplo, o de licença de utilização de patentes.

Os contratos mais importantes desse complexo são o de licença para exploração de patente e de licença para exploração de marca. Esses dois contratos de licença dão ao franqueado autorização para exploração efetiva dos direitos de propriedade industrial cuja empresa titular esteja no exterior. Compreende, via de regra, autorização para usar o nome, insígnias, expressões ou sinais de propaganda, produtos patenteados e respectivas marcas.

O segundo contrato é o de fornecimento de tecnologia industrial (know-how), pela transferência ao franqueado de dados técnicos, inclusive metodologia do desenvolvimento tecnológico usada para sua obtenção. Esse tipo de contrato é vulgarmente chamado de "know-how". Esses três contratos formam um conjunto, caracterizando bem a franquia e, estando os três regulamentados pelo INPI, devem ser registrados naquele órgão.

## 24.6. Importância da franquia

A enorme importância que o contrato de franquia atingiu nos dias atuais decorre das vantagens que traz a ambas as partes e ao grande público consumidor. Por este último aspecto, tem encontrado apoio de órgãos públicos nos EUA e no Brasil. Vulgariza-se cada vez mais nas áreas de refeições rápidas (fast food) como as redes de lanchonetes McDonald's, Bob's, KFC, Pizza Hut e várias outras, comercialização de roupas, como das grifes Benetton, Fiorucci, Rhumell, Adidas, Ellus, Pierre Cardin.

Para o franqueador, poupa maior investimento de capital, manutenção de um grande quadro de pessoal, possibilidade de cobrir todo o território de um país e menor envolvimento com responsabilidades tributárias, trabalhistas e previdenciárias. Conta com pontos de venda exclusivos, porquanto o franqueado só poderá trabalhar com o franqueador.

Pelo lado do franqueado, terá ele um mercado exclusivo para os produtos franqueados, comercializará produtos de marca conhecida e de boa aceitação, recebe tecnologia elaborada, tem garantia de fornecimento de matéria-prima por um só fornecedor, dispensando tomada de preços. Importante vantagem do franqueado, é a intensa propaganda feita universalmente pelo franqueador, tornando os produtos franqueados de fama universal. Recebe ainda o franqueado assessoria e assistência técnica permanente, inclusive com o treinamento de seus funcionários e orientação para o projeto de instalações.

Em vista dessas vantagens, tão grande se tornou o número de empresas franqueadoras e franqueadas, que o contrato de franquia passou a figurar como um dos mais importantes no universo contratual. Conforme pesquisa realizada em 1986, o número de empregados nas empresas franqueadoras e franqueadas, nos EUA, superava a casa dos 10 milhões, correspondentes a 10%, da força de trabalho do país, enquanto o número das empresas franqueadoras ultrapassava 3.000 e o das franqueadas 350.000.

### 24.7. Origem

A franquia é uma criação do mundo moderno, mais precisamente do pós-guerra (1939-1945). Surgiu nos EUA e lá se implantou, propagando-se pelo mundo. Ao que consta, a principal causa foi a existência de uma legião de desempregados, mormente de soldados que retornavam da II Grande Guerra e posteriormente das guerras da Coréia e do Vietnã. A franquia ofereceu a eles a oportunidade de montarem seu negócio próprio.

O marco inicial da franquia é tomado na cidade de San Bernardino, na Califórnia. Lá havia uma lanchonete com o nome de seu dono, McDonald's. Crescendo o movimento, o nome e o sistema de trabalho, foi ele sendo concedido para utilização em algumas cidades da Califórnia, depois para outros estados, e, hoje, está espalhado esse nome em todos os continentes, inclusive na China. Esse marco inicial é apenas convencional. Embora a expressão "franchising" seja nova, práticas semelhantes devem ter ocorrido em muitos lugares e com bastante antecedência. Ao que consta, o contrato foi criado na França na primeira metade do século passado. Consta ainda que no século passado, na Bahia, um produtor de calçados, de marca Stella, criou uma cadeia de lojas independentes em muitas cidades do Nordeste, utilizando um sistema típico de "franchising".

Por volta de 1850, a grande empresa de máquinas de costura "Singer Sewing Machine" deu concessão a milhares de pessoas nos EUA e em muitas cidades espalhadas pelo mundo, para utilizar o nome "Singer", seu logotipo, vender máquinas de costura com essa marca, dar assistência técnica, vender peças avulsas e ministrar cursos para a produção de roupas utilizando as máquinas de sua distribuição. Esse sistema ainda permanece. Foi a aplicação de um contrato bem parecido com o da atual franquia.

O contrato de concessão, adotado pela "General Motors" e depois pelas demais montadoras de automóveis dos EUA a suas concessionárias, tem muitas características do contrato de franquia. Igualmente o contrato mantido entre distribuidoras de combustíveis e os chamados "postos de gasolina". Esses dois tipos de contratos são bem antigos e vulgarizados, com caracteres bem próximos aos do contrato de franquia. Talvez tenham sido o embrião dessa nova figura contratual. O sistema de produção e distribuição da Coca-Cola obedece ainda a critérios semelhantes aos adotados pela franquia.

## 24.8. A franquia empresarial na lei brasileira

Após longas lutas, as associações ligadas ao "franchising" conseguiram a regulamentação do contrato de franquia empresarial, pela Lei 8.955, de 15.12.94. Passou então o "franchising" a ser um contrato nominado (ou típico), com suas linhas básicas traçadas na lei brasileira, com o nome de "franquia empresarial". A ementa da lei, ou seja, o enunciado que consta no seu bojo, expõe sua finalidade: "dispõe sobre o contrato de franquia empresarial (franchising)". Interessante notar que essa lei usa um nome de idioma estrangeiro, malgrado as normas de nosso direito repelirem o uso de palavras ou expressões estranhas ao nosso vernáculo. Chamar este contrato de "franchising", por conseguinte, estará esse termo dentro de nossa lei. Esta lei utiliza ainda as expressões "royalties", "layout", "know-how", como ainda a palavra latina *caput*, esta de emprego corrente na linguagem jurídica. Julgamos mais conveniente adotar "franquia", por ter a Lei 8.955/94 chamado as partes do contrato de "franqueador" e "franqueado".

Questão terminológica digna de encômios e merecedora de especial realce é a utilização de "empresa" ou de "empresa franqueadora" ao referir-se ao franqueador. Esta lei rompe o ranço do século passado, de que está impregnado nosso Direito Comercial e várias de nossas leis, como a Lei Falimentar, ao aplicarem a medonha expressão "comerciante". O próprio nome com que batizou o contrato, "franquia empresarial" é altamente louvável, uma vez que, se esta lei tivesse sido promulgada alguns anos antes, chamar-se-ia "franquia comercial".

Procuraremos então interpretar a lei disciplinadora da "franquia empresarial", com base em nossos costumes atuais. O art. 2º traz-nos um conceito de contrato, apontando as duas partes intervenientes, incorporando tudo o que havíamos falado sobre o "franchising", recolhidos no direito e nas práticas internacionais. Mesmo assim, vamos rememorar o que já tinha sido referido, interpretando o conceito do art. 2º:

"Franquia empresarial é o sistema pelo qual um franqueador cede ao franqueado direito de uso de marca ou patente, associado ao direito de distribuição exclusiva ou semi-exclusiva de produtos ou serviços e, eventualmente, também ao direito de uso de tecnologia de implantação e administração de negócio ou sistema operacional desenvolvidos ou detidos pelo franqueador, mediante remuneração direta ou indireta, sem que, no entanto, fique caracterizado vínculo empregatício".

Excelente definição foi dada pela lei, apresentando as considerações doutrinárias já feitas neste compêndio, quanto aos contratos internacionais. Procurou a lei não se afastar das práticas mercantis internacionais, mas será conveniente expor algumas facetas das disposições legais. As partes desse contrato chamam-se franqueador e franqueado, conforme já referido, e o nome completo é franquia empresarial. Trata-se de um contrato híbrido, complexo, com mistura de vários contratos. Pela natureza desses vários contratos integrantes da franquia empresarial, conclui-se que, dogmaticamente, a franquia empresarial está caracterizada como contrato de transferência de tecnologia. Pelo contrato de franquia empresarial, o franqueador cede ao franqueado um sistema, ou seja, uma tecnologia de trabalho. Julgamos mal aplicada a forma verbal "cede", uma vez que por "cessão" entende-se uma transferência definitiva, enquanto que a franquia empresarial implica a cessão temporária, constituindo pois um "licenciamento".

Três tipos de contrato de licenciamento inserem-se no contrato de franquia empresarial:

1 – Direito de uso de marca ou patente. O franqueado vai produzir e comerciar produtos com marca consagrada e divulgada. Tomaremos como exemplo preferido a rede de lanchonetes "MacDonalds"; o franqueado trabalha com marcas como "Big Mac"; essas marcas são registradas no INPI – Instituto Nacional de Propriedade Industrial, para terem caráter de exclusividade. Várias patentes entram nesse licenciamento, como até mesmo a do uniforme a ser usado pelos funcionários do franqueado.

2 – Direito de distribuição exclusiva ou semi-exclusiva de produtos e serviços. Por esse contrato, o franqueado poderá vender os produtos patenteados, com exclusividade. É conveniente ressaltar que produtos franqueados são de venda massiva, ou seja, de forte comercialização.

3 – Direito de uso de tecnologia de implantação de negócio ou sistema operacional. Refere-se aqui ao "know-how" do trabalho e da organização da empresa do franqueado desenvolvidos ou detidos pelo franqueador. Nesse "know-how" incluem-se um "layout" e padrões arqui-

tetônicos nas instalações do franqueado, a utilização dos equipamentos, fórmulas de composição de insumos de fabricação, como por exemplo, na fabricação de sorvetes, enfim o que chama o Código de Propriedade Industrial de "segredos de indústria".

Além dos três tipos de licenciamento, o franqueador assume a obrigação de dar assistência técnica ao franqueado e deste em aceitá-la. O franqueador fará a supervisão da sua rede de franqueados, com serviços de orientação e outros, auxílio na análise e escolha do ponto onde será instalado o estabelecimento do franqueado.

## Tipo de contrato

Formalmente, o contrato de franquia empresarial é um contrato de adesão (ou por adesão, como preferem alguns). A lei em comentário chama-o de "contrato padrão". Perante o direito italiano, o contrato de adesão, conforme é previsto no art. 1.332 do Código Civil italiano é aquele que deva ser registrado e aprovado pelo Poder Público. Por outro lado, o art. 1.340 do mesmo Código registra o "contrato celebrado mediante módulo ou formulário", em que as cláusulas são predispostas no módulo ou formulário para disciplinar determinadas relações jurídicas. Parece ter nossa lei seguido essa orientação, dando o nome de "contrato padrão" ao que o direito italiano chama de contrato celebrado mediante módulo ou formulário. É um contrato de texto padronizado, às vezes já impresso, com cláusulas uniformes. Os claros são preenchidos com os dados particulares ao contrato, como o nome e qualificação do franqueado e alguns valores em reais.

Sendo da modalidade do contrato de adesão, em que o franqueador impõe todas as cláusulas ou as rejeita em bloco, a lei impõe ao franqueador uma série imensa de obrigações. A oferta de contrato deve ser a mais minuciosa e clara possível para evitar que o franqueado possa ser induzido em erro. Cerca de 80% do texto da lei traz as obrigações do franqueador para a oferta. Sempre que o franqueador tiver interesse na implantação de sistema de franquia empresarial, deverá fornecer ao interessado em tornar-se franqueado uma Circular de Oferta de Franquia, por escrito e em linguagem clara e acessível, contendo uma série imensa de informações, modelo de contrato-padrão de franquia adotado pelo franqueador, com texto completo, inclusive dos respectivos anexos e prazo de validade.

Resumindo tudo o que foi explanado sobre o contrato de franquia empresarial, podemos considerá-lo como um contrato tipicamente empresarial, consensual, de prestação contínua, de prestações recíprocas, formal, complexo ou principal, nominado, oneroso. É tipicamente empresarial, por ser celebrado entre duas empresas, tanto que a lei chama-o às vezes de franquia empresarial. O fato de constar "nível de escolaridade" do franqueado, significa que pode ser uma empresa individual, mas suas atividades são mercantis. É contrato consensual por aperfeiçoar-se pelo consenso das partes, não implicando a entrega de coisas para sua celebração. Não é contrato de prestação instantânea, mas continuada; pode ser por tempo indeterminado ou determinado, mas com prestações contínuas.

É do modelo que alguns chamam de bilateral ou sinalagmático, mas preferimos chamá-lo pela classificação italiana de contrato de prestações recíprocas. Cria ele obrigações para ambas as partes e de uma para com a outra, ou seja, o franqueador assume determinadas obrigações para com o franqueado e este assume-as para com o franqueador. Há portanto um sinalágma, um equilíbrio entre as prestações recíprocas.

Por delinear a lei seus requisitos básicos, é um contrato formal. O formalismo previsto pela lei implica que seja por escrito e na presença de duas testemunhas. A adoção legal do contrato-padrão é um formalismo que o aproxima muito de um contrato de adesão. Antes mesmo da celebração do contrato, a oferta e aceitação dele processa-se de modo formal, devendo constar a oferta da Circular de Oferta de Franquia. Pelo menos em nosso país a lei reconhece nele um contrato formal.

Pode o contrato de franquia empresarial ser um contrato complexo, fundindo-se num único documento um complexo de contratos. É então um contrato em que o franqueador concede licença ao franqueado para utilizar o nome de fantasia, as marcas patentes, "know-how" e os direitos de propriedade industrial detidos pelo franqueador; integram-se ainda nele o contrato de serviços de treinamento a serem prestados pelo franqueador, a assistência técnica e outros serviços, bem diferentes um do outro. Cláusulas diversas sobre pagamento de publicidade, sobre fornecimento de equipamentos ou mesmo relacionamento com outras empresas, que assim se integram no contrato de franquia empresarial. Às vezes, o contrato de franquia empresarial é um contrato principal, entrando-se nele vários contratos acessórios, referentes aos serviços prestados; neste caso, o contrato de franquia é o principal.

Com a Lei 8.955/94, passou a ser considerado um contrato nominado. Essa modalidade de contrato, também conhecido como "típico", não é apenas um contrato a que a lei dá um nome, mas ao qual a lei traça as linhas básicas. Neste aspecto, o contrato de franquia é ultra nominado, bastante tipificado pela lei que lhe dá contornos bem definidos.

É finalmente um contrato oneroso, uma vez que provoca variação patrimonial de ambas as partes; as duas auferem lucros e, ao mesmo tempo, aplicam recursos em suas atividades. Como corolário dessa característica, o contrato é de prestações recíprocas, ou seja, as duas partes suportam gastos.

## *A oferta de contrato*

Em primeiro lugar, deve o potencial franqueador dar a sua qualificação, para que o franqueado possa saber com quem está lidando: dará um histórico resumido, forma societária e nome completo ou razão social do franqueador e de todas as empresas a que esteja ligado, bem como o nome de fantasia e endereços. Fornecerá ainda balanço e demonstrações financeiras referentes aos dois últimos exercícios. Poderá pois ser a empresa franqueadora uma S/A ou sociedade por cotas, bem como as outras formas societárias previstas no Código Comercial. O "nome de fantasia", a que se refere a lei é o nome chamariz com que a empresa atrai sua clientela e se torna conhecida, como um "nome de guerra", um apelido. É o caso de "Mappin", que não é o nome da empresa que exerce atividade empresarial sob essa insígnia. Assim, "BOB'S" e "MACDONALD'S" são apenas emblemas e não o nome de empresa do franqueador.

Precisará dar a conhecer ao franqueado as pendências judiciais em que estejam envolvidos o franqueador, as empresas controladoras e titulares de marcas, patentes e direitos autorais relativos à operação, e seus subfranqueadores, questionando especificamente o sistema da franquia ou que possam diretamente vir a impossibilitar o funcionamento da franquia. A lei fala em "direitos autorais", expressão não muito precisa, por ser de significado muito amplo, designando também direitos sobre a produção artística e científica. Refere-se aqui especificamente a "direitos de propriedade industrial", previstos no Código de Propriedade Industrial, tais como marcas, patentes, invenção, modelo de utilidade, modelo industrial, expressão ou sinal de propaganda, ou o próprio nome de fantasia. São direitos com exigência de registro no INPI. A situação dos registros desses direitos deverá ser esclarecida ao franqueado pois, se forem contestados, colocá-lo-á em situação de insegurança.

Para que o franqueado possa se situar como o tipo ideal de empresa franqueada, o franqueador deverá indicar o perfil do franqueado ideal no que se refere a experiência anterior, nível de escolaridade e outras características que deve ter, obrigatória ou preferencialmente, e os requisitos quanto ao envolvimento direto do franqueado na operação e na administração do negócio. Ao falar em nível de escolaridade, dá a impressão de que o franqueado poderá ser uma pessoa física. Em nosso parecer, o franqueado é uma empresa mercantil, porquanto não poderá produzir mercadorias e serviços e comercializá-los no mercado consumidor, se não estiver devidamente registrado na Junta Comercial. O sentido da lei é o de que poderá ser uma empresa mercantil, individual ou coletiva, ou seja, um empresário individual. Destarte, o franqueado poderá ser um empresário individual, registrando-se na Junta Comercial em nome próprio. Acham alguns que ele seja uma pessoa física, outros que seja uma empresa; nossa opinião é pela segunda hipótese.

Os compromissos financeiros do franqueado serão orçados pelo franqueador, a fim de que possa planejar suas finanças e não ser surpreendido com gastos que ultrapassem sua expectativa. A empresa franqueadora deverá fazer especificações quanto ao total estimado do investimento inicial necessário à aquisição, implantação e entrada em operação da franquia; valor da taxa inicial de filiação ou taxa de franquia e de caução, e valor estimado das instalações, equipamentos e do estoque inicial e suas condições de pagamento.

Afora as especificações referentes ao investimento a ser realizado, serão fornecidas ainda na Carta Circular de Oferta de Franquia informações claras quanto a taxas periódicas e outros valores a serem pagos pelo franqueado ao franqueador ou a terceiros por este indicados. As respectivas bases de cálculo e o que as mesmas remuneram ou o fim a que se destinam deverão ser bem pormenorizadas. Tais despesas incluirão a remuneração periódica pelo uso de sistema, da marca ou em troca dos serviços efetivamente prestados pelo franqueador ao franqueado (royalties); o aluguel de equipamentos ou ponto comercial a taxa de publicidade ou semelhante, o seguro mínimo, bem como outros valores a que se obrigará o franqueado ao franqueador ou a terceiros que a ele estejam ligados. A lei não especifica o tipo de preço pago pelo franqueado, deixando em aberto as fórmulas adotadas pelo franqueador, mas a praxe observada no setor é a que vigora no plano internacional, já exposta.

A empresa franqueadora dará ainda na Circular de Oferta de Franquia relação completa de todos os franqueados, subfranqueados e subfranqueadores da rede, bem como dos que se desligaram nos últimos doze meses, com nome, endereço e telefone. O potencial franqueado terá assim oportunidade de informar-se sobre o comportamento empresarial do franqueador e não poderá depois queixar-se de ter sido ilaqueado. A lei prevê a posição de subfranqueador e subfranqueados, com alguma analogia com sublocadores e sublocatários. Grande parte dos franqueadores são empresas multinacionais, sediadas em vários países; estas concedem a franquia a outra empresa no Brasil, que se encarrega de distribuí-la em todo o território nacional: é a subfranqueadora. Esta, por sua vez, licenciará a franquia para empresas que atuem diretamente junto ao mercado consumidor.

O fornecimento de matérias-primas é tão importante quanto de equipamentos e instalações. Não há liberdade por parte do franqueado em adquiri-los de quem desejar, mas de fornecedores indicados pelo franqueador. Por isso, na oferta de contrato, o policitante deverá dar informações claras e circunstanciadas ao seu oblato, o potencial franqueado, quando à obrigação deste de adquirir quaisquer mercadorias, serviços e insumos necessários à implantação, operação ou administração de sua franquia, apenas de fornecedores indicados pelo franqueador, oferecendo ao franqueado relação completa desses fornecedores.

Os serviços de franquia empresarial devem ser uniformes para todos os franqueados, de tal maneira que dê a impressão de serem todos os estabelecimentos pertencentes a uma mesma organização. Entretanto, malgrado se note terem eles o mesmo serviço, o mesmo método de trabalho, os mesmo produtos, tratam-se de estabelecimentos individuais, autônomos. Essa uniformidade e eficiência predominante entre os diversos estabelecimentos é conseguida graças a assistência técnica, dada pela empresa franqueadora, por ser detentora dos direitos de propriedade industrial, registrados no INPI. Por essa razão, na própria proposta de contrato, cabe ao franqueador indicar ao franqueado o que realmente seja oferecido em termos de assistência técnica, tais como: supervisão da rede; serviços de orientação e outros; treinamento do franqueado, especificando duração, conteúdo e custos; treinamento dos funcionários do franqueado; manuais de franquia; auxílio na análise e escolha do ponto onde será instalada a franquia; "layout" e padrões arquitetônicos nas instalações do franqueado. Cabe então ao franqueador elaborar tecnologia de treinamento a ser dado aos funcionários do franqueado. É mais um motivo pelo qual deverá o franqueado ser bem esclarecido sobre a situação perante o INPI das marcas ou patentes e de mais direitos de propriedade industrial, cujo uso estará sendo autorizado pelo franqueador.

Deve ser prevista no contrato a situação do franqueado após a rescisão do contrato de franquia, de tal maneira que o franqueador não seja prejudicado por ter fornecido sua tecnologia. A Circular de Oferta de Franquia estabelecerá a situação do franqueado após a expiração da franquia, em relação ao "know-how" ou segredo de indústria a que venha a ter acesso em função da franquia, e implantação da atividade do franqueador. Embora não tenhamos muita fé nessa cláusula de não fazer, pelo menos se obriga o franqueado a respeitar os direitos do franqueador, não podendo utilizar a tecnologia pertencente a este, em proveito próprio. Neste caso, estaria o franqueado fazendo concorrência ao franqueador, utilizando-se do trabalho deste, parecendo inclusive uma pirataria.

Antes que o contrato ou pré-contrato de franquia seja assinado, o franqueado deverá receber, com prazo mínimo de dez dias, a Circular de Oferta de Franquia e anexos a ela, a fim de não assinar o contrato de afogadilho. Não estará também obrigado a qualquer pagamento, se não recebê-la nesse prazo mínimo. O não cumprimento dessas disposições pelo franqueador dará ao franqueado a faculdade de argüir a anulabilidade do contrato e exigir a devolução de todas as quantias porventura pagas ao franqueador e a terceiros por ele indicados, a título de taxa de filiação e "royalties" devidamente corrigidas, pela variação da remuneração básica dos depósitos de poupança mais perdas e danos. Essas sanções aplicar-se-ão também ao franqueador que veicular informações falsas na sua Circular de Oferta de Franquia, sem prejuízo das sanções penais cabíveis. O contrato de franquia deve ser sempre escrito e assinado na presença de duas testemunhas e terá validade independentemente de ser levado a registro perante cartório ou órgão público.

# 25. JOGO E APOSTA

Imaginemos dois homens travando uma partida de bilhar, pela qual o vencedor recebe certa importância em dinheiro. Celebraram eles um contrato, gerando para quem perder a obrigação de dar. Analisemos ainda uma pessoa que tenha jogado na loteria esportiva, jogo esse representado por duas partes: o órgão administrador da atividade e o jogador. É também um contrato.

O jogo e a aposta são contratos e são previstos na lei; mais precisamente nos arts. 814 a 817 do Código Civil. Constam eles do código de vários países. Até mesmo os romanos reconheciam legalmente o jogo e a aposta, com o nome de *Alearum Lusus* e *Sponsio = Prometo*, o primeiro nome dado ao jogo e o segundo à aposta.

São dois contratos independentes e diferentes, mas os códigos os regulamentam no mesmo capítulo, talvez porque os efeitos jurídicos muito de assemelhem. No jogo há a participação dos jogadores e ambos respondem pelo ato que praticam, como na partida de bilhar. Não é o que acontece no jóquei clube, em que uma só pessoa aposta para ver qual cavalo chegará em primeiro lugar; o apostador não participou da atividade e não se deve a ele o resultado.

O jogo e a aposta são contratos designativos da atividade humana instintiva. O jogo é fruto de instinto, a que os psicólogos dão o nome de "instinto lúdico". Não adianta a lei proibir, porquanto o instinto é uma força interior, encravada na personalidade humana e dela não pode ser extraído. É como a religião, o sexo, a família, a vida em sociedade. E não se pode dizer que seja maléfico ao ser humano e à sociedade, a não ser que seja corrompido ou se torne um vício. Por isso, o jogo e a aposta são tutelados pela lei.

Exemplo disso é o Brasil, em que o jogo e a aposta foram proibidos e, no entanto, vigorou com mais força; talvez percam sua força se forem liberados, mas não serão jamais suprimidos. Os efeitos jurídicos, sociais e humanos da proibição dos instintos foram desastrosos. Estamos porém falando do jogo como atividade lícita, o que nem sempre acontece. Se for jogo ilícito haverá contrato nulo, pois um ato ilícito não pode gerar direitos.

Será o caso do jogo de bicho, em que o jogador e o bicheiro celebram um contrato. Se der o bicho jogado, nenhum direito de crédito pode reclamar o jogador, uma vez que atos ilegais não podem ser fonte de direito. Seria o mesmo que o ladrão reclamar direitos de proprietário da coisa roubada.

As dívidas de jogo ou de aposta não obrigam a pagamento; mas não se pode recobrar a quantia, que voluntariamente se pagou, salvo se foi ganha por dolo, ou se o perdedor é menor ou interdito (art. 814). Estende-se essa disposição a qualquer contrato que encubra ou envolva reconhecimento, novação ou fiança de dívida de jogo; mas a nulidade resultante não pode ser oposta ao terceiro de boa-fé. Excetua-se o caso de jogos permitidos e regulados pela lei, como é o caso da loteria esportiva.

Também se excetuam os prêmios oferecidos ou prometidos para o vencedor em competição de natureza esportiva, intelectual ou artística, desde que os interessados se submetam às prescrições legais e regulamentares. São lícitos e vinculantes igualmente alguns concursos realizados pelas operadoras de televisão em programas de auditório, em que se fazem sorteios e outros lances.

Por que então compromissos assumidos num contrato lícito não obrigam o pagamento? Muitas razões existem, uma delas a de que o jogo pode transformar-se numa profissão.

Seria o desvirtuamento do instinto e dos sentimentos humanos, que estão sendo corrompidos. Se a lei tutela o instinto lúdico, não pode permitir o desvirtuamento desse instinto.

Outro aspecto se nota; o enriquecimento sem causa, enriquecimento indevido. Por tradição do direito romano e da filosofia escolástica, preconizada por São Tomas de Aquino e Santo Agostinho, só o trabalho é fonte lícita de enriquecimento. No jogo e na aposta pode alguém enriquecer-se sem ter trabalhado, em detrimento de outro que empobrece, tudo pelos vaivéns da sorte. Por isso, esses contratos devem ter eficácia restrita e valor limitado.

A situação é realmente pitoresca: esses contratos geram a obrigação de pagar, mas o cumprimento dessa obrigação fica ao arbítrio da parte perdedora, não havendo sanção pela possível inadimplência. Embora o contrato não faça referência, não serão válidas outras obrigações assumidas em decorrência desses contratos. Vamos analisar alguns eventos: o perdedor paga a dívida com cheque, mas depois pede a sustação do pagamento; outro caso: o perdedor emite ao ganhador nota promissória no valor da dívida. Nesses dois casos os dois títulos de crédito serão incobráveis.

Por outro lado, se o perdedor pagou em dinheiro, não poderá querer seu dinheiro de volta. Também não se pode exigir reembolso do que se emprestou para jogo ou aposta, no ato de apostar ou jogar. Trata-se de uma dívida não do jogo mas para o jogo; em conseqüência é incobrável.

Característica visível do contrato de jogo ou de aposta é a de serem eles aleatórios; não se sabe previamente quem será o perdedor ou o ganhador, quem terá lucro ou quem terá prejuízos. É também contrato de prestações recíprocas, geralmente, mas às vezes pode ser contrato de prestação a cargo de uma só parte. Vejamos algumas situações, como a aposta na loteria ou na loteria esportiva. O apostador tem de pagar um valor no momento em que celebrar o contrato: é a sua prestação pecuniária. Por outro lado, o órgão público administrador do jogo assume a obrigação de pagar o prêmio.

Exemplo semelhante é o da rifa, contrato tão comum em todo o Brasil. A parte apostadora é massiva, constituída normalmente de massa enorme de pessoas. A parte é alguma instituição, como igreja, clube e assemelhados. Os apostadores pagam e a entidade assume a obrigação de dar o prêmio.

A ineficácia relativa da dívida oriunda do jogo e aposta não se aplicam a operações aleatórias de natureza empresarial, como contratos de títulos de bolsa, mercadorias ou valores, em que se estipulem a liquidação exclusivamente pela diferença entre o preço ajustado e a cotação que eles tiverem no vencimento do ajuste.

O sorteio para dirimir questões ou dividir coisas comuns considera-se sistema de partilha ou processo de transação conforme o caso. Fala-se agora de uma operação parecida com o jogo mas não é. O jogo tem o objetivo de diversão, de acalmar os espíritos, provocar emoção ou estimular a competição. Faltando esses elementos essenciais, não fica a operação caracterizada como jogo. Se o sorteio tem por objetivo dirimir uma dúvida, resolver um problema, significa transação entre partes divergentes, para solucionar a pendência, como acontece no "par ou impar". É um acordo entre duas partes submetendo à sorte a extinção do litígio. A transação é um contrato estudado neste compêndio.

Se for para dividir alguma coisa, seria um sistema de partilha. Certa vez, três pessoas compraram uma boiada e foram sorteando uma a uma para cada comprador. Eis o exemplo de sorteio como sistema de partilha.

# 26. LOCAÇÃO

26.1. Conceito e elementos
26.2. Obrigações do locatário
26.3. Obrigações do locador
26.4. Aluguel de imóvel residencial
26.5. A ação renovatória
26.6. Considerações etimológicas

## 26.1. Conceito e elementos

Este contrato foi previsto no direito romano, com o nome de LOCATIO CONDUCTIO e se dividia em três tipos:

– locatio rei = locação de coisas móveis ou imóveis;
– locatio operis = locação de trabalho, correspondente ao atual contrato de trabalho;
– locatio operis faciendi = empreitada.

Passaram-se os séculos e esses contratos foram-se transformando em figuras típicas como a própria locação, a empreitada, o mútuo e o comodato, a prestação de serviços, o contrato de trabalho.

A locação é o contrato pelo qual uma parte denominada locador concede à outra, chamada locatário, o direito de usar e gozar temporariamente de uma coisa, mediante contraprestação chamada de aluguel. A coisa locada é geralmente imóvel, mas é possível locar bens móveis. A locação recebe ainda o nome de aluguel ou arrendamento.

A coisa locada deve ser infungível senão seria contrato de mútuo. O contrato é oneroso, senão seria comodato. O locador transfere ao locatário a posse da coisa mas não a propriedade, senão seria contrato de compra e venda.

O contrato de locação pode ser por tempo determinado ou indeterminado. A locação por tempo determinado, ou seja, a prazo, cessa de pleno direito findo o prazo estipulado, independentemente de ratificação ou aviso. Se, findo o prazo, o locatário continuar na posse da coisa alugada, sem oposição do locador, presume-se que a locação tenha sido prorrogada pelo mesmo aluguel. Cessou porém o prazo e daí por diante o contrato será por tempo indeterminado.

Havendo prazo estipulado à duração do contrato, antes do vencimento não poderá o locador reaver a coisa alugada, a não ser ressarcindo ao locatário as perdas e danos resultantes. Por outro lado, não pode o locatário devolvê-la ao locador, a não ser pagando os meses faltantes até o final do prazo, ou pagando a multa prevista no contrato, se houver.

Se a obrigação de pagar o aluguel pelo tempo que faltar constituir indenização excessiva, será facultado ao juiz fixá-la em bases razoáveis (art. 572).

Não se extingue o contrato pela morte de alguma das partes. Morrendo o locador ou o locatário, transfere-se aos seus herdeiros a locação por tempo determinado. Se for por tempo indeterminado, poderão os herdeiros, pelo espólio, pedir de volta a coisa locada.

Surge porém situação complexa e delicada se o locador vender a coisa locada no curso da locação. Não fica ele tolhido de alienar o que lhe pertence, só porque está alugada. Como ficará a situação do locatário se a coisa alugada mudou de dono? Vamos imaginar sua situação neste exemplo: Marciano alugou imóvel para Vitélio, mas, logo em seguida, Marciano vende esse imóvel para Lucano, sem que Vitélio tenha participado da venda. O contrato de locação tinha como partes Marciano e Vitélio. Daí por diante o locador será Lucano, mudando-se o contrato sem autorização de Vitélio.

Como ficará a situação? Pelo que estabelece o art. 576, Lucano não está obrigado a respeitar o contrato, se nele não houver cláusula da sua vigência no caso de alienação, e não constar de registro. Esse registro deverá ser feito no cartório de registro de títulos e documentos se for coisa móvel, no domicílio do locador. Se for imóvel deverá ser registrado na circunscrição imobiliária em que o imóvel estiver registrado.

Voltando ao nosso contrato, em que estão envolvidos Marciano, Vitélio e Lucano, como se trata de imóvel, ainda que Lucano não estiver obrigado a respeitar o contrato, ele não poderá despejar Vitélio (o locatário) a não ser no prazo de 30 dias a partir da notificação. Se Vitélio não entregar o imóvel, após os 90 dias, poderá sofrer a ação de despejo.

Releva notar que a legislação, nos contratos de transferência de posse e não de propriedade procura proteger a parte mais fraca, no caso o locatário. Se o locador reaver o imóvel, ficando de pagar indenização ao locatário e não a pagar, o locatário terá direito de retenção da coisa enquanto não for ressarcido.

Terá também o locatário direito de retenção no caso de haver ele realizado benfeitorias necessárias na coisa alugada. Também se ele tiver realizado benfeitorias úteis com expresso consentimento do locador.

**26.2. Obrigações do locatário**

A principal obrigação do locatário é a de pagar pontualmente o aluguel nos prazos ajustados, e, em falta de ajustes, segundo o costume do lugar. A locação é um contrato oneroso, e a contraprestação do locatário é o aluguel. Ressalve-se que o aluguel é obrigação "quérable", vale dizer, que o credor é obrigado a procurar o devedor no domicílio deste.

Outra obrigação importante do locatário é o uso da coisa conforme a natureza dela e os termos do contrato. Se for imóvel residencial, não pode ser usado como escritório ou instalação empresarial. Está ele obrigado a servir-se da coisa alugada para os usos convencionados, ou presumidos conforme a natureza dela e as circunstâncias, bem como tratá-la com o mesmo cuidado como se sua fosse.

Se o locatário empregar a coisa em uso diverso do ajustado, ou do a que se destina, ou se ela danificar por abuso do locatário, poderá o locador, além de rescindir o contrato, exigir perdas e danos (art. 570).

Deve levar ao conhecimento do locador as turbações de terceiros que julgam fundadas em direito. Se o locador está obrigado a garantir ao locatário a posse mansa e pacífica da coisa alugada, fica a cargo do locatário informar o locador de qualquer perturbação que sofrer e colaborar com ele para a segurança das relações jurídicas entre locador e locatário.

Ao final do contrato o locatário deve devolver ao locador a coisa alugada no estado em que a recebeu, salvas as deteriorações naturais ao uso regular. Vale lembrar que estamos sempre falando em "coisa alugada", que pode ser coisa móvel ou imóvel. Quanto à locação de imóvel residencial ou empresarial, a questão está especificamente regulamentada pela Lei do Inquilinato, a Lei 8.245/91.

O contrato de locação pode ser por prazo ou por tempo indeterminado. A locação por tempo indeterminado cessa de pleno direito findo o prazo estipulado, independentemente de notificação ou aviso.

Se houver prazo de duração do contrato, o locatário terá direito ao uso da coisa, não podendo o locador reavê-la, senão ressarcindo ao locatário as perdas e danos resultantes. O locatário gozará do direito de retenção da coisa, enquanto não for ressarcido. Por outro lado, o locatário não pode devolver a coisa ao locador, a menos que pague multa prevista no contrato.

**26.3. Obrigações do locador**

O locador obriga-se a entregar ao locatário a coisa alugada, com suas pertenças, em estado de servir ao uso a que se destina, e a mantê-la nesse estado, pelo tempo do contrato, salvo cláusula expressa em contrário. Afirma o Código que o locador deve entregar a coisa "com suas pertenças". Assim, se houver locação de um automóvel incluem-se os acessórios dele. Se for aluguel de uma casa entram também a garagem, as instalações hidráulicas e elétricas, o jardim. Se for um apartamento, incorporam-se ainda o jardim, a portaria, o saguão de entrada, o elevador e demais acomodações coletivas.

Obriga-se também a garantir ao locatário, durante o tempo do contrato, o uso pacífico da coisa. Essa garantia visa a dar ao locatário tranqüilidade e segurança no uso da coisa alugada, protegendo-o contra turbações de fato e de direito, quando terceiros se arrogarem direitos sobre a coisa alugada. Deve ainda abster-se da prática de qualquer ato que possa perturbar o locatário no uso da coisa. Nesse sentido, diz textualmente o art. 568:

> "O locador resguardará o locatário dos embaraços e turbações de terceiros, que tenham ou pretendam ter direitos sobre a coisa alugada, e responderá pelos seus vícios ou defeitos, anteriores à locação".

Pelas disposições legais, se a coisa alugada revelar defeitos após a celebração do contrato de locação, obriga-se o locador a reparar esses defeitos. É o caso de encanamentos que se racham quando o contrato está em vigor; não é defeito que surge repentinamente mas que se forma pelos anos. Não responderá entretanto o locador se o defeito for causado por culpa do locatário.

Note-se que o contrato fala em "coisa alugada" e às vezes, "coisa locada". São palavras sinônimas, como também poderia ser "arrendada". Como foi dito no início desta exposição, a locação pode ser chamada também de aluguel e arrendamento.

Havendo prazo estipulado à duração do contrato, antes do vencimento não poderá o locador reaver a coisa alugada. Se o contrato venceu e o locador tentar reaver a coisa, estará praticando turbação ilegal e desobedecendo as normas do contrato. Poderá entretanto indenizar o locatário, mas não há muita viabilidade dessa recuperação. Se o contrato já estiver vencido ou tiver sido celebrado por tempo indeterminado, não haverá muitos obstáculos na volta da coisa.

A morte do locador não dá fim ao contrato; os direitos e obrigações do locador transmitem-se aos seus herdeiros.

Conforme já exposto, o locador deve dar garantia ao locatário pelo uso da coisa, responsabilizando-se pelas reparações dos danos à coisa, ocasionados por defeitos ocultos. Essa reparação pode ser feita pelo locatário como benfeitorias na propriedade alheia. Se forem benfeitorias necessárias, o locador deverá indenizar o locatário. Se forem benfeitorias úteis realizadas com autorização do locador, este ficará também responsável. Se não ressarcir, o locatário terá direito de reter a coisa em sua posse, até a satisfação de seu crédito. O locador não responde porém pelas benfeitorias voluptuárias.

## 26.4. Aluguel de imóvel residencial

Não deixa de ser contrato de locação, mas de coisa especial, aplicando-se a ele tudo o que estabelece o Código Civil, nos arts. 565 a 578. Especificamente para este contrato são seguidas as normas da Lei do Inquilinato (Lei 8.245/91), sem chocar-se com o Código Civil.

O contrato de locação de imóvel residencial pode ser ajustado por qualquer prazo. Dependerá de vênia conjugal, se igual ou superior a dez anos. Se houver no contrato mais de um locador ou mais de um locatário, entende-se que são solidários, se não tiver sido estipulado em contrário. Significa essa solidariedade que, se houver dois locatários, cada um deles deverá pagar o aluguel total, entendendo-se entre eles sobre a divisão. Se houver dois locadores, cada um deles assumirá responsabilidade total para com o locatário.

O contrato de locação de imóvel residencial pode findar-se de diversas maneiras, mas, seja qual for o fundamento do término da locação, a ação do locador para reaver o imóvel e cobrar aluguéis atrasados é a ação de despejo. Esta ação é privativa do locador, pois o locatário, se quiser romper o contrato e devolver o imóvel, poderá denunciar a locação, se for por tempo indeterminado, mediante aviso por escrito ao locador, com antecedência mínima de 30 dias.

Dependerá do consentimento prévio e escrito do locador a sublocação, cessão da locação ou o empréstimo do imóvel residencial alugado. Sublocação é o aluguel a um terceiro de uma parte do imóvel alugado; é o contrato celebrado entre o locatário, agora transformado em locador e um novo locatário. Apesar de não ter contrato com o dono do imóvel, o sublocatário fica obrigado a pagar o aluguel devido pelo sublocador.

Aspecto importante é a preferência do locatário pela aquisição do imóvel residencial alugado a ele. No caso de venda, promessa de venda, cessão ou promessa de cessão de direitos ou dação em pagamento, o locatário tem preferência para adquirir o imóvel alugado. Deverá o locatário concorrer com os demais interessados em igualdade de condições. O locador precisa notificar o locatário de seu desejo de alienar o imóvel, expondo as condições da venda, como preço, forma de pagamento, existência de ônus reais.

Se porventura o locatário tiver realizado no imóvel benfeitorias necessárias, ainda que não autorizadas pelo locador, deverá este indenizar seu inquilino. Benfeitoria necessária é a que objetiva conservar o imóvel ou impedir que ele se deteriore. É o caso do rompimento de um cano com vazamento na parede. Se não houver substituição, ele deteriorará toda a construção.

As obrigações do locatário poderão ser garantidas por fiança, seguro de fiança locatícia ou caução. Não pode porém haver mais de um tipo de garantia no mesmo contrato. A caução consiste normalmente no depósito bancário correspondente a três meses de aluguel. Se o fiador falecer, perder seus bens ou ficar insolvente, o locador poderá exigir a substituição por outro que lhe possa inspirar confiança.

## 26.5. A Ação renovatória

A seção III da Lei do Inquilinato com o título "Da locação não residencial", trata do aluguel de imóveis destinados a fins empresariais. Imóvel de fins empresariais a ser tutelado pela lei é principalmente a loja, o imóvel atrativo do público massivo, formando clientela. Pode ser ocupado por uma empresa individual ou coletiva. Não precisa ser empresa mercantil, registrada na Junta Comercial. Poderá ser uma empresa civil, uma empresa prestadora de serviços, como por exemplo, uma oficina para consertos de aparelhos domésticos. O locatário deverá portanto ser uma empresa; o locador não.

A principal finalidade da lei é tutelar o inquilino que tenha valorizado o imóvel alugado, com o seu trabalho, transformando-o num ponto de convergência. Pelo trabalho da empresa locatária, o local em que o imóvel estiver situado, transformou-se num ponto de atração. Tomemos o seguinte exemplo, para base de raciocínio: a "Sorveteria Polo Norte" instala-se num imóvel alugado. Graças à excelência de seus produtos, capricho no atendimento do público consumidor, investimento em propaganda e outros elementos de seu trabalho, consegue formar maciça clientela durante vários anos de atividade.

O locador exige a entrega do imóvel, retomando-o e nele instala a "Sorveteria Polo Sul", aproveitando-se do trabalho de seu antecessor naquele imóvel, enriquecendo-se a custa do esforço alheio. Enquanto isso, a "Sorveteria Polo Norte" vai instalar-se em outro local, mas terá que formar nova freguesia, o que exigirá anos de novos esforços. A lei então precisa tutelar um trabalho bem feito e a contribuição que um inquilino trouxer para um imóvel que alugou. Protege então o ponto e outros elementos do "fundo de comércio".

A principal forma de proteção é a "Ação Renovatória". É uma ação judicial facultada ao inquilino de um imóvel alugado para fins empresariais, mesmo contando com a resistência do locador. Caberá essa ação quando o contrato for igual ou superior a cinco anos de prazo e o inquilino esteja explorando o mesmo tipo de atividade há mais de três anos. A razão desses prazos é a consideração de que a freguesia só se forma após vários anos de exercício de uma atividade num só lugar. Um prazo curto, digamos um ano, não seria tempo suficiente para o inquilino valorizar o imóvel, transformando-o num "ponto" e formando uma clientela própria, estável e numerosa. Nas condições acima descritas, se o locador não quiser renovar o contrato sem motivo legalmente justificável, é facultado ao inquilino a renovação judicial.

Requer então o inquilino a Ação Renovatória, propondo novo aluguel. Essa ação deverá ser empreendida no prazo de um ano a seis meses antes do vencimento do contrato. Quanto ao prazo do contrato, deverá ser igual ao do contrato renovado. Por esses dados, é evidente que o contrato tenha sido celebrado por escrito. Outra característica dessa ação é que ela poderá ser exercida pelos sucessores e cessionários do inquilino. Por exemplo, o Sr. Zebedeu das Dornas alugou o imóvel, nele instalando a "Sorveteria Polo Norte", porém faleceu. O direito de ação poderá ser exercido pelo seu filho-herdeiro. Há uma outra versão: o Sr. Zebedeu das Dornas formou, com um sócio, uma sociedade mercantil para explorar a sorveteria; essa sociedade fica investida no direito de requerer judicialmente a renovação. Pode ocorrer o caso contrário: o Sr. Zebedeu das Dornas e seu irmão, Luiz das Dornas são os sócios de uma sociedade que celebrou o contrato de locação e explora a sorveteria. Um deles vem a falecer, dissolvendo-se a sociedade. O sócio sobrevivente poderá requerer a renovação, desde que continue explorando a sorveteria. Não teria sentido o sócio inquilino requerer a renovação para explorar outro tipo de negócio: então não se teria formado nem ponto nem clientela.

O locador poderá contestar a ação, apresentando motivo plausível para não renovar. Constitui motivo de recusa se o locador estiver pressionado pelo Poder Público para fazer no imóvel profundas reformas, que venham-lhe aumentar o valor. Ou então, se o locador tiver que ocupar o imóvel, transferindo para ele seu fundo de comércio ou de sua esposa, descendente ou ascendente. Entende-se por essa disposição do art. 52, II, que o locatário queira instalar no imóvel uma empresa com mais de um ano. O que não pode é ele constituir uma empresa pouco antes do vencimento do contrato de aluguel do imóvel. Se o locador conseguir recuperar o imóvel, não poderá instalar nele atividade do mesmo ramo do inquilino. O locador poderá contestar a renovação se provar que tem proposta de aluguel, feita por terceiro, bem superior ao proposto pelo inquilino.

Vimos então que o locador pode opor-se à renovação por três motivos relevantes. Terá então que colocar em prática a alegação apresentada, no prazo de três meses. Assim, se nesse prazo, não fizer no prédio as reformas exigidas pelo Poder Público, se não alugar o prédio nas condições referidas, ou não instalar seu fundo de comércio no imóvel, poderá enfrentar ação indenizatória do inquilino. Este poderá pedir indenização para ressarcimento dos prejuízos e dos lucros cessantes, que arcou com a mudança, perda do lugar e desvalorização do fundo de comércio.

Sugestiva inovação trazida pela nova Lei do Inquilinato, a inclusão de espaços ocupados em "shopping centers", considerando-os como imóveis para fins empresariais e estabelecendo critérios especiais para esses espaços. Nesse caso, o locador não poderá opor-se à renovatória, com a alegação de ter que instalar no imóvel antigo empreendimento seu. Também não poderá cobrar do inquilino despesas extraordinárias de condomínio, reformas e pinturas para melhoria do imóvel retomado.

### 26.6. Considerações etimológicas

A etimologia é a ciência da origem e evolução das palavras. Não faz parte das ciências jurídicas, mas da linguagem. Importante é porém no conhecimento e na interpretação do direito, a tal ponto de se poder classificar a etimologia como ciência auxiliar do direito. Sem o estudo da origem e evolução das palavras, as causas dessa evolução e as relações que as ligam, o conhecimento jurídico será inseguro, superficial e duvidoso.

É sabido que o direito nasceu e prosperou na antiga Roma, cujo idioma era o latim, antecessor do português. E lá na Roma dos Césares, havia a palavra LOCUS, designativa de local, lugar; dela derivaram local, locação, aluguel. Há dúvidas se a palavra "inquilino" tenha se originado de "in-locus" ou do verbo latino "colere" = habitar; esta última origem é a mais provável.

O termo "locação" liga-se a local, lugar. Pelo menos sob o ponto de vista etimológico, locação vem a ser o aluguel de um local e, por isso, deve ser aplicado a imóveis. Salvo melhor juízo, não há falar de locação de coisas móveis, apesar de locação ter sido o termo utilizado no direito romano para o aluguel de coisas, e até de mão-de-obra, este último designando o contrato de trabalho.

Vamos examinar também o termo latino PRAEDIUM, para os romanos com significado de imóvel. No português moderno, prédio designa uma construção, tanto que em muitas escrituras consta expressão como esta "neste terreno foi edificado um prédio". Entretanto, a Lei do Inquilinato, como também o Código Civil fala em prédio como se fosse imóvel, conservando a tradição romana. Portanto, em nossa lei, prédio é a mesma coisa que imóvel.

Outra palavra latina pode nos confundir; o termo URBE, significativa de cidade. Dela se originou "urbano" palavra que pela etimologia deveria ser "da cidade", ou situada no perímetro urbano, vale dizer, nos limites da cidade, antes de atingir a periferia ou o interior. Todavia, o termo "urbano" designa o imóvel residencial, de tal forma que não é critério da locação que determina seu significado, mas sua destinação. Vamos encontrar esse significado logo no art. 1º da Lei do Inquilinato:

"A locação de imóvel urbano regula-se pelo disposto nesta Lei".

Vamos bater novamente nesta tecla: "imóvel urbano" significa "imóvel residencial".

Pelo outro lado, o imóvel não residencial recebe o nome de "rustico". Rústico para os romanos era: próprio do campo, campestre, rural. Era o imóvel dedicado à agricultura ou à pecuária, ou então terreno em que não haja edificações. Aliás, esse significado atende à origem etimológica de "rus" = campo, donde surge a designação de "rural". É nesse sentido também que nossa legislação utiliza essa palavra e seus derivados.

A palavra "rustico" é usada vulgarmente como grosso, grosseiro, rude, tosco. Não é porém o sentido que lhe dá nossa lei.

# 27. MANDATO

27.1. Conceito de mandato
27.2. Natureza jurídica
27.3. Obrigações emergentes

## 27.1. Conceito de mandato

O mandato é outro contrato antigo, oriundo do direito romano. Para se distinguir um contrato antigo de um moderno, leva-se em consideração a minúcia da lei. Os contratos novos são desconhecidos pela lei ou ela dedica-lhe apenas algumas referências. Os contratos antigos são descritos com tantas minúcias e a lei estabelece para eles tantas normas, que os fazem ser olhados com receio. É o caso do mandato. Nosso Código Civil alonga-se sobre ele dos arts. 653 a 692. São 40 artigos, distribuídos em cinco seções: Disposições Gerais, Das Obrigações do Mandatário, Das Obrigações do Mandante, Da Extinção do Mandato, Do Mandato Judicial.

Por esses dispositivos legais o mandato é o contrato ajustado entre duas partes: mandante e mandatário. O mandante dá autorização para que o mandatário o represente e pratique atos em nome dele, mandante. Exemplo de mandato é a procuração que um cliente dá a seu advogado, para que este o represente em juízo, defendendo seus interesses e praticando atos em nome do cliente.

Vamos citar um exemplo. Mário tem um imóvel no Pará e pretende vendê-lo, mas mora em São Paulo. Para evitar a viagem até lá, autoriza um primo seu que lá reside, para que promova a venda desse imóvel e inclusive assine o registro em cartório. Nessas condições, esse primo vai praticar uma série de atos concernentes à venda desse imóvel, mas em nome de Mário, o primo mandante. Os atos praticados pelo mandatário, nos limites do mandato, vinculam o mandante. Podemos assim compreender o art. 653, de nosso Código Civil, ao dizer que: "opera-se o mandato, quando alguém recebe de outrem poderes, para, em seu nome, praticar atos, ou administrar interesses".

Há diferenças entre procuração e mandato. A procuração é o instrumento do mandato. É o documento escrito, por instrumento público ou particular, que habilita legalmente o mandatário, perante terceiros, a praticar atos em nome do mandante. É o que acontece no mandato "ad juditia": o cliente e seu advogado celebram o contrato de mandato, por escrito ou verbalmente. Ao mesmo tempo, o mandante faz uma procuração, que o mandatário deve apresentar a terceiros, afim de comprovar os poderes que lhe foram outorgados pelo mandante. Há dois documentos distintos: o contrato bilateral de mandato e a procuração, sendo esta uma declaração unilateral de vontade. Há, naturalmente, íntima conexão entre os dois compromissos: a procuração não existe sem mandato.

## 27.2. Natureza jurídica

O mandato é um contrato bilateral, ou seja, um acordo entre duas partes. Não é porém um contrato de prestações recíprocas, mas de prestação a cargo de uma só parte, que alguns chamam de unilateral. É a consideração geral, que depois será comentada. Perante o direito romano, cuja tradição se transmitiu a muitos juristas modernos, o contrato de mandato é unilateral e gratuito, pois gera muitas obrigações para o mandatário, sem nada em troca. Por isso, o art. 658 do Código Civil, no parágrafo único, reconhece essa gratuidade, dizendo que o mandato se presume gratuito, quando não se estipulou retribuição, exceto se o objeto do mandato for daqueles que o mandatário trata por ofício ou profissão lucrativa. O art. 1.709 do *Código Civil italiano diz o contrário, com essas palavras: "Il mandato si presume oneroso"*.

Respeitando a tradição romana e o disposto na primeira parte do art. 1.709, consideraremos o mandato um contrato gratuito. Nem sempre porém. O próprio art. 1.709 prevê exceções; diz "presume-se", mas não que "é". Diz ainda que é gratuito "se não estipulou retribuição". A segunda parte do parágrafo único ressalva ainda que não é gratuito se o mandatário exerce o mandato em vista de sua profissão; é o caso do advogado, de um corretor. Estamos porém falando da onerosidade do mandato civil.

A onerosidade do contrato de mandato mercantil fica retratada também no art. 156, quando diz que o mandatário tem o direito de reter do objeto da operação prevista no mandato, o quanto baste para pagamento de tudo quanto lhe for devido em conseqüência do mandato. Essa disposição corresponde mais ou menos a uma "hipoteca legal". É um direito concedido pela lei ao mandatário, pelo qual este pode reter sua remuneração, descontando-a do valor recebido pela prática do ato autorizado no mandato. Concluímos pois, num sentido geral, que o mandato seja mais oneroso do que gratuito, nas bases seguintes: o mandato mercantil é sempre oneroso; o mandato civil é oneroso se nele constar cláusula de remuneração ou se o mandatário tem por profissão o exercício dos atos previstos no mandato; será gratuito se o ato praticado for civil e não constar cláusula de remuneração.

Originariamente, o mandato era um ato de confiança e amizade. Com essa característica de confiança, ele é um contrato "intuitu personae"; se o mandante transferir os poderes conferidos pelo mandato, será responsável pelos atos praticados pela pessoa a quem os poderes foram transferidos. A transferência dos poderes é chamada de "substabelecimento", que pode ser total ou parcial. Total é quando os poderes são transferidos totalmente, saindo o mandatário do contrato; parcial é quando o mandatário permanece ainda com os poderes transferidos, agindo em parceria com o substabelecido. Esse ato, no mandato "ad juditia", se faz normalmente nos seguintes termos: "substabeleço, com reservas de iguais para mim, na pessoa do Dr. ....., os poderes que me foram conferidos pelo Sr. ....., para representá-lo no processo 145/91 em curso perante a 8ª Vara Cível".

É um contrato bilateral, de duas partes, pois consta da proposta e da aceitação. A aceitação pode ser expressa ou tácita, e resulta do começo da execução. Desta maneira, se o mandatário coloca em prática os termos do mandato, demonstra haver aceitado a outorga. É assim um contrato consensual; não há a transição de nada; basta o consenso das partes.

É um contrato solene, embora haja opinião em contrário. O mandato pode ser expresso ou tácito, verbal ou escrito. Pode ser ainda por instrumento público ou particular. Diz o art. 654 que o mandato por instrumento público valerá desde que tenha a assinatura do outorgante, mas o terceiro com quem o mandatário tratar poderá exigir que a procuração traga a firma reconhecida.

O mandato então está cravado de um monte de solenidades. Aliás, diz o art. 657 que a outorga do mandato está sujeita a forma exigida por lei para o ato a ser praticado. Não se admite mandato verbal quando o ato deva ser celebrado por escrito. A venda de imóveis, por exemplo, exige instrumento escrito. As normas sobre o mandato são completadas pelo Código de Processo Civil e pelo Código de Processo Penal.

### 27.3. Obrigações emergentes

No mundo moderno, a consideração do mandato como de prestações a cargo de uma só parte, encontra também sérios arranhões. O próprio Código Civil, com os arts. 675 a 681, traz uma seção denominada "Das Obrigações do Mandante". O art. 675 afirma que o mandante deve satisfazer a todas as obrigações contraídas pelo mandatário nos termos do mandato e deve adiantar dinheiro para as despesas que este tiver que fazer. O art. 677 diz que sobre essas despesas o mandante deve pagar juros. O art. 681 garante ao mandatário o direito de retenção se o mandante não reembolsá-lo nos gastos. Por tudo isso, pode o mandato ser considerado oneroso e de prestações recíprocas, salvo casos não muito freqüentes.

Não é realmente um contrato muito equilibrado nas prestações. Nota-se que há uma carga maior de prestações incidentes sobre o mandatário, expressas nos arts. 667 a 674 do Código Civil. É obrigado a executar as obrigações assumidas com toda diligência e prestar contas de seus atos ao mandante. Assume a responsabilidade de seus atos perante o mandante, se ultrapassar os poderes que lhe foram outorgados.

# 28. NEGÓCIO FIDUCIÁRIO

28.1. Tipos de fidúcia
28.2. O negócio fiduciário e a simulação

## 28.1. Tipos de fidúcia

O negócio fiduciário tem muitos pontos de identificação com o contrato de compra e venda mas com um potencial retorno à situação anterior. É um contrato celebrado entre duas partes, chamadas fiduciante e fiduciário. Por esse contrato, o fiduciante vende um bem ao fiduciário, com a cláusula de que no futuro esse bem retorne ao domínio do fiduciante. O fiduciário torna-se proprietário do bem, mas não poderá aliená-lo. É obrigado a administrá-lo e cuidar dele até a restituição ao vendedor.

É utilizado, às vezes, para garantia de um débito. Por exemplo: um devedor vende um bem ao seu credor, que se torna proprietário dele temporariamente. Quando o devedor pagar a dívida, o bem volta ao patrimônio do devedor. Essa operação era prevista no direito romano com o nome de "fidúcia cum creditore". O fiduciário deveria fazer uso do direito do qual tinha titularidade absoluta, um determinado uso, ou então, transferi-lo a outra pessoa, indicada pelo fiduciante, ou ainda transferi-lo ao próprio fiduciante, sempre por um ato de transferência. Se o fiduciário agia em violação às obrigações, usando esses direitos de forma diferente, o fiduciante não tinha outro remédio, a não ser uma ação de perdas e danos.

Outro caso de aplicação do negócio fiduciário, sem que haja débitos, é de uma pessoa que, por qualquer motivo, desde que não fraudulento, precise se desfazer de um bem. Vende-o a uma pessoa de sua confiança. O fiduciário fica com o bem, conservando-o e administrando-o durante largo tempo. Ao cessarem os motivos que forçaram o fiduciante a desfazer-se do bem, a transmissão será desfeita. Essa prática fora também regulamentada pelo direito romano, com o nome de "fidúcia cum amico". Durante a última guerra, essa operação foi muito praticada no Brasil. O governo brasileiro apropriou-se de bens de muitos estrangeiros, como reparação de guerra. Para evitar a perda de bens, os estrangeiros transferiam suas propriedades a amigos brasileiros. Após a guerra e cessadas as ameaças, os neoproprietários venderam novamente esses bens aos antigos proprietários.

Outro exemplo de "fidúcia cum amico": Pompônio é credor de Modestino e precisa cobrar dele, mas há muita amizade entre ambos. Pompônio transfere então esse crédito a Papiniano, que se encarrega de cobrá-lo de Modestino. Entre Pompônio e Papiniano haverá um "pactum fiduciae", pelo qual Papiniano comprometeu-se a cobrar e recolher o pagamento a Pompônio.

## 28.2. O negócio fiduciário e a simulação

Numa análise superficial, o negócio fiduciário tem semelhança com a simulação, com intuito fraudulento. Todavia a simulação tem normalmente o intuito de fraude e pode inquinar um contrato de anulabilidade. O negócio fiduciário é um contrato legítimo, com intuito honesto, senão afrontaria um pressuposto de todo contrato: ter objeto lícito e seguir a lei. Na concepção doutrinária, há diferenças entre o negócio fiduciário e a simulação; esta consiste na discordância entre a vontade e a declaração dela, ou seja, projeta-se uma aparência para encobrir uma realidade oculta e antagônica. Seria o caso da duplicata simulada: uma empresa saca uma duplicata contra outra que a aceita; entretanto, não houve venda mas as partes querem um título formalmente perfeito, para levantar dinheiro no mercado financeiro, graças a essa duplicata.

No negócio fiduciário existe concordância entre a manifestação de vontade das partes e a própria vontade. Fiduciante e fiduciário querem os termos do contrato, ou seja, as cláusulas do contrato refletem o desejo das partes.

# 29. PRESTAÇÃO DE SERVIÇOS

29.1. Conceito e aplicação
29.2. Contrato de estacionamento
29.3. Contrato de prestação de serviços

## 29.1. Conceito e aplicação

O contrato de prestação de serviços vem-se vulgarizando cada vez mais em nossos dias, devido às mutações no sistema econômico, à especialização e profissionalismo das atividades e à diversificação dos serviços. Por esse contrato, uma pessoa obriga-se a prestar um serviço de sua especialização a outra, mediante o pagamento de um preço. Por esse conceito, é um contrato de compra e venda em que a "res" é um serviço especializado. Por essa razão, aplicam-se a ele as normas do contrato de compra e venda. Entretanto, apesar da semelhança, impõe-se a consideração de um contrato à parte, distinto dos demais, por ter características próprias e importância cada vez mais relevante. O moderno e monumental Código Civil português, instituído pelo Decreto-lei 47.344, de 25.11.1966, discrimina-o no art. 1.154, não o regulamentando, mas dando-lhe um conceito digo de louvor:

> "Contrato de prestação de serviço é aquele em que uma das partes se obriga a proporcionar à outra certo resultado do seu trabalho intelectual ou manual, com ou sem retribuição".

Temos ressaltado o conceito que é dado à empresa pelo art. 2.082 do Código Civil italiano, estabelecendo que é a empresa quem exerce profissionalmente atividade econômica organizada, para a produção e troca de bens e de serviços. Segundo esse critério, há empresas para a produção de bens e de prestação de serviços; em conseqüência, há contrato de venda de bens e de prestação de serviços. As empresas prestadoras de serviços distinguem-se das empresas produtoras de bens, por serem consideradas empresas civis. Não estão obrigadas a registro na Junta Comercial, mas no Cartório de Registro de Pessoas Jurídicas. Vendem seus serviços e sacam duplicatas, mas suas duplicatas são chamadas, pela Lei das Duplicatas, de "duplicatas de prestação de serviços". As duplicatas sacadas pelas empresas produtoras de bens são chamadas de "duplicatas mercantis".

A empresa civil, que se reveste societariamente da forma de "sociedade civil", deve trazer na sua denominação a expressão "sociedade civil", ou abreviadamente "S/C". Não pode ela ter por objeto social a produção e troca de bens, mas a prestação de serviços. Assim sendo, o contrato de prestação de serviços é um contrato civil, mas empresarial.

A sociedade civil não é empresa mercantil, mas não deixa de ser empresa. A peculiaridade desse tipo de sociedade é a de que, não sendo mercantil, não pode valer-se da concordata e não pode sofrer pedido de falência. Não vemos razões jurídicas ponderáveis para essa discriminação, nem para chamar-se "civil" uma sociedade que assume riscos da atividade econômica, na perseguição de lucros. Diga-se a propósito que esse critério foi abandonado pelo Código Civil, que chamou "sociedade simples" esse tipo de empresa pela regulamentação que dá o Código Civil italiano nos arts. 2.251 a 2.290 à sociedade com esse mesmo nome.

Muito variados são os contratos de prestação de serviços. Para melhor idéia sobre eles, poderemos nos apegar aos critérios do direito tributário. O contrato da venda de bens gera os impostos ICM e IPI, enquanto o contrato de prestação de serviços gera o ISS, cujo nome é esclarecedor: Imposto sobre Serviços. A regulamentação do ISS traz uma extensa relação dos serviços sujeitos a ele, mais de uma centena. Poderemos anotar alguns como exemplos:

– serviços médicos-hospitalares e odontológicos;
– serviços de segurança e vigilância empresariais;
– serviços de limpeza e conservação;
– serviços contábeis e processamento de dados;
– serviços de propaganda e divulgação;
– serviços de decoração, mobiliamento, colocação de carpetes etc.;
– serviços de arquitetura e engenharia;
– serviços de mecânica e manutenção de bens (veículos, rádios etc.);
– serviços de pesquisas de variados tipos.

O contrato de prestação de serviços pode ser aplicado também na órbita civil. Advogados, médicos, dentistas, enfermeiros, contadores, pintores, pedreiros, encanadores, prestam serviços profissionais remunerados a seus clientes, graças a um contrato de prestação de serviços. Interessa-nos, em primeiro lugar, a prestação de serviços, por empresas especializadas, ou seja, o contrato empresarial. Podem ser considerados como contratos de prestação de serviços, o contrato de transporte, depósito, empreitada, comissão e representação comercial, estudados neste volume. Há contudo uma série imensa de serviços que possam ser objeto desse contrato. Podemos entretanto ressaltar os exemplos do contrato de estacionamento e o de corretagem.

## 29.2. Contrato de estacionamento

É o contrato pelo qual uma pessoa coloca seu veículo para guarda num ponto de estacionamento, mediante remuneração, durante curto prazo, até que o proprietário o retire. Como acontece com o contrato de prestação de serviços, as partes desse contrato não têm nome; alguns as chamam de proprietário e posto de estacionamento respectivamente. O período em que o veículo permanece no posto de estacionamento é chamado de estada ou estadia. Fácil é imaginar o quanto se vulgarizou esse contrato, com as grandes cidades. Veja-se o que acontece em São Paulo, com milhares de postos de estacionamento, quase sempre cheios; alguns são prédios enormes com vários andares e elevadores especiais, de operação eletrônica.

Esse contrato tão importante, de vasta aplicação, até agora permanece sem regulamentação. Se um carro guardado num posto de estacionamento for furtado ou incendiar-se, responsabiliza-se o posto de estacionamento? A lei não estabelece essa responsabilidade; aliás nem há lei a esse respeito. Trata-se de um contrato de prestação de serviço de guarda, em que a cláusula de responsabilidade do posto de estacionamento deveria ser inserida no contrato. Alguns, mais organizados, têm um contrato escrito e impresso, um contrato-tipo, em que constam as cláusulas contratuais, inclusive a de responsabilidade. Embora se trate de um contrato de prestação de serviços, tem muita analogia com o contrato de depósito. O posto de estacionamento recebe um veículo para guardar, até que o depositante o peça de volta. Durante o tempo em que o veículo permanecer sob a guarda do posto de estacionamento, deve este guardar e zelar pela coisa depositada, como se sua fosse, responsabilizando-se em devolvê-la incólume ao depositante.

## 29.3. Contrato de prestação de serviços

O novo Código Civil traz nos arts. 593 a 609, um novo contrato, chamado de "prestação de serviço", bem parecido ao contrato de trabalho. Fala ele porém na prestação de serviço não regido pelas leis trabalhistas ou por lei especial. Muitas disposições do contrato de trabalho são, contudo, aplicados a esse contrato. Toda espécie de serviço lícito, material ou imaterial, pode ser contratada mediante retribuição. Vejamos alguns casos de "prestação de serviço" imaginados nesse tipo de contrato:

serviço de colheita agrícola – jardinagem para uma casa ou empresa – tradução de um livro – ministração de aulas particulares por um professor – encanamentos de um prédio – marcenaria para mobiliar casa ou escritório – pintura de uma casa ou escritório – mudanças

Não se confunde com a prestação de serviços, normalmente prestados por uma empresa. A prestação de serviço é prestado só por pessoa física. É o que se depreende do art. 595: no contrato de prestação de serviço, quando qualquer das partes não souber ler, nem escrever, o instrumento poderá ser assinado a rogo e subscrito por duas testemunhas.

Outra característica da prestação de serviço é a brevidade, a rapidez da ação, tanto que o contrato não poderá ter prazo superior a quatro anos. Se for um longo serviço, como uma obra civil, decorrido o prazo de quatro anos, dar-se-á por findo o contrato, ainda que não concluída a obra. Se não houver prazo estipulado e não se possa presumir o prazo pela natureza do contrato, ou do costume do lugar, qualquer das partes, a seu arbítrio, mediante aviso prévio, pode resolver o contrato, comunicando sua decisão à outra parte.

Esse comunicado tem prazo de antecedência, emprestado pela CLT, e são os seguintes:

A – com antecedência de oito dias se o salário for mensal;
B – com antecedência de quatro dias se o salário for quinzenal;
C – de véspera, quando não se tenha contratado por menos de sete dias.

Não se conta no prazo do contrato o tempo em que o prestador de serviço, por culpa sua deixou de servir (art. 600).

O serviço a ser executado deve ser descrito no contrato. Não sendo o prestador de serviço contratado para certo e determinado trabalho, entender-se-á que se obrigou a todo e qualquer serviço compatível com as suas forças e condições.

Algumas vezes há, entretanto, em que o serviço é específico quanto ao tempo ou à natureza. Pode ser por obra certa, como a reforma de uma casa, ou por tempo certo, como um serviço a ser executado em quatro meses. Nesse último caso seria contrato a termo fixo. O prestador de serviço contratado por tempo certo, ou por obra determinada, não pode se ausentar, ou despedir-se, sem justa causa, antes de preenchido o tempo ou concluída a obra. Será então o rompimento unilateral de contrato.

Se se despedir sem justa causa, terá direito à retribuição vencida, mas responderá por perdas e danos. Se for despedido por justa causa pelo dono da obra, ficará também no regime retrocitado. Não se discute o acerto da lei a este respeito, mas a eficácia dessa responsabilidade é bem discutível. Na maioria dos casos, o prestador de serviço agarra-se a ele como tábua de salvação, até achar oportunidade mais segura e quando a encontra rompe seus compromissos anteriores. O processo judicial para a reparação dos danos é longo, custoso e difícil. Ainda que chegue a bom termo, o prestador de serviço já terá desaparecido no redemoinho da grande cidade. Poucos são os que possuem bens para garantir eventual débito.

Pelo lado da parte contrária, isto é, de quem toma o serviço, a situação é geralmente mais estável e poderá assumir a responsabilidade da resilição do contrato. Se o prestador de serviço for despedido sem justa causa, haverá então resilição unilateral do contrato por iniciativa do dono da obra, sem que tenha havido alguma lesão ao contrato. Nesse caso, deverá ele pagar a retribuição pelo serviço executado e a metade do que terá de pagar até o final do contrato.

Findo o contrato o prestador de serviço tem direito a exigir da outra parte a declaração de que o contrato está findo. Igual direito lhe cabe se for despedido sem justa causa, ou se tiver havido motivo justo para deixar o serviço. A declaração prevista pela lei coloca as partes em situação de adimplemento pela prestação a que se obrigaram. Comprova que foi dado fim ao contrato com ciência de ambas as partes, não deixando a impressão de que alguma delas tenha abandonado os deveres contratuais.

As obrigações contratuais são intransferíveis, a não ser que haja mútuo acordo. Nem aquele a quem o serviço for prestado, poderá transferir a outrem o direito ao serviço ajustado, nem o prestador de serviço, sem o aprazimento da outra parte, dar substituto que os preste (art. 605).

O charlatanismo está sujeito a sanção legal. Determinados serviços só podem se prestados por profissionais autorizados, a maioria com nomeação pelo Poder Público, como leiloeiro, tradutor, alguns tipos de corretores, arquitetos, engenheiros, enfermeiros, farmacêuticos. Se o prestador de serviço exercer atividade reservada a profissionais autorizados, vale dizer, com título de habilitação ou que apresente requisitos exigidos por lei, não poderá cobrar sua retribuição. Ressalte-se que nosso Código fala retribuição, deixando claro que não é salário, o que viria a confundir este contrato com o contrato de trabalho. Poderá fazer jus à retribuição se o trabalho ajustado, mesmo irregularmente, tenha trazido benefícios para quem o recebeu, exceto se o serviço for proibido por lei de ordem pública.

O contrato de prestação de serviço poderá ter fim de várias maneiras. Em primeiro lugar se morrer uma das partes. Em segundo, se o contrato for celebrado a prazo e esse prazo se escoou. Nesses dois casos haverá resolução do contrato. Considera-se ainda resolução do contrato, se este tinha por objetivo a realização de certa obra: concluída a obra, o contrato está resolvido, pois ambas as partes cumpriram sua prestação e o contrato teve fim natural.

O contrato poderá ser rescindido em duas hipóteses. Será por rescisão se alguma das partes inadimplir sua prestação, isto é, deixar de cumprir a obrigação que lhe cabia; houve portanto lesão ao contrato, dando azo à parte "in bonis" de rescindir o contrato. Pode também pedir a rescisão a parte que se vir impossibilitada de manter o contrato, em vista de força maior.

Prevê o art. 608 sanção para atos de deslealdade. Quem aliciar pessoas que estejam trabalhando para outra com contrato escrito, deverá indenizar a parte prejudicada, com pagamento correspondente a dois anos de trabalho do prestador de serviço. Digamos que Servílio ficou de realizar trabalho para Marcílio e deveria receber R$ 2.000,00 por mês. Porém Paulo contratou Servílio, fazendo-o cancelar o trabalho para Marcílio. Neste caso, Paulo deverá pagar a Marcílio o valor de R$ 48.000,00, ou seja, 24 meses.

Se o prestador de serviço estiver trabalhando numa propriedade agrícola e esta for vendida, poderá ele optar pela adoção da nova parte ou ficar com a antiga. Por exemplo: Labeo está prestando serviço no imóvel de Justiniano, mas o imóvel é vendido para Triboniano; neste caso Labeo poderá exigir o cumprimento do contrato por Justiniano ou optar pela substituição de Justiniano por Triboniano.

Recapitulando o que foi exposto, embora o contrato de prestação de serviço fosse baseado na regulamentação dos arts. 2.222 a 2.228 do Código Civil italiano para o "conttrato d'opera = contrato de obra, não é contrato de trabalho, tanto que a lei evita de falar "salário", usando retribuição. Um é regulado no Código Civil e outro na CLT. Visa a amparar o trabalho mais rápido e eventual, que não ficaria bem enquadrado na CLT. Por exemplo, numa feira de exposições, um expositor contrata vários atendentes, decoradores, instaladores e outros por uma semana. É um evento, enquanto o trabalho assalariado é não eventual. Deixou de ser assim um contrato marginal, assim considerado como à margem da lei.

# 30. REPRESENTAÇÃO COMERCIAL

30.1. Conceito
30.2. Mercantilidade do contrato
30.3. Características do contrato
30.4. Extinção do contrato

## 30.1. Conceito

É esse um tipo de contrato moderno, de muita aplicação e vulgarização constante. Vejamos como se aplica: uma malharia instalada em São Paulo pretende vender seus produtos no Rio. Poderá abrir uma filial no Rio, para a venda de seus produtos; outra alternativa será enviar regularmente seus vendedores ao Rio. Uma terceira iniciativa será a celebração de um contrato com uma empresa do Rio, para que esta a represente nas vendas. A empresa do Rio será uma representante, nessa cidade, da malharia de São Paulo. É este o contrato de representação comercial. É também chamado contrato de agência, mas preferimos aceitar o nome que a lei adotou. É a Lei 4.886/65. Baseou-se na regulamentação contida nos arts. 1.742 a 1.753 do Código Civil italiano, do contrato de agência e na lei que disciplinou a função do agente e representante comercial, de nº 318/86 e outros decretos da legislação italiana.

Podemos dizer que é um contrato típico, nominado. A Lei 4.886/65 lhe dá o nome de contrato de representação comercial e o disciplina, traçando-lhe as regras básicas. É um contrato não solene; diz o art. 27 que deverá ter certos requisitos "quando for celebrado por escrito". Em vista dessa expressão, concluímos que possa ser verbal. Antes de examinarmos as demais características desse contrato, tomaremos por base a definição extraída do art. 1º da Lei 4.886/65. O enunciado dessa lei diz que ela regula as atividades dos representantes comerciais autônomos. Focaliza ela o profissional e não o contrato. Todavia, dá as linhas básicas do contrato celebrado por esse profissional. Diz o art. 1º:

> "Exerce a representação comercial autônoma a pessoa jurídica ou a pessoa física, sem relação de emprego, que desempenha em caráter não eventual, por conta de uma ou mais pessoas, a mediação para negócios mercantis, agenciando propostas ou pedidos para transmiti-los aos representados, praticando ou não atos relacionados com a execução dos negócios".

Consideramos bastante clara e orientadora essa definição, pois nos faz compreender, em linhas gerais, o teor do contrato e a função do representante comercial autônomo. Exige ela, porém, algumas considerações e explicações sobre as dúvidas que enseja. O representante comercial autônomo ou a empresa de representação comercial exerce atividade permanente e continuada e não eventual ou esporádica. Essa exigência legal dá um critério de profissionalidade ao representante. Ele deve se dedicar a essa função, ser um especialista na atividade que exerce e viver dela.

    O contrato é do tipo empresarial e mercantil. É o que nos diz essa definição, ao afirmar que o representante procura realizar "negócios mercantis". Além dessa afirmação, é a própria natureza do contrato e da atividade de intermediação entre as fontes produtoras de bens e de serviços e o público consumidor. Outro importante aspecto, ressaltado pela definição é a autonomia de ambas as partes: representante e representado. São duas partes distintas, sem qualquer vinculação entre elas, a não ser a operacional, estabelecida pelo contrato de representação. Não há relação de emprego entre elas; não há contrato de trabalho, quando se fala de pessoa física. Caso se trate de pessoa jurídica como representante, não pode haver mesmo relação de emprego. A autonomia faz-se então notar na falta de vinculação do capital de uma empresa com o de outra; se, por exemplo, a representada detiver quotas do capital da empresa representante, seriam elas coligadas e não representante/representada.

    Fazemos reparos às designações de "pessoa jurídica" e "pessoa física". No quarto de século que nos separa da promulgação da Lei 4.886/65, muitas alterações são notadas nos conceitos jurídicos e no sentido das palavras. No contrato de representação comercial as partes são pessoas jurídicas. O representado é sempre uma empresa, geralmente industrial. O representante pode ser uma sociedade civil ou mercantil, mas, em ambos os casos, será uma empresa. Entretanto, a própria lei dá a entender que o representante comercial autônomo é, na maioria dos casos, uma pessoa isolada e não uma sociedade. Sendo pessoa isolada, não precisará inscrever-se nem na Junta Comercial nem no Cartório de Títulos e Documentos, mas no CORCE – Conselho Regional dos Representantes Comerciais. Portanto, se precisa inscrever-se no órgão profissional específico, torna-se uma pessoa jurídica distinta da pessoa física. Uma pergunta tem resposta difícil: será o representante uma empresa, se for pessoa isolada? Em nossa opinião, o representante comercial autônomo é um empresário individual, embora não esteja inscrito na Junta Comercial.

    Opinamos dessa maneira, porquanto a natureza do trabalho do representante é mercantil; é empresarial. Pode ele ter inclusive uma estrutura empresarial: um escritório próprio com um quadro de vendedores, pessoal administrativo. Há ainda alguns aspectos legais merecedores de apreciação. Diz o art. 4 que não pode ser representante comercial quem não pode ser comerciante, ou o falido não reabilitado. Essa restrição equipara, pelo menos, o representante ao empresário. Julgamos abominável, no tempo hodierno, a expressão "comerciante"; o que era "comerciante" há um quarto de século atrás, equivale hoje a "empresário" ou "empresa". Ao dizer que não pode ser representante comercial quem não puder ser empresário, nossa lei estabelece, senão igualdade, pelo menos paralelismo entre ambos.

## 30.2. Mercantilidade do contrato

Quando dizemos que o contrato de representação comercial é um contrato mercantil e não civil, apegamo-nos ainda à própria nomenclatura: o nome do profissional e o nome do contrato; se é comercial, não é civil. Apesar de abominarmos as expressões "comerciante", "comércio" e "comercial", julgamos apropriado o epíteto de "comercial" ao representante comercial autônomo. Interpreta-se o termo "comércio" em dois sentidos: "latu sensu" é considerado como toda atividade econômica com objetivo de lucro, podendo ser a indústria, os bancos e atividades afins; "strictu sensu" é a atividade intermediária entre a produção e o consumo. Nesse último sentido, o comércio compreende a atividade complementar da produção, fazendo os produtos chegarem às mãos do consumidor.

O representante comercial autônomo exerce esse último tipo de atividade. É como se fosse uma extensão da indústria que representa o departamento de vendas em uma determinada cidade. Ele não fabrica, mas coloca os produtos fabricados pelo representado, junto ao mercado consumidor. Se, pelo próprio nome, exerce atividade comercial, deveria ser registrado no órgão de comércio. Em vez de ser registrado na Junta Comercial, a lei criou um órgão próprio, o Conselho Regional dos Representantes Comerciais, nos moldes da Junta Comercial. Os conselhos regionais comporão o Conselho Federal, aos quais incumbirá a fiscalização do exercício da profissão. O registro é obrigatório, tanto para a pessoa individual como coletiva.

## 30.3. Características do contrato

O contrato de representação comercial pode ser escrito ou verbal. Se for verbal, deverá ser regido pela legislação, contendo as previsões no art. 27 e seguintes da Lei 4.886/65. Se for escrito, o contrato deverá conter, além das cláusulas especificamente combinadas entre as partes, algumas exigidas pela lei. Deverá conter os requisitos gerais da representação, indicação genérica ou específica dos produtos ou artigos objeto da zona ou zonas em que será exercida a representação, bem como da permissibilidade ou não de a representada ali poder negociar diretamente.

    O contrato estabelecerá os direitos, obrigações e responsabilidades de ambas as partes. As obrigações do representado são poucas, ressaltando-se a primordial: pagar a remuneração do representante. O contrato de representação comercial é, como foi dito, um contrato de prestações recíprocas, oneroso e comutativo. As prestações de ambas as partes ficam estabelecidas e previstas no próprio contrato; é marcante a comutatividade. É oneroso, pois ambas as partes auferem lucros e investem na atividade, assumindo obrigações de caráter patrimonial, tanto entre si como para com terceiros. A remuneração que o representado paga ao representante é normalmente na base de uma comissão sobre o faturamento. A porcentagem consta da cláusula do contrato, bem como a época do pagamento. Não é legalmente obrigatório a concessão de exclusividade de uma determinada zona ao representante, mas normalmente o território em que ele atua é exclusivo. Constando essa exclusividade no contrato, o representado não poderá depois delimitá-lo. Se um comprador desse território fizer pedidos diretamente ao representado, este deverá pagar a comissão ao representante, mesmo que este não tenha interferido na venda. A obrigação de remunerar o representante surge no momento em que os compradores efetuem o pagamento.

    Por outro lado, a gama de obrigações do representante é enorme. Deve ele exercer todo o trabalho mercadológico dos produtos do representado na zona de atuação, fornecendo ao representado informações sobre o andamento das operações. Deve prestar contas de suas atividades, manter sigilo sobre elas e exercê-las com zelo. Pode receber o pagamento da clientela, prestando contas imediatamente ao representado. Apesar de não haver subordinação hierárquica entre ambos, o representante obriga-se a seguir e aplicar as instruções emanadas do representado.

    Como se vê pelas obrigações das partes e pelos outros aspectos da natureza jurídica do contrato de representação comercial, é ele uma mescla dos contratos de comissão e de mandato mercantis. Diga-se a propósito, que uma das tendências do moderno direito contratual é a formação de contratos mistos, complexos, com a miscigenação de elementos de vários contratos. É o que acontece com o contrato de representação comercial, tanto que o art. 1º diz que se deve aplicar a ele o Código Comercial e a legislação mercantil complementar, quando ele contiver elementos do mandato mercantil. Entretanto, assimila fortemente os elementos do contrato de comissão.

**30.4. Extinção do contrato**

O contrato de representação comercial extingue-se da maneira normal de todos os contratos, mas há causas legalmente reconhecidas para a rescisão, previstas no art. 35 quando for pedida pelo representado e no art. 36 quando for pedida pelo representante.

Constitui lesão ao contrato e portanto motivo para o representado pedir a rescisão, a atuação do representante que demonstre sua desídia no cumprimento das obrigações contratuais, a prática de atos que importem em descrédito comercial do representado, a falta de cumprimento de quaisquer obrigações inerentes ao contrato. Reconhece ainda a lei a força maior como causa para a rescisão. O representante comercial autônomo é na maioria das vezes, uma pessoa individual, sendo muito tênue a distinção entre as duas personalidades: a pessoa física do representante e a pessoa jurídica. Assim sendo, se o representante comercial autônomo for condenado pela prática de crime infamante, tais como falsidade, estelionato, apropriação indébita, contrabando, roubo, furto, lenocínio ou crimes também punidos com perda de cargo público. A morte do representante opera automaticamente a extinção do contrato.

Os motivos para rescisão do contrato por parte do representante inclui também a força maior. Pode-se basear também em lesão ao contrato por parte do representado, como redução de esfera de atividade do representante, a quebra direta ou indireta da exclusividade prevista no contrato, o inadimplemento no pagamento da comissão do representante, ou a fixação abusiva de preços em relação à zona do representante, com exclusivo escopo de impossibilitar-lhe ação regular.

# 31. SEGURO

31.1. Conceito e características
31.2. A apólice de seguro
31.3. Obrigações do segurado
31.4. Obrigações do segurador
31.5. Seguro de dano
31.6. Seguro de pessoa

## 31.1. Conceito e características

Pelo contrato de seguro, o segurador se obriga, mediante o pagamento do prêmio, a garantir interesse legítimo do segurado, relativo a pessoa ou a coisa, contra riscos predeterminados (art. 757). As partes do contrato denominam-se segurador e segurado.

O segurador é a parte que suporta o risco e propõe-se a cobrir os prejuízos. É empresa mercantil. Pode também ser o Poder Público, como acontece no seguro por acidentes do trabalho. Podem também constituir-se sociedades mútuas de seguros, mas estas só podem operar com seus sócios. A companhia seguradora estará também submetida à aprovação de órgão público, como acontece com as instituições financeiras.

O segurado é a parte cujos interesses são cobertos pelo seguro, e, em contraprestação, paga ao segurador uma remuneração chamada prêmio.

Se as duas partes suportam ônus, é contrato oneroso. É contrato mercantil, não só por ser o segurador empresa mercantil, revestida da forma de sociedade anônima, mas também pela natureza do objeto do contrato. É um dos poucos contratos aleatórios e bem sugestiva é essa característica; as partes estão sujeitas à álea do futuro; não sabem elas se vão perder ou lucrar com o seguro.

O contrato é de prestações recíprocas: o segurador assume os riscos do negócio e o segurado obriga-se a pagar o prêmio.

Nulo será o contrato para garantia de risco proveniente de ato doloso do segurado, do beneficiário, ou de representante de um ou de outro. Vigora o princípio de que ato doloso não pode ser fonte de direitos.

## 31.2. A apólice de seguro

O contrato de seguro é precedido por proposta escrita com a declaração dos elementos essenciais ao interesse garantido e dos riscos. Se o segurado, por si ou por seu representante, fizer declarações inexatas ou omitir circunstâncias que possam influir na aceitação da proposta ou taxa de prêmio, perderá o direito à garantia, além de ficar obrigado ao prêmio vencido.

Se a inexatidão ou omissão nas declarações não resultar de má-fé do segurado, o segurador terá direito a resolver o contrato ou a cobrar, mesmo após o sinistro, a diferença do prêmio. Seria nesse caso proposta fraudulenta.

A apólice de seguro é o instrumento do contrato de seguro e faz prova dele. É documento nominativo, à ordem ou ao portador, e mencionarão os riscos assumidos, o início e o fim de sua validade, o limite da garantia e o prêmio devido e, quando for o caso, o nome do segurado e do beneficiário.

Não poderá porém ser ao portador se a apólice referir-se a seguro de vida.

Quando o risco for assumido em co-seguro, a apólice indicará o segurador que administrará o contrato e representará os demais, para todos os seus efeitos. O co-seguro é muito comum e ocorre com grande número de segurados como no caso de uma empresa que dá seguro a todos os seus funcionários. Haverá, às vezes, vários seguradores, ficando um deles encarregado de administrar o seguro.

A apólice deverá trazer todos os elementos quantos possíveis ainda que não sejam exigidos pela lei. Deixará claro o conteúdo do contrato, com o prêmio a ser pago pelo segurado, o valor do risco assumido, sendo o risco o principal objeto do contrato, o perigo a que está sujeito o objeto segurado, em decorrência de evento futuro.

### 31.3. Obrigações do segurado

A primeira e principal obrigação do segurado é a de pagar o prêmio; vale dizer, a remuneração do segurador por ter este assumido o risco. Não terá direito a indenização o segurado que estiver em mora no pagamento do prêmio, se ocorrer o sinistro antes de sua purgação. Se o segurado atrasar um dia no pagamento e o sinistro ocorrer nesse dia, fica ele a descoberto, ou seja, sem a indenização.

O pagamento do prêmio é obrigatório ainda que não se tenha verificado o risco em previsão do qual se fez o seguro, a menos que tenha havido cláusula especial em contrário.

O segurado e o segurador são obrigados a guardar na conclusão e na execução do contrato, a mais estrita boa-fé e veracidade, tanto a respeito do objeto, como das circunstâncias e declarações a ele concernentes (art. 765). A boa-fé e a verdade das afirmações devem nortear todo negócio jurídico. No caso do contrato de seguro, porém, esses princípios éticos se impõem porque é fácil a perpetração de fraudes. O segurado pode subavaliar ou supervalorizar seu patrimônio a ser segurado, como também o segurador está obrigado a seguir esses princípios, por ser larga a possibilidade de contestar posteriormente os riscos.

Se, todavia, a inexatidão ou omissão nas declarações do segurado não resultar de sua má-fé, dará azo ao segurador de pedir a resolução do contrato, ou a cobrar, mesmo após o sinistro, a diferença do prêmio.

Outra obrigação importante do segurado é a de comunicar a ocorrência do evento danoso e os prejuízos sofridos, logo que souber, sob pena de perder o direito à indenização. Deverá também tomar, por sua conta, as providências necessárias para minorar as conseqüências danosas do evento. Por exemplo, no caso de incêndio em instalações de uma empresa, deverá ela imediatamente chamar o corpo de bombeiros, retirar do local materiais inflamáveis ou que possam ser salvos sem riscos, desligar a energia elétrica, isolar o local, e outras medidas para não agravar a catástrofe.

Se for constatado que o segurado tiver agravado intencionalmente o risco objeto do seguro, perderá ele direito à garantia. Durante a vigência do contrato, o segurado deverá comunicar ao segurador, logo que saiba, todo incidente suscetível de agravar consideravelmente o risco coberto, sob pena de perder o direito à garantia, se ficar provado que tiver ele silenciado de má-fé. Será o caso de uma empresa que tiver introduzido novas máquinas que consumam muita energia elétrica, ou que consumam material inflamável.

Há outro aspecto especial na obediência ao contrato de seguro e refere-se a seguro à conta de outrem. É fato muito comum, em que o segurado não é o beneficiário do seguro. Por exemplo, uma empresa faz seguro em seu nome, mas em favor de seus funcionários. Um banco concede empréstimo a uma empresa e esta garante a dívida com o penhor de máquinas. A empresa devedora celebra contrato de seguro das máquinas apenhadas (apenhadas e não penhoradas); no caso de destruição dessas máquinas, quem receberá a indenização será o banco beneficiário do seguro. No seguro à conta de outrem, o segurador pode opor ao segurado quaisquer defesas que tenha contra o estipulante, por descumprimento das normas de conclusão do contrato, ou de pagamento do prêmio. É um tipo de estipulação em favor de terceiro.

Por outro lado, ao invés de o risco ser agravado, pode ser atenuado. Não será por isso que o segurado ficará desobrigado de pagar o prêmio. Contudo, poderá pedir ao segurador a revisão do prêmio estipulado. Por exemplo, uma empresa está segurada contra roubos e assaltos, tendo sido orçado o prêmio de seguro. Todavia, essa empresa, apesar do seguro, instala equipamentos contra assaltos, diminuindo assim a possibilidade de sinistro. Poderá pedir à companhia seguradora abatimento do prêmio.

## 31.4. Obrigações do segurador

É bem evidente a obrigação primordial do segurador: garantir interesse legítimo do segurado, relativo a pessoa ou coisa, contra riscos predeterminados (art. 757). Deve pagar a indenização ao segurado, pelos prejuízos por ele sofridos. Cabe-lhe emitir a apólice de seguro de acordo com as normas, em que suas obrigações ficam expostas.

A mora do segurador em pagar o sinistro obriga à atualização monetária da indenização devida segundo índices oficiais regularmente estabelecidos, sem prejuízo dos juros moratórios (art. 772). Correm por conta do segurador, até o limite fixado no contrato, as despesas de salvamento conseqüente ao sinistro.

O segurador que, ao tempo do contrato, sabe estar passado o risco de que o segurado se pretende cobrir, e, não obstante, expede a apólice, pagará em dobro o prêmio estipulado (art. 773). Assim sendo, o segurador fez seguro inócuo, fazendo o segurado pagar o prêmio; neste caso, deverá restituir o prêmio pago ao segurado, com valor dobrado.

O pagamento do prejuízo suportado pelo segurado deverá ser feito em dinheiro, salvo se tiver sido convencionada a reposição da coisa. Há algumas exceções, mas terão elas que constar em contrato. Por exemplo, no seguro de automóveis, o segurador poderá dar um carro novo, ou consertar o carro segurado.

Os agentes autorizados do segurador serão considerados seus representantes para todos os atos relativos aos contratos que agenciarem. De acordo com a lei, o segurador não pode celebrar o contrato de seguro diretamente com o segurado, mas por intermédio do corretor de seguros; este é portanto o representante legal do segurador.

### 31.5. Seguro de dano

Esse tipo de seguro é também chamado "seguro de coisas", para distinguir do seguro de pessoas. Poderia até ser chamado de "seguro patrimônio", uma vez que pretende cobrir os prejuízos sofridos por uma pessoa no seu patrimônio. A prestação do segurador é o pagamento de indenização pelo dano sofrido pelo segurado, como é o caso de prejuízos causados por incêndio, perda de mercadorias, acidentes de transportes.

A indenização não pode ultrapassar o valor do interesse segurado no momento do sinistro, e, em hipótese alguma o limite máximo da garantia fixado na apólice, salvo em caso de mora do segurador. É o respeito às cláusulas contratuais: a indenização já estava prevista no contrato. Ao ser orçada a indenização quando da celebração do contrato, a garantia prometida não pode ultrapassar o valor do interesse segurado. É a observação do princípio da veracidade; antes de celebrar o contrato, o segurado deve apresentar proposta escrita com a declaração dos elementos essenciais ao interesse a ser garantido e o risco. Se o segurado torcer a verdade dessa declaração, estará agindo de má-fé.

O risco do seguro compreenderá todos os prejuízos resultantes ou conseqüentes, como sejam estragos ocasionados para evitar o sinistro, minorar o dano ou salvar a coisa. A indenização deve pois recompor o patrimônio lesado do segurado, o quanto possível, fazendo a situação do segurado assemelhar-se à que existia antes do sinistro.

Muito comum é o seguro de mercadorias no transporte rodoviário, ferroviário, marítimo, aéreo, ou qualquer outro meio de transporte. A vigência da garantia, no seguro de mercadorias transportadas começa no momento em que o transportador a recebe, e cessa com a entrega dela ao destinatário.

Salvo disposição em contrário, o seguro de um interesse por menos do que valha acarreta a redução proporcional da indenização, no caso de sinistro parcial. Ao fazer a proposta de seguro, o segurado avalia seu patrimônio e a garantia dada pelo segurador cobre esse valor. Se o segurado subavaliar seu patrimônio, terá a indenização proporcional, ou seja, inferior ao valor sinistrado.

Não se inclui na garantia o sinistro provocado por vício intrínseco da coisa segurada, não declarado pelo segurado. Entende-se por vício intrínseco o defeito próprio da coisa, que se não encontra normalmente em outras da mesma espécie. É o caso de produtos alimentícios perecíveis, transportados em embalagem forçada; ao chegar ao destino, tornaram-se deteriorados. Pode acontecer assim com remédios com prazo de validade.

Na vigência do contrato se o segurado quiser fazer novo seguro sobre o mesmo interesse, e contra o mesmo risco, com outro segurador, deverá comunicar ao primeiro, para ficar estabelecido o valor que atingirão os dois seguros. A soma deles não poderá ultrapassar o valor da coisa segurada.

Se o segurador pagar a indenização, fica sub-rogado nos direitos e ações que caberiam ao segurado contra o causador do dano. Por exemplo: no seguro contra acidentes de automóveis, Servílio sofre acidente causado por Vitélio; o segurador para o prejuízo, isto é, o valor da indenização a Servílio. O segurador poderá mover contra Vitélio ação por perdas e danos por ter sido o causador do dano. Não haverá sub-rogação se o autor do acidente tiver sido a esposa, descendentes ou ascendentes do segurado, consangüíneos ou afins. Será ineficaz qualquer cláusula no contrato que restrinja ou exclua essa sub-rogação.

## 31.6. Seguro de pessoa

MORS OMNIA SOLVIT = a morte põe fim a tudo. Essa era a máxima do direito romano. O mundo moderno não aceita esse princípio. Ainda que fosse verdadeiro, poderia valer para quem morre. E para os outros? Um chefe de família morre e a vida findou para ele. Contudo, deixa ele mulher e filhos que dele dependiam. Não tiveram os dependentes segurança ante acontecimentos futuros.

Pensa ele em sua família se ele faltar um dia e celebra contrato de seguro para pagar prêmio especial, com o fim de assegurar à sua família a ausência menos penosa do suporte do lar, contra os efeitos dessa ausência. Receberá ela certa soma em dinheiro. Não é preciso haver a ausência de vida mas fatores vários poderão provocar a invalidez para o trabalho do baluarte do lar. Precisará ele compensar a diminuição do rendimento familiar.

Há muita diferença entre o seguro de coisas e o de pessoas, embora os princípios legais sejam semelhantes. No seguro de mercadorias é possível avaliar o valor do risco, mas no de pessoas não é possível avaliar o valor da vida humana. Por essa razão, o segurado terá que avaliar seu interesse a ser segurado e pagar o prêmio proporcional a essa avaliação. Em segundo lugar, a importância paga não é indenização, pois a morte não pode ser causadora de prejuízos financeiros, mas de prejuízos morais.

É válida a instituição da companheira como beneficiária, se ao tempo do contrato o segurado era separado judicialmente, ou se já se encontrava separado de fato. Essa disposição acompanha a profunda reformulação do direito de família, que reconhece outras formas de sociedade conjugal, ou entidade familiar.

É nula, no contrato de seguro, qualquer transação para pagamento reduzido do capital segurado. Trata-se de direito indisponível, não oferecendo possibilidade de acordo. Essa disposição, introduzida pelo novo Código, é altamente moralizadora. Muitas seguradoras furtavam-se ao pagamento do capital segurado, obrigando o segurado a apelar para a justiça e ter que aceitar acordo, com ínfimo recebimento.

Se a morte do segurado ocorrer pelo suicídio, o segurador não fica obrigado a pagar o capital estipulado. Surgirá a obrigação se o segurado suicidar-se após dois anos de vigência do contrato; neste caso fica evidente que a decisão de suicidar-se foi tomada após largo tempo da celebração do contrato: o suicídio não era caso pensado quando da celebração.

# 32. TRANSAÇÃO

32.1. Conceito
32.2. Tipos de transação
32.3. Direitos transacionais
32.4. Validade da transação

## 32.1. Conceito

A transação é um pacto entre partes, visando a prevenir ou terminar litígios entre elas, mediante concessões mútuas. Se as partes discutem algum impasse entre elas, podem chegar à conclusão de que não conviria a elas permanecer na posição firme de "tudo ou nada". Procuram então agir diplomaticamente, uma parte deixando de lado alguma pretensão e a outra também eliminando algum ponto de atrito, procurando chegar a um denominador comum. O próprio direito processual exige que as partes envolvidas em processo procurem chegar a acordo que possa evitar o desgaste da lide. Recente reforma no Código de Processo Civil deu ao juiz maiores poderes para levar as partes a solução suassória de suas desavenças.

O acordo a que elas chegarem para prevenir ou terminar litígios é um contrato, por ter as características deste. O antigo Código considerava a transação como forma de extinção de obrigações e direitos, mas o novo Código lhe dá a natureza de contrato, seguindo o critério do Código italiano, que situou-o entre os contratos, nos arts. 1.965 a 1.976. As partes envolvidas na transação são chamadas, pelo Código, de transigentes ou transatores.

Dada a evicção da coisa renunciada por um dos transigentes, ou por ele transferida à outra parte, não revive a obrigação extinta pela transação, mas ao evicto cabe o direito de reclamar perdas e danos. Exemplificaremos essa possibilidade: Pompônio transaciona uma questão com Papiniano e no acordo ficou transferida a propriedade de um carro de Pompônio para Papiniano. Posteriormente, houve decisão judicial declarando haver irregularidade no título de propriedade de Pompônio sobre o carro transferido, cuja propriedade foi atribuída a Gaio. Papiniano ficou sem o carro sem culpa sua. A transação não perde porém seu efeito, por ter sido negócio jurídico perfeito e acabado. Papiniano poderá, entretanto, reclamar perdas e danos ante Pompônio.

Se um dos transigentes adquirir depois da transação novo direito sobre a coisa renunciada ou transferida, a transação feita não o inibirá de exercê-lo.

## 32.2. Tipos de transação

Pela definição dada pelo art. 841, a transação pode ser de dois tipos: preventiva e terminativa. A preventiva visa a evitar possível litígio que possa surgir entre as partes, principalmente de interpretação ou execução de contratos. Procura esclarecer aspectos obscuros ou duvidosos do contrato, cada parte esclarecendo e eliminando causas de atrito, a fim de evitar esse desgastante, demorado e custoso trabalho perante a justiça.

A transação terminativa põe fim a conflito já surgido e discutido perante a justiça; por isso é chamada de transação judicial, enquanto a preventiva é extrajudicial. É possível concretizar-se a transação de três formas. Uma delas será por termo nos autos em audiência judicial. É também considerada forma de extinção de processo judicial.

O termo judicial vai assinado pelas partes e pelo juiz. A assinatura do juiz representa homologação judicial. Não sendo realizada em juízo poderá ser feita por escritura pública, quando a lei exigir essa forma, ou por instrumento particular. Em ambos os casos, as partes requererão a homologação judicial, encerrando-se o processo.

A transação extrajudicial, ou seja, a preventiva, poderá ser feita por escritura pública, se houver exigência legal ou por instrumento particular, nos casos em que a lei não exigir escritura pública. Não há necessidade de homologação judicial.

### 32.3. Direitos transacionais

Só se admite a transação se se tratar de direitos patrimoniais disponíveis, de direito privado. Direitos patrimoniais são os que representam dinheiro; são obrigações de conteúdo econômico. Não se admite transações em problemas de Direito de Família, como estado civil, reconhecimento de filhos, nome patronímico e outros. Nem tampouco em áreas de direito público, como tributários, ou de Direito Penal. A transação opera-se por excelência na área contratual.

A transação concernente a obrigações resultantes de delito não extingue a ação penal pública. É apenas possível transacionar as obrigações de reparação de perdas e danos por prejuízos decorrentes de delitos.

A transação interpreta-se restritivamente, e por ela não se transmitem, apenas se declaram ou reconhecem direitos (art. 843). É "res inter alios acta", ou seja, entre as partes transigentes. Se transferisse direitos, apareceria outra parte, novo credor. Não aproveita nem prejudica senão os que nela intervierem, ainda que diga respeito a coisa indivisível. Por exemplo: Ipsilon Ltda. tem suas quotas vendidas a Delta Ltda. e ambas acertam que uma dívida de Ipsilon Ltda. será paga por Delta Ltda., para a credora Ômega Ltda. No dia do vencimento, a credora, Ômega Ltda. vai exigir o pagamento de seu devedor originário, que é Ipsilon Ltda., não se importando com o acordo entre as outras. O acordo feito entre elas é estranho à credora. Senão, teriam promovido uma festa sem convidar o dono da casa.

Se a transação for realizada entre credor e devedor, sobre obrigações afiançadas, desobrigará o fiador, pois este não foi parte na operação.

Se a obrigação versar de obrigação de um devedor para com vários credores solidários, a transação realizada com um dos credores irá extinguir a obrigação para com os demais credores solidários.

Com idêntico critério, a transação, se for realizada entre credor e um dos devedores solidários, extinguirá a dívida dos demais devedores.

## 32.4. Validade da transação

A transação pode ser anulada por diversos motivos, sendo muito variados. Sendo nula qualquer das cláusulas da transação, nula será esta (art. 848). É portanto indivisível. Quando a transação versar sobre direitos contestados, independentes entre si, o fato de não prevalecer a um não prejudicará os demais.

Só se anula a transação por dolo, coação, erro essencial quanto à pessoa ou coisa controversa. Entretanto, a transação não se anula por erro de direito a respeito das questões que foram objeto de controvérsia entre as partes. Esta questão é um tanto complexa porque teremos que apelar para a teoria das nulidades. Além disso, conforme o motivo da anulação, pode a transação ser nula ou anulável.

Nula é a transação a respeito de litígio decidido por sentença passado em julgado, se dela não tinha ciência algum dos transatores. Se já havia sentença judicial decidindo uma questão, cessou dúvida sobre ela, e a transação procura acertar problemas incertos. Se entretanto as duas partes já estavam cientes da sentença e dos efeitos desta, mesmo assim quiserem transigir sobre esses efeitos ou quanto ao "modus faciendi" deles, será possível.

# 33. TRANSPORTE DE COISAS

33.1. Conceito e características
33.2. Obrigações do remetente
33.3. Obrigações do transportador
33.4. Contrato de transporte aéreo de carga
33.5. As disposições do novo Código Civil

### 33.1. Conceito e características

O contrato de transporte de coisas é menos delicado do que o contrato de transporte de pessoas, pois o objeto do contrato são coisas inanimadas, sem manifestação de vontade. No contrato de transporte de pessoas a "coisa" transportada é parte do contrato enquanto no de coisas é objeto. As partes, nesse caso, são duas. A pessoa que envia a mercadoria é o remetente ou expedidor; quem a transporta é o transportador. Há uma terceira pessoa que não o celebra mas nele se integra: é o destinatário, também chamado de consignatário. Muitas vezes, a remetente e o destinatário são a mesma pessoa.

O contrato de transporte de coisas, portanto, é o acordo entre uma parte, chamada remetente, e outra, chamada transportador, para que este desloque uma coisa móvel, de um lugar para outro, utilizando veículo destinado a esse fim, mediante determinada retribuição, fazendo chegar a coisa remetida incólume ao destinatário dela. Vê-se, na definição, que é um acordo, um consenso entre duas partes; é portanto um contrato consensual. A mercadoria pode ser entregue no momento do contrato ou depois. É de prestações recíprocas e oneroso, pois o serviço se faz mediante pagamento que remunere o serviço.

É não solene, uma vez que admite qualquer meio de prova. A entrega da mercadoria, porém, proporciona a extração de um documento especial: o conhecimento de transporte, denominado legalmente de conhecimento de frete. Trata-se de um título de crédito, regulamentado pelo Decreto 19.473/30, utilizado portanto há mais de 70 anos. O conhecimento de transporte prova não só a entrega da mercadoria mas também o próprio contrato. Como o conhecimento de transporte ou de frete é um título de crédito, regulado pela legislação cambiária, não nos deteremos no estudo desse título, recomendando a consulta ao nosso compêndio "Títulos de Crédito", no qual esse título recebe considerações específicas.

É um contrato de prestações recíprocas: o transportador obriga-se a deslocar a mercadoria de um lugar a outro, por ordem do remetente. Este, por sua vez, obriga-se a pagar o frete, isto é, a remuneração do transportador. Equipara-se ao contrato de prestação de serviços: o transportador assume a obrigação de fazer e o remetente de dar (do ut facias). O frete é estabelecido pelo transportador, devendo porém contar com a aprovação dos poderes públicos, pois normalmente o contrato de transporte é um contrato de adesão. Como a prestação de cada parte fica bem delineada no contrato, é ele comutativo. Ambas as partes arcam com gastos e auferem vantagens: é um contrato oneroso. A comutatividade desse contrato revela-se na ciência prévia que cada parte toma de suas obrigações.

### 33.2. Obrigações do remetente

Obriga-se o remetente da mercadoria a declarar qual a mercadoria transportada: se é sólida ou líquida, produtos químicos, materiais deterioráveis ou de fácil combustão, inflamáveis, plantas ou animais. Cada tipo de mercadoria exige cuidados especiais, determinando variação no preço. O acondicionamento da mercadoria é responsabilidade do remetente, devendo ela ser embalada de forma adequada e segura. A principal obrigação do remetente, entretanto, é a de pagar o frete, geralmente na entrega da mercadoria para embarque.

Ao entregar a mercadoria, o remetente precisará indicar o conteúdo e o valor da encomenda. Não havendo valor declarado, ficará difícil para o remetente exigir reparação de danos, no caso de inadimplemento do transportador. Se fizer declaração falsa do conteúdo, poderá arcar com os prejuízos que a mercadoria despachada causar ao transportador. Por exemplo, a remessa de um pacote contendo ácidos voláteis ou inflamáveis sem que tenha sido declarado o teor dessa mercadoria. O remetente será responsável pelos prejuízos que esse material causar às outras mercadorias.

### 33.3. Obrigações do transportador

Pelo conceito dado, o transportador tem uma só obrigação: a de fazer chegar incólume a mercadoria embarcada ao destinatário, nas condições pactuadas. Todavia, é uma tarefa bem complexa. Deve receber a mercadoria do remetente, entregando-lhe o conhecimento de transporte. Deve providenciar o transporte pelo veículo adequado, seguindo o itinerário previsto. Ao receber a mercadoria, deve verificá-la no seu acondicionamento; se a aceita, assume responsabilidades de depositário, uma vez que sua obrigação é de resultado: entregá-la em perfeito estado e no prazo estabelecido.

Não cumprindo essas obrigações, o transportador responde por perdas e danos, seja pela não entrega da mercadoria, seja pela entrega delas com avarias. Tratando-se de transporte ferroviário, o transportador responde por prejuízos até o valor da mercadoria, segundo estabelece o art. 62 do Decreto 2.681/12, que regula a responsabilidade civil das estradas de ferro. Segundo ementa do Supremo, em contrato de transporte é inoperante a cláusula de não indenizar.

### 33.4. Contrato de transporte aéreo de carga

Esse contrato encontra-se na posição de típico, nominado, pois a Lei 7.565/86, que instituiu o Código Brasileiro de Aeronáutica, não só lhe dá o nome de "contrato de transporte aéreo de carga", como o regulamenta, com sua disciplina exposta nos arts. 235 a 245. Ao receber a mercadoria, o transportador deverá emitir o conhecimento aéreo correspondente ao conhecimento de frete no transporte terrestre; ele prova o contrato e a entrega da mercadoria. O conhecimento aéreo traz as condições do contrato expostas no verso.

O expedidor, como o Código Brasileiro de Aeronáutica chama o remetente, tem a obrigação de pagar o frete e entregar a mercadoria para despacho, devidamente acondicionada. Ao entregar a mercadoria, o expedidor deverá declarar as características da mesma, fornecendo os elementos necessários à emissão do conhecimento aéreo. Essa declaração impõe-lhe responsabilidades civis e penais, devendo, por isso, ser corretas, exatas e completas, tais como: nome e endereço do expedidor e do destinatário, a natureza da carga, o número, acondicionamento, marcas e numeração dos volumes; o peso, quantidade, volume e dimensão; o preço da mercadoria quando a carga for expedida contra pagamento no ato da entrega, e, eventualmente a importância das despesas e o valor declarado, se houver.

Por seu turno, o transportador obriga-se a emitir, o conhecimento aéreo, em conjunto com o remetente, com os dados fornecidos pelo expedidor em três vias: a 1ª fica para o transportador e será assinada pelo expedidor, a 2ª vai para o destinatário, com a assinatura de ambos, e a 3ª será para o expedidor e assinada pelo transportador. Assim sendo, a expedição do conhecimento é da alçada do expedidor, embora seja quase sempre emitido pelo transportador. Ao receber a mercadoria, compete ao transportador executar o contrato. A execução do contrato de transporte aéreo de carga inicia-se com o recebimento da mercadoria e persiste durante o período em que se encontra sob a responsabilidade do transportador, seja em aeródromo, a bordo de aeronave ou em qualquer lugar, no caso de aterrizagem forçada, até a entrega final.

Vê-se assim que o contrato de transporte aéreo de carga é consensual, como os demais contratos de coisas. A entrega da mercadoria é o início da execução do contrato. Ao ajustar o contrato, o transportador assume a obrigação de transportar a carga; quando esta lhe for entregue, assume outras obrigações. Em síntese, é a de entregar a carga pelo remetente ao destinatário em bom estado, nas condições previstas no conhecimento aéreo, como no prazo, modo e local convencionados. Ao chegar a carga, no lugar do destino, o transportador deverá avisar o destinatário, para retirá-la em 15 dias, ou será devolvida ao expedidor. Com a entrega da carga ao destinatário o transportador terá executado o transporte e cessa sua obrigação a menos que o destinatário não esteja de acordo e faça seu protesto no próprio conhecimento aéreo ou por escrito.

A responsabilidade civil do transportador aéreo está regulada nos arts. 262 a 266. No caso de atraso, perda, destruição ou avaria da carga, a responsabilidade do transportador limita-se a três unidades de referência por quilo, a menos que seja carga com valor declarado. Poderá eximir-se de responsabilidade se comprovar que o dano à mercadoria originou-se de vício próprio ou da embalagem ou atos de autoridade pública. Para garantia dessa responsabilidade, o transportador deverá fazer seguro que garanta o pagamento dos danos. É o chamado seguro obrigatório.

## 33.5. As disposições do novo Código Civil

O contrato de transporte teve sua regulamentação largamente prevista no novo Código Civil, incorporando não só o que dispôs o Código Civil italiano, mas também algumas convenções internacionais, formando um todo coerente. Não devemos nos cansar de enaltecer nosso Código Civil, como monumento de perfeição jurídica que o coloca em posição de igualdade ou superioridade ao código dos países juridicamente mais dotados.

Pelo art. 743, que abre esse item do Código, a coisa entregue ao transportador, deve estar caracterizada pela sua natureza, valor, peso e quantidade, e o mais que for necessário para que não se confunda com outras, devendo o destinatário ser indicado ao menos pelo nome e endereço. Duas figuras intervenientes são apontadas logo no início da regulamentação. A primeira parte do contrato é o transportador, a pessoa encarregada de transportar a mercadoria do lugar da entrega até o lugar do destino. A segunda parte é a pessoa a quem deverá ser entregue a mercadoria ou será ela colocada à sua disposição; é o destinatário. Este é a parte pouco atuante no contrato, tanto que nem participa da sua celebração. Sua assinatura só é aposta ao receber a mercadoria que lhe é destinada.

Ao receber a coisa, o transportador emitirá conhecimento com a menção dos dados que a identifiquem, obedecido o disposto em lei especial. O transportador poderá exigir que o remetente lhe entregue, devidamente assinada, a relação discriminada das coisas a serem transportadas, em duas vias, uma das quais, por ele devidamente autenticada, ficará fazendo parte integrante do conhecimento. Surge em seguida no Código o nome da terceira parte do contrato de transporte de coisas: o remetente. É quem entrega a mercadoria (o Código fala a coisa a ser transportada). Ao receber a mercadoria, o transportador fornece ao remetente o documento comprobatório da entrega, que documenta também o contrato, chamado conhecimento de frete ou conhecimento de transporte. Nesse documento constarão o nome das três partes: transportador, remetente, destinatário, a descrição da mercadoria despachada e outros dados. Se várias coisas estiverem sendo remetidas, o transportador poderá pedir discriminação assinada pelo remetente.

Em caso de informação inexata ou falsa descrição no conhecimento de transporte, será o transportador indenizado pelo prejuízo que sofrer, devendo a ação respectiva ser ajuizada no prazo de 120 dias, a contar daquele ato, sob pena de decadência. A principal obrigação do remetente é a de pagar o valor do frete, mas não é a única. Deve esclarecer o conteúdo da mercadoria despachada, como espécie, peso, tamanho, conteúdo, quantidade, marca dos produtos. Declaração que não pode ser omitida é o risco e segurança que a mercadoria possa ameaçar. Se o transportador sofrer prejuízos causados pela mercadoria, sem ter sido advertido, poderá ser o remetente responsabilizado por perdas e danos.

O transportador deverá obrigatoriamente recusar a coisa cujo transporte ou comercialização não sejam permitidos, ou que venha desacompanhada dos documentos exigidos por lei ou regulamento (art. 747). Ainda no direito de recusa, o transportador não poderá aceitar mercadoria sem os documentos que garantam a legitimidade dela, como por exemplo a nota fiscal.

Até a entrega da coisa, pode o remetente desistir do transporte e pedi-la de volta, ou ordenar seja entregue a outro destinatário, pagando, em ambos os casos, os acréscimos de despesa decorrentes da contraordem, mais as perdas e danos que houver (art. 748). Cabe ao remetente o direito de desfazer o contrato ou modificá-lo, desde que seja antes de a mercadoria ser entregue ao destinatário. A mercadoria poderá voltar ao local do despacho e devolvido ao remetente, ou então entregue a outra pessoa ou outro local indicado pelo remetente. As despesas desses transtornos deverão ser pagas pelo remetente.

O transportador conduzirá a coisa ao seu destino, tomando todas as cautelas necessárias para manter em bom estado e entregá-la no prazo ajustado ou previsto (art. 749). A obrigação do transportador é entregar a mercadoria incólume, tal como a recebeu do remetente. Possíveis acidentes no transporte ficam sob a responsabilidade do transportador, bem como danos e avarias à mercadoria transportada ou falta de entrega. A responsabilidade do transportador é contratual e objetiva: assumiu ele o encargo de entregar a mercadoria incólume ao destinatário e não cumprindo essa prestação terá inadimplido o contrato. A culpa do transportador é presumida.

A responsabilidade do transportador, limitada ao valor constante do conhecimento, começa no momento em que ele, ou seus prepostos, recebem a mercadoria; termina quando é entregue ao destinatário, ou depositada em juízo, se aquele não for encontrado. Um dos aspectos mais importantes do contrato de transporte é a limitação da responsabilidade do transportador. Foi o sentido maior de muitas das convenções internacionais e constam de várias leis, como o Código Brasileiro de Aeronáutica. Desde o momento em que a mercadoria (ou coisa) lhe for entregue, até o momento em que ele a entrega ao destinatário, será o transportador responsável por ela, respondendo pelas avarias que ela sofrer ou pelo desaparecimento dela. A indenização a ser paga corresponde ao valor declarado no contrato de transporte. A limitação é estabelecida por lei, mas não poderá haver cláusula excludente de responsabilidade.

A coisa depositada ou guardada nos armazéns do transportador, em virtude de contrato de transporte, rege-se, no que couber, pelas disposições relativas a depósito (art. 751). Enquanto a mercadoria estiver em suas mãos, ficará o transportador na posição de fiel depositário e será regido pelas normas do contrato de depósito. Sobre esse contrato, consta o capítulo a ele dedicado neste compêndio.

Desembarcadas as mercadorias, o transportador não é obrigado a dar aviso ao destinatário, se assim não foi convencionado, dependendo também de ajuste a entrega a domicílio, e devem constar do conhecimento de transporte as cláusulas de aviso ou de entrega a domicílio. Assim sendo, o conhecimento de transporte deve esclarecer que o transportador dará ciência, ao destinatário, da chegada da mercadoria e está à disposição dele. Não constando essa cláusula, não está obrigado o transportador a dar esse aviso. Deverá então o remetente cientificar o destinatário da remessa, enviando-lhe o conhecimento de transporte e o endereço em que a mercadoria será encontrada.

Se o transporte não puder ser feito ou sofrer longa interrupção, o transportador solicitará, incontinenti, instruções ao remetente e zelará pela coisa, por cujo perecimento ou deterioração responderá, salvo força maior. Perdurando o impedimento, sem motivo imputável ao transportador e sem manifestação do remetente, poderá aquele depositar a coisa em juízo, ou vendê-la, obedecidos os preceitos legais e regulamentares, ou os usos locais, depositando o valor. Nota-se que nesse caso não houve culpa do transportador pelos transtornos, mas se viu ele na contingência de não cumprir a prestação, ou seja, entregar a mercadoria nas condições pactuadas. Deverá ele contatar o remetente, mas nem sempre esse contato é possível. Às vezes a mercadoria é perecível e não pode aguardar a remoção do impedimento do transporte. O que poderia fazer o transportador? Poderá depositar a mercadoria em juízo, o que complicará a situação. Poderá também vender a mercadoria, entregando o preço da venda ao remetente. Em ambos os casos, deverá dar ciência do incidente ao remetente e entender-se com ele. A obrigação de indenizar depende da situação oferecida. Se o motivo da interrupção não se deve ao transportador, como é o caso de força maior, o transportador poderá optar por uma das duas soluções acima referidas. Não está obrigado a indenização.

Porém, o motivo da interrupção poderá se dar por fato imputável ao transportador, como por exemplo, se o caminhão cair num barranco. Neste caso, o transportador só poderá vender a mercadoria se for perecível. Será ainda responsável pela indenização.

As mercadorias devem ser entregues ao destinatário, ou a quem apresentar o conhecimento de transporte endossado, devendo aquele que as receber conferi-las a apresentar reclamações que tiver, sob decadência dos direitos. O conhecimento de transporte é um título de crédito e circula por meio de endosso. A mercadoria deve ser entregue a quem contar com o nome no conhecimento, mas este poderá endossar o documento em branco ou em preto, ou seja, a outra pessoa indicada ou ao portador. Nesse caso o transportador deverá entregar a mercadoria ao endossatário, se constar o nome dele, ou ao portador do conhecimento, exigindo deles a identificação. No caso de perda parcial ou de avaria não perceptível à primeira vista, o destinatário conserva sua ação contra o transportador, desde que denuncie o dano em dez dias a contar da entrega.

Havendo dúvida acerca de quem seja o destinatário, o transportador deve depositar a mercadoria em juízo, se não lhe for possível obter instruções do remetente; se a demora puder ocasionar a deterioração da coisa, o transportador deverá vendê-la, depositando o saldo em juízo. Como poderia haver dúvida quanto ao destinatário, se o nome dele deverá constar no conhecimento de transporte? É possível porém que haja equívoco, como por exemplo, se o nome apresentar dúvidas, se houver homônimo, se o depositário falecer.

A mercadoria, por sua vez, pode ser perecível, e não houve possibilidade de o transportador contatar o remetente. Em casos dessa natureza, poderá o transportador optar por uma das duas soluções retro-referidas, ou seja, poderá depositar em juízo ou vender a mercadoria.

É bom relembrar que enquanto a mercadoria estiver em mãos do transportador, será ele o responsável por ela, como fiel depositário.

No caso de transporte cumulativo, todos os transportadores respondem solidariamente pelo dano causado perante o remetente, ressalvada a apuração final da responsabilidade entre eles, de modo que o ressarcimento recaia, por inteiro ou proporcionalmente, naquele ou naqueles em cujo percurso houver ocorrido o dano. O transporte cumulativo no tocante ao transporte de coisas é igual ao do transporte de pessoas, quando num só contrato integram-se vários transportadores, às vezes, de diferentes tipos de transporte. É chamado também de transporte sucessivo ou intermodal. Muitos problemas podem surgir, como por exemplo, se a mercadoria se perder. Nas mãos de qual transportador ocorreu a perda? Em caso semelhante, todos responderão solidariamente. Há um só contrato de transporte, em que são parte vários transportadores.

## 34. TRANSPORTE DE PESSOAS

34.1. Conceito e elementos
34.2. Partes do contrato
34.3. Características do contrato
34.4. Legislação pertinente
34.5. O tratamento dado pelo novo Código Civil

## 34.1. Conceito e elementos

É este um dos contratos dos mais aplicados, talvez só superado pelo de compra e venda. Afirma-se que mais de um milhão de pessoas faz uso diariamente do metrô em São Paulo; celebra assim a companhia do metrô um milhão ou mais de contratos por dia. Ainda maior é o número de pessoas que se servem diariamente das linhas de ônibus e de trens. Apesar de ser um contrato tão usual, era um contrato inominado. Não constava nem do Código Comercial e nem do Código Civil, muito embora o primeiro disponha algumas normas sobre o transporte marítimo. A razão mais importante é a de que esse contrato não era tão requisitado quando surgiram nossos dois códigos, a não ser no transporte marítimo. O novo Código Civil corrigiu a omissão.

Várias definições já foram encontradas para esse contrato, mas tomaremos por base o conceito adiante: CONTRATO DE TRANSPORTE DE PESSOAS É O ACORDO DE VONTADES, EM QUE UMA DAS PARTES, DENOMINADA TRANSPORTADOR, OBRIGA-SE A TRASLADAR UMA PESSOA, DE UM LUGAR PARA OUTRO OU PARA O MESMO LUGAR, EM VEÍCULO PARA ESSE FIM, ENTREGANDO-O INCÓLUME EM SEU LUGAR DE DESTINO, MEDIANTE O PAGAMENTO DE UM PREÇO, NAS CONDIÇÕES ESTABELECIDAS.

Da definição por nós esposada, são extraídos vários elementos essenciais, que, sendo considerados, levar-nos-ão a compreender melhor o sentido do contrato. Duas são as partes: transportador e passageiro. Elemento de importância nesse tipo de contrato é o veículo de transporte; é o meio de tração utilizado para o traslado do passageiro. Não haverá contrato de transporte se o passageiro se deslocar a pé ou por esforço próprio.

O preço é a contraprestação devida pelo passageiro. Consoante será explanado adiante, o contrato de transporte é oneroso, de prestações recíprocas e comutativo. Pelo cumprimento da obrigação do transportador, corresponderá uma remuneração recebida, chamada de preço ou tarifa. As tarifas de transporte de passageiro são estabelecidas pelo transportador, mas se submetem à aprovação das autoridades públicas. O objeto do contrato é a prestação de um serviço: o de trasladar pessoas. O contrato inclui-se no tipo que o antigo direito romano qualificou como "facio ut des".

### 34.2. Partes do contrato

A parte do contrato que se obriga à execução do transporte chama-se transportador. Pode ser o próprio Estado, o que é comum na maioria dos países. O Estado constitui então uma empresa pública destinada a prestar serviços de transporte. A empresa pública reveste-se da forma de S/A, cujo capital pertence totalmente ao Poder Público; é um caso raro de S/A, constituída de um só acionista. É o que acontece com o metrô, a CMTC, FEPASA, REFESA.

Por outro lado, o volume de trabalho e de responsabilidades, no campo dos transportes, é muito amplo e difícil, ultrapassando a própria capacidade do Estado. Lança, então, a administração governamental, recurso da colaboração privada para cobrir a necessidade dos passageiros. Dentro desse critério, dá concessão a empresas particulares que reúnem condições de executar o transporte coletivo de passageiros. Essa empresa transportadora é então chamada de concessionária.

O passageiro é a pessoa física que se destina a ser transportada e assume a obrigação de pagar o preço. Não é próprio chamá-lo de viajante. Viajante é toda pessoa que viaja: o piloto de um avião, a comissária de bordo, viajam num avião mas não podem ser considerados passageiros. O mesmo acontece com o maquinista de um trem ou o motorista de um ônibus. Um funcionário da empresa de transporte, que viaja a serviço, às vezes pode ter consigo uma passagem. Um clandestino que adentra ilegal e furtivamente um veículo de transporte é um viajante; não tem, contudo, direitos e obrigações próprios de um passageiro. Para que assuma a posição de viajante, é preciso que o veículo esteja em operação. O passageiro é a pessoa que contratou com o transportador; é o titular da relação jurídica; assume direitos e obrigações contratuais. Assume a posição de passageiro no momento em que celebra o contrato de transporte de pessoas e só deixa de sê-lo depois que foi transportado incólume ao seu destino e deixa a instalação de chegada (aeroporto, estação, porto).

Um aspecto se revela na capacidade de contratar, que se alarga muito. Para que os contratos sejam considerados válidos, será preciso que as partes contratantes possuam capacidade jurídica. Entretanto, tais disposições não se aplicam ao passageiro. Uma pessoa, tanto absolutamente como relativamente incapaz, pode celebrar contrato de transporte e transformar-se num passageiro. Assim, vemos facilmente que para fazer uso do metrô celebram contrato os menores, pródigos, silvícolas, surdos-mudos e até interditos.

### 34.3. Características do contrato

Todo contrato tem características gerais, aplicadas a qualquer contrato, e outras específicas, que os distinguem dos demais contratos. O contrato em apreço apresenta como mais frisantes características o fato de ser mercantil, oneroso, de prestações recíprocas, de execução pronta, diferida ou continuada, não solene, consensual, inominado, pessoal ou impessoal, principal. Essas características comportam uma breve consideração.

*Mercantil*

Estamos falando de contratos com empresas mercantis, com empresas prestadoras de serviços de transporte, públicas ou privadas, registradas na Junta Comercial. São organizações que perseguem lucros, procurando no contrato obter vantagens pelos serviços que prestam a seus clientes, da mesma maneira que estes também objetivam obter vantagens econômicas pelo preço que pagam.

O transportador é sempre uma empresa mercantil e suas atividades se integram no segmento econômico da prestação de serviços, especificamente, de serviços de transporte coletivo de passageiros. Outrossim, a maioria das empresas transportadoras são S/A, e segundo nossa legislação societária, uma S/A é sempre uma organização mercantil, qualquer que seja seu objeto. A característica do contrato é tipicamente mercantil; é a prestação de um serviço profissional especializado por uma empresa de transporte, mediante o pagamento de um determinado preço, vale dizer, uma contraprestação. É portanto, mercantil e empresarial. Vale, neste caso, remontar ao conceito de empresa, previsto no art. 2.082 do Código Civil italiano: é empresa quem exerce profissionalmente atividade econômica organizada, para a produção e bens e de serviços.

*Oneroso*

O conceito do contrato revela-o oneroso, ou seja, ambas as partes sofrem modificações patrimoniais. O transportador beneficia-se com o recebimento do preço, mas investe na produção dos serviços prestados ao passageiro. Este beneficia-se dos serviços, mas sofre uma diminuição patrimonial, pelo pagamento do preço.

### *De prestações recíprocas*

Esse tipo de contrato é chamado de bilateral, pelo fato de criar obrigações para ambas as partes. Preferimos porém a designação de "contrato de prestações recíprocas", pelo motivo de uma parte se ver obrigada perante a outra. Assim, o transportador assume a obrigação de transportar o passageiro, porque este lhe pagou o preço. Por outro lado, o passageiro tem o direito de exigir do transportador, que lhe preste o serviço, pois pagou o preço.

### *Comutativo*

É comutativo porquanto as partes já estabelecem antecipadamente as obrigações. Não estão submetidos à álea dos acontecimentos.

### *De execução instantânea, diferida ou continuada*

É de execução instantânea quando o preço for pago imediatamente e o passageiro embarca no mesmo momento.

Extingue-se o ato no mesmo momento em que é celebrado. Acontece comumente com o metrô, com o transporte ferroviário, com os ônibus urbanos. O passageiro entra no veículo, paga o preço, viaja e deixa o veículo no final do trajeto: são diversos atos sem interrupção, em que o contrato se processou numa seqüência imediata.

Outros casos há em que a execução do transporte se processa em diversas etapas, como ocorre, em geral, nos contratos com agências de turismo. O cumprimento da obrigação assumida pelas partes processa-se de maneira sucessiva continuada, fracionando-se em várias prestações parciais e individualizadas, conexão entre si. No transporte aéreo e marítimo, ocorre, de ordinário, um contrato de execução diferida. O contrato é celebrado e a passagem é emitida; entretanto, a viagem só será realizada em ocasião futura, devendo ser feita a reserva do assento no momento do embarque. Outras vezes, o passageiro celebra o contrato na hora de viajar, mas fica de pagar em outra ocasião; sua obrigação fica assim diferida para outro momento.

Essa distinção das formas de execução do transporte: instantânea, continuada e diferida, torna-se importante. Nos dois últimos tipos de execução, podem ocorrer circunstâncias externas imprevistas, ou imprevisíveis, realçando certas cláusulas genéricas, tradicionalmente invocadas no direito obrigacional como a da "rebus sic standibus" e da "exceptio non adimpleti contractus".

### Consensual

O contrato se aperfeiçoa com o consenso de ambas as partes; basta que elas entrem num acordo, mesmo verbal, para que o contrato se formalize. A existência do bilhete de passagem não é imprescindível para a existência do contrato. Não é necessário que haja entrega de qualquer coisa, mesmo do dinheiro, ou a prática de atos concretos. Não se pode falar de contrato de venda de passagem. A passagem não é o objeto do contrato, mas apenas um documento comprobatório da existência do contrato. Nem sempre existe passagem como nos ônibus urbanos, o que não altera a perfeição do contrato.

### Pessoal ou impessoal

Os contratos de transporte aéreo e marítimo são "intuitu personae", ou seja, pessoal; a determinação da pessoa do passageiro é essencial para a validade do contrato. É uma das razões pelas quais o passageiro deve identificar-se quando lhe for solicitado. A passagem é, por isso, intransferível e o transportador vê-se no direito de vetar a transferência da passagem para outra pessoa e recusar-se a transportá-la.

O mesmo não ocorre com o transporte terrestre. Os passageiros de ônibus, do metrô, ou dos trens, não precisam identificar-se. O contrato é impessoal, de tal forma que a passagem pode ser transferida por simples tradição.

### Típico

O contrato de transporte, por ser contrato de aplicação moderna, foi regulamentado pela nossa legislação. Muitas disposições legais determinam seu conteúdo. A legislação brasileira referente a transporte de pessoas é bem extensa e suas disposições, bem como as de numerosas convenções internacionais aplicam-se ao contrato. Por outro lado, podemos considerar como típico o contrato de transporte aéreo de pessoas.

Com efeito, a Lei 7.565/86, que instituiu o Código Brasileiro de Aeronáutica regulamenta esse contrato nos arts. 227 a 234, formando o capítulo II, denominado "Do Contrato de Transporte de Passageiro". No sentido geral, o Código Civil o prevê nos arts. 734 a 742.

## Não solene

O contrato de transporte não possui forma especial determinada pela lei e varia conforme o tipo de transporte; aéreo, por exemplo, é um tanto formal, pois, para ele exige a emissão do bilhete de passagem. A obrigatoriedade da emissão desse documento já é uma formalidade peculiar ao contrato.

## Principal

O contrato de transporte é principal, porque tem existência autônoma; não depende de outro contrato. Tal não acontece com o contrato de transporte de bagagem do passageiro; o segundo não existe sem o primeiro. O contrato de transporte de bagagem é, portanto, acessório, pois depende do principal; complementa a ação principal, que é a de trasladar o passageiro de um lugar para outro. Este pode não levar bagagem, havendo pois o contrato principal.

## Obrigação DAR X FAZER

Para o transportador existe a obrigação de fazer (executar o transporte); para o passageiro existe a obrigação de dar (o preço da passagem). Trata-se, portanto, de um contrato de escambo, de troca. Corresponde a um tipo de contrato previsto no direito romano com o nome de DO UT FACIAS (um dá enquanto o outro faz).

## Contrato de adesão

De forma marcante, o contrato de transporte é um contrato de adesão, pois tem suas características. O transportador mantém monopólio do serviço, estabelece as cláusulas e as tarifas, que são controladas pelo Poder Público. Via de regra, é uma empresa pública e dedica-se à prestação de um serviço público. A oferta é tácita e feita a um público indeterminado, sem discriminação por parte do transportador.

## 34.4. Legislação pertinente

De acordo com os diversos ângulos pelos quais se analisa um transporte, nota-se que existem vários tipos, e, de acordo com suas características, irão surgir modificações nas cláusulas de um contrato e na legislação pertinente. A principal classificação dos transportes é quanto ao meio de locomoção, podendo ser terrestre, marítimo e aéreo. Esta distinção é das mais importantes, porquanto leis específicas regulam cada um e órgãos diversos disciplinam o funcionamento desses transportes e as cláusulas contratuais. Assim, o transporte aéreo é atividade da competência do Ministério da Aeronáutica, por seu órgão especial, o DAC – Departamento de Aeronáutica Civil. O transporte marítimo é da atribuição do Ministério dos Transportes, por seu órgão SUNAMAM – Superintendência Nacional da Marinha Mercante. O transporte terrestre está a cargo do DNER. Tais órgãos não são apenas disciplinadores, mas técnicos e legisladores pois baixam normas, aprovam alterações nas tarifas ou nas operações, as quais implicam em modificações nas cláusulas do contrato.

Existem ainda subespécies: o transporte terrestre pode ser rodoviário, ferroviário e animal. O transporte marítimo abrange o transporte sobre água e não apenas no mar. Em sentido lato, abrange o lacustre, utilizado em alguns países, como no Brasil, observado na lagoa dos Patos-RS e na Baia de Guajará-Mirim, em que se situa Belém do Pará. É muito importante nos Grandes Lagos (EUA e Canadá). O transporte fluvial é usado na maior parte dos países e houve épocas em que era o principal, como na Bélgica e na Holanda. É o meio mais importante na região amazônica e na região do Rio São Francisco, e na Europa no Rio Reno.

No tocante à abrangência territorial, o transporte pode ser municipal, intermunicipal, interestadual e internacional. Quanto ao aspecto disciplinar, pode ser regular e não-regular; o regular é realizado em horários prefixados e os não regulares são excepcionais, como o taxi-aéreo e o vôo "charter". Pode ser civil e militar, coletivo e individual; de pequeno, médio e longo percurso; de passageiro, carga e mala-postal; nacional e internacional; de turismo, instrução etc. Renovamos a lembrança de que há implicações jurídicas nessa classificação, pois há normas específicas para cada tipo de transporte.

O transporte aéreo no Brasil possui extensa, complexa e atualizada legislação. É um reino do direito do qual o Brasil pode se orgulhar de colocar-se entre os países mais adiantados. O diploma básico é o Código

Brasileiro de Aeronáutica (Lei 7.565, de 19.12.86) e numerosas normas, em especial, baixadas pelo DAC. No plano internacional, o Brasil é signatário de inúmeras convenções internacionais, entre elas avultando-se a Convenção de Varsóvia, de 1929. Com o desenvolvimento do transporte aéreo, formou-se um novo ramo do direito empresarial, hoje rico e complexo, com extensa bibliografia, denominado direito aeronáutico.

O transporte rodoviário tem legislação específica, a partir do Dec. 63.961/71 que instituiu o REGULAMENTO DOS SERVIÇOS RODOVIÁRIOS INTERESTADUAIS E INTERNACIONAIS DE TRANSPORTE COLETIVO DE PASSAGEIROS. Numerosas outras disposições são baixadas pelo DNER, EMBRATUR e outros órgãos. O Dec. 90.958/85 completou o anterior estabelecendo as obrigações do transportador e do passageiro, regulamentou o bilhete de passagem e a bagagem, as especificações técnicas dos veículos de transporte. Aspecto importante foi o estabelecimento da tarifa legal, ou seja, não é da livre estipulação do transportador, mas submetido ao controle e aprovação do Poder Público.

O transporte marítimo tem a mais antiga regulamentação. Consta da Parte Segunda do Código Comercial, denominada "Do Comércio Marítimo". Muitas normas esparsas atualizaram bastante as disposições de nosso Código Comercial, mas ainda constitui ele um diploma ultrapassado. Além disso, o Brasil não participa de importantes convenções internacionais referentes ao direito marítimo. Seguiu assim a trilha diversa do direito aeronáutico. O contrato de transporte de passageiros está regulado pelos arts. 629 a 632, de difícil aplicação, mesmo porque esses artigos chocam-se contra o direito moderno e leis posteriores, bem mais atualizadas. O transporte ferroviário é também antigo, pois surgiu em fins do século passado. A regulação legal surgiu em 1912, com o Dec. 2.681. O Dec. 15.673 de 1922, complementou, em alguns aspectos, a lei anterior, estabelecendo um autêntico Código Geral dos Transportes. Em 1985, surgiu o Dec. 90.959; supriu as lacunas, estabelecendo ampla e moderna regulamentação jurídica para os transportes ferroviários. O aspecto mais importante do Dec. 2.681/12 é o estabelecimento da responsabilidade civil das estradas de ferro pelos danos causados ao passageiro durante a viagem. Adota a responsabilidade contratual e objetiva, afastando-se da responsabilidade aquiliana. A responsabilidade do transportador ferroviário decorre do contrato; ele se comprometeu contratualmente a transportar com segurança e comodidade o passageiro, entregando-o incólume em seu lugar de destino. Se não ocorrer desta forma, houve inadimplemento do transportador e, como tal, está sujeito a reparar os danos.

## 34.5. O tratamento dado pelo novo Código Civil

Após a regulamentação específica de cada tipo de transporte, veio a regulamentação geral pelo novo Código Civil, em capítulo denominado "Do Transporte", em três seções, a saber:

I – Disposições gerais – arts. 730 a 733;
II – Do Transporte de Pessoas – arts. 734 a 742;
III – Do Transporte de Coisas – arts. 743 a 756

Dá a lei um singelo conceito de contrato de transporte, pelo qual alguém se obriga, mediante retribuição, a transportar de um lugar para outro, pessoas ou coisas. Apesar de submeter a questão às normas gerais, é admitido o transporte público, exercido por empresas públicas, com a possibilidade de ser transferido esse encargo para empresas privadas, mediante permissão ou concessão. Nesses casos, o Poder Público, geralmente a Prefeitura, baixa postura regulamentando os termos da permissão ou concessão. Essas posturas integram-se em nossa legislação sobre transportes.

Além da legislação específica e das disposições no novo Código Civil, aplicam-se ainda os tratados ou convenções internacionais (para nós tratado e convenção são sinônimos). É um tanto fraca a incidência de convenções internacionais no transporte marítimo, rodoviário e ferroviário, mas no tocante ao transporte aéreo o Brasil tem efetiva participação na maioria das convenções.

Nos contratos de transporte cumulativo, cada transportador se obriga a cumprir o contrato relativamente ao respectivo percurso respondendo pelos danos nele causados a pessoas ou coisas. Considera-se transporte cumulativo o que vai se sucedendo em diversas fases, muitas vezes mudando de tipos de transporte, como ocorre nos roteiros turísticos. Por exemplo, numa viagem pelos lagos andinos, passa-se de transporte terrestre para o lacustre (marítimo), sucedendo-se de um para outro, com vários transportadores. É viagem truncada pela sucessiva mudança dos meios de transporte, cada um de empresa transportadora diferente. O dano, resultante do atraso ou interrupção da viagem, será determinado em razão da totalidade do percurso. Se houver substituição de alguns dos transportadores no decorrer do percurso, a responsabilidade solidária estende-se ao substituto. No transporte cumulativo, cada empresa realiza seu trabalho individual e responsabiliza-se cada um pela sua parte.

No tocante ao contrato de transporte de pessoas, o transportador responde pelos danos causados às pessoas transportadas e suas bagagens, salvo motivo de força maior, sendo nula qualquer cláusula excludente da responsabilidade. Bem antes do advento do novo Código Civil, o Supremo Tribunal Federal já houvera apresentado súmula nesse sentido: a nulidade da cláusula que exclua o transportador de sua responsabilidade pelo transporte.

É lícito ao transportador exigir a declaração do valor da bagagem a fim de fixar o limite da indenização. É bom esclarecer que bagagem é constituída pelos pertences que o passageiro leva consigo. Não se refere a transporte de coisas, mas fica integrada no contrato de transporte de pessoas. Uma das preocupações notadas nos tratados internacionais, como na legislação interna de muitos países, é a de limitar a indenização por danos causados ao passageiro ou à sua bagagem.

A responsabilidade contratual do transportador por acidente com o passageiro não é elidida por culpa de terceiro, contra o qual tem ação regressiva (art. 735). A responsabilidade do transportador é contratual e objetiva. Celebrou ele contrato com o passageiro para deslocá-lo de um lugar para outro, assumindo o encargo de entregá-lo são e incólume no local de destino. Se ele não cumpriu essa obrigação, estará inadimplente, a não ser que o próprio passageiro tenha sido culpado por algum acidente. Não importa saber se o acidente foi provocado por terceiro; estava o transportador na obrigação de prevenir tais fatos. Poderá ele depois reclamar o pagamento dos danos ante o terceiro, mas ante o passageiro é ele quem responde.

Não se subordina às normas do contrato de transporte o feito gratuitamente, por amizade ou cortesia. Não se considera gratuito o transporte quando, embora feito sem remuneração, o transportador auferir vantagens indiretas (art. 736). O transporte gratuito é o não pago pelo passageiro; não há retribuição, vale dizer, não há preço pago, faltando então elemento essencial do contrato de transporte, razão pela qual não é contrato. Se o passageiro não cumpre obrigação essencial, não pode ficar o transportador obrigado a cumprir a dele. Digamos porém que o transportador convida a viajar gratuitamente um artista famoso ou alguma pessoa bem notória, aparecendo nos órgãos de comunicação a preferência por essa empresa de transporte. O transportador auferiu vantagens da publicidade, dando a impressão de que o passageiro pagou a passagem com seu prestígio. Nesse caso fica configurado o contrato, arcando o transportador com a responsabilidade pelo passageiro e pela bagagem.

O transportador está sujeito aos horários e itinerários previstos, sob pena de responder por perdas e danos, salvo motivo de força maior (art. 737). Está aí responsabilidade muito séria do transportador, porquanto raramente sai na hora uma viagem. O problema de força maior tem que ser causado por fatores externos, sem que o transportador tenha força de superá-los. Vamos apontar alguns exemplos: o avião não pode decolar por "falta de teto", causados por fatores climáticos. A própria autoridade aeroportuária não autoriza o levantamento do vôo. Outro evento: ônibus está se dirigindo à estação rodoviária mas é retido pelo trânsito intenso ou acidente na viagem, chegando atrasado. Cumpre lembrar que existe horário de saída e chegada, responsabilizando-se o transportador por ambos.

A pessoa transportada deve sujeitar-se às normas estabelecidas pelo transportador, constantes no bilhete ou afixadas à vista dos usuários, abstendo-se de quaisquer atos que causem incômodo ou prejuízo aos passageiros, danifiquem o veículo, ou dificultem ou impeçam a execução normal do serviço (art. 738). Pagar o preço não é a única obrigação do passageiro. Deve ele respeitar as normas de segurança estabelecidas pela lei ou pelo transportador, geralmente expostas no próprio bilhete de passagem, como por exemplo, ligar aparelhos eletrônicos, como rádios e telefones, portar produtos químicos ou inflamáveis. O passageiro de um avião não pode levantar-se de seu assento, a não ser quando for liberado para tanto. Se o passageiro transgredir essa norma e sofrer um acidente, não poderá reclamar dos efeitos desse acidente. Se o prejuízo sofrido pela pessoa transportada for atribuível à transgressão de normas e instruções regulamentares, o juiz poderá reduzir eqüitativamente a indenização, na medida em que a vítima houver concorrido para a ocorrência do dano.

O transportador não pode recusar passageiros, salvo os casos previstos nos regulamentos, ou se as condições de higiene ou de saúde do interessado o justificarem (art. 739). O transportador presta serviço público, normalmente por permissão ou concessão da autoridade pública, que lhe transfere o encargo que deveria ser assumido pelo Estado. Vigora neste contrato o princípio observado no contrato de compra e venda: o ofertante de mercadorias ou serviços renuncia à escolha de seu comprador, desde que este se predisponha a pagar o preço nas condições ofertadas. Não pode haver discriminação entre os clientes, com preços variados. Para recusar um cliente, o transportador precisará ter motivos justificáveis.

O passageiro tem direito a rescindir o contrato de transporte antes de iniciada a viagem, sendo-lhe devida a restituição do valor da passagem, desde que feita a comunicação ao transportador em tempo de ser renegociada. Ao passageiro é facultado desistir do transporte, mesmo depois de iniciada a viagem, sendo-lhe devida a restituição do valor correspondente ao trecho não utilizado, desde que provado que outra pessoa haja sido transportada em seu lugar. Neste caso, não houve prejuízo ao transportador, uma vez que não existiu lugar ocioso no veículo. Também terá direito à restituição do preço pago se o passageiro deixou de embarcar, tendo viajado outro passageiro em seu lugar. Se ele tiver deixado de embarcar e não houve possibilidade de transferência de sua passagem a outrem, não terá o passageiro direito à restituição. Nessas hipóteses retrocitadas, o transportador terá direito de reter até 5% da importância a ser restituída ao passageiro, a título de multa compensatória.

Interrompendo-se a viagem por qualquer motivo alheio à vontade do transportador, ainda que em conseqüência de evento imprevisível, fica ele obrigado a concluir o transporte contratado em outro veículo da mesma categoria, ou, com a anuência do passageiro, por modalidade diferente, à sua custa, correndo também por sua conta as despesas de estada e alimentação do usuário, durante a espera do novo transporte. Ainda que tenha havido motivo de força maior, o transportador tem a obrigação de cumprir o contrato e vai arcar com as despesas derivadas do incidente. Por exemplo, numa viagem para Caracas, violenta tempestade obrigou o avião saído de São Paulo a ter que pousar em Miami. O transportador aéreo teve que pagar o alojamento dos passageiros em hotel e pagar as refeições deles, durante a permanência naquela cidade dos EUA.

O transportador, uma vez executado o transporte, tem direito de retenção sobre a bagagem de passageiro e outros objetos pessoais deste, para garantir-se do pagamento do valor da passagem que não tiver sido feito no início durante o percurso (art. 742). Esse direito do transportar é parecido com o do hoteleiro cujo hóspede não paga a hospedagem. Os pertences retidos permanecem em poder do credor, para garantir o pagamento. Trata-se de um tipo de penhor, em que o credor assume a posição de fiel depositário.

# 35. TROCA OU PERMUTA

35.1. Conceito e regulamentação
35.2. A troca internacional: "countertrade"

### 35.1. Conceito e regulamentação

A troca tem muitas semelhanças com a compra e venda, pois esta é uma troca. A compra e venda é uma troca de duas mercadorias, mas uma dessas mercadorias é forçosamente o dinheiro. Na troca, uma parte dá uma coisa, recebendo outra coisa, desde que não seja dinheiro. É troca de mercadorias, sem intermediação da moeda. Pode-se dizer que a troca é o gênero da qual a compra e venda é a espécie. Ao que tudo indica, a troca surgiu antes da compra e venda; é o mais primitivo contrato traslativo de propriedade. Com o desenvolvimento da economia, surgiu a compra e venda, como uma variante da troca.

Para nosso direito, a troca é que é uma variante da compra e venda, pois vem regulamentada logo em seguida. Nosso Código Civil dedica-lhe um só artigo: o 533. Diz esse artigo que se aplicam à troca as disposições da compra e venda. Traz porém dois incisos, indicando duas exceções. Na troca, cada um dos contraentes pagará por metade as despesas do instrumento da troca, salvo disposição em contrário. Por outro lado, o art. 490, falando da compra e venda, estabelece disposição diferente: na compra e venda ficarão as despesas de escritura a cargo do comprador e as da tradição a cargo do vendedor, a menos que haja cláusula em contrário.

Outra disposição do art. 533 está no inciso II, que veda a troca de valores desiguais entre ascendentes e descendentes, sem consentimento expresso dos outros descendentes. Nesse aspecto, não vemos muita diferença da compra e venda, pois o art. 496 diz que os ascendentes não podem vender aos descendentes, sem que os outros descendentes consintam.

No direito interno de quase todos os países, a troca é um contrato previsto: um contrato típico. É o que acontece em nosso Código Civil, no art. 533. O Código Civil da França regulamenta a troca nos arts. 1.702 a 1.707, com o nome de "exchange", enquanto o Código Civil da Itália trata da troca, com o nome de permuta, nos arts. 1.552 a 1.555. O Código Civil alemão (BGB), nos arts. 433 a 515, regulamenta a compra e venda e a troca num só título.

Em todos os códigos há um denominador comum: o de que ao contrato de troca aplicam-se as normas adotadas para o de compra e venda. Como o direito comparado dos países juridicamente mais desenvolvidos constitui fonte do direito internacional, pode-se concluir que também na troca internacional devam ser aplicados os mesmos princípios e normas adotados na compra e venda internacional de mercadorias. Entre essas normas avulta-se a Convenção de Viena de 1980. Cumpre ressaltar que a legislação de vários países preconiza a obrigatoriedade, de ambas as partes, no contrato de troca, garantirem-se contra os efeitos da evicção e dos vícios redibitórios. Assim também estabelece a Convenção de Viena.

### 35.2. A troca internacional: "countertrade"

Como a troca é um contrato pouco flexível, por ser difícil cotejar duas mercadorias, fazendo-as chegar ao mesmo valor, exigindo quase sempre a complementação em dinheiro, caiu em desuso. Foi substituída pela compra e venda, bem mais evoluída e maleável. Assim aconteceu no plano nacional. No plano internacional, porém, a troca é um contrato de alta efetividade e até mais facilitado, do que o de compra e venda, recebendo o nome de "countertrade". Lutam os países para aumentar a sua produção agrícola e industrial e para encontrar a solução para os bens que produzem. O aperfeiçoamento da tecnologia faz aumentar a produção de bens e a sua oferta no mercado nacional. Muitos países, entretanto, necessitam de produtos variados mas não têm moeda forte para pagar a compra desses produtos. Apenas um pequeno número de países ricos dispõe de numerário para pagar o preço das mercadorias adquiridas no mercado internacional.

Os países pobres, ou em desenvolvimento, como assim são chamados, constituem a maioria absoluta e o que caracteriza sua condição é não ter dinheiro. O Brasil é um exemplo: não temos dinheiro forte para pagar a compra de produtos de que necessitamos. Nosso dinheiro não é considerado moeda conversível. Temos, porém, produtos em sobra de que necessitam outros países, como açúcar, álcool, café, soja, milho, carne, couros, peles, madeiras, e tantos outros. O caminho que sobra para nós é propor esses produtos em troca dos produtos que nos faltam, como trigo e petróleo. Eis porque, no comércio internacional, a troca é um valioso instrumento contratual para operar a transferência de mercadorias.

É também o porquê do desenvolvimento das operações de troca internacional de mercadorias que, aos poucos, vão-se sofisticando e ampliando, apesar de não ser olhada com simpatia pelos governos, pelos bancos e organizações internacionais e órgãos de financiamento. Não havendo dinheiro, não há inflação, taxa de juros, "spread", FMI, "Eximbank", BIRD, Banco Central, déficits no balanço de pagamentos, moeda forte, endividamento, controles oficiais, GATT.

O sistema de troca internacionais de bens e serviços é conhecido internacionalmente como "countertrade" e nos dias hodiernos se apresenta com cinco facetas, distinguindo os diversos tipos de operações: "barter", "compensation", "counterpurchase", "buyback" e "switch".

BARTER – É a simples troca direta de bens ou serviços por outros, sem intermediação da moeda. É formalizada em um único contrato, comprometendo-se o vendedor a transferir determinada mercadoria e o comprador a pagar com determinada mercadoria. Só há duas partes envolvidas e o preço das mercadorias é de somenos importância. Por exemplo: a Petrobras contrata com um exportador de petróleo do Iraque a troca de 10.000 barris de petróleo por 100 toneladas de frango. Cada parte orça o preço de sua mercadoria, podendo constar no contrato o preço baseado na Bolsa de Mercadorias de algum país, um preço simbólico e em qualquer moeda. A troca de mercadorias é normalmente instantânea, com o embarque feito na mesma ocasião.

COMPENSATION – A "compensation" é uma troca de mercadorias em que o vendedor exporta para o comprador, situado no estrangeiro, com a mercadoria avaliada em determinado valor, lançando-o a débito do comprador, sem a movimentação da moeda. O saldo financeiro dessa operação é acertado pela venda de uma mercadoria pelo devedor ao credor, compensando-se os débitos. É diferente do "barter"; neste há um só contrato e uma só operação; as duas partes cumprem simultaneamente suas pretensões e não há conta corrente ou saldos devedores. Na "compensation" há um contrato geral ou um protocolo e, às vezes, até um contrato meramente verbal. Uma parte toma a iniciativa, exportando certa mercadoria ao comprador e lançando a débito do importador o valor dessa mercadoria. Posteriormente, o devedor-importador exporta para o credor outras mercadorias com o mesmo valor do débito, encerrando a C/C.

Nota-se que há um valor monetário como referência, tornando-se uma parte credora e a outra devedora numa C/C. Não há, porém, pagamento em dinheiro, razão por que não se constitui numa compra e venda. As duas operações de troca não são realizadas simultaneamente como no "barter": uma mercadoria é enviada, e a outra, fornecida como pagamento, será enviada em outra ocasião. A mercadoria de pagamento será escolhida futuramente. Por exemplo: a Petrobras importa 10.000 barris de petróleo do Irã, ficando devedora de US$ 50.000 para com o exportador iraniano. Posteriormente, a Petrobras exporta para o Irã mercadorias no valor de US$ 50.000, que poderão ser frangos, água, cereais ou qualquer outra, em combinação com as partes. No "barter" as duas mercadorias são definidas no contrato único.

A parte que tomar a iniciativa, ou seja, efetuar a primeira exportação, deverá munir-se de garantias contra um possível inadimplemento do importador. Esta situação acontecerá sempre que um exportador tornar-se credor na "clearing account". A principal característica da "compensation" é a de que o exportador pode transferir sua obrigação de compra a um terceiro, razão pela qual esse tipo de transação envolve vários países, todos eles entrando na "clearing account". Para o importador-devedor, pouco importa quem comprar dele, pois o que lhe importa é livrar-se de seu débito.

COUNTERPURCHASE – É parecido com a "compensation", mas não há uma conta corrente com operações sucessivas. É uma operação única na qual existem dois contratos de compra recíproca. O primeiro contrato registra a venda de um produto e/ou serviço pelo exportador a um importador e o segundo registra a obrigação de compra, pelo exportador, de mercadorias e/ou serviços do importador. Há dois contratos simultâneos mas independentes, embora devam ser ambos ligados a um protocolo. É também chamado de "counterdelivery", "paraleltrade" ou "reciprocal trade". A primeira operação é individual e momentânea, mas o pagamento pelo importador pode ser feito em etapas e em prazo futuro. Envolve apenas dois países.

BUY-BACK – É um contrato pelo qual o exportador fornece ao importador uma instalação industrial com tecnologia, recebendo como pagamento mercadorias produzidas por essa instalação, por determinado período. O exportador é quase sempre um industrial, que manterá sua indústria com os equipamentos fornecidos pelo exportador.

Uma operação internacional de grande repercussão foi o contrato de "buy-back" celebrado entre empresas da Áustria e da União Soviética; a primeira fabricou grande quantidade de tubos para a construção de um gasoduto entre os dois países. Para pagar a importação dessa tubulação, a União Soviética forneceu gás à Áustria por diversos anos, gás transportado pela tubulação fabricada pela Áustria. Consta também que uma empresa industrial norte-americana forneceu uma fábrica de calçados para uma indústria da França, recebendo como pagamento calçados fabricados pela fábrica fornecida.

SWITCH – Não se diferencia muito da "compensation", mas o pagamento feito pelo importador não é efetuado por mercadoria "in natura", mas por papéis de crédito que o exportador aceita como pagamento. É uma conjugação da troca internacional de mercadorias com o mercado de capitais. Difere da "compensation" por ser um contrato bilateral, não entrando terceiros no contratos, a não ser com possível transferência de débito ou de crédito.

Por exemplo, a Petrobras importa petróleo da Arábia Saudita. Entretanto, a Petrobras realizou, para diversas empresas do mesmo país, exportação de produtos variados; como decorrência dessas exportações, a Petrobras dispõe de créditos-documentários, letras de câmbio, cartas de crédito e outros papéis, que transfere para o exportador; este por sua vez, os transforma em pecúnia e satisfaz seu crédito. O pagamento não é feito, porém, diretamente ao exportador-credor, mas a um terceiro, transformando-se a exportação em crédito representado por títulos.

# 36. USO DE CARTÃO DE CRÉDITO

36.1. O cartão de crédito
36.2. O contrato de uso do cartão de crédito
36.3. Natureza jurídica do sistema
36.4. Problemas específicos

## 36.1. O cartão de crédito

É um sistema economicamente complexo de compras, surgido na segunda metade deste século, ao que parece, nos Estados Unidos da América. Um comprador, ao adquirir uma coisa ou auferir um serviço, ao invés de pagar em dinheiro, apresenta o cartão de crédito e assina uma nota de consumo. No final do mês, pagará à empresa emissora do cartão, ou seja, quem lhe concedeu o cartão. O vendedor, por sua vez, não recebe o preço da coisa que vendeu, diretamente do comprador, mas será pago pela empresa emissora do cartão.

O usuário do cartão conta com várias vantagens com o uso do cartão de crédito: não precisa andar com dinheiro nem com talão de cheques no bolso e não precisa desembolsar dinheiro toda vez que fizer uma compra ou auferir um serviço; fará um só pagamento por mês, pagará quanto quiser, deixando uma dívida consolidada. O fornecedor terá uma clientela nova, pagamento garantido, não precisará fazer crediário ao seu consumidor e não precisará de capital para financiamento de suas vendas. A empresa emissora do cartão de crédito terá uma clientela permanente e cobrará juros do financiamento concedido ao usuário do cartão.

## 36.2. O contrato de uso do cartão de crédito

Entretanto, o cartão de crédito, uma pequena peça de plástico, é entregue ao usuário, implicando em vários contratos, formando uma complexa operação. Aparentemente, ele é um contrato celebrado, entre o usuário do cartão e a empresa emissora dele; esta fornece ao usuário o cartão, para que ele o utilize nas suas compras. Como se chamará esse contrato? Até agora não foi ele batizado; podemos chamá-lo, entretanto, de "contrato de uso de cartão de crédito". As partes podem ser também definidas: o portador do cartão é o "usuário", a empresa que emite o cartão pode ser chamada de "emissor". O contrato é pois bilateral, por ser constituído de duas partes: emissor e usuário. É um contrato consensual, porquanto se aperfeiçoa pelo consenso das partes. É de prestação continuada para ambas as partes, pois o usuário faz pagamento mensal sem extinguir a relação jurídica e o emissor mantém a autorização de uso do cartão. É comutativo e oneroso, devido ao conteúdo patrimonial das prestações, vantagens e desvantagens recíprocas. Não é ainda regulamentado pela lei, sendo pois atípico ou inominado. Característica importante é a de ser ele "intuitu personae"; o usuário não poderá transferir seus direitos e obrigações, visto que o cartão é dado com o nome dele e em função da pessoa dele. Um dos cartões traz até a foto do usuário.

Como decorrência do "contrato do uso de cartão de crédito", surge outro, celebrado entre a empresa emissora do cartão e várias outras empresas que fornecerão os bens e os serviços ao usuário. Esse contrato pode ser chamado de "contrato de filiação", pois um grande número de empresas fornecedoras de bens e de serviços filiam-se, por intermédio desse contrato, ao sistema. Essa última parte é chamada de "fornecedor" e a empresa mantenedora do sistema fica com o nome de "emissor", também nesse contrato. O contrato de filiação tem pois como partes o emissor e o fornecedor. Tem o contrato de filiação as mesmas características do contrato de uso de cartão de crédito. Esse contrato não é "intuitu personae", pois a pessoa dos contratantes não é essencial para a execução do contrato, e as obrigações podem ser transferidas por ambas as partes.

Outro contrato, complementar do sistema, é o de compra e venda de bens e de serviços, celebrado entre o usuário do cartão de crédito e o fornecedor. É um contrato celebrado em larga escala, uma vez que é enorme e número de usuários e de fornecedores. Surgem dúvidas se esse contrato possa ser mesmo de compra e venda, pois o preço não é pago pelo comprador mas pelo emissor do cartão. Contudo, a oferta é feita pelo fornecedor e a aceitação pelo comprador-usuário. O pagamento do preço é uma operação mais complexa: na verdade, o preço é o mesmo pago pelo comprador. Ao assinar a nota de consumo e entregar o cartão, o comprador está pagando, com um crédito ao fornecedor, crédito esse que será satisfeito pelo emissor. Tanto o pagamento do preço é feito pelo comprador-usuário, que o fornecedor lhe dá a quitação. É um tipo de crédito direto ao consumidor; o emissor confere um crédito rotativo ao usuário e este o transfere ao fornecedor. Outra demonstração da pureza do contrato de compra e venda: o fornecedor deve resguardar diretamente o usuário do cartão contra os riscos da evicção e dos vícios redibitórios.

Em resumo, o cartão de crédito constitui um sistema mercantil, com diversas figuras intervenientes: o emissor, o usuário e o fornecedor, estabelecendo um relacionamento triangular. Além disso, cada uma das três figuras intervenientes assume papéis diversos nesse relacionamento triangular. O emissor, no contrato de uso de cartão de crédito, celebrado com o usuário, faz o papel de financiador. Ele concede um crédito ao usuário, credenciando-o a usar esse cartão para aproveitar o crédito. Assume diversas obrigações perante o usuário; a principal delas é a de pagar o preço dos bens e serviços adquiridos pelo usuário. Por outro lado, a principal obrigação do usuário é a de pagar o preço dos bens e serviços adquiridos com o uso do cartão. Esse pagamento, conforme foi já referido, é feito ao emissor, num tipo de conta corrente, já que o usuário desfruta de um crédito rotativo. O emissor é assim um prestador de serviços, aproximando o comprador ao fornecedor.

## 36.3. Natureza jurídica do sistema

Uma tendência moderna realçada no direito contratual é a de propiciar a formação de contratos ecléticos, formados por elementos de vários outros contratos. O contrato acompanha a complexidade atual das atividades econômicas e empresariais. O governo interfere de forma cada vez mais ostensiva nas operações privadas, o que ocorre também com os bancos. Aliás, no Brasil de hoje, muitas atividades negociais estão inteiramente atreladas às instituições financeiras e os cartões de crédito são um frisante exemplo. É pois o cartão de crédito um composto contratual, formado por três contratos e esses são mistos, incorporando elementos de vários outros contratos.

Há no sistema um contrato de financiamento; o emissor do cartão concede ao usuário um crédito destinado a financiar a aquisição de bens ou de serviços, junto ao mercado fornecedor selecionado pelo emissor. Esse financiamento substitui o que era anteriormente concedido pelo fornecedor aos seus clientes. Essa é uma das razões pela qual o emissor tornou-se uma empresa com capital bancário. Para operar em larga escala, há necessidade de vultosos recursos financeiros, que só mesmo as instituições financeiras conseguem agrupar. Além do financiamento, há elementos da cessão de crédito, uma vez que o usuário cede o crédito, que lhe foi concedido pelo emissor, ao fornecedor; este reclamará então esse crédito perante o emissor. O contrato de compra e venda é o que se apresenta de forma mais pura nesse composto contratual; é ele estabelecido entre o fornecedor e o usuário. Mesmo assim, esse contrato de compra e venda apresenta um elemento extra: o pagamento do preço não é feito pelo comprador, mas pelo emissor, graças à cessão de crédito.

É também marcante a presença de elementos do contrato de prestação de serviços. Diga-se a propósito, que o sistema é mais um cartão de prestação de serviços profissionais remunerados. O emissor presta serviços ao usuário dispensando-o de abrir crediário junto aos fornecedores, do desembolso de dinheiro, concentrando e consolidando seus débitos e facultando a solução desses débitos a critério do próprio usuário. Presta serviços ao fornecedor dispensando-o de agrupar recursos financeiros para financiar sua venda e concentrar boa parte de sua atividade financeira num só ponto e com um só recebimento do preço das vendas a muitos compradores. O contrato assemelha-se ao contrato de adesão ou ao contrato-tipo. Há um módulo ou formulário já impresso, com as cláusulas totalmente estabelecidas pelo emissor, que o usuário aceita ou rejeita em bloco; é pois um contrato-tipo. Faltam-lhe porém várias características do contrato de adesão: a parte mais forte não é órgão público nem empresa pública, não detém um monopólio, seleciona seus clientes, pode recusar a prestação dos serviços, o usuário pode dispensá-lo sem sofrer a falta de um serviço essencial.

### 36.4. Problemas específicos

Ante a enorme disseminação dos cartões de crédito, muitos problemas de ordem jurídica foram surgindo, mormente ante a inadimplência do usuário. Para cercar-se de segurança, muitas garantias foram criadas pelas empresas emissoras de cartões. Uma delas é o mandato outorgado pelo usuário, no próprio contrato, para que um funcionário da empresa emissora assine uma nota promissória em nome do usuário. O valor da nota promissória é aferida pelo emissor, sem aprovação ou conhecimento do usuário. Os demais dados da nota promissória são também lançados ao arbítrio do emissor.

Essa prática é de validade jurídica muito contestada por vários juristas, apesar de o judiciário paulista ter reconhecido como legítima, inclusive com jurisprudência favorável. Outro sistema de garantia adotado por algumas empresas prestadoras de serviços de cartões de crédito é o de fazer o usuário emitir uma nota promissória em branco, a favor do emissor, só com a assinatura. O valor, data de emissão e vencimento serão apostos pela favorecida, em ocasião oportuna. Também nesta questão, a justiça de São Paulo tem-se pronunciado favoravelmente a esta prática.

# APÊNDICE

# TÍTULO V
## Dos Contratos em Geral

## CAPÍTULO I
### Disposições Gerais

#### Seção I
#### Preliminares

**Art. 421.** A liberdade de contratar será exercida em razão e nos limites da função social do contrato.

**Art. 422.** Os contratantes são obrigados a guardar, assim na conclusão do contrato, como em sua execução, os princípios de probidade e boa-fé.

**Art. 423.** Quando houver no contrato de adesão cláusulas ambíguas ou contraditórias, dever-se-á adotar a interpretação mais favorável ao aderente.

**Art. 424.** Nos contratos de adesão, são nulas as cláusulas que estipulem a renúncia antecipada do aderente a direito resultante da natureza do negócio.

**Art. 425.** É lícito às partes estipular contratos atípicos, observadas as normas gerais fixadas neste Código.

**Art. 426.** Não pode ser objeto de contrato a herança de pessoa viva.

#### Seção II
#### Da Formação dos Contratos

**Art. 427.** A proposta de contrato obriga o proponente, se o contrário não resultar dos termos dela, da natureza do negócio, ou das circunstâncias do caso.

**Art. 428.** Deixa de ser obrigatória a proposta:

I - se, feita sem prazo a pessoa presente, não foi imediatamente aceita. Considera-se também presente a pessoa que contrata por telefone ou por meio de comunicação semelhante;

II - se, feita sem prazo a pessoa ausente, tiver decorrido tempo suficiente para chegar a resposta ao conhecimento do proponente;

III - se, feita a pessoa ausente, não tiver sido expedida a resposta dentro do prazo dado;

IV - se, antes dela, ou simultaneamente, chegar ao conhecimento da outra parte a retratação do proponente.

**Art. 429.** A oferta ao público equivale a proposta quando encerra os requisitos essenciais ao contrato, salvo se o contrário resultar das circunstâncias ou dos usos.

**Parágrafo único.** Pode revogar-se a oferta pela mesma via de sua divulgação, desde que ressalvada esta faculdade na oferta realizada.

**Art. 430.** Se a aceitação, por circunstância imprevista, chegar tarde ao conhecimento do proponente, este comunicá-lo-á imediatamente ao aceitante, sob pena de responder por perdas e danos.

**Art. 431.** A aceitação fora do prazo, com adições, restrições, ou modificações, importará nova proposta.

**Art. 432.** Se o negócio for daqueles em que não seja costume a aceitação expressa, ou o proponente a tiver dispensado, reputar-se-á concluído o contrato, não chegando a tempo a recusa.

**Art. 433.** Considera-se inexistente a aceitação, se antes dela ou com ela chegar ao proponente a retratação do aceitante.

**Art. 434.** Os contratos entre ausentes tornam-se perfeitos desde que a aceitação é expedida, exceto:

I - no caso do artigo antecedente;

II - se o proponente se houver comprometido a esperar resposta;

III - se ela não chegar no prazo convencionado.

**Art. 435.** Reputar-se-á celebrado o contrato no lugar em que foi proposto.

## Seção III
## Da Estipulação em Favor de Terceiro

**Art. 436.** O que estipula em favor de terceiro pode exigir o cumprimento da obrigação.

**Parágrafo único.** Ao terceiro, em favor de quem se estipulou a obrigação, também é permitido exigi-la, ficando, todavia, sujeito às condições e normas do contrato, se a ele anuir, e o estipulante não o inovar nos termos do art. 438.

**Art. 437.** Se ao terceiro, em favor de quem se fez o contrato, se deixar o direito de reclamar-lhe a execução, não poderá o estipulante exonerar o devedor.

**Art. 438.** O estipulante pode reservar-se o direito de substituir o terceiro designado no contrato, independentemente da sua anuência e da do outro contratante.
**Parágrafo único.** A substituição pode ser feita por ato entre vivos ou por disposição de última vontade.

### Seção IV
### Da Promessa de Fato de Terceiro

**Art. 439.** Aquele que tiver prometido fato de terceiro responderá por perdas e danos, quando este o não executar.
**Parágrafo único.** Tal responsabilidade não existirá se o terceiro for o cônjuge do promitente, dependendo da sua anuência o ato a ser praticado, e desde que, pelo regime do casamento, a indenização, de algum modo, venha a recair sobre os seus bens.
**Art. 440.** Nenhuma obrigação haverá para quem se comprometer por outrem, se este, depois de se ter obrigado, faltar à prestação.

### Seção V
### Dos Vícios Redibitórios

**Art. 441.** A coisa recebida em virtude de contrato comutativo pode ser enjeitada por vícios ou defeitos ocultos, que a tornem imprópria ao uso a que é destinada, ou lhe diminuam o valor.
**Parágrafo único.** É aplicável a disposição deste artigo às doações onerosas.
**Art. 442.** Em vez de rejeitar a coisa, redibindo o contrato (art. 441), pode o adquirente reclamar abatimento no preço.
**Art. 443.** Se o alienante conhecia o vício ou defeito da coisa, restituirá o que recebeu com perdas e danos; se o não conhecia, tão-somente restituirá o valor recebido, mais as despesas do contrato.
**Art. 444.** A responsabilidade do alienante subsiste ainda que a coisa pereça em poder do alienatário, se perecer por vício oculto, já existente ao tempo da tradição.
**Art. 445.** O adquirente decai do direito de obter a redibição ou abatimento no preço no prazo de trinta dias se a coisa for móvel, e de um ano se for imóvel, contado da entrega efetiva; se já estava na posse, o prazo conta-se da alienação, reduzido à metade.

§ 1º Quando o vício, por sua natureza, só puder ser conhecido mais tarde, o prazo contar-se-á do momento em que dele tiver ciência, até o prazo máximo de cento e oitenta dias, em se tratando de bens móveis; e de um ano, para os imóveis.

§ 2º Tratando-se de venda de animais, os prazos de garantia por vícios ocultos serão os estabelecidos em lei especial, ou, na falta desta, pelos usos locais, aplicando-se o disposto no parágrafo antecedente se não houver regras disciplinando a matéria.

**Art. 446.** Não correrão os prazos do artigo antecedente na constância de cláusula de garantia; mas o adquirente deve denunciar o defeito ao alienante nos trinta dias seguintes ao seu descobrimento, sob pena de decadência.

### Seção VI
### Da Evicção

**Art. 447.** Nos contratos onerosos, o alienante responde pela evicção. Subsiste esta garantia ainda que a aquisição se tenha realizado em hasta pública.

**Art. 448.** Podem as partes, por cláusula expressa, reforçar, diminuir ou excluir a responsabilidade pela evicção.

**Art. 449.** Não obstante a cláusula que exclui a garantia contra a evicção, se esta se der, tem direito o evicto a receber o preço que pagou pela coisa evicta, se não soube do risco da evicção, ou, dele informado, não o assumiu.

**Art. 450.** Salvo estipulação em contrário, tem direito o evicto, além da restituição integral do preço ou das quantias que pagou:

I - à indenização dos frutos que tiver sido obrigado a restituir;

II - à indenização pelas despesas dos contratos e pelos prejuízos que diretamente resultarem da evicção;

III - às custas judiciais e aos honorários do advogado por ele constituído.

**Parágrafo único.** O preço, seja a evicção total ou parcial, será o do valor da coisa, na época em que se evenceu, e proporcional ao desfalque sofrido, no caso de evicção parcial.

**Art. 451.** Subsiste para o alienante esta obrigação, ainda que a coisa alienada esteja deteriorada, exceto havendo dolo do adquirente.

**Art. 452.** Se o adquirente tiver auferido vantagens das deteriorações, e não tiver sido condenado a indenizá-las, o valor das vantagens será deduzido da quantia que lhe houver de dar o alienante.

**Art. 453.** As benfeitorias necessárias ou úteis, não abonadas ao que sofreu a evicção, serão pagas pelo alienante.

**Art. 454.** Se as benfeitorias abonadas ao que sofreu a evicção tiverem sido feitas pelo alienante, o valor delas será levado em conta na restituição devida.

**Art. 455.** Se parcial, mas considerável, for a evicção, poderá o evicto optar entre a rescisão do contrato e a restituição da parte do preço correspondente ao desfalque sofrido. Se não for considerável, caberá somente direito a indenização.

**Art. 456.** Para poder exercitar o direito que da evicção lhe resulta, o adquirente notificará do litígio o alienante imediato, ou qualquer dos anteriores, quando e como lhe determinarem as leis do processo.

**Parágrafo único.** Não atendendo o alienante à denunciação da lide, e sendo manifesta a procedência da evicção, pode o adquirente deixar de oferecer contestação, ou usar de recursos.

**Art. 457.** Não pode o adquirente demandar pela evicção, se sabia que a coisa era alheia ou litigiosa.

### Seção VII
### Dos Contratos Aleatórios

**Art. 458.** Se o contrato for aleatório, por dizer respeito a coisas ou fatos futuros, cujo risco de não virem a existir um dos contratantes assuma, terá o outro direito de receber integralmente o que lhe foi prometido, desde que de sua parte não tenha havido dolo ou culpa, ainda que nada do avençado venha a existir.

**Art. 459.** Se for aleatório, por serem objeto dele coisas futuras, tomando o adquirente a si o risco de virem a existir em qualquer quantidade, terá também direito o alienante a todo o preço, desde que de sua parte não tiver concorrido culpa, ainda que a coisa venha a existir em quantidade inferior à esperada.

**Parágrafo único.** Mas, se da coisa nada vier a existir, alienação não haverá, e o alienante restituirá o preço recebido.

**Art. 460.** Se for aleatório o contrato, por se referir a coisas existentes, mas expostas a risco, assumido pelo adquirente, terá igualmente direito o alienante a todo o preço, posto que a coisa já não existisse, em parte, ou de todo, no dia do contrato.

**Art. 461.** A alienação aleatória a que se refere o artigo antecedente poderá ser anulada como dolosa pelo prejudicado, se provar que o outro contratante não ignorava a consumação do risco, a que no contrato se considerava exposta a coisa.

## Seção VIII
### Do Contrato Preliminar

**Art. 462.** O contrato preliminar, exceto quanto à forma, deve conter todos os requisitos essenciais ao contrato a ser celebrado.

**Art. 463.** Concluído o contrato preliminar, com observância do disposto no artigo antecedente, e desde que dele não conste cláusula de arrependimento, qualquer das partes terá o direito de exigir a celebração do definitivo, assinando prazo à outra para que o efetive.

**Parágrafo único.** O contrato preliminar deverá ser levado ao registro competente.

**Art. 464.** Esgotado o prazo, poderá o juiz, a pedido do interessado, suprir a vontade da parte inadimplente, conferindo caráter definitivo ao contrato preliminar, salvo se a isto se opuser a natureza da obrigação.

**Art. 465.** Se o estipulante não der execução ao contrato preliminar, poderá a outra parte considerá-lo desfeito, e pedir perdas e danos.

**Art. 466.** Se a promessa de contrato for unilateral, o credor, sob pena de ficar a mesma sem efeito, deverá manifestar-se no prazo nela previsto, ou, inexistindo este, no que lhe for razoavelmente assinado pelo devedor.

## Seção IX
### Do Contrato com Pessoa a Declarar

**Art. 467.** No momento da conclusão do contrato, pode uma das partes reservar-se a faculdade de indicar a pessoa que deve adquirir os direitos e assumir as obrigações dele decorrentes.

**Art. 468.** Essa indicação deve ser comunicada à outra parte no prazo de cinco dias da conclusão do contrato, se outro não tiver sido estipulado.

**Parágrafo único.** A aceitação da pessoa nomeada não será eficaz se não se revestir da mesma forma que as partes usaram para o contrato.

**Art. 469.** A pessoa, nomeada de conformidade com os artigos antecedentes, adquire os direitos e assume as obrigações decorrentes do contrato, a partir do momento em que este foi celebrado.

**Art. 470.** O contrato será eficaz somente entre os contratantes originários:

I - se não houver indicação de pessoa, ou se o nomeado se recusar a aceitá-la;

II - se a pessoa nomeada era insolvente, e a outra pessoa o desconhecia no momento da indicação.

**Art. 471.** Se a pessoa a nomear era incapaz ou insolvente no momento da nomeação, o contrato produzirá seus efeitos entre os contratantes originários.

## CAPÍTULO II
### Da Extinção do Contrato

### Seção I
### Do Distrato

**Art. 472.** O distrato faz-se pela mesma forma exigida para o contrato.

**Art. 473.** A resilição unilateral, nos casos em que a lei expressa ou implicitamente o permita, opera mediante denúncia notificada à outra parte.

**Parágrafo único.** Se, porém, dada a natureza do contrato, uma das partes houver feito investimentos consideráveis para a sua execução, a denúncia unilateral só produzirá efeito depois de transcorrido prazo compatível com a natureza e o vulto dos investimentos.

### Seção II
### Da Cláusula Resolutiva

**Art. 474.** A cláusula resolutiva expressa opera de pleno direito; a tácita depende de interpelação judicial.

**Art. 475.** A parte lesada pelo inadimplemento pode pedir a resolução do contrato, se não preferir exigir-lhe o cumprimento, cabendo, em qualquer dos casos, indenização por perdas e danos.

### Seção III
### Da Exceção de Contrato não Cumprido

**Art. 476.** Nos contratos bilaterais, nenhum dos contratantes, antes de cumprida a sua obrigação, pode exigir o implemento da do outro.

**Art. 477.** Se, depois de concluído o contrato, sobrevier a uma das partes contratantes diminuição em seu patrimônio capaz de comprometer ou tornar duvidosa a prestação pela qual se obrigou, pode a outra recusar-se à prestação que lhe incumbe, até que aquela satisfaça a que lhe compete ou dê garantia bastante de satisfazê-la.

### Seção IV
### Da Resolução por Onerosidade Excessiva

**Art. 478.** Nos contratos de execução continuada ou diferida, se a prestação de uma das partes se tornar excessivamente onerosa, com extrema vantagem para a outra, em virtude de acontecimentos extraordinários e imprevisíveis, poderá o devedor pedir a resolução do contrato. Os efeitos da sentença que a decretar retroagirão à data da citação.

**Art. 479.** A resolução poderá ser evitada, oferecendo-se o réu a modificar eqüitativamente as condições do contrato.

**Art. 480.** Se no contrato as obrigações couberem a apenas uma das partes, poderá ela pleitear que a sua prestação seja reduzida, ou alterado o modo de executá-la, a fim de evitar a onerosidade excessiva.

## TÍTULO VI
### Das Várias Espécies de Contrato

## CAPÍTULO I
### Da Compra e Venda

### Seção I
### Disposições Gerais

**Art. 481.** Pelo contrato de compra e venda, um dos contratantes se obriga a transferir o domínio de certa coisa, e o outro, a pagar-lhe certo preço em dinheiro.

**Art. 482.** A compra e venda, quando pura, considerar-se-á obrigatória e perfeita, desde que as partes acordarem no objeto e no preço.

**Art. 483.** A compra e venda pode ter por objeto coisa atual ou futura. Neste caso, ficará sem efeito o contrato se esta não vier a existir, salvo se a intenção das partes era de concluir contrato aleatório.

**Art. 484.** Se a venda se realizar à vista de amostras, protótipos ou modelos, entender-se-á que o vendedor assegura ter a coisa as qualidades que a elas correspondem.

**Parágrafo único.** Prevalece a amostra, o protótipo ou o modelo, se houver contradição ou diferença com a maneira pela qual se descreveu a coisa no contrato.

**Art. 485.** A fixação do preço pode ser deixada ao arbítrio de terceiro, que os contratantes logo designarem ou prometerem designar. Se o terceiro não aceitar a incumbência, ficará sem efeito o contrato, salvo quando acordarem os contratantes designar outra pessoa.

**Art. 486.** Também se poderá deixar a fixação do preço à taxa de mercado ou de bolsa, em certo e determinado dia e lugar.

**Art. 487.** É lícito às partes fixar o preço em função de índices ou parâmetros, desde que suscetíveis de objetiva determinação.

**Art. 488.** Convencionada a venda sem fixação de preço ou de critérios para a sua determinação, se não houver tabelamento oficial, entende-se que as partes se sujeitaram ao preço corrente nas vendas habituais do vendedor.

**Parágrafo único.** Na falta de acordo, por ter havido diversidade de preço, prevalecerá o termo médio.

**Art. 489.** Nulo é o contrato de compra e venda, quando se deixa ao arbítrio exclusivo de uma das partes a fixação do preço.

**Art. 490.** Salvo cláusula em contrário, ficarão as despesas de escritura e registro a cargo do comprador, e a cargo do vendedor as da tradição.

**Art. 491.** Não sendo a venda a crédito, o vendedor não é obrigado a entregar a coisa antes de receber o preço.

**Art. 492.** Até o momento da tradição, os riscos da coisa correm por conta do vendedor, e os do preço por conta do comprador.

§ 1º Todavia, os casos fortuitos, ocorrentes no ato de contar, marcar ou assinalar coisas, que comumente se recebem, contando, pesando, medindo ou assinalando, e que já tiverem sido postas à disposição do comprador, correrão por conta deste.

§ 2º Correrão também por conta do comprador os riscos das referidas coisas, se estiver em mora de as receber, quando postas à sua disposição no tempo, lugar e pelo modo ajustados.

**Art. 493.** A tradição da coisa vendida, na falta de estipulação expressa, dar-se-á no lugar onde ela se encontrava, ao tempo da venda.

**Art. 494.** Se a coisa for expedida para lugar diverso, por ordem do comprador, por sua conta correrão os riscos, uma vez entregue a quem haja de transportá-la, salvo se das instruções dele se afastar o vendedor.

**Art. 495.** Não obstante o prazo ajustado para o pagamento, se antes da tradição o comprador cair em insolvência, poderá o vendedor sobrestar na entrega da coisa, até que o comprador lhe dê caução de pagar no tempo ajustado.

**Art. 496.** É anulável a venda de ascendente a descendente, salvo se os outros descendentes e o cônjuge do alienante expressamente houverem consentido.

**Parágrafo único.** Em ambos os casos, dispensa-se o consentimento do cônjuge se o regime de bens for o da separação obrigatória.

**Art. 497.** Sob pena de nulidade, não podem ser comprados, ainda que em hasta pública:

I - pelos tutores, curadores, testamenteiros e administradores, os bens confiados à sua guarda ou administração;

II - pelos servidores públicos, em geral, os bens ou direitos da pessoa jurídica a que servirem, ou que estejam sob sua administração direta ou indireta;

III - pelos juízes, secretários de tribunais, arbitradores, peritos e outros serventuários ou auxiliares da justiça, os bens ou direitos sobre que se litigar em tribunal, juízo ou conselho, no lugar onde servirem, ou a que se estender a sua autoridade;

IV - pelos leiloeiros e seus prepostos, os bens de cuja venda estejam encarregados.

**Parágrafo único.** As proibições deste artigo estendem-se à cessão de crédito.

**Art. 498.** A proibição contida no inciso III do artigo antecedente, não compreende os casos de compra e venda ou cessão entre co-herdeiros, ou em pagamento de dívida, ou para garantia de bens já pertencentes a pessoas designadas no referido inciso.

**Art. 499.** É lícita a compra e venda entre cônjuges, com relação a bens excluídos da comunhão.

**Art. 500.** Se, na venda de um imóvel, se estipular o preço por medida de extensão, ou se determinar a respectiva área, e esta não corresponder, em qualquer dos casos, às dimensões dadas, o comprador terá o direito de exigir o complemento da área, e, não sendo isso possível, o de reclamar a resolução do contrato ou abatimento proporcional ao preço.

§ 1º Presume-se que a referência às dimensões foi simplesmente enunciativa, quando a diferença encontrada não exceder de um vigésimo da área total enunciada, ressalvado ao comprador o direito de provar que, em tais circunstâncias, não teria realizado o negócio.

§ 2º Se em vez de falta houver excesso, e o vendedor provar que tinha motivos para ignorar a medida exata da área vendida, caberá ao comprador, à sua escolha, completar o valor correspondente ao preço ou devolver o excesso.

§ 3º Não haverá complemento de área, nem devolução de excesso, se o imóvel for vendido como coisa certa e discriminada, tendo sido apenas enunciativa a referência às suas dimensões, ainda que não conste, de modo expresso, ter sido a venda *ad corpus*.

**Art. 501.** Decai do direito de propor as ações previstas no artigo antecedente o vendedor ou o comprador que não o fizer no prazo de um ano, a contar do registro do título.

**Parágrafo único.** Se houver atraso na imissão de posse no imóvel, atribuível ao alienante, a partir dela fluirá o prazo de decadência.

**Art. 502.** O vendedor, salvo convenção em contrário, responde por todos os débitos que gravem a coisa até o momento da tradição.

**Art. 503.** Nas coisas vendidas conjuntamente, o defeito oculto de uma não autoriza a rejeição de todas.

**Art. 504.** Não pode um condômino em coisa indivisível vender a sua parte a estranhos, se outro consorte a quiser, tanto por tanto. O condômino, a quem não se der conhecimento da venda, poderá, depositando o preço, haver para si a parte vendida a estranhos, se o requerer no prazo de cento e oitenta dias, sob pena de decadência.

**Parágrafo único.** Sendo muitos os condôminos, preferirá o que tiver benfeitorias de maior valor e, na falta de benfeitorias, o de quinhão maior. Se as partes forem iguais, haverão a parte vendida os comproprietários, que a quiserem, depositando previamente o preço.

## Seção II
### Das Cláusulas Especiais à Compra e Venda

#### Subseção I
#### Da Retrovenda

**Art. 505.** O vendedor de coisa imóvel pode reservar-se o direito de recobrá-la no prazo máximo de decadência de três anos, restituindo o preço recebido e reembolsando as despesas do comprador, inclusive as que, durante o período de resgate, se efetuaram com a sua autorização escrita, ou para a realização de benfeitorias necessárias.

**Art. 506.** Se o comprador se recusar a receber as quantias a que faz jus, o vendedor, para exercer o direito de resgate, as depositará judicialmente.

**Parágrafo único.** Verificada a insuficiência do depósito judicial, não será o vendedor restituído no domínio da coisa, até e enquanto não for integralmente pago o comprador.

**Art. 507.** O direito de retrato, que é cessível e transmissível a herdeiros e legatários, poderá ser exercido contra o terceiro adquirente.

**Art. 508.** Se a duas ou mais pessoas couber o direito de retrato sobre o mesmo imóvel, e só uma o exercer, poderá o comprador intimar as outras para nele acordarem, prevalecendo o pacto em favor de quem haja efetuado o depósito, contanto que seja integral.

#### Subseção II
#### Da Venda a Contento e da Sujeita a Prova

**Art. 509.** A venda feita a contento do comprador entende-se realizada sob condição suspensiva, ainda que a coisa lhe tenha sido entregue; e não se reputará perfeita, enquanto o adquirente não manifestar seu agrado.

**Art. 510.** Também a venda sujeita a prova presume-se feita sob a condição suspensiva de que a coisa tenha as qualidades asseguradas pelo vendedor e seja idônea para o fim a que se destina.

**Art. 511.** Em ambos os casos, as obrigações do comprador, que recebeu, sob condição suspensiva, a coisa comprada, são as de mero comodatário, enquanto não manifeste aceitá-la.

**Art. 512.** Não havendo prazo estipulado para a declaração do comprador, o vendedor terá direito de intimá-lo, judicial ou extrajudicialmente, para que o faça em prazo improrrogável.

## Subseção III
## Da Preempção ou Preferência

**Art. 513.** A preempção, ou preferência, impõe ao comprador a obrigação de oferecer ao vendedor a coisa que aquele vai vender, ou dar em pagamento, para que este use de seu direito de prelação na compra, tanto por tanto.

**Parágrafo único.** O prazo para exercer o direito de preferência não poderá exceder a cento e oitenta dias, se a coisa for móvel, ou a dois anos, se imóvel.

**Art. 514.** O vendedor pode também exercer o seu direito de prelação, intimando o comprador, quando lhe constar que este vai vender a coisa.

**Art. 515.** Aquele que exerce a preferência está, sob pena de a perder, obrigado a pagar, em condições iguais, o preço encontrado, ou o ajustado.

**Art. 516.** Inexistindo prazo estipulado, o direito de preempção caducará, se a coisa for móvel, não se exercendo nos três dias, e, se for imóvel, não se exercendo nos sessenta dias subseqüentes à data em que o comprador tiver notificado o vendedor.

**Art. 517.** Quando o direito de preempção for estipulado a favor de dois ou mais indivíduos em comum, só pode ser exercido em relação à coisa no seu todo. Se alguma das pessoas, a quem ele toque, perder ou não exercer o seu direito, poderão as demais utilizá-lo na forma sobredita.

**Art. 518.** Responderá por perdas e danos o comprador, se alienar a coisa sem ter dado ao vendedor ciência do preço e das vantagens que por ela lhe oferecem. Responderá solidariamente o adquirente, se tiver procedido de má-fé.

**Art. 519.** Se a coisa expropriada para fins de necessidade ou utilidade pública, ou por interesse social, não tiver o destino para que se desapropriou, ou não for utilizada em obras ou serviços públicos, caberá ao expropriado direito de preferência, pelo preço atual da coisa.

**Art. 520.** O direito de preferência não se pode ceder nem passa aos herdeiros.

## Subseção IV
## Da Venda com Reserva de Domínio

**Art. 521.** Na venda de coisa móvel, pode o vendedor reservar para si a propriedade, até que o preço esteja integralmente pago.

**Art. 522.** A cláusula de reserva de domínio será estipulada por escrito e depende de registro no domicílio do comprador para valer contra terceiros.

**Art. 523.** Não pode ser objeto de venda com reserva de domínio a coisa insuscetível de caracterização perfeita, para estremá-la de outras congêneres. Na dúvida, decide-se a favor do terceiro adquirente de boa-fé.

**Art. 524.** A transferência de propriedade ao comprador dá-se no momento em que o preço esteja integralmente pago. Todavia, pelos riscos da coisa responde o comprador, a partir de quando lhe foi entregue.

**Art. 525.** O vendedor somente poderá executar a cláusula de reserva de domínio após constituir o comprador em mora, mediante protesto do título ou interpelação judicial.

**Art. 526.** Verificada a mora do comprador, poderá o vendedor mover contra ele a competente ação de cobrança das prestações vencidas e vincendas e o mais que lhe for devido; ou poderá recuperar a posse da coisa vendida.

**Art. 527.** Na segunda hipótese do artigo antecedente, é facultado ao vendedor reter as prestações pagas até o necessário para cobrir a depreciação da coisa, as despesas feitas e o mais que de direito lhe for devido. O excedente será devolvido ao comprador; e o que faltar lhe será cobrado, tudo na forma da lei processual.

**Art. 528.** Se o vendedor receber o pagamento à vista, ou, posteriormente, mediante financiamento de instituição do mercado de capitais, a esta caberá exercer os direitos e ações decorrentes do contrato, a benefício de qualquer outro. A operação financeira e a respectiva ciência do comprador constarão do registro do contrato.

### Subseção V
### Da Venda Sobre Documentos

**Art. 529.** Na venda sobre documentos, a tradição da coisa é substituída pela entrega do seu título representativo e dos outros documentos exigidos pelo contrato ou, no silêncio deste, pelos usos.

**Parágrafo único.** Achando-se a documentação em ordem, não pode o comprador recusar o pagamento, a pretexto de defeito de qualidade ou do estado da coisa vendida, salvo se o defeito já houver sido comprovado.

**Art. 530.** Não havendo estipulação em contrário, o pagamento deve ser efetuado na data e no lugar da entrega dos documentos.

**Art. 531.** Se entre os documentos entregues ao comprador figurar apólice de seguro que cubra os riscos do transporte, correm estes à conta do comprador, salvo se, ao ser concluído o contrato, tivesse o vendedor ciência da perda ou avaria da coisa.

**Art. 532.** Estipulado o pagamento por intermédio de estabelecimento bancário, caberá a este efetuá-lo contra a entrega dos documentos, sem obrigação de verificar a coisa vendida, pela qual não responde.

**Parágrafo único.** Nesse caso, somente após a recusa do estabelecimento bancário a efetuar o pagamento, poderá o vendedor pretendê-lo, diretamente do comprador.

## CAPÍTULO II
### Da Troca ou Permuta

**Art. 533.** Aplicam-se à troca as disposições referentes à compra e venda, com as seguintes modificações:

I - salvo disposição em contrário, cada um dos contratantes pagará por metade as despesas com o instrumento da troca;

II - é anulável a troca de valores desiguais entre ascendentes e descendentes, sem consentimento dos outros descendentes e do cônjuge do alienante.

## CAPÍTULO III
### Do Contrato Estimatório

**Art. 534.** Pelo contrato estimatório, o consignante entrega bens móveis ao consignatário, que fica autorizado a vendê-los, pagando àquele o preço ajustado, salvo se preferir, no prazo estabelecido, restituir-lhe a coisa consignada.

**Art. 535.** O consignatário não se exonera da obrigação de pagar o preço, se a restituição da coisa, em sua integridade, se tornar impossível, ainda que por fato a ele não imputável.

**Art. 536.** A coisa consignada não pode ser objeto de penhora ou seqüestro pelos credores do consignatário, enquanto não pago integralmente o preço.

**Art. 537.** O consignante não pode dispor da coisa antes de lhe ser restituída ou de lhe ser comunicada a restituição.

# CAPÍTULO IV
## Da Doação

### Seção I
### Disposições Gerais

**Art. 538.** Considera-se doação o contrato em que uma pessoa, por liberalidade, transfere do seu patrimônio bens ou vantagens para o de outra.

**Art. 539.** O doador pode fixar prazo ao donatário, para declarar se aceita ou não a liberalidade. Desde que o donatário, ciente do prazo, não faça, dentro dele, a declaração, entender-se-á que aceitou, se a doação não for sujeita a encargo.

**Art. 540.** A doação feita em contemplação do merecimento do donatário não perde o caráter de liberalidade, como não o perde a doação remuneratória, ou a gravada, no excedente ao valor dos serviços remunerados ou ao encargo imposto.

**Art. 541.** A doação far-se-á por escritura pública ou instrumento particular.

**Parágrafo único.** A doação verbal será válida, se, versando sobre bens móveis e de pequeno valor, se lhe seguir incontinenti a tradição.

**Art. 542.** A doação feita ao nascituro valerá, sendo aceita pelo seu representante legal.

**Art. 543.** Se o donatário for absolutamente incapaz, dispensa-se a aceitação, desde que se trate de doação pura.

**Art. 544.** A doação de ascendentes a descendentes, ou de um cônjuge a outro, importa adiantamento do que lhes cabe por herança.

**Art. 545.** A doação em forma de subvenção periódica ao beneficiado extingue-se morrendo o doador, salvo se este outra coisa dispuser, mas não poderá ultrapassar a vida do donatário.

**Art. 546.** A doação feita em contemplação de casamento futuro com certa e determinada pessoa, quer pelos nubentes entre si, quer por terceiro a um deles, a ambos, ou aos filhos que, de futuro, houverem um do outro, não pode ser impugnada por falta de aceitação, e só ficará sem efeito se o casamento não se realizar.

**Art. 547.** O doador pode estipular que os bens doados voltem ao seu patrimônio, se sobreviver ao donatário.

**Parágrafo único.** Não prevalece cláusula de reversão em favor de terceiro.

**Art. 548.** É nula a doação de todos os bens sem reserva de parte, ou renda suficiente para a subsistência do doador.

**Art. 549.** Nula é também a doação quanto à parte que exceder à de que o doador, no momento da liberalidade, poderia dispor em testamento.

**Art. 550.** A doação do cônjuge adúltero ao seu cúmplice pode ser anulada pelo outro cônjuge, ou por seus herdeiros necessários, até dois anos depois de dissolvida a sociedade conjugal.

**Art. 551.** Salvo declaração em contrário, a doação em comum a mais de uma pessoa entende-se distribuída entre elas por igual.

**Parágrafo único.** Se os donatários, em tal caso, forem marido e mulher, subsistirá na totalidade a doação para o cônjuge sobrevivo.

**Art. 552.** O doador não é obrigado a pagar juros moratórios, nem é sujeito às conseqüências da evicção ou do vício redibitório. Nas doações para casamento com certa e determinada pessoa, o doador ficará sujeito à evicção, salvo convenção em contrário.

**Art. 553.** O donatário é obrigado a cumprir os encargos da doação, caso forem a benefício do doador, de terceiro, ou do interesse geral.

**Parágrafo único.** Se desta última espécie for o encargo, o Ministério Público poderá exigir sua execução, depois da morte do doador, se este não tiver feito.

**Art. 554.** A doação a entidade futura caducará se, em dois anos, esta não estiver constituída regularmente.

## Seção II
### Da Revogação da Doação

**Art. 555.** A doação pode ser revogada por ingratidão do donatário, ou por inexecução do encargo.

**Art. 556.** Não se pode renunciar antecipadamente o direito de revogar a liberalidade por ingratidão do donatário.

**Art. 557.** Podem ser revogadas por ingratidão as doações:

I - se o donatário atentou contra a vida do doador ou cometeu crime de homicídio doloso contra ele;

II - se cometeu contra ele ofensa física;

III - se o injuriou gravemente ou o caluniou;

IV - se, podendo ministrá-los, recusou ao doador os alimentos de que este necessitava.

**Art. 558.** Pode ocorrer também a revogação quando o ofendido, nos casos do artigo anterior, for o cônjuge, ascendente, descendente, ainda que adotivo, ou irmão do doador.

**Art. 559.** A revogação por qualquer desses motivos deverá ser pleiteada dentro de um ano, a contar de quando chegue ao conhecimento do doador o fato que a autorizar, e de ter sido o donatário o seu autor.

**Art. 560.** O direito de revogar a doação não se transmite aos herdeiros do doador, nem prejudica os do donatário. Mas aqueles podem prosseguir na ação iniciada pelo doador, continuando-a contra os herdeiros do donatário, se este falecer depois de ajuizada a lide.

**Art. 561.** No caso de homicídio doloso do doador, a ação caberá aos seus herdeiros, exceto se aquele houver perdoado.

**Art. 562.** A doação onerosa pode ser revogada por inexecução do encargo, se o donatário incorrer em mora. Não havendo prazo para o cumprimento, o doador poderá notificar judicialmente o donatário, assinando-lhe prazo razoável para que cumpra a obrigação assumida.

**Art. 563.** A revogação por ingratidão não prejudica os direitos adquiridos por terceiros, nem obriga o donatário a restituir os frutos percebidos antes da citação válida; mas sujeita-o a pagar os posteriores, e, quando não possa restituir em espécie as coisas doadas, a indenizá-la pelo meio termo do seu valor.

**Art. 564.** Não se revogam por ingratidão:

I - as doações puramente remuneratórias;

II - as oneradas com encargo já cumprido;

III - as que se fizerem em cumprimento de obrigação natural;

IV - as feitas para determinado casamento.

## CAPÍTULO V
### Da Locação de Coisas

**Art. 565.** Na locação de coisas, uma das partes se obriga a ceder à outra, por tempo determinado ou não, o uso e gozo de coisa não fungível, mediante certa retribuição.

**Art. 566.** O locador é obrigado:

I - a entregar ao locatário a coisa alugada, com suas pertenças, em estado de servir ao uso a que se destina, e a mantê-la nesse estado, pelo tempo do contrato, salvo cláusula expressa em contrário;

II - a garantir-lhe, durante o tempo do contrato, o uso pacífico da coisa.

**Art. 567.** Se, durante a locação, se deteriorar a coisa alugada, sem culpa do locatário, a este caberá pedir redução proporcional do aluguel, ou resolver o contrato, caso já não sirva a coisa para o fim a que se destinava.

**Art. 568.** O locador resguardará o locatário dos embaraços e turbações de terceiros, que tenham ou pretendam ter direitos sobre a coisa alugada, e responderá pelos seus vícios, ou defeitos, anteriores à locação.

**Art. 569.** O locatário é obrigado:

I - a servir-se da coisa alugada para os usos convencionados ou presumidos, conforme a natureza dela e as circunstâncias, bem como tratá-la com o mesmo cuidado como se sua fosse;

II - a pagar pontualmente o aluguel nos prazos ajustados, e, em falta de ajuste, segundo o costume do lugar;

III - a levar ao conhecimento do locador as turbações de terceiros, que se pretendam fundadas em direito;

IV - a restituir a coisa, finda a locação, no estado em que a recebeu, salvas as deteriorações naturais ao uso regular.

**Art. 570.** Se o locatário empregar a coisa em uso diverso do ajustado, ou do a que se destina, ou se ela se danificar por abuso do locatário, poderá o locador, além de rescindir o contrato, exigir perdas e danos.

**Art. 571.** Havendo prazo estipulado à duração do contrato, antes do vencimento não poderá o locador reaver a coisa alugada, senão ressarcindo ao locatário as perdas e danos resultantes, nem o locatário devolvê-la ao locador, senão pagando, proporcionalmente, a multa prevista no contrato.

**Parágrafo único.** O locatário gozará do direito de retenção, enquanto não for ressarcido.

**Art. 572.** Se a obrigação de pagar o aluguel pelo tempo que faltar constituir indenização excessiva, será facultado ao juiz fixá-la em bases razoáveis.

**Art. 573.** A locação por tempo determinado cessa de pleno direito findo o prazo estipulado, independentemente de notificação ou aviso.

**Art. 574.** Se, findo o prazo, o locatário continuar na posse da coisa alugada, sem oposição do locador, presumir-se-á prorrogada a locação pelo mesmo aluguel, mas sem prazo determinado.

**Art. 575.** Se, notificado o locatário, não restituir a coisa, pagará, enquanto a tiver em seu poder, o aluguel que o locador arbitrar, e responderá pelo dano que ela venha a sofrer, embora proveniente de caso fortuito.

**Parágrafo único.** Se o aluguel arbitrado for manifestamente excessivo, poderá o juiz reduzi-lo, mas tendo sempre em conta o seu caráter de penalidade.

**Art. 576.** Se a coisa for alienada durante a locação, o adquirente não ficará obrigado a respeitar o contrato, se nele não for consignada a cláusula da sua vigência no caso de alienação, e não constar de registro.

§ 1º O registro a que se refere este artigo será o de Títulos e Documentos do domicílio do locador, quando a coisa for móvel; e será o Registro de Imóveis da respectiva circunscrição, quando imóvel.

§ 2º Em se tratando de imóvel, e ainda no caso em que o locador não esteja obrigado a respeitar o contrato, não poderá ele despedir o locatário, senão observado o prazo de noventa dias após a notificação.

**Art. 577.** Morrendo o locador ou o locatário, transfere-se aos seus herdeiros a locação por tempo determinado.

**Art. 578.** Salvo disposição em contrário, o locatário goza do direito de retenção, no caso de benfeitorias necessárias, ou no de benfeitorias úteis, se estas houverem sido feitas com expresso consentimento do locador.

## CAPÍTULO VI
### Do Empréstimo

### Seção I
### Do Comodato

**Art. 579.** O comodato é o empréstimo gratuito de coisas não fungíveis. Perfaz-se com a tradição do objeto.

**Art. 580.** Os tutores, curadores e em geral todos os administradores de bens alheios não poderão dar em comodato, sem autorização especial, os bens confiados à sua guarda.

**Art. 581.** Se o comodato não tiver prazo convencional, presumir-se-lhe-á o necessário para o uso concedido; não podendo o comodante, salvo necessidade imprevista e urgente, reconhecida pelo juiz, suspender o uso e gozo da coisa emprestada, antes de findo o prazo convencional, ou o que se determine pelo uso outorgado.

**Art. 582.** O comodatário é obrigado a conservar, como se sua própria fora, a coisa emprestada, não podendo usá-la senão de acordo com o contrato ou a natureza dela, sob pena de responder por perdas e danos. O comodatário constituído em mora, além de por ela responder, pagará, até restituí-la, o aluguel da coisa que for arbitrado pelo comodante.

**Art. 583.** Se, correndo risco o objeto do comodato juntamente com outros do comodatário, antepuser este a salvação dos seus abandonando o do comodante, responderá pelo dano ocorrido, ainda que se possa atribuir a caso fortuito, ou força maior.

**Art. 584.** O comodatário não poderá jamais recobrar do comodante as despesas feitas com o uso e gozo da coisa emprestada.

**Art. 585.** Se duas ou mais pessoas forem simultaneamente comodatárias de uma coisa, ficarão solidariamente responsáveis para com o comodante.

## Seção II
## Do Mútuo

**Art. 586.** O mútuo é o empréstimo de coisas fungíveis. O mutuário é obrigado a restituir ao mutuante o que dele recebeu em coisa do mesmo gênero, qualidade e quantidade.

**Art. 587.** Este empréstimo transfere o domínio da coisa emprestada ao mutuário, por cuja conta correm todos os riscos dela desde a tradição.

**Art. 588.** O mútuo feito a pessoa menor, sem prévia autorização daquele sob cuja guarda estiver, não pode ser reavido nem do mutuário, nem de seus fiadores.

**Art. 589.** Cessa a disposição do artigo antecedente:

I - se a pessoa, de cuja autorização necessitava o mutuário para contrair o empréstimo, o ratificar posteriormente;

II - se o menor, estando ausente essa pessoa, se viu obrigado a contrair o empréstimo para os seus alimentos habituais;

III - se o menor tiver bens ganhos com o seu trabalho. Mas, em tal caso, a execução do credor não lhes poderá ultrapassar as forças;

IV - se o empréstimo reverteu em benefício do menor;

V - se o menor obteve o empréstimo maliciosamente.

**Art. 590.** O mutuante pode exigir garantia da restituição, se antes do vencimento o mutuário sofrer notória mudança em sua situação econômica.

**Art. 591.** Destinando-se o mútuo a fins econômicos, presumem-se devidos juros, os quais, sob pena de redução, não poderão exceder a taxa a que se refere o art. 406, permitida a capitalização anual.

**Art. 592.** Não se tendo convencionado expressamente, o prazo do mútuo será:

I - até a próxima colheita, se o mútuo for de produtos agrícolas, assim para o consumo, como para semeadura;

II - de trinta dias, pelo menos, se for de dinheiro;

III - do espaço de tempo que declarar o mutuante, se for de qualquer outra coisa fungível.

## CAPÍTULO VII
### Da Prestação de Serviço

**Art. 593.** A prestação de serviço, que não estiver sujeita às leis trabalhistas ou a lei especial, reger-se-á pelas disposições deste Capítulo.

**Art. 594.** Toda a espécie de serviço ou trabalho lícito, material ou imaterial, pode ser contratada mediante retribuição.

**Art. 595.** No contrato de prestação de serviço, quando qualquer das partes não souber ler, nem escrever, o instrumento poderá ser assinado a rogo e subscrito por duas testemunhas.

**Art. 596.** Não se tendo estipulado, nem chegado a acordo as partes, fixar-se-á por arbitramento a retribuição, segundo o costume do lugar, o tempo de serviço e sua qualidade.

**Art. 597.** A retribuição pagar-se-á depois de prestado o serviço, se, por convenção, ou costume, não houver de ser adiantada, ou paga em prestações.

**Art. 598.** A prestação de serviço não se poderá convencionar por mais de quatro anos, embora o contrato tenha por causa o pagamento de dívida de quem o presta, ou se destine à execução de certa e determinada obra. Neste caso, decorridos quatro anos, dar-se-á por findo o contrato, ainda que não concluída a obra.

**Art. 599.** Não havendo prazo estipulado, nem se podendo inferir da natureza do contrato, ou do costume do lugar, qualquer das partes, a seu arbítrio, mediante prévio aviso, pode resolver o contrato.

**Parágrafo único.** Dar-se-á o aviso:

I - com antecedência de oito dias, se o salário se houver fixado por tempo de um mês, ou mais;

II - com antecipação de quatro dias, se o salário se tiver ajustado por semana, ou quinzena;

III - de véspera, quando se tenha contratado por menos de sete dias.

**Art. 600.** Não se conta no prazo do contrato o tempo em que o prestador de serviço, por culpa sua, deixou de servir.

**Art. 601.** Não sendo o prestador de serviço contratado para certo e determinado trabalho, entender-se-á que se obrigou a todo e qualquer serviço compatível com as suas forças e condições.

**Art. 602.** O prestador de serviço contratado por tempo certo, ou por obra determinada, não se pode ausentar, ou despedir, sem justa causa, antes de preenchido o tempo, ou concluída a obra.

**Parágrafo único.** Se se despedir sem justa causa, terá direito à retribuição vencida, mas responderá por perdas e danos. O mesmo dar-se-á, se despedido por justa causa.

**Art. 603.** Se o prestador de serviço for despedido sem justa causa, a outra parte será obrigada a pagar-lhe por inteiro a retribuição vencida, e por metade a que lhe tocaria de então ao termo legal do contrato.

**Art. 604.** Findo o contrato, o prestador de serviço tem direito a exigir da outra parte a declaração de que o contrato está findo. Igual direito lhe cabe, se for despedido sem justa causa, ou se tiver havido motivo justo para deixar o serviço.

**Art. 605.** Nem aquele a quem os serviços são prestados, poderá transferir a outrem o direito aos serviços ajustados, nem o prestador de serviços, sem aprazimento da outra parte, dar substituto que os preste.

**Art. 606.** Se o serviço for prestado por quem não possua título de habilitação, ou não satisfaça requisitos outros estabelecidos em lei, não poderá quem os prestou cobrar a retribuição normalmente correspondente ao trabalho executado. Mas se deste resultar benefício para a outra parte, o juiz atribuirá a quem o prestou uma compensação razoável, desde que tenha agido com boa-fé.

**Parágrafo único.** Não se aplica a segunda parte deste artigo, quando a proibição da prestação de serviço resultar de lei de ordem pública.

**Art. 607.** O contrato de prestação de serviço acaba com a morte de qualquer das partes. Termina, ainda, pelo escoamento do prazo, pela conclusão da obra, pela rescisão do contrato mediante aviso prévio, por inadimplemento de qualquer das partes ou pela impossibilidade da continuação do contrato, motivada por força maior.

**Art. 608.** Aquele que aliciar pessoas obrigadas em contrato escrito a prestar serviço a outrem pagará a este a importância que ao prestador de serviço, pelo ajuste desfeito, houvesse de caber durante dois anos.

**Art. 609.** A alienação do prédio agrícola, onde a prestação dos serviços se opera, não importa a rescisão do contrato, salvo ao prestador opção entre continuá-lo com o adquirente da propriedade ou com o primitivo contratante.

# CAPÍTULO VIII
## Da Empreitada

**Art. 610.** O empreiteiro de uma obra pode contribuir para ela só com seu trabalho ou com ele e os materiais.

§ 1º A obrigação de fornecer os materiais não se presume; resulta da lei ou da vontade das partes.

§ 2º O contrato para elaboração de um projeto não implica a obrigação de executá-lo, ou de fiscalizar-lhe a execução.

**Art. 611.** Quando o empreiteiro fornece os materiais, correm por sua conta os riscos até o momento da entrega da obra, a contento de quem a encomendou, se este não estiver em mora de receber. Mas se estiver, por sua conta correrão os riscos.

**Art. 612.** Se o empreiteiro só forneceu mão-de-obra, todos os riscos em que não tiver culpa correrão por conta do dono.

**Art. 613.** Sendo a empreitada unicamente de lavor (art. 610), se a coisa perecer antes de entregue, sem mora do dono nem culpa do empreiteiro, este perderá a retribuição, se não provar que a perda resultou de defeito dos materiais e que em tempo reclamara contra a sua quantidade ou qualidade.

**Art. 614.** Se a obra constar de partes distintas, ou for de natureza das que se determinam por medida, o empreiteiro terá direito a que também se verifique por medida, ou segundo as partes em que se dividir, podendo exigir o pagamento na proporção da obra executada.

§ 1º Tudo o que se pagou presume-se verificado.

§ 2º O que se mediu presume-se verificado se, em trinta dias, a contar da medição, não forem denunciados os vícios ou defeitos pelo dono da obra ou por quem estiver incumbido da sua fiscalização.

**Art. 615.** Concluída a obra de acordo com o ajuste, ou o costume do lugar, o dono é obrigado a recebê-la. Poderá, porém, rejeitá-la, se o empreiteiro se afastou das instruções recebidas e dos planos dados, ou das regras técnicas em trabalhos de tal natureza.

**Art. 616.** No caso da segunda parte do artigo antecedente, pode quem encomendou a obra, em vez de enjeitá-la, recebê-la com abatimento no preço.

**Art. 617.** O empreiteiro é obrigado a pagar os materiais que recebeu, se por imperícia ou negligência os inutilizar.

**Art. 618.** Nos contratos de empreitada de edifícios ou outras construções consideráveis, o empreiteiro de materiais e execução responderá, durante o prazo irredutível de cinco anos, pela solidez e segurança do trabalho, assim em razão dos materiais, como do solo.

**Parágrafo único.** Decairá do direito assegurado neste artigo o dono da obra que não propuser a ação contra o empreiteiro, nos cento e oitenta dias seguintes ao aparecimento do vício ou defeito.

**Art. 619.** Salvo estipulação em contrário, o empreiteiro que se incumbir de executar uma obra, segundo plano aceito por quem a encomendou, não terá direito a exigir acréscimo no preço, ainda que sejam introduzidas modificações no projeto, a não ser que estas resultem de instruções escritas do dono da obra.

**Parágrafo único.** Ainda que não tenha havido autorização escrita, o dono da obra é obrigado a pagar ao empreiteiro os aumentos e acréscimos, segundo o que for arbitrado, se, sempre presente à obra, por continuadas visitas, não podia ignorar o que se estava passando, e nunca protestou.

**Art. 620.** Se ocorrer diminuição no preço do material ou da mão-de-obra superior a um décimo do preço global convencionado, poderá este ser revisto, a pedido do dono da obra, para que se lhe assegure a diferença apurada.

**Art. 621.** Sem anuência de seu autor, não pode o proprietário da obra introduzir modificações no projeto por ele aprovado, ainda que a execução seja confiada a terceiros, a não ser que, por motivos supervenientes ou razões de ordem técnica, fique comprovada a inconveniência ou a excessiva onerosidade de execução do projeto em sua forma originária.

**Parágrafo único.** A proibição deste artigo não abrange alterações de pouca monta, ressalvada sempre a unidade estética da obra projetada.

**Art. 622.** Se a execução da obra for confiada a terceiros, a responsabilidade do autor do projeto respectivo, desde que não assuma a direção ou fiscalização daquela, ficará limitada aos danos resultantes de defeitos previstos no art. 618 e seu parágrafo único.

**Art. 623.** Mesmo após iniciada a construção, pode o dono da obra suspendê-la, desde que pague ao empreiteiro as despesas e lucros relativos aos serviços já feitos, mais indenização razoável, calculada em função do que ele teria ganho, se concluída a obra.

**Art. 624.** Suspensa a execução da empreitada sem justa causa, responde o empreiteiro por perdas e danos.

**Art. 625.** Poderá o empreiteiro suspender a obra:

I - por culpa do dono, ou por motivo de força maior;

II - quando, no decorrer dos serviços, se manifestarem dificuldades imprevisíveis de execução, resultantes de causas geológicas ou hídricas, ou outras semelhantes, de modo que torne a empreitada excessivamente onerosa, e o dono da obra se opuser ao reajuste do preço inerente ao projeto por ele elaborado, observados os preços;

III - se as modificações exigidas pelo dono da obra, por seu vulto e natureza, forem desproporcionais ao projeto aprovado, ainda que o dono se disponha a arcar com o acréscimo de preço.

**Art. 626.** Não se extingue o contrato de empreitada pela morte de qualquer das partes, salvo se ajustado em consideração às qualidades pessoais do empreiteiro.

## CAPÍTULO IX
## Do Depósito

### Seção I
### Do Depósito Voluntário

**Art. 627.** Pelo contrato de depósito recebe o depositário um objeto móvel, para guardar, até que o depositante o reclame.

**Art. 628.** O contrato de depósito é gratuito, exceto se houver convenção em contrário, se resultante de atividade negocial ou se o depositário o praticar por profissão.

**Parágrafo único.** Se o depósito for oneroso e a retribuição do depositário não constar de lei, nem resultar de ajuste, será determinada pelos usos do lugar, e, na falta destes, por arbitramento.

**Art. 629.** O depositário é obrigado a ter na guarda e conservação da coisa depositada o cuidado e diligência que costuma com o que lhe pertence, bem como a restituí-la, com todos os frutos e acrescidos, quando o exija o depositante.

**Art. 630.** Se o depósito se entregou fechado, colado, selado, ou lacrado, nesse mesmo estado se manterá.

**Art. 631.** Salvo disposição em contrário, a restituição da coisa deve dar-se no lugar em que tiver de ser guardada. As despesas de restituição correm por conta do depositante.

**Art. 632.** Se a coisa houver sido depositada no interesse de terceiro, e o depositário tiver sido cientificado deste fato pelo depositante, não poderá ele exonerar-se restituindo a coisa a este, sem consentimento daquele.

**Art. 633.** Ainda que o contrato fixe prazo à restituição, o depositário entregará o depósito logo que se lhe exija, salvo se tiver o direito de retenção a que se refere o art. 644, se o objeto for judicialmente embargado, se sobre ele pender execução, notificada ao depositário, ou se houver motivo razoável de suspeitar que a coisa foi dolosamente obtida.

**Art. 634.** No caso do artigo antecedente, última parte, o depositário, expondo o fundamento da suspeita, requererá que se recolha o objeto ao Depósito Público.

**Art. 635.** Ao depositário será facultado, outrossim, requerer depósito judicial da coisa, quando, por motivo plausível, não a possa guardar, e o depositante não queira recebê-la.

**Art. 636.** O depositário, que por força maior houver perdido a coisa depositada e recebido outra em seu lugar, é obrigado a entregar a segunda ao depositante, e ceder-lhe as ações que no caso tiver contra o terceiro responsável pela restituição da primeira.

**Art. 637.** O herdeiro do depositário, que de boa-fé vendeu a coisa depositada, é obrigado a assistir o depositante na reivindicação, e a restituir ao comprador o preço recebido.

**Art. 638.** Salvo os casos previstos nos arts. 633 e 634, não poderá o depositário furtar-se à restituição do depósito, alegando não pertencer a coisa ao depositante, ou opondo compensação, exceto se noutro depósito se fundar.

**Art. 639.** Sendo dois ou mais depositantes, e divisível a coisa, a cada um só entregará o depositário a respectiva parte, salvo se houver entre eles solidariedade.

**Art. 640.** Sob pena de responder por perdas e danos, não poderá o depositário, sem licença expressa do depositante, servir-se da coisa depositada, nem a dar em depósito a outrem.

**Parágrafo único.** Se o depositário, devidamente autorizado, confiar a coisa em depósito a terceiro, será responsável se agiu com culpa na escolha deste.

**Art. 641.** Se o depositário se tornar incapaz, a pessoa que lhe assumir a administração dos bens diligenciará imediatamente restituir a coisa depositada e, não querendo ou não podendo o depositante recebê-la, recolhê-la-á ao Depósito Público ou promoverá nomeação de outro depositário.

**Art. 642.** O depositário não responde pelos casos de força maior; mas, para que lhe valha a escusa, terá de prová-los.

**Art. 643.** O depositante é obrigado a pagar ao depositário as despesas feitas com a coisa, e os prejuízos que do depósito provierem.

**Art. 644.** O depositário poderá reter o depósito até que se lhe pague a retribuição devida, o líquido valor das despesas, ou dos prejuízos a que se refere o artigo anterior, provando imediatamente esses prejuízos ou essas despesas.

**Parágrafo único.** Se essas dívidas, despesas ou prejuízos não forem provados suficientemente, ou forem ilíquidos, o depositário poderá exigir caução idônea do depositante ou, na falta desta, a remoção da coisa para o Depósito Público, até que se liquidem.

**Art. 645.** O depósito de coisas fungíveis, em que o depositário se obrigue a restituir objetos do mesmo gênero, qualidade e quantidade, regular-se-á pelo disposto acerca do mútuo.

**Art. 646.** O depósito voluntário provar-se-á por escrito.

### Seção II
### Do Depósito Necessário

**Art. 647.** É depósito necessário:

I - o que se faz em desempenho de obrigação legal;

II - o que se efetua por ocasião de alguma calamidade, como o incêndio, a inundação, o naufrágio ou o saque.

**Art. 648.** O depósito a que se refere o inciso I do artigo antecedente, reger-se-á pela disposição da respectiva lei, e, no silêncio ou deficiência dela, pelas concernentes ao depósito voluntário.

**Parágrafo único.** As disposições deste artigo aplicam-se aos depósitos previstos no inciso II do artigo antecedente, podendo estes certificarem-se por qualquer meio de prova.

**Art. 649.** Aos depósitos previstos no artigo antecedente é equiparado o das bagagens dos viajantes ou hóspedes nas hospedarias onde estiverem.

**Parágrafo único.** Os hospedeiros responderão como depositários, assim como pelos furtos e roubos que perpetrarem as pessoas empregadas ou admitidas nos seus estabelecimentos.

**Art. 650.** Cessa, nos casos do artigo antecedente, a responsabilidade dos hospedeiros, se provarem que os fatos prejudiciais aos viajantes ou hóspedes não podiam ter sido evitados.

**Art. 651.** O depósito necessário não se presume gratuito. Na hipótese do art. 649, a remuneração pelo depósito está incluída no preço da hospedagem.

**Art. 652.** Seja o depósito voluntário ou necessário, o depositário que não o restituir quando exigido será compelido a fazê-lo mediante prisão não excedente a um ano, e ressarcir os prejuízos.

## CAPÍTULO X
## Do Mandato

### Seção I
### Disposições Gerais

**Art. 653.** Opera-se o mandato quando alguém recebe de outrem poderes para, em seu nome, praticar atos ou administrar interesses. A procuração é o instrumento do mandato.

**Art. 654.** Todas as pessoas capazes são aptas para dar procuração mediante instrumento particular, que valerá desde que tenha a assinatura do outorgante.

§ 1º O instrumento particular deve conter a indicação do lugar onde foi passado, a qualificação do outorgante e do outorgado, a data e o objetivo da outorga com a designação e a extensão dos poderes conferidos.

§ 2º O terceiro com quem o mandatário tratar poderá exigir que a procuração traga a firma reconhecida.

**Art. 655.** Ainda quando se outorgue mandato por instrumento público, pode substabelecer-se mediante instrumento particular.

**Art. 656.** O mandato pode ser expresso ou tácito, verbal ou escrito.

**Art. 657.** A outorga do mandato está sujeita à forma exigida por lei para o ato a ser praticado. Não se admite mandato verbal quando o ato deva ser celebrado por escrito.

**Art. 658.** O mandato presume-se gratuito quando não houver sido estipulada retribuição, exceto se o seu objeto corresponder ao daqueles que o mandatário trata por ofício ou profissão lucrativa.

**Parágrafo único.** Se o mandato for oneroso, caberá ao mandatário a retribuição prevista em lei ou no contrato. Sendo estes omissos, será ela determinada pelos usos do lugar, ou, na falta destes, por arbitramento.

**Art. 659.** A aceitação do mandato pode ser tácita, e resulta do começo de execução.

**Art. 660.** O mandato pode ser especial a um ou mais negócios determinadamente, ou geral a todos os do mandante.

**Art. 661.** O mandato em termos gerais só confere poderes de administração.

§ 1º Para alienar, hipotecar, transigir, ou praticar outros quaisquer atos que exorbitem da administração ordinária, depende a procuração de poderes especiais e expressos.

§ 2º O poder de transigir não importa o de firmar compromisso.

**Art. 662.** Os atos praticados por quem não tenha mandato, ou o tenha sem poderes suficientes, são ineficazes em relação àquele em cujo nome foram praticados, salvo se este os ratificar.

**Parágrafo único.** A ratificação há de ser expressa, ou resultar de ato inequívoco, e retroagirá à data do ato.

**Art. 663.** Sempre que o mandatário estipular negócios expressamente em nome do mandante, será este o único responsável; ficará, porém, o mandatário pessoalmente obrigado, se agir no seu próprio nome, ainda que o negócio seja de conta do mandante.

**Art. 664.** O mandatário tem o direito de reter, do objeto da operação que lhe foi cometida, quanto baste para pagamento de tudo que lhe for devido em conseqüência do mandato.

**Art. 665.** O mandatário que exceder os poderes do mandato, ou proceder contra eles, será considerado mero gestor de negócios, enquanto o mandante lhe não ratificar os atos.

**Art. 666.** O maior de dezesseis e menor de dezoito anos não emancipado pode ser mandatário, mas o mandante não tem ação contra ele senão de conformidade com as regras gerais, aplicáveis às obrigações contraídas por menores.

## Seção II
### Das Obrigações do Mandatário

**Art. 667.** O mandatário é obrigado a aplicar toda sua diligência habitual na execução do mandato, e a indenizar qualquer prejuízo causado por culpa sua ou daquele a quem substabelecer, sem autorização, poderes que devia exercer pessoalmente.

§ 1º Se, não obstante proibição do mandante, o mandatário se fizer substituir na execução do mandato, responderá ao seu constituinte pelos prejuízos ocorridos sob a gerência do substituto, embora provenientes de caso fortuito, salvo provando que o caso teria sobrevindo, ainda que não tivesse havido substabelecimento.

§ 2º Havendo poderes de substabelecer, só serão imputáveis ao mandatário os danos causados pelo substabelecido, se tiver agido com culpa na escolha deste ou nas instruções dadas a ele.

§ 3º Se a proibição de substabelecer constar da procuração, os atos praticados pelo substabelecido não obrigam o mandante, salvo ratificação expressa, que retroagirá à data do ato.

§ 4º Sendo omissa a procuração quanto ao substabelecimento, o procurador será responsável se o substabelecido proceder culposamente.

**Art. 668.** O mandatário é obrigado a dar contas de sua gerência ao mandante, transferindo-lhe as vantagens provenientes do mandato, por qualquer título que seja.

**Art. 669.** O mandatário não pode compensar os prejuízos a que deu causa com os proveitos que, por outro lado, tenha granjeado ao seu constituinte.

**Art. 670.** Pelas somas que devia entregar ao mandante ou recebeu para despesa, mas empregou em proveito seu, pagará o mandatário juros, desde o momento em que abusou.

**Art. 671.** Se o mandatário, tendo fundos ou crédito do mandante, comprar, em nome próprio, algo que devera comprar para o mandante, por ter sido expressamente designado no mandato, terá este ação para obrigá-lo à entrega da coisa comprada.

**Art. 672.** Sendo dois ou mais os mandatários nomeados no mesmo instrumento, qualquer deles poderá exercer os poderes outorgados, se não forem expressamente declarados conjuntos, nem especificamente designados para atos diferentes, ou subordinados a atos sucessivos. Se os mandatários forem declarados conjuntos, não terá eficácia o ato praticado sem interferência de todos, salvo havendo ratificação, que retroagirá à data do ato.

**Art. 673.** O terceiro que, depois de conhecer os poderes do mandatário, com ele celebrar negócio jurídico exorbitante do mandato, não tem ação contra o mandatário, salvo se este lhe prometeu ratificação do mandante ou se responsabilizou pessoalmente.

**Art. 674.** Embora ciente da morte, interdição ou mudança de estado do mandante, deve o mandatário concluir o negócio já começado, se houver perigo na demora.

## Seção III
### Das Obrigações do Mandante

**Art. 675.** O mandante é obrigado a satisfazer todas as obrigações contraídas pelo mandatário, na conformidade do mandato conferido, e adiantar a importância das despesas necessárias à execução dele, quando o mandatário lho pedir.

**Art. 676.** É obrigado o mandante a pagar ao mandatário a remuneração ajustada e as despesas da execução do mandato, ainda que o negócio não surta o esperado efeito, salvo tendo o mandatário culpa.

**Art. 677.** As somas adiantadas pelo mandatário, para a execução do mandato, vencem juros desde a data do desembolso.

**Art. 678.** É igualmente obrigado o mandante a ressarcir ao mandatário as perdas que este sofrer com a execução do mandato, sempre que não resultem de culpa sua ou de excesso de poderes.

**Art. 679.** Ainda que o mandatário contrarie as instruções do mandante, se não exceder os limites do mandato, ficará o mandante obrigado para com aqueles com quem o seu procurador contratou; mas terá contra este ação pelas perdas e danos resultantes da inobservância das instruções.

**Art. 680.** Se o mandato for outorgado por duas ou mais pessoas, e para negócio comum, cada uma ficará solidariamente responsável ao mandatário por todos os compromissos e efeitos do mandato, salvo direito regressivo, pelas quantias que pagar, contra os outros mandantes.

**Art. 681.** O mandatário tem sobre a coisa de que tenha a posse em virtude do mandato, direito de retenção, até se reembolsar do que no desempenho do encargo despendeu.

## Seção IV
### Da Extinção do Mandato

**Art. 682.** Cessa o mandato:
I - pela revogação ou pela renúncia;
II - pela morte ou interdição de uma das partes;
III - pela mudança de estado que inabilite o mandante a conferir os poderes, ou o mandatário para os exercer;
IV - pelo término do prazo ou pela conclusão do negócio.

**Art. 683.** Quando o mandato contiver a cláusula de irrevogabilidade e o mandante o revogar, pagará perdas e danos.

**Art. 684.** Quando a cláusula de irrevogabilidade for condição de um negócio bilateral, ou tiver sido estipulada no exclusivo interesse do mandatário, a revogação do mandato será ineficaz.

**Art. 685.** Conferido o mandato com a cláusula "em causa própria", a sua revogação não terá eficácia, nem se extinguirá pela morte de qualquer das partes, ficando o mandatário dispensado de prestar contas, e podendo transferir para si os bens móveis ou imóveis objeto do mandato, obedecidas as formalidades legais.

**Art. 686.** A revogação do mandato, notificada somente ao mandatário, não se pode opor aos terceiros que, ignorando-a, de boa-fé com ele trataram; mas ficam salvas ao constituinte as ações que no caso lhe possam caber contra o procurador.

**Parágrafo único.** É irrevogável o mandato que contenha poderes de cumprimento ou confirmação de negócios encetados, aos quais se ache vinculado.

**Art. 687.** Tanto que for comunicada ao mandatário a nomeação de outro, para o mesmo negócio, considerar-se-á revogado o mandato anterior.

**Art. 688.** A renúncia do mandato será comunicada ao mandante, que, se for prejudicado pela sua inoportunidade, ou pela falta de tempo, a fim de prover à substituição do procurador, será indenizado pelo mandatário, salvo se este provar que não podia continuar no mandato sem prejuízo considerável, e que não lhe era dado substabelecer.

**Art. 689.** São válidos, a respeito dos contratantes de boa-fé, os atos com estes ajustados em nome do mandante pelo mandatário, enquanto este ignorar a morte daquele ou a extinção do mandato, por qualquer outra causa.

**Art. 690.** Se falecer o mandatário, pendente o negócio a ele cometido, os herdeiros, tendo ciência do mandato, avisarão o mandante, e providenciarão a bem dele, como as circunstâncias exigirem.

**Art. 691.** Os herdeiros, no caso do artigo antecedente, devem limitar-se às medidas conservatórias, ou continuar os negócios pendentes que se não possam demorar sem perigo, regulando-se os seus serviços dentro desse limite, pelas mesmas normas a que os do mandatário estão sujeitos.

## Seção V
## Do Mandato Judicial

**Art. 692.** O mandato judicial fica subordinado às normas que lhe dizem respeito, constantes da legislação processual, e, supletivamente, às estabelecidas neste Código.

# CAPÍTULO XI
## Da Comissão

**Art. 693.** O contrato de comissão tem por objeto a aquisição ou a venda de bens pelo comissário, em seu próprio nome, à conta do comitente.

**Art. 694.** O comissário fica diretamente obrigado para com as pessoas com quem contratar, sem que estas tenham ação contra o comitente, nem este contra elas, salvo se o comissário ceder seus direitos a qualquer das partes.

**Art. 695.** O comissário é obrigado a agir de conformidade com as ordens e instruções do comitente, devendo, na falta destas, não podendo pedi-las a tempo, proceder segundo os usos em casos semelhantes.

**Parágrafo único.** Ter-se-ão por justificados os atos do comissário, se deles houver resultado vantagem para o comitente, e ainda no caso em que, não admitindo demora a realização do negócio, o comissário agiu de acordo com os usos.

**Art. 696.** No desempenho das suas incumbências o comissário é obrigado a agir com cuidado e diligência, não só para evitar qualquer prejuízo ao comitente, mas ainda para lhe proporcionar o lucro que razoavelmente se podia esperar do negócio.

**Parágrafo único.** Responderá o comissário, salvo motivo de força maior, por qualquer prejuízo que, por ação ou omissão, ocasionar ao comitente.

**Art. 697.** O comissário não responde pela insolvência das pessoas com quem tratar, exceto em caso de culpa e no do artigo seguinte.

**Art. 698.** Se do contrato de comissão constar a cláusula *del credere*, responderá o comissário solidariamente com as pessoas com que houver tratado em nome do comitente, caso em que, salvo estipulação em contrário, o comissário tem direito a remuneração mais elevada, para compensar o ônus assumido.

**Art. 699.** Presume-se o comissário autorizado a conceder dilação do prazo para pagamento, na conformidade dos usos do lugar onde se realizar o negócio, se não houver instruções diversas do comitente.

**Art. 700.** Se houver instruções do comitente proibindo prorrogação de prazos para pagamento, ou se esta não for conforme os usos locais, poderá o comitente exigir que o comissário pague incontinenti ou responda pelas conseqüências da dilação concedida, procedendo-se de igual modo se o comissário não der ciência ao comitente dos prazos concedidos e de quem é seu beneficiário.

**Art. 701.** Não estipulada a remuneração devida ao comissário, será ela arbitrada segundo os usos correntes no lugar.

**Art. 702.** No caso de morte do comissário, ou, quando, por motivo de força maior, não puder concluir o negócio, será devida pelo comitente uma remuneração proporcional aos trabalhos realizados.

**Art. 703.** Ainda que tenha dado motivo à dispensa, terá o comissário direito a ser remunerado pelos serviços úteis prestados ao comitente, ressalvado a este o direito de exigir daquele os prejuízos sofridos.

**Art. 704.** Salvo disposição em contrário, pode o comitente, a qualquer tempo, alterar as instruções dadas ao comissário, entendendo-se por elas regidos também os negócios pendentes.

**Art. 705.** Se o comissário for despedido sem justa causa, terá direito a ser remunerado pelos trabalhos prestados, bem como a ser ressarcido pelas perdas e danos resultantes de sua dispensa.

**Art. 706.** O comitente e o comissário são obrigados a pagar juros um ao outro; o primeiro pelo que o comissário houver adiantado para cumprimento de suas ordens; e o segundo pela mora na entrega dos fundos que pertencerem ao comitente.

**Art. 707.** O crédito do comissário, relativo a comissões e despesas feitas, goza de privilégio geral, no caso de falência ou insolvência do comitente.

**Art. 708.** Para reembolso das despesas feitas, bem como para recebimento das comissões devidas, tem o comissário direito de retenção sobre os bens e valores em seu poder em virtude da comissão.

**Art. 709.** São aplicáveis à comissão, no que couber, as regras sobre mandato.

## CAPÍTULO XII
### Da Agência e Distribuição

**Art. 710.** Pelo contrato de agência, uma pessoa assume, em caráter não eventual e sem vínculos de dependência, a obrigação de promover, à conta de outra, mediante retribuição, a realização de certos negócios, em zona determinada, caracterizando-se a distribuição quando o agente tiver à sua disposição a coisa a ser negociada.

**Parágrafo único.** O proponente pode conferir poderes ao agente para que este o represente na conclusão dos contratos.

**Art. 711.** Salvo ajuste, o proponente não pode constituir, ao mesmo tempo, mais de um agente, na mesma zona, com idêntica incumbência;

nem pode o agente assumir o encargo de nela tratar de negócios do mesmo gênero, à conta de outros proponentes.

**Art. 712.** O agente, no desempenho que lhe foi cometido, deve agir com toda diligência, atendo-se às instruções recebidas do proponente.

**Art. 713.** Salvo estipulação diversa, todas as despesas com a agência ou distribuição correm a cargo do agente ou distribuidor.

**Art. 714.** Salvo ajuste, o agente ou distribuidor terá direito à remuneração correspondente aos negócios concluídos dentro de sua zona, ainda que sem a sua interferência.

**Art. 715.** O agente ou distribuidor tem direito à indenização se o proponente, sem justa causa, cessar o atendimento das propostas ou reduzi-lo tanto que se torna antieconômica a continuação do contrato.

**Art. 716.** A remuneração será devida ao agente também quando o negócio deixar de ser realizado por fato imputável ao proponente.

**Art. 717.** Ainda que dispensado por justa causa, terá o agente direito a ser remunerado pelos serviços úteis prestados ao proponente, sem embargo de haver este perdas e danos pelos prejuízos sofridos.

**Art. 718.** Se a dispensa se der sem culpa do agente, terá ele direito à remuneração até então devida, inclusive sobre os negócios pendentes, além das indenizações previstas em lei especial.

**Art. 719.** Se o agente não puder continuar o trabalho por motivo de força maior, terá direito à remuneração correspondente aos serviços realizados, cabendo esse direito aos herdeiros no caso de morte.

**Art. 720.** Se o contrato for por tempo indeterminado, qualquer das partes poderá resolvê-lo, mediante aviso prévio de noventa dias, desde que transcorrido prazo compatível com a natureza e o vulto do investimento exigido do agente.

**Parágrafo único.** No caso de divergência entre as partes, o juiz decidirá da razoabilidade do prazo e do valor devido.

**Art. 721.** Aplicam-se ao contrato de agência e distribuição, no que couber, as regras concernentes ao mandato e à comissão e as constantes de lei especial.

## CAPÍTULO XIII
### Da Corretagem

**Art. 722.** Pelo contrato de corretagem, uma pessoa, não ligada a outra em virtude de mandato, de prestação de serviços ou por qualquer relação de dependência, obriga-se a obter para a segunda um ou mais negócios, conforme as instruções recebidas.

Art. 723. O corretor é obrigado a executar a mediação com a diligência e prudência que o negócio requer, prestando ao cliente, espontaneamente, todas as informações sobre o andamento dos negócios; deve, ainda, sob pena de responder por perdas e danos, prestar ao cliente todos os esclarecimentos que estiverem ao seu alcance, acerca da segurança ou risco do negócio, das alterações de valores e do mais que possa influir nos resultados da incumbência.

Art. 724. A remuneração do corretor, se não estiver fixada em lei, nem ajustada entre as partes, será arbitrada segundo a natureza do negócio e os usos locais.

Art. 725. A remuneração é devida ao corretor uma vez que tenha conseguido o resultado previsto no contrato de mediação, ou ainda que este não se efetive em virtude de arrependimento das partes.

Art. 726. Iniciado e concluído o negócio diretamente entre as partes, nenhuma remuneração será devida ao corretor; mas se, por escrito, for ajustada a corretagem com exclusividade, terá o corretor direito à remuneração integral, ainda que realizado o negócio sem a sua mediação, salvo se comprovada sua inércia ou ociosidade.

Art. 727. Se, por não haver prazo determinado, o dono do negócio dispensar o corretor, e o negócio se realizar posteriormente, como fruto da sua mediação, a corretagem lhe será devida; igual solução se adotará se o negócio se realizar após a decorrência do prazo contratual, mas por efeito dos trabalhos do corretor.

Art. 728. Se o negócio se concluir com a intermediação de mais de um corretor, a remuneração será paga a todos em partes iguais, salvo ajuste em contrário.

Art. 729. Os preceitos sobre corretagem constantes deste Código não excluem a aplicação de outras normas da legislação especial.

## CAPÍTULO XIV
### Do Transporte

### Seção I
### Disposições Gerais

Art. 730. Pelo contrato de transporte alguém se obriga, mediante retribuição, a transportar, de um lugar para outro, pessoas ou coisas.

**Art. 731.** O transporte exercido em virtude de autorização, permissão ou concessão, rege-se pelas normas regulamentares e pelo que for estabelecido naqueles atos, sem prejuízo do disposto neste Código.

**Art. 732.** Aos contratos de transporte, em geral, são aplicáveis, quando couber, desde que não contrariem as disposições deste Código, os preceitos constantes da legislação especial e de tratados e convenções internacionais.

**Art. 733.** Nos contratos de transporte cumulativo, cada transportador se obriga a cumprir o contrato relativamente ao respectivo percurso, respondendo pelos danos nele causados a pessoas e coisas.

§ 1º O dano, resultante do atraso ou da interrupção da viagem, será determinado em razão da totalidade do percurso.

§ 2º Se houver substituição de algum dos transportadores no decorrer do percurso, a responsabilidade solidária estender-se-á ao substituto.

### Seção II
### Do Transporte de Pessoas

**Art. 734.** O transportador responde pelos danos causados às pessoas transportadas e suas bagagens, salvo motivo de força maior, sendo nula qualquer cláusula excludente da responsabilidade.

**Parágrafo único.** É lícito ao transportador exigir a declaração do valor da bagagem a fim de fixar o limite da indenização.

**Art. 735.** A responsabilidade contratual do transportador por acidente com o passageiro não é elidida por culpa de terceiro, contra o qual tem ação regressiva.

**Art. 736.** Não se subordina às normas do contrato de transporte o feito gratuitamente, por amizade ou cortesia.

**Parágrafo único.** Não se considera gratuito o transporte quando, embora feito sem remuneração, o transportador auferir vantagens indiretas.

**Art. 737.** O transportador está sujeito aos horários e itinerários previstos, sob pena de responder por perdas e danos, salvo motivo de força maior.

**Art. 738.** A pessoa transportada deve sujeitar-se às normas estabelecidas pelo transportador, constantes no bilhete ou afixadas à vista dos usuários, abstendo-se de quaisquer atos que causem incômodo ou prejuízo aos passageiros, danifiquem o veículo, ou dificultem ou impeçam a execução normal do serviço.

**Parágrafo único.** Se o prejuízo sofrido pela pessoa transportada for atribuível à transgressão de normas e instruções regulamentares, o juiz reduzirá eqüitativamente a indenização, na medida em que a vítima houver concorrido para a ocorrência do dano.

**Art. 739.** O transportador não pode recusar passageiros, salvo os casos previstos nos regulamentos, ou se as condições de higiene ou de saúde do interessado o justificarem.

**Art. 740.** O passageiro tem direito a rescindir o contrato de transporte antes de iniciada a viagem, sendo-lhe devida a restituição do valor da passagem, desde que feita a comunicação ao transportador em tempo de ser renegociada.

§ 1º Ao passageiro é facultado desistir do transporte, mesmo depois de iniciada a viagem, sendo-lhe devida a restituição do valor correspondente ao trecho não utilizado, desde que provado que outra pessoa haja sido transportada em seu lugar.

§ 2º Não terá direito ao reembolso do valor da passagem o usuário que deixar de embarcar, salvo se provado que outra pessoa foi transportada em seu lugar, caso em que lhe será restituído o valor do bilhete não utilizado.

§ 3º Nas hipóteses previstas neste artigo, o transportador terá direito de reter até cinco por cento da importância a ser restituída ao passageiro, a título de multa compensatória.

**Art. 741.** Interrompendo-se a viagem por qualquer motivo alheio à vontade do transportador, ainda que em conseqüência de evento imprevisível, fica ele obrigado a concluir o transporte contratado em outro veículo da mesma categoria, ou, com a anuência do passageiro, por modalidade diferente, à sua custa, correndo também por sua conta as despesas de estada e alimentação do usuário, durante a espera de novo transporte.

**Art. 742.** O transportador, uma vez executado o transporte, tem direito de retenção sobre a bagagem de passageiro e outros objetos pessoais deste, para garantir-se do pagamento do valor da passagem que não tiver sido feito no início ou durante o percurso.

## Seção III
### Do Transporte de Coisas

**Art. 743.** A coisa, entregue ao transportador, deve estar caracterizada pela sua natureza, valor, peso e quantidade, e o mais que for necessário para que não se confunda com outras, devendo o destinatário ser indicado ao menos pelo nome e endereço.

**Art. 744.** Ao receber a coisa, o transportador emitirá conhecimento com a menção dos dados que a identifiquem, obedecido o disposto em lei especial.

**Parágrafo único.** O transportador poderá exigir que o remetente lhe entregue, devidamente assinada, a relação discriminada das coisas a serem transportadas, em duas vias, uma das quais, por ele devidamente autenticada, ficará fazendo parte integrante do conhecimento.

**Art. 745.** Em caso de informação inexata ou falsa descrição no documento a que se refere o artigo antecedente, será o transportador indenizado pelo prejuízo que sofrer, devendo a ação respectiva ser ajuizada no prazo de cento e vinte dias, a contar daquele ato, sob pena de decadência.

**Art. 746.** Poderá o transportador recusar a coisa cuja embalagem seja inadequada, bem como a que possa pôr em risco a saúde das pessoas, ou danificar o veículo e outros bens.

**Art. 747.** O transportador deverá obrigatoriamente recusar a coisa cujo transporte ou comercialização não sejam permitidos, ou que venha desacompanhada dos documentos exigidos por lei ou regulamento.

**Art. 748.** Até a entrega da coisa, pode o remetente desistir do transporte e pedi-la de volta, ou ordenar seja entregue a outro destinatário, pagando, em ambos os casos, os acréscimos de despesa decorrentes da contra-ordem, mais as perdas e danos que houver.

**Art. 749.** O transportador conduzirá a coisa ao seu destino, tomando todas as cautelas necessárias para mantê-la em bom estado e entregá-la no prazo ajustado ou previsto.

**Art. 750.** A responsabilidade do transportador, limitada ao valor constante do conhecimento, começa no momento em que ele, ou seus prepostos, recebem a coisa; termina quando é entregue ao destinatário, ou depositada em juízo, se aquele não for encontrado.

**Art. 751.** A coisa, depositada ou guardada nos armazéns do transportador, em virtude de contrato de transporte, rege-se, no que couber, pelas disposições relativas a depósito.

**Art. 752.** Desembarcadas as mercadorias, o transportador não é obrigado a dar aviso ao destinatário, se assim não foi convencionado, dependendo também de ajuste a entrega a domicílio, e devem constar do conhecimento de embarque as cláusulas de aviso ou de entrega a domicílio.

**Art. 753.** Se o transporte não puder ser feito ou sofrer longa interrupção, o transportador solicitará, incontinenti, instruções ao remetente, e zelará pela coisa, por cujo perecimento ou deterioração responderá, salvo força maior.

§ 1º Perdurando o impedimento, sem motivo imputável ao transportador e sem manifestação do remetente, poderá aquele depositar a coisa em juízo, ou vendê-la, obedecidos os preceitos legais e regulamentares, ou os usos locais, depositando o valor.

§ 2º Se o impedimento for responsabilidade do transportador, este poderá depositar a coisa, por sua conta e risco, mas só poderá vendê-la se perecível.

§ 3º Em ambos os casos, o transportador deve informar o remetente da efetivação do depósito ou da venda.

§ 4º Se o transportador mantiver a coisa depositada em seus próprios armazéns, continuará a responder pela sua guarda e conservação, sendo-lhe devida, porém, uma remuneração pela custódia, a qual poderá ser contratualmente ajustada ou se conformará aos usos adotados em cada sistema de transporte.

**Art. 754.** As mercadorias devem ser entregues ao destinatário, ou a quem apresentar o conhecimento endossado, devendo aquele que as receber conferi-las e apresentar as reclamações que tiver, sob pena de decadência dos direitos.

**Parágrafo único.** No caso de perda parcial ou de avaria não perceptível à primeira vista, o destinatário conserva a sua ação contra o transportador, desde que denuncie o dano em dez dias a contar da entrega.

**Art. 755.** Havendo dúvida acerca de quem seja o destinatário, o transportador deve depositar a mercadoria em juízo, se não lhe for possível obter instruções do remetente; se a demora puder ocasionar a deterioração da coisa, o transportador deverá vendê-la, depositando o saldo em juízo.

**Art. 756.** No caso de transporte cumulativo, todos os transportadores respondem solidariamente pelo dano causado perante o remetente, ressalvada a apuração final da responsabilidade entre eles, de modo que o ressarcimento recaia, por inteiro, ou proporcionalmente, naquele ou naqueles em cujo percurso houver ocorrido o dano.

# CAPÍTULO XV
# DO SEGURO

## Seção I
## Disposições Gerais

**Art. 757.** Pelo contrato de seguro, o segurador se obriga, mediante o pagamento do prêmio, a garantir interesse legítimo do segurado, relativo a pessoa ou a coisa, contra riscos predeterminados.

**Parágrafo único.** Somente pode ser parte, no contrato de seguro, como segurador, entidade para tal fim legalmente autorizada.

**Art. 758.** O contrato de seguro prova-se com a exibição da apólice ou do bilhete do seguro, e, na falta deles, por documento comprobatório do pagamento do respectivo prêmio.

**Art. 759.** A emissão da apólice deverá ser precedida de proposta escrita com a declaração dos elementos essenciais do interesse a ser garantido e do risco.

**Art. 760.** A apólice ou o bilhete de seguro serão nominativos, à ordem ou ao portador, e mencionarão os riscos assumidos, o início e o fim de sua validade, o limite da garantia e o prêmio devido, e, quando for o caso, o nome do segurado e o do beneficiário.

**Parágrafo único.** No seguro de pessoas, a apólice ou o bilhete não podem ser ao portador.

**Art. 761.** Quando o risco for assumido em co-seguro, a apólice indicará o segurador que administrará o contrato e representará os demais, para todos os seus efeitos.

**Art. 762.** Nulo será o contrato para garantia de risco proveniente de ato doloso do segurado, do beneficiário, ou de representante de um ou de outro.

**Art. 763.** Não terá direito a indenização o segurado que estiver em mora no pagamento do prêmio, se ocorrer o sinistro antes de sua purgação.

**Art. 764.** Salvo disposição especial, o fato de se não ter verificado o risco, em previsão do qual se faz o seguro, não exime o segurado de pagar o prêmio.

**Art. 765.** O segurado e o segurador são obrigados a guardar na conclusão e na execução do contrato, a mais estrita boa-fé e veracidade, tanto a respeito do objeto como das circunstâncias e declarações a ele concernentes.

**Art. 766.** Se o segurado, por si ou por seu representante, fizer declarações inexatas ou omitir circunstâncias que possam influir na aceitação da proposta ou na taxa do prêmio, perderá o direito à garantia, além de ficar obrigado ao prêmio vencido.

**Parágrafo único.** Se a inexatidão ou omissão nas declarações não resultar de má-fé do segurado, o segurador terá direito a resolver o contrato, ou a cobrar, mesmo após o sinistro, a diferença do prêmio.

**Art. 767.** No seguro à conta de outrem, o segurador pode opor ao segurado quaisquer defesas que tenha contra o estipulante, por descumprimento das normas de conclusão do contrato, ou de pagamento do prêmio.

**Art. 768.** O segurado perderá o direito à garantia se agravar intencionalmente o risco objeto do contrato.

**Art. 769.** O segurado é obrigado a comunicar ao segurador, logo que saiba, todo incidente suscetível de agravar consideravelmente o risco coberto, sob pena de perder o direito à garantia, se provar que silenciou de má-fé.

§ 1º O segurador, desde que o faça nos quinze dias seguintes ao recebimento do aviso da agravação do risco sem culpa do segurado, poderá dar-lhe ciência, por escrito, de sua decisão de resolver o contrato.

§ 2º A resolução só será eficaz trinta dias após a notificação, devendo ser restituída pelo segurador a diferença do prêmio.

**Art. 770.** Salvo disposição em contrário, a diminuição do risco no curso do contrato não acarreta a redução do prêmio estipulado; mas, se a redução do risco for considerável, o segurado poderá exigir a revisão do prêmio, ou a resolução do contrato.

**Art. 771.** Sob pena de perder o direito à indenização, o segurado participará o sinistro ao segurador, logo que o saiba, e tomará as providências imediatas para minorar-lhe as conseqüências.

**Parágrafo único.** Correm à conta do segurador, até o limite fixado no contrato, as despesas de salvamento conseqüente ao sinistro.

**Art. 772.** A mora do segurador em pagar o sinistro obriga à atualização monetária da indenização devida segundo índices oficiais regularmente estabelecidos, sem prejuízo dos juros moratórios.

**Art. 773.** O segurador que, ao tempo do contrato, sabe estar passado o risco de que o segurado se pretende cobrir, e, não obstante, expede a apólice, pagará em dobro o prêmio estipulado.

**Art. 774.** A recondução tácita do contrato pelo mesmo prazo, mediante expressa cláusula contratual, não poderá operar mais de uma vez.

**Art. 775.** Os agentes autorizados do segurador presumem-se seus representantes para todos os atos relativos aos contratos que agenciarem.

**Art. 776.** O segurador é obrigado a pagar em dinheiro o prejuízo resultante do risco assumido, salvo se convencionada a reposição da coisa.

**Art. 777.** O disposto no presente Capítulo aplica-se, no que couber, aos seguros regidos por leis próprias.

## Seção II
### Do Seguro de Dano

**Art. 778.** Nos seguros de dano, a garantia prometida não pode ultrapassar o valor do interesse segurado no momento da conclusão do contrato, sob pena do disposto no art. 766, e sem prejuízo da ação penal que no caso couber.

**Art. 779.** O risco do seguro compreenderá todos os prejuízos resultantes ou conseqüentes, como sejam os estragos ocasionados para evitar o sinistro, minorar o dano, ou salvar a coisa.

**Art. 780.** A vigência da garantia, no seguro de coisas transportadas, começa no momento em que são pelo transportador recebidas, e cessa com a sua entrega ao destinatário.

**Art. 781.** A indenização não pode ultrapassar o valor do interesse segurado no momento do sinistro, e, em hipótese alguma, o limite máximo da garantia fixado na apólice, salvo em caso de mora do segurador.

**Art. 782.** O segurado que, na vigência do contrato, pretender obter novo seguro sobre o mesmo interesse, e contra o mesmo risco junto a outro segurador, deve previamente comunicar sua intenção por escrito ao primeiro, indicando a soma por que pretende segurar-se, a fim de se comprovar a obediência ao disposto no art. 778.

**Art. 783.** Salvo disposição em contrário, o seguro de um interesse por menos do que valha acarreta a redução proporcional da indenização, no caso de sinistro parcial.

**Art. 784.** Não se inclui na garantia o sinistro provocado por vício intrínseco da coisa segurada, não declarado pelo segurado.

**Parágrafo único.** Entende-se por vício intrínseco o defeito próprio da coisa, que se não encontra normalmente em outras da mesma espécie.

**Art. 785.** Salvo disposição em contrário, admite-se a transferência do contrato a terceiro com a alienação ou cessão do interesse segurado.

§ 1º Se o instrumento contratual é nominativo, a transferência só produz efeitos em relação ao segurador mediante aviso escrito assinado pelo cedente e pelo cessionário.

§ 2º A apólice ou o bilhete à ordem só se transfere por endosso em preto, datado e assinado pelo endossante e pelo endossatário.

**Art. 786.** Paga a indenização, o segurador sub-roga-se, nos limites do valor respectivo, nos direitos e ações que competirem ao segurado contra o autor do dano.

§ 1º Salvo dolo, a sub-rogação não tem lugar se o dano foi causado pelo cônjuge do segurado, seus descendentes ou ascendentes, consangüíneos ou afins.

§ 2º É ineficaz qualquer ato do segurado que diminua ou extinga, em prejuízo do segurador, os direitos a que se refere este artigo.

**Art. 787.** No seguro de responsabilidade civil, o segurador garante o pagamento de perdas e danos devidos pelo segurado a terceiro.

§ 1º Tão logo saiba o segurado das conseqüências de ato seu, suscetível de lhe acarretar a responsabilidade incluída na garantia, comunicará o fato ao segurador.

§ 2º É defeso ao segurado reconhecer sua responsabilidade ou confessar a ação, bem como transigir com o terceiro prejudicado, ou indenizá-lo diretamente, sem anuência expressa do segurador.

§ 3º Intentada a ação contra o segurado, dará este ciência da lide ao segurador.

§ 4º Subsistirá a responsabilidade do segurado perante o terceiro, se o segurador for insolvente.

**Art. 788.** Nos seguros de responsabilidade legalmente obrigatórios, a indenização por sinistro será paga pelo segurador diretamente ao terceiro prejudicado.

**Parágrafo único.** Demandado em ação direta pela vítima do dano, o segurador não poderá opor a exceção de contrato não cumprido pelo segurado, sem promover a citação deste para integrar o contraditório.

## Seção III
### Do Seguro de Pessoa

**Art. 789.** Nos seguros de pessoas, o capital segurado é livremente estipulado pelo proponente, que pode contratar mais de um seguro sobre o mesmo interesse, com o mesmo ou diversos seguradores.

**Art. 790.** No seguro sobre a vida de outros, o proponente é obrigado a declarar, sob pena de falsidade, o seu interesse pela preservação da vida do segurado.

**Parágrafo único.** Até prova em contrário, presume-se o interesse, quando o segurado é cônjuge, ascendente ou descendente do proponente.

**Art. 791.** Se o segurado não renunciar à faculdade, ou se o seguro não tiver como causa declarada a garantia de alguma obrigação, é lícita a substituição do beneficiário, por ato entre vivos ou de última vontade.

**Parágrafo único.** O segurador, que não for cientificado oportunamente da substituição, desobrigar-se-á pagando o capital segurado ao antigo beneficiário.

**Art. 792.** Na falta de indicação da pessoa ou beneficiário, ou se por qualquer motivo não prevalecer a que for feita, o capital segurado será pago por metade ao cônjuge não separado judicialmente, e o restante aos herdeiros do segurado, obedecida a ordem da vocação hereditária.

**Parágrafo único.** Na falta das pessoas indicadas neste artigo, serão beneficiários os que provarem que a morte do segurado os privou dos meios necessários à subsistência.

**Art. 793.** É válida a instituição do companheiro como beneficiário, se ao tempo do contrato o segurado era separado judicialmente, ou já se encontrava separado de fato.

**Art. 794.** No seguro de vida ou de acidentes pessoais para o caso de morte, o capital estipulado não está sujeito às dívidas do segurado, nem se considera herança para todos os efeitos de direito.

**Art. 795.** É nula, no seguro de pessoa, qualquer transação para pagamento reduzido do capital segurado.

**Art. 796.** O prêmio, no seguro de vida, será conveniado por prazo limitado, ou por toda a vida do segurado.

**Parágrafo único.** Em qualquer hipótese, no seguro individual, o segurador não terá ação para cobrar o prêmio vencido, cuja falta de pagamento, nos prazos previstos, acarretará, conforme se estipular, a resolução do contrato, com a restituição da reserva já formada, ou a redução do capital garantido proporcionalmente ao prêmio pago.

**Art. 797.** No seguro de vida para o caso de morte, é lícito estipular-se um prazo de carência, durante o qual o segurador não responde pela ocorrência do sinistro.

**Parágrafo único.** No caso deste artigo o segurador é obrigado a devolver ao beneficiário o montante da reserva técnica já formada.

**Art. 798.** O beneficiário não tem direito ao capital estipulado quando o segurado se suicida nos primeiros dois anos de vigência inicial do contrato, ou da sua recondução depois de suspenso, observado o disposto no parágrafo único do artigo antecedente.

**Parágrafo único.** Ressalvada a hipótese prevista neste artigo, é nula a cláusula contratual que exclui o pagamento do capital por suicídio do segurado.

**Art. 799.** O segurador não pode eximir-se ao pagamento do seguro, ainda que da apólice conste a restrição, se a morte ou a incapacidade do segurado provier da utilização de meio de transporte mais arriscado, da prestação de serviço militar, da prática de esporte, ou de atos de humanidade em auxílio de outrem.

**Art. 800.** Nos seguros de pessoas, o segurador não pode sub-rogar-se nos direitos e ações do segurado, ou do beneficiário, contra o causador do sinistro.

**Art. 801.** O seguro de pessoas pode ser estipulado por pessoa natural ou jurídica em proveito de grupo que a ela, de qualquer modo, se vincule.

§ 1º O estipulante não representa o segurador perante o grupo segurado, e é o único responsável, para com o segurador, pelo cumprimento de todas as obrigações contratuais.

§ 2º A modificação da apólice em vigor dependerá da anuência expressa de segurados que representem três quartos do grupo.

**Art. 802.** Não se compreende nas disposições desta Seção a garantia do reembolso de despesas hospitalares ou de tratamento médico, nem o custeio das despesas de luto e de funeral do segurado.

## CAPÍTULO XVI
### Da Constituição de Renda

**Art. 803.** Pode uma pessoa, pelo contrato de constituição de renda, obrigar-se para com outra a uma prestação periódica, a título gratuito.

**Art. 804.** O contrato pode ser também a título oneroso, entregando-se bens móveis ou imóveis à pessoa que se obriga a satisfazer as prestações a favor do credor ou de terceiros.

**Art. 805.** Sendo o contrato a título oneroso, pode o credor, ao contratar, exigir que o rendeiro lhe preste garantia real, ou fidejussória.

**Art. 806.** O contrato de constituição de renda será feito a prazo certo, ou por vida, podendo ultrapassar a vida do devedor mas não a do credor, seja ele o contratante, seja terceiro.

**Art. 807.** O contrato de constituição de renda requer escritura pública.

**Art. 808.** É nula a constituição de renda em favor de pessoa já falecida, ou que, nos trinta dias seguintes, vier a falecer de moléstia que já sofria, quando foi celebrado o contrato.

**Art. 809.** Os bens dados em compensação da renda caem, desde a tradição, no domínio da pessoa que por aquela se obrigou.

**Art. 810.** Se o rendeiro, ou censuário, deixar de cumprir a obrigação estipulada, poderá o credor da renda acioná-lo, tanto para que lhe pague as prestações atrasadas como para que lhe dê garantias das futuras, sob pena de rescisão do contrato.

**Art. 811.** O credor adquire o direito à renda dia a dia, se a prestação não houver de ser paga adiantada, no começo de cada um dos períodos prefixos.

**Art. 812.** Quando a renda for constituída em benefício de duas ou mais pessoas, sem determinação da parte de cada uma, entende-se que os seus direitos são iguais; e, salvo estipulação diversa, não adquirirão os sobrevivos direito à parte dos que morrerem.

**Art. 813.** A renda constituída por título gratuito pode, por ato do instituidor, ficar isenta de todas as execuções pendentes e futuras.

**Parágrafo único.** A isenção prevista neste artigo prevalece de pleno direito em favor dos montepios e pensões alimentícias.

## CAPÍTULO XVII
### Do Jogo e da Aposta

**Art. 814.** As dívidas de jogo ou de aposta não obrigam a pagamento; mas não se pode recobrar a quantia, que voluntariamente se pagou, salvo se foi ganha por dolo, ou se o perdente é menor ou interdito.

§ 1º Estende-se esta disposição a qualquer contrato que encubra ou envolva reconhecimento, novação ou fiança de dívida de jogo; mas a nulidade resultante não pode ser oposta ao terceiro de boa-fé.

§ 2º O preceito contido neste artigo tem aplicação, ainda que se trate de jogo não proibido, só se excetuando os jogos e apostas legalmente permitidos.

§ 3º Excetuam-se, igualmente, os prêmios oferecidos ou prometidos para o vencedor em competição de natureza esportiva, intelectual ou artística, desde que os interessados se submetam às prescrições legais e regulamentares.

**Art. 815.** Não se pode exigir reembolso do que se emprestou para jogo ou aposta, no ato de apostar ou jogar.

**Art. 816.** As disposições dos arts. 814 e 815 não se aplicam aos contratos sobre títulos de bolsa, mercadorias ou valores, em que se estipulem a liquidação exclusivamente pela diferença entre o preço ajustado e a cotação que eles tiverem no vencimento do ajuste.

**Art. 817.** O sorteio para dirimir questões ou dividir coisas comuns considera-se sistema de partilha ou processo de transação, conforme o caso.

## CAPÍTULO XVIII
## DA FIANÇA

### Seção I
### Disposições Gerais

**Art. 818.** Pelo contrato de fiança, uma pessoa garante satisfazer ao credor uma obrigação assumida pelo devedor, caso este não a cumpra.

**Art. 819.** A fiança dar-se-á por escrito, e não admite interpretação extensiva.

**Art. 820.** Pode-se estipular a fiança, ainda que sem consentimento do devedor ou contra a sua vontade.

**Art. 821.** As dívidas futuras podem ser objeto de fiança; mas o fiador, neste caso, não será demandado senão depois que se fizer certa e líquida a obrigação do principal devedor.

**Art. 822.** Não sendo limitada, a fiança compreenderá todos os acessórios da dívida principal, inclusive as despesas judiciais, desde a citação do fiador.

**Art. 823.** A fiança pode ser de valor inferior ao da obrigação principal e contraída em condições menos onerosas, e, quando exceder o valor da dívida, ou for mais onerosa que ela, não valerá senão até ao limite da obrigação afiançada.

**Art. 824.** As obrigações nulas não são suscetíveis de fiança, exceto se a nulidade resultar apenas de incapacidade pessoal do devedor.

**Parágrafo único.** A exceção estabelecida neste artigo não abrange o caso de mútuo feito a menor.

**Art. 825.** Quando alguém houver de oferecer fiador, o credor não pode ser obrigado a aceitá-lo se não for pessoa idônea, domiciliada no município onde tenha de prestar a fiança, e não possua bens suficientes para cumprir a obrigação.

**Art. 826.** Se o fiador se tornar insolvente ou incapaz, poderá o credor exigir que seja substituído.

## Seção II
## Dos Efeitos da Fiança

**Art. 827.** O fiador demandado pelo pagamento da dívida tem direito a exigir, até a contestação da lide, que sejam primeiro executados os bens do devedor.
**Parágrafo único.** O fiador que alegar o benefício de ordem, a que se refere este artigo, deve nomear bens do devedor, sitos no mesmo município, livres e desembargados, quantos bastem para solver o débito.
**Art. 828.** Não aproveita este benefício ao fiador:
I - se ele o renunciou expressamente;
II - se se obrigou como principal pagador, ou devedor solidário;
III - se o devedor for insolvente, ou falido.
**Art. 829.** A fiança conjuntamente prestada a um só débito por mais de uma pessoa importa o compromisso de solidariedade entre elas, se declaradamente não se reservarem o benefício de divisão.
**Parágrafo único.** Estipulado este benefício, cada fiador responde unicamente pela parte que, em proporção, lhe couber no pagamento.
**Art. 830.** Cada fiador pode fixar no contrato a parte da dívida que toma sob sua responsabilidade, caso em que não será por mais obrigado.
**Art. 831.** O fiador que pagar integralmente a dívida fica sub-rogado nos direitos do credor; mas só poderá demandar a cada um dos outros fiadores pela respectiva quota.
**Parágrafo único.** A parte do fiador insolvente distribuir-se-á pelos outros.
**Art. 832.** O devedor responde também perante o fiador por todas as perdas e danos que este pagar, e pelos que sofrer em razão da fiança.
**Art. 833.** O fiador tem direito aos juros do desembolso pela taxa estipulada na obrigação principal, e, não havendo taxa convencionada, aos juros legais da mora.
**Art. 834.** Quando o credor, sem justa causa, demorar a execução iniciada contra o devedor, poderá o fiador promover-lhe o andamento.
**Art. 835.** O fiador poderá exonerar-se da fiança que tiver assinado sem limitação de tempo, sempre que lhe convier, ficando obrigado por todos os efeitos da fiança, durante sessenta dias após a notificação do credor.

**Art. 836.** A obrigação do fiador passa aos herdeiros; mas a responsabilidade da fiança se limita ao tempo decorrido até a morte do fiador, e não pode ultrapassar as forças da herança.

### Seção III
### Da Extinção da Fiança

**Art. 837.** O fiador pode opor ao credor as exceções que lhe forem pessoais, e as extintivas da obrigação que competem ao devedor principal, se não provierem simplesmente de incapacidade pessoal, salvo o caso do mútuo feito a pessoa menor.

**Art. 838.** O fiador, ainda que solidário, ficará desobrigado:

I - se, sem consentimento seu, o credor conceder moratória ao devedor;

II - se, por fato do credor, for impossível a sub-rogação nos seus direitos e preferências;

III - se o credor, em pagamento da dívida, aceitar amigavelmente do devedor objeto diverso do que este era obrigado a lhe dar, ainda que depois venha a perdê-lo por evicção.

**Art. 839.** Se for invocado o benefício da excussão e o devedor, retardando-se a execução, cair em insolvência, ficará exonerado o fiador que o invocou, se provar que os bens por ele indicados eram, ao tempo da penhora, suficientes para a solução da dívida afiançada.

## CAPÍTULO XIX
### Da Transação

**Art. 840.** É lícito aos interessados prevenirem ou terminarem o litígio mediante concessões mútuas.

**Art. 841.** Só quanto a direitos patrimoniais de caráter privado se permite a transação.

**Art. 842.** A transação far-se-á por escritura pública, nas obrigações em que a lei o exige, ou por instrumento particular, nas em que ela o admite; se recair sobre direitos contestados em juízo, será feita por escritura pública, ou por termo nos autos, assinado pelos transigentes e homologado pelo juiz.

**Art. 843.** A transação interpreta-se restritivamente, e por ela não se transmitem, apenas se declaram ou reconhecem direitos.

**Art. 844.** A transação não aproveita, nem prejudica senão aos que nela intervierem, ainda que diga respeito a coisa indivisível.

§ 1º Se for concluída entre o credor e o devedor, desobrigará o fiador.

§ 2º Se entre um dos credores solidários e o devedor, extingue a obrigação deste para com os outros credores.

§ 3º Se entre um dos devedores solidários e seu credor, extingue a dívida em relação aos co-devedores.

**Art. 845.** Dada a evicção da coisa renunciada por um dos transigentes, ou por ele transferida à outra parte, não revive a obrigação extinta pela transação; mas ao evicto cabe o direito de reclamar perdas e danos.

**Parágrafo único.** Se um dos transigentes adquirir, depois da transação, novo direito sobre a coisa renunciada ou transferida, a transação feita não o inibirá de exercê-lo.

**Art. 846.** A transação concernente a obrigações resultantes de delito não extingue a ação penal pública.

**Art. 847.** É admissível, na transação, a pena convencional.

**Art. 848.** Sendo nula qualquer das cláusulas da transação, nula será esta.

**Parágrafo único.** Quando a transação versar sobre diversos direitos contestados, independentes entre si, o fato de não prevalecer em relação a um não prejudicará os demais.

**Art. 849.** A transação só se anula por dolo, coação, ou erro essencial quanto à pessoa ou coisa controversa.

**Parágrafo único.** A transação não se anula por erro de direito a respeito das questões que foram objeto de controvérsia entre as partes.

**Art. 850.** É nula a transação a respeito do litígio decidido por sentença passada em julgado, se dela não tinha ciência algum dos transatores, ou quando, por título ulteriormente descoberto, se verificar que nenhum deles tinha direito sobre o objeto da transação.

## CAPÍTULO XX
### Do Compromisso

**Art. 851.** É admitido compromisso, judicial ou extrajudicial, para resolver litígios entre pessoas que podem contratar.

**Art. 852.** É vedado compromisso para solução de questões de estado, de direito pessoal de família e de outras que não tenham caráter estritamente patrimonial.

**Art. 853.** Admite-se nos contratos a cláusula compromissória, para resolver divergências mediante juízo arbitral, na forma estabelecida em lei especial.